本书得到了河北省智库研究项目《促进京津冀共同富裕的财税政策》(HB21ZK15)、京津冀协同发展河北省协同创新中心、河北经贸大学学术出版基金的资助，特此感谢！

促进京津冀共同富裕的财税政策

王晓洁 仇晓洁 著

中国财经出版传媒集团
中国财政经济出版社
·北 京·

图书在版编目（CIP）数据

促进京津冀共同富裕的财税政策 / 王晓洁，仇晓洁著. --北京：中国财政经济出版社，2023. 12
ISBN 978 - 7 - 5223 - 2644 - 3

Ⅰ. ①促… Ⅱ. ①王…②仇… Ⅲ. ①财政政策 - 研究 - 华北地区②税收政策 - 研究 - 华北地区 Ⅳ. ①F812. 72

中国国家版本馆 CIP 数据核字（2023）第 255757 号

责任编辑：庄　莉　　责任校对：张　凡　　责任印制：史大鹏

促进京津冀共同富裕的财税政策

CUJIN JINGJINJI GONGTONG FUYU DE CAISHUI ZHENGCE

中国财政经济出版社 出版

URL：http：//www. cfeph. cn

E - mail：cfeph@ cfeph. cn

社址：北京市海淀区阜成路甲 28 号　邮政编码：100142

营销中心电话：010 - 88191522

天猫网店：中国财政经济出版社旗舰店

网址：https：//zgczjjcbs. tmall. com

中煤（北京）印务有限公司印刷　各地新华书店经销

成品尺寸：170mm×240mm　16 开　21 印张　348 000 字

2023 年 12 月第 1 版　2023 年 12 月北京第 1 次印刷

定价：88. 00 元

ISBN 978 - 7 - 5223 - 2644 - 3

（图书出现印装问题，本社负责调换，电话：010 - 88190548）

本社质量投诉电话：010 - 88190744

打击盗版举报热线：010 - 88191661　QQ：2242791300

前　言

当前我国已经进入新时代，站在了新的历史起点上，社会主要矛盾已由人民日益增长的物质文化需要同落后的社会生产之间的矛盾，转化为人民日益增长的美好生活需要和不平衡不充分的发展之间的矛盾。我国社会主要矛盾的变化是关系全局的历史性变化，指明了下一步解决发展问题的根本着力点。而不平衡不充分问题实质上是一个分配结构问题，过去我国面临的主要问题是如何提高生产力，解决“蛋糕”做大的问题，而如今面临的是如何分配“蛋糕”，如何把“蛋糕”分好的问题。基于此，2021 年，在中国共产党百年华诞之际，在我国全面建成小康社会，历史性地解决了绝对贫困问题之后，在两个百年交汇的新起点上，习近平主席又提出了“共同富裕”这样一个新的宏伟目标，并提出促进共同富裕的时间表，即到“十四五”末，全体人民共同富裕迈出坚实步伐，居民收入和实际消费水平差距逐步缩小；到 2035 年，全体人民共同富裕取得更为明显的实质性进展，基本公共服务实现均等化；到 21 世纪中叶，全体人民共同富裕基本实现，居民收入和实际消费水平差距缩小到合理区间。

改革开放的前 40 年被认为是中国历史上实行“允许一部分人或地区先富起来”的阶段。2021 年标志着中国探索实现“先富带动后富，最终实现共同富裕”的新起点。共同富裕是基于全面建成小康社会、人民迈向美好生活的要求。关于共同富裕的研究和实践始于 1978 年的改革开放，经历了四个主要阶段：第一阶段（20 世纪 70 年代末到 80 年代）：提出“贫穷不是社会主义”，强调“先富带动后富”的理念。学者们主要关注先富后富理论。第二阶段（20 世纪 90 年代到 2001 年）：肯定了企业主们的政治地位与财产所有权，将非公有制经济纳入社会主义初级阶段的制度框架内。同时，生产要素可以参与收入分配，助力整体社会财富的增加。第三阶段（2002—2011 年）：主要探讨初次分配和再分配中效率与公平的关系。党的十六大提出“初次分配注重效率，再分配注重公平”，党的十七大提出“初次分配和再分配都要处理好效率和公平的关系，再分配更加注重公平上的转变”。这体现了中国特色社会主义分配理论的不断发展与完善。第四阶段（2012 年到现在）：党的十八大以来，以习近平同志为核心的党中央在实现共同富裕的道路上做出了巨大努力。共同富裕的科学内涵得到挖掘，实现路径得到探究。浙江被确定为“共同富裕示范区”，通过解决地区差距、城乡差距、收入差距等问题，为其他地区实现共同富裕指明了努力方向。

根据已有的研究成果，关于实现共同富裕的问题，学者们已经形成了一些共识，包括以下几个方面：第一，共同富裕是全体人民的富裕。共同富裕不是指一部分人的富裕，更不是少数人的富裕，而是要实现全社会每一个人的富裕。这是共同富裕理念的核心。第二，差别富裕而非均等富裕。共同富裕并不是追求平均主义或同等富裕的状态，而是存在一定程度的富裕差异。富裕差异是不可避免的，但需要在提高整体富裕水平的基础上进行。第三，共享模式和机制。实现共同富裕不仅仅是财富再分配的过程，更是探索在提高整体富裕水平基础上的共享模式和机制。第四，社会综合性协调。共同富裕代表了政治、经济、社会、文化和生态环境五位一体高度综合协调的状态。除了满足人们的物质需求外，还要满足各种精神上的富足需求。第五，长期目标和过程。实现共同富裕是一个长期目标和过程，需要持续推进和努力。第六，可衡量的指标体系。实现共同富裕需要建立可衡量、可评估的指标体系，用于衡量富裕水平和差距，并指导政策的制定和实施。第七，制度安排与政策。实现共同富裕需要依赖于一系列的制度安排和政策，学界从所有制结构、经济增长以及收入分配等角度进行了研究，为实现共同富裕提供了理论和实践的支持。以上是研究学者对于实现共同富裕的一些要点和共识。这些共识为我们提供了理论指导，也有助于政策制定和实践探索。

本书从京津冀协同发展视角，研究探讨了促进京津冀实现共同富裕的财税政策。由于三地之间过大的经济发展水平、财政能力差异、资源禀赋的差距等因素导致京津冀实现共同富裕发展之路将更加艰难。加之京津冀发展中存在的地方政府竞争问题，各级地方政府间不仅存在税收竞争、财政支出竞争行为，还为了各自利益的最大化，不惜大搞地方保护、恶性地方竞争，设置众多地方性政策障碍等都阻碍着京津冀共同富裕的实现。如果说，区域间协调发展新机制的形成主要依靠市场手段，那么要实现京津冀间城乡差距、行业差距、基本公共服务均等化的差异、社会保障水平的差异不断缩小的目标则应主要依靠政府干预。本书正是从测度京津冀差距出发，分别从收入分配、基本公共服务、社会保障等不同纬度实证分析了促进京津冀共同富裕存在的问题，遵循的原则以及实现路径。

本书主要有以下几个特色：

第一，从区域发展战略视角研究共同富裕。区域经济协调发展是实现共同富裕的经济基础，要实现共同富裕就必须发挥区域重大战略的引领作用。京津冀协同发展、长江经济带发展、粤港澳大湾区建设、长三角一体化发展等都是我国的重大区域战略，但是相较于其他区域战略，京津冀区域是差距发展最大的区域。如何通过财税再分配政策体系促进京津冀协同发展，以区域优势互补推动高质量发展、助推共同富裕，提高京津冀区域发展的平衡性、协调性、包容性，以更高水平区域协调发展推动共同富裕成为本书的一大研究特色。

第二，深入县级层面进行京津冀区域差距测度。本书不仅从京津冀省级层面进行收入分配、基本公共服务水平等区域差距测度，还选取了河北省 167 个县（区）进行收入分配差距测度，深入最微观个体观测京津冀区域差距，从而发现典型事实特征。

第三，提出了实现京津冀区域共同富裕的“三步走”目标。为实现京津冀共同富裕目标，结合国家提出的三阶段目标，本书从共同富裕规模、收入差距、基本公共服务均等化等方面提出了短期、中期、长期三阶段目标，并结合人均可支配收入、人均消费支出、基尼系数等量化指标，提出了三阶段目标的具体数值指标。

第四，研究方法上重视跨学科研究。本书的研究除继续沿用传统研究方法外，还引入统计学、社会学、公共管理等研究方法对财税政策体系调节收入分配问题进行理论分析。

最后需要说明的是，本书的撰写分工如下：第一章由王晓洁教授完成；第二章、第七章、第八章、第九章由王晓洁教授指导王珍珍、马少杰、陈宇帆、赵梦丹完成；第三章、第四章、第六章由仇晓洁、王晓洁教授指导唐瑞童、杨璇、陈佳悦完成；第五章由王丽教授指导孙立东完成。

本书是在河北省智库调研课题《促进京津冀共同富裕的财税政策》研究报告基础上资助完成的，同时本书还得到了京津冀协同发展河北省协同创新中心、河北经贸大学学术出版基金、河北经贸大学财政学一流学科的大力支持，在此一并表示诚挚的感谢！

王晓洁

2023 年 9 月 15 日

目　录

第一章 绪论

第一节 研究背景与研究意义

一、研究背景

共同富裕是中国特色社会主义的本质要求，是中国式现代化的重要特征。让人民过上好日子、实现共同富裕，是中国共产党矢志不渝的奋斗目标。改革开放后，我们允许一部分人、一部分地区先富起来，并提出全面建成小康社会目标；党的十八大以来，以习近平同志为核心的党中央，把逐步实现全体人民共同富裕摆在更加重要位置，对共同富裕目标作了新的部署，坚持以人民为中心的发展思想，采取有力措施保障和改善民生，打赢脱贫攻坚战，全面建成小康社会，朝着全体人民共同富裕的目标迈进了一大步。进入新时代，我国社会主要矛盾出现新变化，为此，我国提出共同富裕第一阶段目标，即到“十四五”末，全体人民共同富裕迈出坚实步伐，居民收入和实际消费水平差距逐步缩小。因此，如何实现通过财税再分配精准调节居民的收入差距、财富差距、消费差距、公共服务差距，最终实现共同富裕正是本课题内含的核心问题。当然，共同富裕是一个长期目标，需要一个过程，不可能一蹴而就，对其长期性、艰巨性、复杂性要有充分估计。

研究收入分配问题在西方由来已久，从经济学创始人亚当·斯密伊始就研究收入分配理论，卡尔·马克思更是断言，随着私人资本的不断积累，财富不可避免地积聚在少数人手中，资本主义经济发展将会造成更加严重的收入分配不公。随后福利经济学派、新剑桥学派都提出了收入分配理论，一直到2014年初，法国经济学家托马斯·皮凯蒂的《21世纪资本论》出版，提出西方国家300年来财富进一步集中在少数人手中。与此相应，西方资本主义国家根据西方实践形成了一套适应资本主义经济特征的财税分配理论。

而直到20世纪90年代中国的收入分配问题才引起理论界和实践部门的关注。新中国成立之初我国一直坚持“效率优先，兼顾公平”的发展原则，进入1990年后收入差距的基尼系数超过0.4，超过了警戒线标准，虽然党的十四大、十五大、十六大、十七大都提出要处理好效率和公平的关系，再分配更加注重公平，但依然没有遏制住收入分配差距持续扩大的事实，2008年我国基尼系数达到了历史最高点0.491，随后开始下降。党的十八大进一步提出“完善以税收、社会保障、转移支付为主要手段的再分配调节机制，加大税收调节力度”，“十四五”，规划明确要求“扎实推动共同富裕，完善再分配机制，加大税收、社保、转移支付等调节力度和精准性”，随着一系列财税调节手段的出台，如个人所得税综合改革、营改增、社会保障制度的逐渐完善、精准扶贫等，2020年我国的基尼系数降至0.468，累计下降了0.023。

京津冀协同发展中面临的三地之间过大的经济发展水平、财政能力差异、资源禀赋的差距等因素导致京津冀实现共同富裕发展之路将更加艰难。加之京津冀发展中存在的地方政府竞争问题，各级地方政府间不仅存在税收竞争、财政支出竞争行为，还为了各自利益的最大化，不惜大搞地方保护、恶性地方竞争，设置众多地方性政策障碍等都阻碍着京津冀共同富裕的实现。如果说，区域间协调发展新机制的形成主要依靠市场手段，那么要实现京津冀间城乡差距、行业差距、基本公共服务均等化的差异、社会保障水平的差异不断缩小的目标则应主要依靠政府干预。正如党的二十大报告中指出“分配制度是促进共同富裕的基础性制度”，共同富裕的实质是如何完善我国的分配制度，而分配制度中的再分配主要依靠财政工具发挥调节作用。因此，财税如何依靠税收、转移支付、社会保障等政策工具实现精准调节则是京津冀实现共同富裕的关键所在。

二、研究意义

（一）实现学术思想创新目标

主流财政学研究收入分配的理论出发点是“市场失灵”理论，为弥补市场失灵，需要政府干预，而政府干预目标的实现要借助于财政税收手段，在此基础上现有研究财税再分配调节的政策理论基础不外乎是收入分配理论、公平理论、反贫困理论、公共产品理论、政府职能理论等，但缺乏一个财税和收入再分配相结合的理论分析框架。基于此，本书的理论基础部分提出基于国民收入循环过程的财税再分配分析框架，剖析在国民收入的初次分配、再分配、使用和积累四个环节，财政税收手段是如何发挥作用，并通过改变劳动要素收入、资本要素收入的分配结构进而影响我国国民收入的整个收入分配结果；最后构建财税嵌入国民收入分配机制理论，如实行综合个人所得税制、开征房地产税、完善社会保障制度、提供均等化的公共服务等都是财政再分配机制理论的具体体现。

（二）实现服务决策需求目标

20 世纪 90 年代中国的收入分配问题才开始引起关注。新中国实践的时间虽然不长，从 1949 年新中国成立到 2022 年，总共 73 年，而有意识运用财税手段调节收入分配的也不过从建立市场经济的 1992 年开始，到现在才 30 年的时间。但是中国的特殊国情，“14 亿人口 8 亿在农村”的基础底色以及中央集权的政治制度和儒家文化传统，决定了我们无法照搬任何一个发达国家的财税再分配改革经验。如何提高大量低收入人口的收入水平是解决我国收入分配的一个改革难题，也是财税再分配实现精准调节的关键节点，再加之“经济增速放缓，财政平衡能力下降”的约束，“既要增长又要公平”的结构性矛盾增加了权衡政策利弊的空间和选择的难度，也给我们提出了更大的挑战。

共同富裕是中国特色社会主义的本质要求，是新时代我国提出的战略目标。第一阶段目标提出，到“十四五”末，全体人民共同富裕迈出坚实步伐，居民收入和实际消费水平差距逐步缩小；第二阶段目标提出，到 2035 年，全体人民共同富裕取得更为明显的实质性进展，基本公共服务实现均等化；第三阶段目标提出，到 21 世纪中叶，全体人民共同富裕基本实现，居民收入和实际消费水平差距缩小到合理区间。可见，共同富裕的核心实质是收入差距缩小、实现基本公共服务均等化。但在下一步的财税再分配改革中，面临诸多棘手的难题，比如如何处理好提高低收入群体的社会福利水平和财力可持续的关系？因为逐步提高城乡居民基本养老金水平、提高城乡最低生活保障水平、提高低收入群众子女受教育水平等诸多提升低收入群体的财政保障是需要建立在财力可持续基础之上的；再如要不要开征房产税，房产税如何征收；个人所得税改革既要发挥“限高”作用，又要避免误伤中等收入者，等等。不少财税再分配调节机制既不得不改革，又难以分清利弊，争论不下的原因或许是因为陷入“头痛医头，脚痛医脚”境地，缺乏整体系统考虑，因此我国提出“全面深化改革的总目标是完善和发展中国特色社会主义制度，推进国家治理体系和治理能力现代化”。本书正是遵循财政治理能力提升角度设计促进京津冀实现共同富裕的财税政策，提升政策的精准性，从而更好的服务决策需求。

（三）有利于创新共同富裕视角下区域协同发展的财税政策

财税政策在区域协同发展中发挥着越来越重要的作用，因为区域协同发展必然会带来区域间利益的重新配置，而财税政策则是一个有效的资源配置手段。为了实现京津冀共同富裕的政策目标，政府要有意识地运用财税政策以改变市场的决策机制，区域间不同的财税政策会导致资源要素不同的流向。按照一般逻辑，资源要素会按照市场决策机制流向效率高的地区，但是落后地区就会缺乏资源的流入，“马太效应”会导致贫者愈贫。所以世界各国在区域协调发展中都会有针对性“施策”，尤其是运用财税政策来影响市场，以实现区域间共同富裕目标的实现。本书在对京津冀三地进行收入分配、基本公共服务、社会保障等进行实证分析基础上，既分析京津冀实现共同富裕的制约条件，同时也探讨区域协同发展中现有财税政策面临的制约，并及时总结京津冀协同发展实践中财税政策创新实验。

第二节　文献综述与研究评述

党的十八届三中全会《中共中央关于全面深化改革若干重大问题的决定》明确指出，“完善以税收、社会保障、转移支付为主要手段的再分配调节机制，加大税收调节力度”。“十四五”规划要求，扎实推动共同富裕，完善再分配机制，加大税收、社保、转移支付等调节力度和精准性。2022 年召开的党的二十大进一步强调“加大税收、社会保障、转移支付等的调节力度，完善个人所得税制度，规范收入分配秩序，规范财富积累机制”等。这意味着在新的历史起点上，国家对财政再分配目标定位的一个重大调整，财税再分配问题成为推动共同富裕的重要政策工具，从而成为财政研究领域一个被广为关注的焦点问题。

一、国外相关研究的学术史梳理或综述

国外对收入分配的研究成果颇丰，在再分配指标构建上，主要选择征税前后基尼系数的变化（Musgrave & Thin，1948；Pechman & Okner，1974），但其有一定的误导性（Steuerle & Hartzmark，1981），Kakwani（1984）将税收的收入再分配效应分解为平均税率和累进性，这一方法迅速成为研究税收再分配手段和再分配效应的主要方法。

在财税政策分析上，总体来看，作为“看得见的手”，社保缴费、个人所得税、各项政府转移支付可在收入再分配环节中调节居民收入（Fuest et al.，2010；Jouini et al.，2018；Qiuge et al.，2021），但实际再分配效应取决于各个项目的规模与结构（Joumard et al.，2012）。

基于个人所得税视角，多数学者研究了个人所得税再分配成效（Wagstaffa & Doorslaer，1999；Michael Keen，2000；Francesca，2005；Susan & Robert，2009；A. S，2011；Higgins et al.，2013；Ikechukwu et al.，2021）、家庭联合征收方式（Piggott & Whaley，1996；Cremer et al.，2012）、免征额（Whittington & Peters，1990）、税率结构（Decoster et al.，2002）、费用扣除（Andrews，1972；Huang，2002；Avram，2018）对收入分配的影响、个人所得税效应偏低的成因（Bird & Zolt，2005；Isaksson & Lindskog，2009）等。

基于间接税视角，研究成果多集中在间接税对再分配的重要性（Bye et al.，2003）以及对再分配的成效（Maskaeva et al.，2019；Warwick et al.，2022）和不足（Go et al.，2005；Du，2015）等。

基于社会保障制度，研究成果多集中于社会保障对再分配和减低贫困率的积极成效（Korpi et al，1998；Jesuit & Mahler，2004；Oshio，2010；He & Sato，2013）和消极影响（Moene & Wallerstein，2001；Pontusson，2005；Mohammad，

2022），以及最低生活保障（Li & Sicular，2014）、养老金制度（Kemmerling & Neugart，2019）等对收入的再分配效应。

基于转移支付视角，多数成果集中在转移支付对再分配的贡献率及成效（Caminada et al.，2012；Wang et al.，2012；Lustig et al.，2013；Arauco et al.，2013；Piketty，2014；Agostini et al.，2010；Piketty et al.，2018；Vanda，2020）、基本公共服务，尤其是医疗服务财政支出对福利的影响变化（Wagstaff & Doorslaer，2001；Jung & Thorbecke，2003；Cogneau & Robilliard，2004；Karim，2016）。

从政府债务视角看，现有文献主要考察了政府债务的累进程度以及对收入再分配的影响（Sigrid & Christoph，2011）。

最后，有不少学者主张将累进税制从所得领域拓展到资本领域，并设计全球消费税和财富税以调节收入分配差距（Auerbach & Hassett，2015）。

二、国内相关研究

（一）1992—2011 年社会主义市场经济确立与完善时期财税政策的再分配调节研究

伴随着我国经济体制改革的目标是建立社会主义市场经济体制，党的十四大提出收入分配要“兼顾效率与公平”，党的十五大进一步明确了“坚持效率优先、兼顾公平”原则，党的十六大提出“初次分配注重效率，再分配注重公平”的新提法，这一提法在党的十七大报告中发展为“初次分配和再次分配都要处理好效率和公平的关系，再分配更加注重公平”。一直以来，初始条件不平等、经济发展不均衡、经济体制不完善、法律制度不健全和倾向性的经济政策是现阶段居民收入差距形成的原因（马国强、王椿元，2002）。因此完善再分配制度已成为当时经济体制建设过程中的关键一环。再分配是公共部门行为，属于规范分配范畴，西方国家主要采用明显带有收入再分配性质的税种主要有个人所得税、社会保险税、公司所得税、遗产税和赠与税（任寿根，1998）。

我国个人所得税自 1980 年开征以来，一直作为调节收入分配的主力，肩负着调节居民收入分配的社会职能。个人所得税收入调节作用的发挥取决于税制的累进程度和平均税率，当前，我国个人所得税的法定累进水平和实际累进水平均已达到发达国家水平，但平均税率大大低于世界平均水平，其再分配力度非常小（万莹，2011），如个人所得税免征额多次调整对于缩小我国当前收入差距的作用很有限（白彦锋、许嫚嫚，2011），甚至有学者提出目前个人所得税呈现出累退性（李宇、刘穷志，2011）。究其原因，平均税率过低是制约我国个人所得税收入调节功能发挥的最主要障碍（彭海艳，2011）。对此，学者们建议实行综合征收模式（童锦治等，2011）、较大程度提高边际税率（朱富强，2011）、允许对生产性投入加计扣除（黄凤羽，2010）并加大对直接税的征收管理力度（张文春，2005），从而提高个人所得税的累进性。

缓和社会不公平、创造并维护社会公平，是社会保障制度安排的基本出发点，也是社会保障政策实践的基本归宿。相比较而言，养老保险的再分配功能是众多学者关注的重点。较高的社会养老保险的保障水平，会产生了较大的正向再分配效应，大幅度降低了居民财产分布的不平等程度（王亚柯，2011），根据测算，我国现行的社会养老保险制度安排，在多个维度上存在明显的收入再分配效应（王晓军、康博威，2009）。但也有学者的测度结果表明，当前社会养老保险制度不仅不利于缩小城乡间的收入差距（李芬，2010），而且城镇社会保险政策没有缩小城镇居民收入分配差距，反而扩大了收入差距（孟续铎，2010）。对此，建立社会统筹养老制度、改革个人养老基金账户（刘俊霞，2003）、扩大养老保险覆盖面（杨震林、王亚柯，2007）等可以在很大程度上缩小贫富差距。

（二）新常态时期财税政策的再分配调节研究

党的十八大要求“初次分配和再分配都要兼顾效率和公平，再分配更加注重公平”。党的十八届三中全会《中共中央关于全面深化改革若干重大问题的决定》明确指出，“完善以税收、社会保障、转移支付为主要手段的再分配调节机制”。再分配制度包括税收和转移支付两个方面。利用税收政策降低高收入群体的税后收入，采取转移支付手段提高低收入者的可支配收入，可以降低一个国家的收入分化程度（陆万军、张彬斌，2016）。

经济进入新常态之后，财税政策须寻求在收入分配领域发挥作用的空间和着力点，当前收入分配领域存在的主要问题就是分配不公（张木生，2016）。个人所得税是解决收入不公问题的重要手段之一，在收入再分配中发挥了正向调节作用。但我国个人所得税的再分配效应始终较弱（郭晓丽，2015；詹新宇、杨灿明，2015）。例如，虽然2011年新个税制度的最大再分配能力优于旧税制（詹鹏，2015），整体上有一定的调节效果（梁俊娇、何晓，2014；杨玉萍，2014）。但徐建炜等（2013）认为，此次免征额的提高和税率调整恶化了其再分配作用，不仅减少了税收收入，而且弱化了个人所得税的累进性（常世旺、韩仁月，2015），尤其是侵蚀了工薪所得的公平效应（李华、朱玲轩，2016），主要原因在于平均税率处于偏低水平（岳希明等，2012；庞淑芬，2016）。对此，马珺（2016）提出，个人所得税改革应放在促进公平正义这一终极目标下来考察，具体改革措施主要包括实行综合与分类相结合的计税办法（马海涛、任强，2016）、实行减除费用标准化（刘植，2016）或按差别扣除（雷根强、郭玥，2016）、扣除项目专项化（高凤勤、许可，2015）、降低最高边际税率（俞杰，2016）、按家庭申报（熊伟，2016）、加大税收稽查力度（倪红日，2016）等，重点解决"重劳动、轻资本"、工资薪金所得、劳务报酬所得、稿酬所得和特许权使用费所得的税负不公问题（朱为群，2016），以充分发挥个人所得税调节收入差距功能。

房地产税作为受益税，其再分配效应需要同时考虑两个维度：税负和公共服务受益状况（张平、侯一麟，2016）。新常态下，上海和重庆房地产税试点虽非常谨慎，平均税率不足0.2%，但能够降低收入不平等，具有积极意义（詹鹏、李实，2015）。然而，有学者指出上海、重庆试行办法的具体方案却仅以住房为征税对象，忽视财产税、房产税和住房税的差别（刘志鑫，2014），违背了"宽税基"的原则，不利于充分发挥房产税的财富再分配功能，应将未来房产税的征收对象扩展到包含存量住房（单顺安，2014）。

我国现行间接税制对城乡居民收入分配不具有正向调节功能，反而具有逆向调节作用，尤其是增值税的逆向调节作用显得更突出一些，其次是消费税，最后是营业税（王德祥、赵婷，2016）。何辉（2015）也认为，当前间接税（增值税和消费税）具有收入分配负效应，加剧了收入分配不公。但赵颖和王亚丽（2013）通过测度后发现，增值税"扩围"对收入分配的逆向调节有所减弱；倪红福等（2016）认为在税务机关税收征管能力未大幅提升的前提下，"营改增"降低了人均税收负担的绝对额和负担率，略微改善了收入分配的状况，此项改革带来的平均税率下降是收入分配得到改善的最重要因素（汪昊，2016）。而消费税也并非对再分配仅有逆向效应（孟莹莹，2014），李文（2015）提出，特别消费税可以通过对高收入者更为偏好的商品和劳务课征更重的税在消费环节实施再分配调节，这对收入分配的实际调节效果可能更加接近于政策制定者预想的名义调节效果。

我国社会保障收入已经成为城乡居民收入的重要组成部分，社会保障在调节收入分配方面发挥的作用日益显著。从总体上看，现行社会保障制度是缩小收入差距的，但是的确存在一些扩大收入差距的制度安排（王延中等，2016）。如2014年全国多地的城乡居民养老保险统一，2015年机关事业单位养老保险制度的并轨等政策对城乡居民分配的逆向调节的关系不显著（杨风寿、沈默，2016），甚至存在逆向调节（王树文、刘海英，2016），主要原因在于受到工资增长率、利率和缴费年限的综合影响（朱梅、姚露，2016）。再如，社会医疗保险的发展对居民收入分配存在逆向分配效应（初可佳，2015）；城市最低保障支出显著扩大了城乡居民收入差距（杨翠迎、冯广刚，2014）。

当前财政转移支付体系从总体看在一定程度上遵从了均等化原则（金双华，2013）。初步计算，政府转移性支出可使居民整体、城镇居民和农村居民的收入不平等程度分别缩小10.53%、21.1%和2.37%，公平收入分配效果远高于个人所得税（郭庆旺等，2016）。进一步看，政府净转移收支改善了城镇居民逐渐增加的市场收入不平等，改善程度随时间逐渐增大，主要体现为对水平公平的改进（刘柏惠、寇恩惠，2014）。但陈享光和孙科（2013）认为，转移性收入并未缓解农村居民收入不平等的状况，反而进一步扩大了收入差距。主要原因在于政府对农村居民的转移支付力度不够，以及转移支付在农村居民之间的分配不均衡（于乐荣等，2013）。对此，解决转移性收入的城乡不平衡，要加强转移支付制度建设，健全公共财政体系，完善转移支付制度，大力推进基本公共服务均等化（朱润喜，2014；陈慧女、罗松华，2013），同时也要重点转向中西部相对落后地区，以促进这些相对落后地区的经济发展，逐步缩小与发达地区之间的收入差距（胡宗义等，2013）。

（三）2017—2019年新时代财税政策的再分配调节研究

习近平总书记在党的十九大报告中明确指出："中国特色社会主义进入新时代，我国社会主要矛盾已经转化为人民日益增长的美好生活需要和不平衡不充分的发展之间的矛盾。"从"人民日益增长的物质文化需要"到"人民日益增长的美好生活需要"表明人民群众对于共享改革发展成果的要求越来越凸显、越来越强烈。在推进共享发展过程中，需不断调整收入分配格局，缓解收入差距问题，使发展成果更多更公平惠及全体人民。自2000年以来，我国不同社会居民之间的收入差距已持续超过合理的界限，再分配中也存在相关制度不健全的状况，甚至存在一定程度的反向调节（刘佑铭，2017）。对此，随着经济迈入新时代，国家发展改革委办公厅印发了《2018年收入分配重点工作》强调要履行好政府再分配调节职能，促进社会公平。具体而言，再分配领域应当充分体现政府作用，实现社会公平的目标（权衡，2017）。党的十九届四中全会提出，“强化以税收、社会保障、转移支付等为主要手段的再分配调节功能”，对财政发挥收入再分配职能提出了明确要求，其目的在于调节个体固有差异造成的不平等进而实现社会公平（高丽媛、张屹山，2018）。

个人所得税是调节居民收入再分配的有效手段（吕凯波、刘小兵，2017），相较于2011年个税改革弱化了再分配功能（周心怡、龚锋，2018），2018年的个人所得税改革提升了个人所得税收入再分配效应（阳芳等，2018；万莹、熊惠君，2019；郝春虹、王荔，2019）。但也有学者提出，新个税体制下个税的收入再分配调节作用有所弱化（张楠、邹甘娜，2018；杨沫，2019；王钰等，2019），呈先上升后下降的倒“U”形分布（田志伟等，2017）。主要原因在于，征收面较窄、累进性效应作用弱（胡莹、郑礼肖，2018）、平均税率偏低（李文，2017；闫晶晶等，2018）。为缩小居民收入差距和缓解收入不平等，仍需进一步扩大税基（范子英、张航，2018；卢洪友、彭小准，2019），有效地提高个人所得税免征额（黄晓虹，2018）和应税税率（李子联，2019）、引入家庭申报单位（王晓佳、吴旭东，2019）、优化专项附加扣除的标准设定（刘蓉、寇璇，2019）。

我国居民财富较大程度上由其持有的房产价值加以体现，且房地产税的计税依据即为房产价值，因此辅之以税率与相应扣减额度的组合的房地产税可以起到再分配效应（孔培嘉，2019）。但是住房商品化后，房价上涨的财富再分配效应，客观上进一步扩大了收入差距和财产占有差距（韩文龙、陈航，2018），对此，应加快对财产性所得的税改步伐（吕冰洋，2017；佘倩影，2019），有效发挥财产税对收入再分配的积极作用。

虽然间接税仍然是累退的，但从总体看，低收入家庭的税负下降幅度大于高收入家庭，收入再分配得到改善（白仲林等，2019），究其根本，是平均税率的下降（杨玉萍、郭小东，2017）。然而，从结构考察，我国间接税具有累退性，不利于社会再分配（尹音频、闫胜利，2017），对收入分配能起到逆向调节作用（张楠、彭海斌，2018）。但如果辅之以起征点、税收优惠等税制要素的设计与良好的征管，比例税率同样可以产生累进性（俞杰，2019），例如应适时提高汽车和成品油的消费税税率，以提高其在总消费税中的比重（童锦治等，2017），使其在收入差距扩大和收入分配改善的情形下均能得到有效提升（李子联等，2017）。

社会保障是一国再分配机制中最直接的政策层面。现阶段，社会保障制度在缓解贫困和调节收入分配方面都发挥了一定的作用（李实等，2017），即在既有的社保支出分配状况下，社会保障支出具有改善居民收入分配的作用，尤其是最低生活保障和农村养老金具有改善收入分配的积极影响（蔡萌、岳希明，2018；吕承超、邵长花，2019；文敏等，2019）。但其收入再分配效应非常有限，呈现再分配边际效应的递减规律（吕承超、王志阁，2018），甚至有学者提出我国社会保障支出能够缩小收入差距，但其再分配效率不足，且已经超过基尼系数路径曲线的转折点（徐静等，2018）。主要存在较低的基础养老金发放水平（鲁元平等，2019）、社会保障支出规模小、城乡分配不公平、项目结构不合理等方面的问题（肖育才、余喆杨，2017）。对此，为进一步发挥社会保障对收入再分配的积极影响，在考虑养老金统筹层次的基础上（张翔等，2019；于文广等，2019），需解决调节范围、调节力度以及主要由制度设计本身所决定的收入调节具体方向等方面的问题（汪洪溟、李宏，2019），要厘清社会保障收入再分配的机理需要从社会保障给付、社会保障筹资以及社会保障体系结构三个方面的社会保障制度的功能定位出发（何文炯，2018），尽量谋求参与者之间基本无差别的保障（冯俏彬，2018）。

中国90%以上的再分配效应通过公共转移支付来实现（解垩，2018），其再分配效应为正（汪昊、娄峰，2017），但效应有限（李实，2018），尤其对贫困人口的再分配效应更加微弱（刘穷志，2017），未能充分发挥再分配功能（韩文龙、谢璐，2018）。因此，增加公共转移支付的再分配功能应该成为公共财政改革的出发点和落脚点（李实，2018）。要建立公共转移支付面向贫困家庭和个人的瞄准机制，使公共转移支付符合垂直支出效率大、减贫效率高、溢出效应小的优化标准（解垩，2018），即通过转移支付机制保障贫困人口基本生活需求，通过教育和就业培训着力提升贫困人口自身发展能力（卢洪友、杜亦譞，2019），从而改革和完善转移支付制度，促进基本公共服务均等化，进一步发挥转移支付的再分配效能（贾康等，2018）。

（四）新时代“十四五”时期的财税政策再分配调节研究

随着中国经济社会进入新时代，通过再分配降低不平等、促进经济社会平衡充分发展，将成为财税政策的重要功能。“十四五”规划要求，扎实推动共同富裕，完善再分配机制，加大税收、社保、转移支付等调节力度和精准性。国民收入再分配制度，是共享发展的具有体现。国民收入再分配制度是初次分配功能性、结构性缺失的重要矫正器（王朝科，2020）。对政府而言，解决收入分配不公问题的重要着力点在于构建适当的制度安排，促进机会公平，提升社会流动性（郭月梅等，2020），注重调节收入差距，完善“先富带动后富”的机制，让改革发展成果更多更公平惠及全体人民，实现全体人民共同富裕（张车伟、赵文，2020）。

个人所得税是重要的再分配工具，其再分配效应一直受到各界的关注。新时代实施的综合与分类相结合个人所得税改革将有利于提高个人所得税的平均有效税率和收入再分配效应（张玄等，2020；徐多，2022；王静、邓晓兰，2021），尤其是综合课税制有利于增强个人所得税的收入再分配成效（胡显莉等，2020；张玄、岳希明，2021），免征额的提高和专项附加扣除的引入强化了个人所得税对机会公平的维护（费茂清等，2020）。但也有学者认为，新个税的边际贡献率小于旧个税（寇璇等，2021），最为明显的是，提高免征额与增加专项附加扣除仅有利于高收入层群体劳动收入的再分配（张德勇、刘家志，2020），如实行免征额提高的个人所得税制进一步恶化了本来就十分微弱的收入差距调节作用（韩秀兰、陈星霖，2020），抑制了纵向公平效应的调节功能（李晶、牛雪红，2022）；赡养扣除程度上弱化了总样本的收入分配效应（刘明慧、张慧艳，2021）等。对此，要适当提高个人所得税在税收总收入中的比重（石绍宾、张玲欣，2021），基本减除费用标准不宜再提高（冯俏彬，2021），扩大税基并细化专项附加扣除标准（韩学丽，2022），加强对财产性收入和高净值人群的税收监管，通过运用数字经济技术，提高个人所得税征管水平（匡浩宇，2021）规避“税收洼地”引发诸多避税风险（代志新等，2022），并逐步将投资收益、股息收益等资本利得收益纳入个人所得税综合征收的范围，增强个人所得税对高收入人群（刘鹏，2020；田志伟、汪豫，2020），重点是超高收入人群的税收调节力度。

2021 年 10 月 23 日，第十三届全国人民代表大会常务委员会第三十一次会议决定提出要积极稳妥推进房地产税立法与改革。我国居民收入分配份额经历了先下降后上升的过程，与其他国家相比，居民收入分配份额略低的主要原因之一为我国财产性收入增长缓慢（詹静楠、吕冰洋，2022）。其中，房地产税收入对我国居民收入再分配产生了正向调节效应，但调节作用有限，究其原因是个人住房房产税未在全国范围开征（潘文轩，2022），导致其收入在地方政府的财政收入中占比较低（陈平、李建英，2021）。对此，要优化财产税制度（刘尚希，2022），尽快建立完善以房地产税为主的财产税体系（岳希明、张玄，2020）。具体而言，尽快出台房地产税，并适时研究开征遗产税与赠与税（冯俏彬，2021），辅之以加快居民财产、收入登记共享机制等配套制度建设（王阳，2022），从而发挥财产税对缩小收入分配差距的作用（杨志勇，2021；李建军等，2020）。

近年来，间接税改革对完善收入再分配起到了关键性作用，无论是降低增值税税率还是加计10%抵减新政的实施（万莹、陈恒，2020），抑或是逐渐完善的消费税（万莹、徐崇波，2020）均能缩小城乡居民内部收入差距和提高社会福利水平，起到了改善居民之间收入分配状况的效果（田志伟、王再堂，2020）。但刘蓉和熊阳（2020）认为现行消费税虽然促进社会整体福利水平得到提升，但具有累退性。对此，需及时调整（姜雪，2020）和扩大（冯俏彬等，2022）消费税征收环节和范围，加大消费环节税收调节力度。

降费综合方案改善了代际不平衡（王亚柯、李鹏，2021）。在养老保险上，我国养老保险对全体居民具有正向的再分配效应（王亚柯、李鹏，2020），尤其使农村居民养老保障水平提升（王亚柯、李鹏，2020）。然而，我国现行社会保障制度的再分配作用还不够大（郑功成，2021）。因此，一是要优化社会保障资源配置，完善医保补偿机制（任志江、苏瑞珍，2020），把更多的资源投入农村（陶纪坤，2020）；二是健全养老保险财政投入机制，提高全民养老保障力度（金双华、杨艺，2021）；三是全面修订《社会保险法》，加快完善社保制度顶层设计（庞凤喜、郑铿城，2022）；四是进一步优化缴费基数计算口径，消除不同群体养老保险收入再分配效应的差异（吕承超、赵红，2020）。

政府公共转移支付有利于在一定程度上缓解收入不平等和减少贫困（解垩、李敏，2020；宋颜群、胡浩然，2021），但现有的转移支付制度在调节收入分配上发挥有限作用（李实、朱梦冰，2022），与共同富裕的要求不相适应（何文炯，2022）。需加大转移支付等政策调节力度并提高精准性（刘尚希，2021），进一步完善政府转移支付再分配调节机制（张天姣，2021），增加一些社会福利性转移支付项目（李实，2022），提高基本公共服务供给水平（孙豪、曹肖烨，2022），并与现代财税金融体制功能相结合（杨灿明，2021），从而缩小区域、城乡和行业发展差距（董琦等，2022），增进财政再分配功能。

三、研究现状述评

进入新时代，财税政策作为宏观调控的重要手段，对再分配起着至关重要的作用。伴随着促进共同富裕这一重大战略任务部署渐次展开，如何保障财税政策再分配效能更加精准有效以及厘清其作用机制已成为学术界亟待探讨的话题。

（一）现有文献的贡献

1. 采用多种方法测度或评估财税再分配政策的实况。现有文献较为详实地评估并阐释了1994年至今财税分配手段对收入分配产生的效应，为再分配政策多次改革效果提供实证支持。

2. 探索财税再分配的不同政策对再分配调节不足的成因。根据不同时期的时代要求提出相关政策建议，为课题的开展提供有力的理论支撑和决策参考。

3. 财税再分配调节机制正迈向精准性。新时代之前的财税政策主要服务于以经济建设为中心的发展理念，根据学者们的测度结果，再分配相比较而言也偏向“效率”。而新时代后，伴随着社会矛盾的转变，新时代党中央出台的再分配财税政策更为具体，如个人所得税新增专项附加扣除、增强对高收入人群的个税征管、逐步试点并推广房地产税、简并及降低增值税税率、促进基本公共服务均等化、健全社会保障制度体系正逐渐为缩小城乡差距发力等，可以看出新时代的财税再分配功效正被有效挖掘。

（二）现有文献不足之处

1. 对新时代财税再分配政策特征、内在机理，以及财税再分配政策实施过程中目标、问题、成因的整体把握不足。

2. 缺乏对税制结构、财政支出的宏观分析。现有研究对税收、社会保障、转移性支出等财税再分配调节机制进行了单独的实证研究，但缺乏从宏观上对我国的税收、财政支出的再分配效应进行实证研究和规范分析。

3. 对财税再分配调控力度的精准性研究，无论是规范分析还是实证分析均不足。

第三节　研究框架

一、研究思路与路径

本书以实现京津冀共同富裕为研究起点，沿着“理论研究→典型化事实分析→实证研究→机制设计→推进路径”的研究思路，系统性研究促进实现京津冀共同富裕的财税政策，具体研究路径如下：

第一步，论述由社会主要矛盾转变、经济结构优化、增长动力转换，财税再分配政策体系的经济背景、社会背景、人文背景发生相应变化，财税再分配政策特征发生改变，收入差距不断拉大、公平性下降、财富过于集中。

第二步，论述共同富裕与收入分配的内在联系，以实现共同富裕的“三步走”为研究目标提出在不同阶段收入分配要满足的具体要求，以此确认财税再分配政策改革目标。

第三步，创新财税再分配政策体系作用机理及传导机制的理论框架。税收、社会保障、转移支付、均等化公共服务支出四种不同的调节收入分配的财税政策工具，其政策着力点、调节对象、调节范围等有很大区别，分别论述四个财税再分配政策工具及其所包含的各项政策的作用机理及传导机制，将四者纳入一个理论框架，从互补性、协调性、系统性、整体性研究它们的内部关联。

第四步，分别测度京津冀居民收入差距、基本公共服务非均等化、社会保障水平差异，以此深入分析收入差距的来源，剖析财税政策在国民收入循环不同环节调节收入差距过程中面临的问题以及原因。

第五步，重点测度河北省内部的收入差距以及基本公共服务均等化差异，尤其是深入县级层面实证分析由于经济发展水平、财政能力、资源禀赋等带来的影响共同富裕的因素。

第六步，根据前述实证测度，找准问题，提出促进京津冀实现共同富裕的财税政策建议。

二、研究方法与研究手段

（一）研究方法

1. 抽象演绎与理论推演

促进京津冀实现共同富裕的财税政策的理论研究部分，需要对现有经典文献、前沿文献进行整理，并对相关的国内外研究成果进行梳理，为构建稳健的理论框架奠定扎实的理论基础，并总结新时代财税再分配政策特征，根据新时代所面临的百年未有之大变局，添加先进的、有活力的理论元素。在既有的理论和机理分析的支撑下，确定计量方程的形式和方程变量，为数据分析提供理论依据，实现理论创新。

2. 历史分析与规律总结

本书在构建以收入再分配为核心的财税再分配精准机制过程中，必然涉及京津冀共同富裕的财税制度变迁以及财税政策变化等具有历史性、现实性的内容，需要对这些制度演变历程进行回顾分析，从中发现符合中国社会、经济、人文特征的财税再分配政策变化规律。

3. 微观计量分析与数据收集

本书的研究任务大多依赖大量实证分析，建立科学、合理、可信的数据库是实证分析的前提，为此课题组将在前期资料准备基础上，发挥学科优势、收集本课题研究所需的全国的、分区域的多口径的收入分配数据、财税政策一手及二手数据并基于所收集到的数据进行实证检验。

4. 比较分析方法

本书不仅要比较税收、社会保障、转移支付、均等化公共服务支出等财税手段对收入分配影响的效应差异，还对京津冀不同地域、城乡、不同人群进行分组对比研究，同时关注时空的对比研究，以典型化实证对比分析京津冀财税政策的再分配效应，最后提出相关政策建议以缩小京津冀地区差异。

（二）研究手段

1. 文献资料收集与整理

广泛收集、整理国内外收入差距测度、财税政策评价、财税政策收入分配效应评价、财税政策协同等相关文献，包括专著、学术论文、研究报告、重要会议报道、统计资料等，洞悉财税再分配政策精准调节的主要理论和相关概念，并大量收集新时代前后有关财税政策的官方文件，为财税再分配政策评价提供必要资料积累。

2. 实地调研

对于在年鉴、现有微观数据库无法搜集到的指标数据，可以以河北省为样本，借助与河北省人社厅、财政厅、税务局、人大财经委等相关部门建立的良好合作关系开展实地调研，全面掌握河北省不同口径收入分配数据、财税数据、人口数据等，考量财税再分配政策对财富差距的调节效果，借此验证财税再分配政策传导机制的有效性。

3. 运用多种统计软件

本书实证研究部分需根据数据特征、结合实际、理论假设选用恰当的实证分析方法、正确的计量模型，依据不同统计软件的适用性，选择合适的软件进行分析。课题组成员对常见的统计软件，包括 Matlab、R、Stata、GAMS 等软件都比较熟悉，所以课题研究所需软件问题可以得到解决。

三、研究技术路线

本书研究的技术路线分为五个阶段：第一阶段为“问题聚焦”阶段，根据所搜集到的文献，观察相关经济现象，经过研讨从中提炼问题，明确研究对象、确定研究目标、构思研究内容、构建研究框架；第二阶段为“问题解构”阶段，对应所提问题，凭借制度分析、数理分析，提出优化现有财税再分配政策必要性、可能性；第三阶段为“数据库建立”阶段，根据实证分析内容，罗列、整理需收集的指标数据，通过问卷调查、部门调研、微观数据库以及相关的统计报告，建立适用于本课题研究的数据库，为实证分析提供真实、可靠、全面的数据信息；第四阶段为“顺藤摸瓜”阶段，通过收入差距测度以及财税再分配政策评价，验证剖析财税再分配政策作用机理及传导机制；第五阶段为“解决问题”阶段，通过上阶段的评价及验证，发现财税再分配政策精准性调节的问题以及调节偏差的原因，“对症下药”构建促进京津冀共同富裕的财税政策，并提出相应实现目标、原则与推进路径（见图 1 - 1）。

四、研究创新

（一）研究视角的创新

1. 从区域发展战略视角研究共同富裕

“十四五”规划中提出，到 2035 年“全体人民共同富裕取得更为明显的

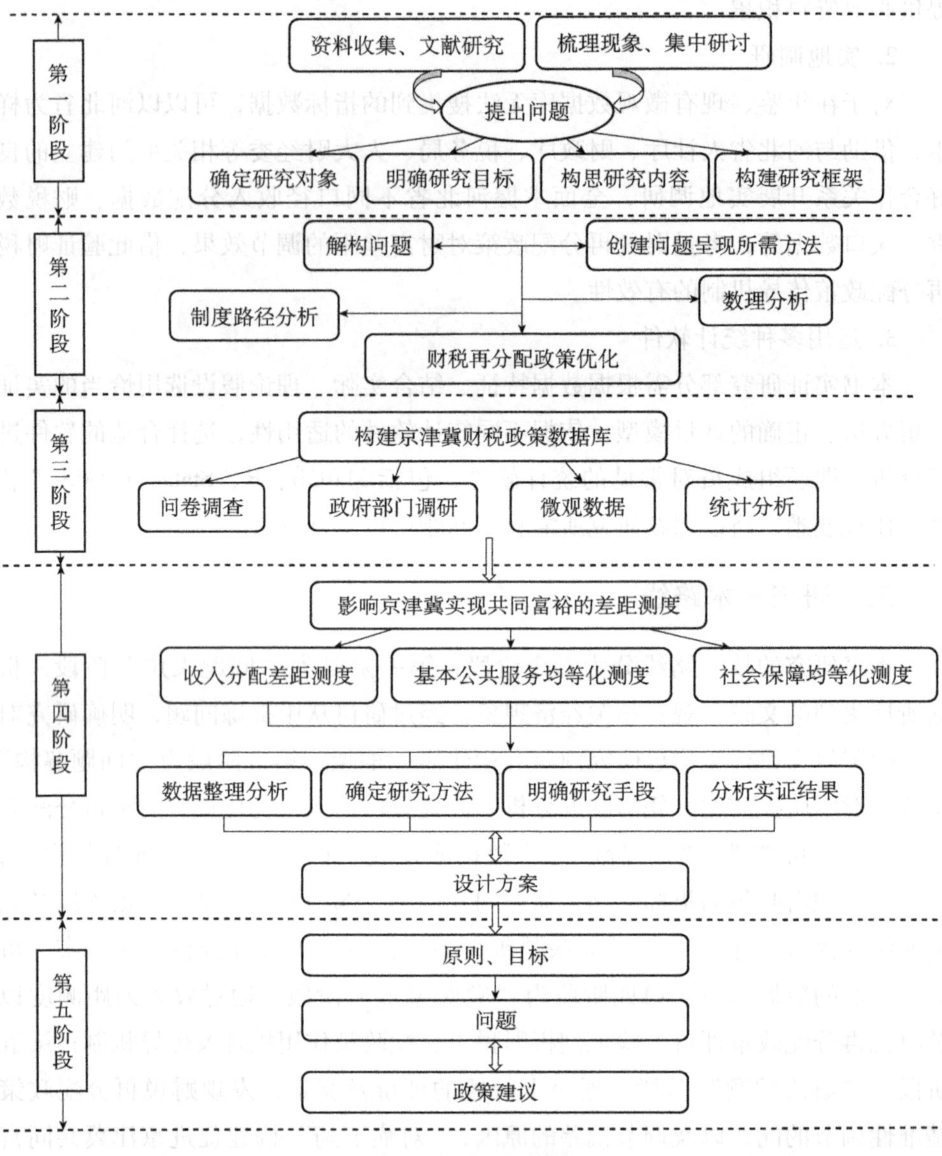

图1－1　技术路线图

实质性进展”，就此习近平同志提出扎实推进共同富裕的总思路，强调“构建初次分配、再分配、三次分配协调配套的基础性制度安排，加大税收、社保、转移支付等调节力度并提高精准性”。税收、社保、转移支付作为财税再分配的主要政策工具以及政策工具箱内的多种政策对于收入再分配调节的着力点不同，作用机理不同，传导机制不同。区域经济协调发展是实现共同富裕的经济基础，要实现共同富裕就必须发挥区域重大战略的引领作用。京津冀协同发展、长江经济带发展、粤港澳大湾区建设、长三角一体化发展等都是我国的重大区域战略，但是相较于其他区域战略，京津冀区域是差距发展最大的区域。如何通过财税再分配政策体系促进京津冀协同发展，以区域优势互补推动高质量发展、助推共同富裕，提高京津冀区域发展的平衡性、协调性、包容性，以更高水平区域协调发展推动共同富裕成为本书的一大研究特色。

2. 深入县级层面进行京津冀区域差距测度

本书不仅从京津冀省级层面进行收入分配、基本公共服务水平等区域差距测度，还选取了河北省 167 个县（区）进行收入分配差距测度，深入最微观个体观测京津冀区域差距，从而发现典型事实特征。

（二）学术观点创新

1. 提出了实现京津冀区域共同富裕的“三步走”目标

为实现京津冀共同富裕目标，结合国家提出的三阶段目标，本书从共同富裕规模、收入差距、基本公共服务均等化等方面提出了短期、中期、长期三阶段目标，并结合人均可支配收入、人均消费支出、基尼系数等量化指标，提出了三阶段目标的具体数值指标。

2. 提高转移性支出比重，提升财政支出的收入分配效应

根据经济性质，财政支出分为购买性支出、转移性支出，前者强调资源配置功能，后者强调收入调节功能，“提低”效果尤其显著。但目前转移性支出仅占财政支出的 30% 左右，财政支出凸显资源配置功能，更加强调效率，不利于财政支出发挥收入调节功能。共同富裕是习近平经济思想的一个重要范畴，“富裕”的前提是发展，要求把“蛋糕”做大做好；“共同”体现公平，要求把“蛋糕”切好分好。伴随我国经济社会发展，对公共产品、公共服务的需求不断增加，要求在不断提高，转移性支出比重应适当提高，在坚持发展中分好“蛋糕”。

3. 逐步提高个税收入比重，个税改革方向为“以筹集收入为主，局部调节为辅”

2020 年个人所得税收入仅占税收总收入的 7.5%，可通过加大对大额财产调节、扩大税基等多种方式提高个人所得税收入，筹集更多财政收入。相比之下，个人所得税调节功能仅对高收入群体有较好的收入调节效应，“限高”功能显著，调节范围有限。本书认为未来个人所得税改革方向应以筹集收入为主

要目的，在此基础上发挥好个人所得税的局部调节功能。

（三）研究方法上重视跨学科研究

主流研究范式将财政收入分配视作经济学的一个分支，本课题的研究除继续沿用传统研究方法外，还引入统计学、社会学、公共管理等研究方法对财税政策体系调节收入分配问题进行理论分析。如本书选择国民收入理论等阐释财税再分配政策，以“基于国民收入循环过程分析财税再分配政策如何发挥作用”为基础，引入统计学方法，根据国民经济核算理论，基于国民收入循环过程，以“资金流量表”为分析工具，研究财税再分配是如何作用于国民收入的生产、再分配、积累、使用等各个环节的。

第二章

京津冀共同富裕的内涵和基础理论

第一节　共同富裕的内涵及实践基础

一、共同富裕的内涵

（一）共同富裕的内涵

随着脱贫攻坚战的胜利及全面建设社会主义现代化国家新征程的到来，共同富裕的思想在实践中具有了更为丰富的内涵。习近平总书记指出："共同富裕是社会主义的本质要求，是中国式现代化的重要特征。我们说的共同富裕是全体人民共同富裕，是人民群众物质生活和精神生活都富裕，不是少数人的富裕，也不是整齐划一的平均主义。"① 这一重要论述为我们正确认识和解读新时代共同富裕的基本内涵提供了一种逻辑指引和基本遵循。

① 习近平：《扎实推动共同富裕》，《求是》2021 年第 20 期。

1. 人民性是共同富裕的根本立场

在共同富裕的进程中，中国共产党始终坚持以实现全体人民的共同富裕为价值追求，以满足人民对美好生活的新需求为宗旨，体现出了强烈的人民性。具体而言，从理论逻辑来看，共同富裕关注到了人的全面发展问题，强调促进共同富裕与促进人的全面发展是高度统一的；从实践逻辑来看，人民群众是推动共同富裕的主体力量，实现共同富裕必须依靠人民的力量；从实践原则来看，推进共同富裕坚持人民至上①。因此，人民性是共同富裕的根本立场，实现共同富裕的过程就是不断满足人民日益增长的美好生活需要的过程。

2. 全面性是共同富裕的价值追求

第一，全面发展的共同富裕是集经济、政治、文化、社会、生态五位于一体的富裕。发展现代化经济建设是首要任务和必由之路，但不是唯一道路，人民在对美好生活的需求除了满足衣食住行等物质生活方面外，在民主、法治、公平、正义、安全、环境等方面的要求也日益增长，缺少任何一方面的发展都会导致共同富裕事业发展不充分和不可持续。因此，不仅要突出经济建设的重要性，还要强化其与政治建设、文化建设、社会建设、生态文明建设的有机结合，实现五位一体的有效融合和相互促进，最终全面实现共同富裕。

第二，全面发展的共同富裕是物质和精神相统一的富裕。马克思曾说，“当人们还不能使自己的吃喝住穿在质和量方面得到充分保证的时候，人们就根本不能获得解放”。这充分说明了物质富裕的追求是群众最渴望优先实现的目标。但却并不是唯一需求，精神富裕的要求也随着人民群众对美好生活需求的提高而呼之欲出。这就要求在实现共同富裕道路上，既要发展好物质富裕生活，缩小收入差距，给精神生活提供坚实保障，又要积极地提高人民群众精神生活的水平，满足人民群众日益增长的精神生活需求，真正做到物质与精神两手抓，两手都要硬，实现物质和精神共同发展，最终推进共同富裕事业走向全面发展②。

3. 渐进性是共同富裕的现实必然

因为受地理环境、资源分布、经济发展、历史文化等多方面因素的影响，

---

① 黄晓宇，盛国荣：《习近平关于共同富裕重要论述的人民性意蕴》，《江南论坛》2023 年第 3 期。

② 刘俊显，张崇旺：《中国式现代化赋能共同富裕的科学内涵、生成逻辑和当代实践》，《学术探索》2023 年第 4 期。

在目前阶段，各个区域发展不平衡不充分的问题比较突出，它们不可能同时实现共同富裕。所以，在推进共同富裕的时候，要坚持因地制宜、循序渐进、总结经验、逐步推开。这也表明共同富裕是一种渐进的，是以时间、地点和各类条件为转移的渐进，它是一个漫长而曲折的过程。为此，我们提出了“两个一百年”的奋斗目标，这是我们国家总体上进入“发展起来”时期之后，对原有“三步走”战略目标的进一步完善与发展。在坚持“两个一百年”奋斗目标的前提下，党的十九大将第二个百年奋斗目标分为两个时期：第一个时期，也就是从2020年至2035年，全面建成小康社会之后，再奋斗15年的努力，基本实现社会主义现代化；第二个时期，是从2035年到2050年，在基本实现现代化的基础上，再奋斗15年，使我们的国家建设成为一个富裕、民主、文明、和谐、美丽的社会主义现代化国家。“两个一百年”奋斗目标及第二个百年奋斗目标的两个阶段之间相互衔接，并在不断深化，这就对在不同时期推进共同富裕和中国式现代化的目标和任务进行了明确，这也充分说明了共同富裕并不是在追求同步富裕与同等富裕，而是注重发展的平衡性、协调性和包容性，注重渐进地实现共同富裕。

4. 共建共享是共同富裕的实现方式

共同富裕是以共同建设、共同创造和共同奋斗为基本条件的，是使所有人都能过上更好的生活。共同富裕并不意味着是以效率为代价的“整齐划一的平均主义”，更不意味着杀富济贫，也不能养懒人，而是要勤劳致富、要创新致富。共建的过程就是促进共富的过程，共建是共富的前提，共富是共建的目的。共建解决的是谁来推动共同富裕的问题，即共同富裕必须是人人都参与，大家都要共同奋斗；共享所要解决的是推动共同富裕为了谁的问题，也就是应该让所有的人都来分享经济发展的成果，让每一个人都可以平等地享受到发展的机遇，畅通向上流动的渠道，让每一个人都可以用自己的努力来创造属于自己的幸福生活，从而可以享受到发展的成果。所以，对所有人共享共建的制度机制进行健全，让流动的渠道变得更加畅通，为更多的人提供致富的机会，实现全体社会成员“人人参与、人人尽力、人人共享”的社会局面，这是共同富裕的基本要义①。

① 殷晓元，彭静：《中国式现代化视域下共同富裕的科学内涵、历史演进和实践方略》，《湘潭大学学报（哲学社会科学版）》2022年第5期。

（二）实现共同富裕要处理好三个关系

1. 公平和效率的关系

实现共同富裕需要处理好在收入分配上的一个基本关系，即效率与公平。一般来说，公平和效率之间存在着辩证统一的关系。首先，公平和效率之间是相互矛盾相互替代的关系，过分追求公平将导致巨大的效率损失；而对效率的过分追求，只会使各阶层之间的不公平进一步扩大，最终将造成经济和社会的失衡。其次，公平与效率间存在相互作用、相互影响的关系，在市场经济中，公平的存在保证了效率实现的意义，而效率的实现为追求公平创造有利条件[①]。

改革开放以来，我国从“注重效率，兼顾公平”的主张，演变到“更多地注重公平”的要求。在我国进入高质量发展的新时期，一些地区、城乡之间的不平等问题逐渐显现出来，收入之间的不平等问题逐步突出。从人均 GDP 来看，在全国 31 个省市自治区中，2021 年北京和上海的人均 GDP 超过了 17 万元，有 11 个省市超过了全国平均水平，其中 8 个省市位于东部地区，中、西部地区只有湖北省、内蒙古自治区和重庆市位居前十一。所以，在促进共同富裕的过程中，我们必须在不同的阶段予以公平问题不同程度的重视。在实现高质量发展“做大蛋糕”的同时，解决“三大差距”问题以“分好蛋糕”[②]。

2. 物质富裕与精神富裕

实现共同富裕要兼顾好物质富裕和精神富裕的关系。一方面，我们要厘清物质富裕和精神富裕的区别，在追求共同富裕的过程中既要通过发展生产来不断增加人民群众的收入、财产等物质财富，又要通过发展高质量的教育、提供丰富的文化资源不断满足人民群众的精神文化需求。不能顾此失彼，要最大限度实现二者的同步。另一方面，我们在追求共同富裕的过程中要重视物质富裕和精神富裕的相互作用，既要重视物质富裕对实现共同富裕的基础性作用，通过经济高质量发展为精神富裕的建设提供坚实的物质基础，又要重视精神富裕对共同富裕的促进作用，坚持马克思主义在意识形态领域的指导地位，增强人们在思想上对共同富裕的价值认同，从而凝聚起实现共同富裕的强大精神力

---

① 蓝庆新，童家琛：《共同富裕目标下的公平与效率》，《长安大学学报（社会科学版）》2022 年第 1 期。

② 林贤明，李建平：《新时代扎实推进共同富裕需要处理好的关系》，《毛泽东邓小平理论研究》2022 年第 6 期。

量。可以说，只有使二者相互促进、相得益彰，才能共同推动共同富裕的有效实现①。

3. 机会公平与结果公平

实现共同富裕要兼顾好机会公平和结果公平的关系。机会公平即起点公平、权利公平，是指社会成员在经济竞争过程中竞争的起点、机会是一致的。世界银行2006年世界发展报告对机会公平的定义是："一个人一生中的成就应该主要取决于其本人的可控因素，如才能和能力，而不是他的种族、性别、社会、家庭背景等不可控因素。"也就是说，社会成员在参与经济活动时享有平等的权利机会，除自身先天差异外，任何人都不应享有特殊权利。结果公平是指生产成果在分配上的均等，强调各社会成员之间拥有收入份额的相对关系。结果公平并不是指平均分配，而是要保证每个社会成员利用自身劳动能力进行诚实劳动和平等竞争之后，有权利获得相应的劳动报酬，使付出与所得相符、贡献与收益相称②。收入分配过程可以看作是由起点、过程与结果三个环节紧密联系而构成的动态过程，他们彼此之间互为影响力，是一个不可分割的有机循环整体。而收入分配公平包括收入分配的起点公平、过程公平和结果公平，且收入分配公平是实现共同富裕的一个重要方面。因此，实现共同富裕必要保证收入分配的公平，即要做到兼顾机会公平与结果公平两方面。

（三）京津冀共同富裕的内涵

以习近平同志为核心的党中央坚持以人民为中心的发展思想，明确提出中国新时代区域协调发展的三个主要目标，即基本公共服务的均等化、基础设施的普及程度相对平衡、居民的基本生活保障水平大致相当。具体到京津冀区域而言，其共同富裕的内涵主要包括以下三个方面内容：

第一，逐步缩小京津冀区域间城乡基本公共服务差距，为共同富裕筑底强基。推动机会均等是基本公共服务均等化的核心，其着眼点在于确保人民群众得到享受基本公共服务的机会，而非简单的平均化。具体而言，一是要一体化京津冀区域城乡的基本公共服务制度，实现基本公共服务在区域间的有效衔接。二是要引导要素跨区域合理流动，促进区域间基本公共服务均衡发展。三

---

① 俞靖，郭润丰：《扎实推进共同富裕需把握好几对辩证关系》，《西藏发展论坛》2023年第1期。

② 王先梅：《初次分配公平的评价体系与影响因素研究》，浙江工商大学2020年硕士学位论文。

是要加大基本公共服务投入力度，使公共服务资源优先用于欠发达及落后地区。

第二，推动京津冀区域基础设施均衡发展，夯实共同富裕发展基础。基础设施建设在国民经济中具有重要的地位和作用，它是国民经济的基础性、先导性、战略性、引领性产业。推动区域基础设施均衡发展，是打通民生内生动力的基础，要加快完善基础设施网络，通过推动区域基础设施均衡发展落实区域协调发展。具体而言，一是要统筹区域间基础设施发展，缩小区域发展差距。二是要加快完善基础设施网络建设，推动区域基础设施通达程度比较均衡。三是要完善数字基础设施建设，缩小城乡区域“数字鸿沟”。

第三，实现京津冀区域间人民基本生活保障水平大体相当，践行共同富裕使命。实现共同富裕是一项长期而系统的艰巨任务。促进区域协调发展，实现地区间的相对平衡，着力解决不平衡问题，最终要体现在满足人民日益增长的美好生活需要上。具体而言，一是要补齐民生领域短板，让更多的人民群众共享改革开放成果。二是要健全区际利益补偿机制，探索先富带后富、帮后富的方式方法。三是要优化区域互助机制，补齐“三农”发展短板[①]。

二、财税政策在共同富裕中的功能定位

（一）税收是调节高收入者的主要政策工具

在我国，税收作为一种重要的财政政策工具，在进行收入再分配时发挥着重要作用。政府主要采用对个人或家庭征收个人所得税、财产税的方式，对高收入的纳税人进行限制，并对奢侈品征收消费税，从而达到降低富人收入的目的。因为高收入人群的收入来源中，只有很少的一部分来自劳动所得，而更多的是来自资本利得和财产收益，因此，在世界范围内，很多国家也都设置了一个独立的资本利得税，专门针对个人在处理资产时所获得的资本利得进行征税。另外，很多国家都通过征收遗产税（或继承税）来对遗产的继承进行课税，以防止财富在代际传递中产生更加不公平的贫富差距。

当前，我国对收入分配的调节以个人所得税为主。2019 年 1 月 1 日开始，我国的个人所得税由原来的分类征管模式转变为综合与分类相结合的混合模

① 刘应杰，陈耀，李曦辉，王智勇，邓仲良，田惠敏：《共同富裕与区域协调发展》，《区域经济评论》2022 年第 2 期。

式，对居民个人取得的工资、薪金所得，稿酬所得和特许权使用费所得，采取3%—45%的七级超额累进税率，进行综合征收；对于经营所得采用五级超额累进税率；对于个人的利息、股息、红利所得，财产租赁所得，财产转让所得，偶然所得和其他所得采用20%的比例税率。收入较高者，其个人所得负担较重，有利于"纵向公平"，在某种程度上减少居民收入不平等现象。除此之外，针对高收入者所购买的高档化妆品、贵重首饰及珠宝玉石、高档手表等奢侈品，我国还专门设置了消费税，从而能够在一定程度上起到调节高收入者的作用。综上所述，税收是调节高收入者的主要政策工具。

（二）转移支付是实现区域间公共服务均等化的重要财政手段

转移支付一说最早由著名经济学家 Arthur Cecil Pigou（1928）提出，他将国家开支分成政府用于维护军备队伍、国家管理体系等其他机构组织正常运转的非转移性开支和用于偿还国债利息、发放失业补助、疾病津贴、养老金等无偿支付给本国民众的转移性开支[①]。

中央政府能够通过实施转移支付制度来保障地区间财政能力的均等化，并通过转移支付调控地方政府的财政收支行为，进而达到促进地区间基本公共服务均等化的目标[②]。具体而言，转移支付能通过以下三个方面起到实现区域间基本公共服务均等化的作用。一是转移支付能够调节地方政府财力，较好解决由于财力及公共服务提供成本差异所带来的地区差距问题，同时，消除由于公共服务外溢性带来收益与成本不匹配而导致公共服务供给不足问题。二是转移支付可能会对地方政府决策和行为偏好产生影响，即中央政府通过设计科学合理转移支付制度，引导激励地方政府更好提供公共服务，实现中央政府宏观调控政策目标[③]。三是区域间还可以通过横向转移支付缩小区域间的差距，如发达地区对欠发达地区的对口支援等。综上所述，转移支付是实现区域间公共服务均等化的重要财政手段。

（三）社会保障是提高低收入者的福利水平的重要政策工具

一般而言，提高低收入者福利水平的道路有两条，一是"输血"，即向低

---

① 邹冰宇：《优化区域间基本公共服务均等化的政府转移支付研究》，江西财经大学2021年硕士学位论文。

② 束磊：《转移支付对地区间基本公共服务均等化的影响研究》，上海财经大学2021年博士学位论文。

③ 吉富星，鲍曙光：《中国式财政分权、转移支付体系与基本公共服务均等化》，《中国软科学》2019年第12期。

收入人口直接供给物资（如食品、货币等）；二是“造血”，即通过提供就业机会、医疗卫生服务等间接手段，使贫困人口获得更多的就业机会，从而改变他们的收入水平，使他们的生活质量得到提升，不断提升其福利水平。事实上，“授人以鱼不如授人以渔”，阿马蒂亚·森在其著作《贫困与饥荒》中提出，社会保障可以防止饥荒的最主要原因，在于它可以用社保基金来避免由于失业等原因而引起的贫穷；在保障人民不受饥饿威胁的同时，继续减少贫富之间的鸿沟，增加他们在医疗、精神和文化等领域的消费。从实质上讲，社会保障支出就是国家对因多种原因造成临时或永久丧失劳动能力、失去工作机会或生活陷入困境的人所进行的一项基本生活保障支出。一些学者认为，通过社会保障支出可以持续地增加居民的就业率、提升收入水平，从而减少贫富差距。毋庸置疑，社会保障是提高低收入者福利水平的重要政策手段。

此外，一些学者认为社会保障支出的增加会带来居民娱乐休闲消费支出的增加，从而提升居民的生活质量；与此同时，社会保障支出也对居民的幸福感产生重要的影响。Rose（2003）发现政府福利政策的变动对民众幸福感有很大的影响，政府增加社会保险的支出提升了居民的幸福感，毫无疑问，幸福感也是居民福利水平中一个重要的维度①。

三、促进实现京津冀共同富裕的实践基础

（一）相近的区位条件

京津冀“2+11”个城市中，城市之间多为相邻关系。作为两个核心城市，北京与天津地界相连，两城市之间的主要城镇公路里程数仅为136公里。被誉为“京津走廊上的明珠”的廊坊市地处京津之间，距离京津仅为63公里和83公里；距离京津最远的邯郸市，公路里程分别为456公里和460公里；区域内两个城市间地理距离最远的邯郸市和张家口市，两个城市间的公路里程距离仅为736公里。

随着京津冀区域经济的发展，京津冀区域间的交通设施愈加完善，高速公路、城际铁路、市郊铁路、高速铁路的延伸不断缩短京津冀各个城市间的时间距离，地理距离的影响正在逐步被弱化。京津两市之间仅需花费33分钟就可

---

① 刘一伟：《社会保障支出对居民多维贫困的影响及其机制分析》，《中央财经大学学报》2017年第7期。

抵达对方的市中心，而廊坊与京津之间仅需20分钟和17分钟，即使是地理距离最远的邯郸市，抵达京津也仅需1小时54分钟和2小时21分钟。越织越密的京津冀交通大网，将京津冀区域紧紧地集聚在一起。

（二）相似的人文环境

在我国漫长的历史中，京津冀区域间具有较深的渊源。早在春秋、战国时期，太行山各流域就已成为京津冀人口频繁活动的区域。北京作为明朝的北平府和清朝的顺天府时，河北的遵化、霸州等地就包含在其管辖区域内；而在民国时期，北平和天津同属于河北即直隶省；新中国成立后，北京被确定为首都，天津是直辖市；1958年2月，天津成为河北省省会。1967年1月，河北省省会迁至石家庄，天津重新成为直辖市。在这交叉与变更中，京津冀区域相对较为稳定，不仅拥有相连的地脉，高度同源的冀文化和京津文化的文脉，又由于京津两市内嵌于冀域之内，区域间长期的人口往来与流动，还形成了相通的人脉。

（三）互补的要素禀赋

京津冀区域要素禀赋的优势各有不同，区域间各辖区在经济与社会发展的过程中彼此需求，具有相互依存且相互服务的互补关系。

北京作为一座历史悠久的古都，是多个朝代的首府，曾有“燕都”“燕京”“北平”“京兆”等别称。作为首都，北京拥有的政治地位和政治影响力，使其具有其他城市不可比拟和无法复制的独特性。而北京得天独厚的政治资源，不仅聚集了全国各地的政治和社会精英，而且成为具有超强资源吸附能力的财富聚集之地。

天津临水而建，拥有丰富的水资源。天津附近汇集了海河、北运河、永定河、大清河、子牙河、南运河六条河流，以及子牙新河、独流减河、马厂减河、永定新河、潮白新河、还乡新河六条人工河道，以及20世纪80年代兴修的引滦入津水利工程。天津是中国北方最大的沿海开放城市，其滨海新区建有世界等级最高的天津港。

河北省有较为明显的矿产资源、土地资源和劳动力资源优势。一是矿产资源。河北省已发现矿产156种，占全国总矿产种类总量的65.82%，分布在唐山、保定、邯郸等地，资源储量占据全国前五位的有39种。其中，唐山和沧州的地下苦卤资源储量较高，全省的海盐年产量占全国的21.2%；河北省海域的油气资源较为丰富，有冀东、大港、渤海三大油田；河北省长达487公里的海岸线，有秦皇岛、唐山、黄骅三大港口。二是土地资源，河北可用土地资源较为丰富，全省土地面积共计 18.85 万平方公里，其中农用土地为 13.168 万平方公里，建设用地 2.011 万平方公里，未利用土地 3.675 万平方公里。[①] 三是劳动力资源，河北省的劳动力资源较丰富，2021 年河北省的劳动人口 4905.28 万人，北京的劳动人口 1612.12 万人，天津的劳动人口仅 972.18 万人，分别是河北的 32.86% 和 19.82%。[②]

（四）显著的政府导向

京津冀区域的形成过程具有显著的行政性色彩，具体体现在京津冀区划的行政性和京津冀协同发展的政府主导性。首先，针对京津冀区划的行政性而言，京津冀区域是北京市、天津市以及河北省行政区划地理范围的简单加总，并未基于该区域发展趋势而对其进行重新的地界整合与划分。实际上，在中国行政等级的高低与资源配置的主动性和资源的优质程度有着直接的联系，即行政等级越高的地区，资源配置的自主性越高，资源吸附的能力越强。反之，行政等级越低的地区，资源配置的被动性越强，资源“逃逸”的可能性越大。在京津冀区域之内，由于行政等级的不同，河北长期处于弱势地位。京津与河北 11 个地级市之间的行政等级差异化程度在不断被放大。其次，针对京津冀协同发展的政府主导性而言，一方面，京津冀目标设定上有较为明显的政府主导性。一般的区域发展，通常以缩小区域内辖区间的差距，实现区域整体快速、长效发展为最终目标。京津冀区域发展虽然也提倡通过优化产业结构、提高资源配置效率等途径实现区域内各辖区经济与社会差距的缩小，但设计的区域发展目标初衷则是强调北京首都功能的保障和非首都功能的疏解。虽然两个目标并不存在本质上的冲突，但政府主导在京津冀区域发展中的作用已十分明朗。而另一方面，京津冀区域发展的路径选择上有明显的政府主导性。一般区域发展多依据区域内各辖区的自身比较优势，在竞争与合作中协商确定各自的产业分工和功能定位，具有一定的市场自发性。京津冀协同发展与珠三角、长三角区域的发展主要依赖于市场力量不同，其产生于政府行为，是由顶层设计和规划启动的，具有较为明显的行政色彩。

---

① 数据来源：河北省国土资源厅：http://www.hebgt.gov.cn/。

② 数据根据《中国统计年鉴 2022》计算所得。

第二节　共同富裕的发展演变及规律

一、共同富裕的发展演变

（一）新中国成立之初：以社会主义促共富

社会主义革命和建设时期，毛泽东首次提出“共同富裕”这一概念。中国共产党主张以建立社会主义制度保证共同富裕，即通过农业合作化与破除资产阶级法权为共同富裕奠定基础。

1.“共同富裕”的首倡及基本内涵

新中国成立之初，以毛泽东为代表的共产党人秉持一切为了人民、为了人民的一切的思想原则，旨在让人民摆脱贫困生活，走向共同富裕。毛泽东在1953年首次提出“共同富裕”，即“农民能够逐步完全摆脱贫困的状况而取得共同富裕和普遍繁荣的生活”。[①] 此时的共同富裕思想主要包括以下三个方面的内容：一是就共同富裕的主体而言，主张所有人都富裕起来，即不分地区、不分民族，无论是沿海或是内陆地区，城市或是农村地区，都要走向富裕；二是就共同富裕的内容而言，其不仅仅是指物质生活资料的富裕，还包括精神生活的富裕，二者缺一不可；三是就共同富裕的特征而言，共同富裕不是同步富裕，也不是平均富裕，是有一定差别的富裕。

2. 通过合作化使农民富裕起来

新中国成立后不久，中国共产党领导农民走上合作化的道路，逐步把个体所有制的小农经济改造为社会主义集体经济。之所以实行合作化，是因为其一方面消除了农村产生两极分化的可能，另一方面还可以把农村力量集中起来，集中力量办大事，提高农村生产力发展水平。

3. 破除资产阶级法权保证平等富裕

1957年以后，市场、商品、工资等级制被看作是具有资本主义性质，会

---

① 《毛泽东文集》第6卷，人民出版社1999年版，第442页。

导致两极分化，因此毛泽东提出了破除资产阶级法权的思想①。其旨在通过破除工资等级制等，对贫富差别的程度加以控制，进而实现每个人的平等富裕，但实际上在一定程度抑制了劳动者的积极性，抑制了社会生产力的发展，从而使社会整体上缺乏由先富带动后富的社会活力。

（二）改革开放时期：以先富促共富

改革开放后，中国共产党人进一步丰富发展了共同富裕这一理念。邓小平明确指出共同富裕是社会主义的本质要求，并通过“两个大局”发展思想推进共同富裕。

1. 共同富裕是社会主义的本质要求

邓小平在南方谈话时指出：“社会主义的本质，是解放生产力，发展生产力，消灭剥削，消除两极分化，最终达到共同富裕。”② 从共同富裕的内涵来看，就是使所有人达到富足的状态，同时要反对平均主义；从共同富裕的实现途径来看，就要解放生产力、发展生产力；从实现共同富裕的结果来看，就是要避免两极分化。

2. 以“两个大局”推动共同富裕

“两个大局”中的第一个大局就是利用好东部沿海地区的发展优势，率先发展东部地区，加强与外界的经济文化交流，利用外资推动国内经济的发展，不断提高经济发展水平，东部地区人民生活也会随之改善，中西部地区要服从率先发展东部沿海地区这个大局；第二个大局就是待到东部地区经济发展较好的情况下，充分发挥其积极作用，利用已具备的优势带动中西部落后地区发展，尽可能地弥补中西部地区技术、资金、设备等方面的不足，充分发挥中西部地区的自然资源优势，不断提高中西部经济发展水平，改善人民生活。“两个大局”旨在使沿海地区与内地形成一个良性循环，在一定程度上避免贫富差距过大。因为如果只发展东部沿海地区，必定会造成两极分化，贫富差距只会越来越大，富者愈富，贫者愈贫，只会激化社会矛盾，所以为了避免这一问题，“两个大局”思想从开始构想就做好了战略部署，为人民共富打下扎实基础。

---

① “资产阶级法权”又称“资产阶级权利”，最早由马克思提出，指的是按劳分配中等量劳动与等量劳动相交换的平等权利。因为这一平等的权利是在资产阶级反对封建特权的斗争中确认的，是资产阶级思想家概括的，因此马克思称它为“资产阶级权利”。

② 《邓小平文选》第3卷，人民出版社1993年版，第373页。

（三）市场经济确立之初：防止两极分化

在党的十三届七中全会闭幕时，我国强调先富带后富的实施中要尽量防止两极分化，避免发展差距过大。在社会主义市场经济条件下，20 世纪 90 年代经济发展水平虽然整体呈上升趋势，但出现了收入悬殊的问题，基尼系数也在不断扩大。对于收入差距的问题，我国充分认识到在现阶段出现收入差距现象是正常的，但必须保持在一定范围内，不能过大，否则会产生分化，不利于社会经济健康发展。为了有效避免两极分化，我国还提出在保持经济快速发展的同时，要提高居民的收入，处理好居民收入分配的问题，尤其是过高收入和过低收入，要采取不同手段将收入差距控制在合理的范围之内，以保障最广大人民的根本利益。

（四）市场经济体制改革深化期：以构建和谐社会促进全体人民共享社会发展成果

构建和谐社会是实现共同富裕的应有之义。随着改革开放带来的新变化，国内经济飞快发展，规模巨大，程度更深，这是中国乃至世界绝无仅有的，同时也给共同富裕带来巨大的挑战。因为在经济发展的过程中会涉及多方利益，不同利益主体在发展中难免会产生差距，会出现不同群体之间收入不和谐的现象。为了有效兼顾不同主体的利益，我国提出构建和谐社会，处理好人与人、人与社会、人与自然间的关系，让低收入群体共享社会发展成果。其具体措施是更加注重民生建设，积极推动社会主义新农村建设，为人民提供一个良好的生活环境，同时不断提高人民收入，缩小低收入群体比例，进而创造出和谐、美丽、充满活力的社会景象。这一时期我国主要是通过构建和谐社会促进全体人民共享发展成果，为全体人民走向富裕提供保障。

（五）中国特色社会主义新时代时期：扎实推进共同富裕

新时代以来，以习近平同志为核心的中国共产党人不断丰富共同富裕思想，将扎实推进共同富裕作为治国理政的核心任务，明确共同富裕是中国式现代化的重要特征，要在高质量发展中促进共同富裕。

1. 把共同富裕摆在更加重要的位置

在中国共产党成立一百周年之际，中国共产党带领全国人民打赢了脱贫攻坚战，实现了从小康之家到全面小康的历史性成就，领导着中国人民完成了第一个百年奋斗目标，在经济、政治、社会、民生等方面为实现全体人民共同富裕创造了良好的条件，也为实现第二个百年奋斗目标打下了扎实的基础。这既是人民对幸福生活的期盼，也是中国共产党的奋斗目标，因此共同富裕被置于更加关键的位置。

2. 共同富裕是中国式现代化的重要特征

共同富裕是中国人民几千年来不断追求和渴望的，也是中国共产党人始终为之不懈奋斗的目标。实践证明，经过40多年改革开放发展，我国在社会发展的各个方面都获得了极大的提升，特别是经济持续快速发展，人民的生活水平取得了历史性进步。现阶段，我国仍然处于社会主义初级阶段的基本国情没有变，立足当下党情国情世情，我国仍需不断促进生产力的发展，提升科技创新在全面建成社会主义现代化强国中的重要支撑作用，为加强高质量人才队伍建设、实现我国经济水平更上一个台阶而不懈努力。贫穷不是社会主义，区域、城乡存在明显差距也不是社会主义，人人共享发展成果、全体人民共同富裕才是社会主义的本质要求，这也正是中国式现代化的本质特征和内在要求。

3. 共同富裕具有多方面新内涵

进入新时代，以习近平同志为代表的中国共产党人立足新的历史发展阶段，对共同富裕的思想进行了进一步的充实，具体体现在共同富裕的主体、内容、实现过程以及方法等方面。首先，就共同富裕的主体而言，共同富裕不是一部分人和一部分地区的富裕，而是全体中国人民的富裕。其次，就共同富裕的内容而言，共同富裕不仅包括物质财富，还包括精神财富。再次，就共同富裕的实现过程而言，共同富裕的实现过程是逐步推进的过程。最后，就共同富裕的方法上来看，重点是要激发人民的主动性与积极性。

4. 在高质量发展中促进共同富裕

当前中国已经进入高质量发展阶段，其表现在各领域、各方面，相应地对共同富裕也提出了新的要求。过去人民对共同富裕的追求仅停留在基本物质生活方面，但随着社会生产发展的进步，人民也在追求更好的生活品质，所以高质量发展是为了满足人民对美好生活的更高向往而提出的。

高质量发展与共同富裕是相互统一的。实现共同富裕的基础是高质量，同时高质量发展的目标是共同富裕，唯有推动共同富裕，才能提高全要素生产率，夯实高质量发展的动力基础。由此可见，高质量发展与促进共同富裕之间是共生共长、相辅相成的关系。

那么，在高质量发展中如何推进共同富裕呢？首先，发展是必由之路，要坚持将发展的重点放在实体经济上，充分发挥新一轮科技革命的作用，利用先进信息技术，深入实施创新发展战略，构建新发展格局，转变发展方式，坚持将创新发展置于新时代建设的核心位置，建设创新型城市与国家。其次，还需要注意发展的全局性、协调性、平衡性，对乡村发展模式进行创新，充分利用都市现代工业的辐射效应，促进乡村相关行业的发展，为最终实现共同富裕打下坚实的物质基础。

5. 分三步基本实现人民的共同富裕

党的十九届六中全会指出，根据当前发展的现实状况来看，走向共同富裕是一个循序渐进的过程，我们要尽力而为，量力而行。目前，我们正处于扎实推动共同富裕的历史性时期，在发展的过程中不可能一口吃成胖子，要脚踏实地考虑发展的现实性与渐进性，切不可好高骛远。站在两个百年奋斗目标的交汇点，我们正处于新的历史方位，实现共同富裕是一个长期的历史过程，我们不能做超越阶段的事情。

实现共同富裕需要分为三个阶段来完成：第一阶段是在“十四五”末迈出坚实步伐；第二阶段是到 2035 年取得实质性进展；第三阶段是到新中国成立一百年，基本实现全体人民共同富裕，物质生活富足、精神生活富裕、环境宜居、社会保障兜底、公共服务完善。可以说，实现共同富裕是一个从低级到高级、不平衡到平衡、不充分到充分的历史发展过程，只有分阶段进行才能实现全体人民共同富裕①。

二、以实现共同富裕为目标的收入分配制度探索

（一）社会主义革命和建设时期对收入分配制度的理论探索及实践（1949—1978 年）

从中华人民共和国成立到改革开放，我们国家的经济经历了从恢复国民经济，到社会主义生产资料所有制改造，再到社会主义建设。在此期间，中国共产党在坚持以公有制为主的基础上，逐步确立了按照社会主义经济体制进行按劳分配的基本原则。但是，由于受极左思潮的影响以及“文化大革命”时期“四人帮”对按劳分配原则的歪曲与抹黑，收入分配制度在理论与实践探索上经历了一次曲折。

---

① 郑茹：《中国共产党百年来对共同富裕的追求与实践》，西北政法大学 2022 年硕士学位论文。

1. 国民经济恢复及过渡时期关于收入分配问题的思考及实践（1949—1956年）

1953年，我国通过对农业进行社会主义改造，使之成为一种高度发达的合作社，从而克服工农不相适应的矛盾，使农民逐步摆脱了脱贫，并致力于使全体中国人民取得共同富裕，走向普遍繁荣的生活。但是实现共同富裕并非一朝一夕之功，而是一个长期、复杂的历史进程。1956年，我国完成了社会主义改造，基本上确立了按劳分配制度。按照马克思所描述的共产主义社会分配方式，最终是要实现“各尽所能，各取所需”的按需分配。毛泽东认为，按需分配实现的前提条件是物质产品极大丰富，倘若没有这一条件，过早地进行按需分配，而否定按劳分配原则，只会妨害人们劳动的积极性，并不利于生产的发展，也不利于社会产品的增加，从而不利于促进共产主义的实现。

在农村，我们也逐渐确立了按劳分配制度。1956年6月，第一届全国人民代表大会第三次会议规定在高级社中实行“各尽所能，按劳取酬”的分配准则。由于高级社内部实行完全的工分制，因此，在分配方针上，主要是将各种减去后的剩余物分成两种，一种是“工分粮”，另一种是“基本口粮”，其中，基本口粮是最重要的。该条规定要求在给社员分发口粮时，应当按人口的数量来分发，而超出口粮的部分，则“可以按照各个社员所做劳动日的多少进行分配”，这就说明，在高级社中按劳分配已经是一种普遍的分配方法，它具有社会主义的性质。但是，在高级社里，虽以工分制和劳动日作为工资的计算标准比较简单，计算难度却非常大，因而在实际分配上出现了严重的平均主义倾向。

在城市，由于国营经济占主导地位，因此为按劳动分配制度的确定提供了基础。1953年过渡时期总路线公布后，供给制逐渐淡出了历史舞台，取而代之的是实行工资制。1955年，国务院颁布了《关于国家机关工作人员全部实行工资制和改行货币工资制的命令》，其中指出，我国曾经实行的供给制与“按劳取酬”“同工同酬”以及社会主义建设的要求相违背，要求改为工资制，个人及其家庭成员的生活费由个人承担。

2. 问题的思考及实践（1956—1978年）

党的八大报告明确指出，国内的主要矛盾已经发生变化，其本质是社会主义先进制度和社会生产力落后间的矛盾。从1956年开始，我们党在对社会主义建设道路的探索中存在着一些认识与实践上的偏差，具体表现为：政治上扩大了“反右倾”的范围，之后又提出了阶级问题是国家主要矛盾的错误命题，与“八大”的正确判断相背离；经济上发动了全国范围内的“大跃进”和人民公社化运动。在这种思潮的影响之下，严重影响着我国的农村和城市的收入分配关系。

在农村，随着人民公社化的发展，人们提出要求实行工分制和供给制相结合的分配方式，本质上仍然是社会主义按劳分配原则，但具有一定的共产主义特征。供给制带有鲜明的平均主义色彩，其具体体现在开设公共食堂、实行“大锅饭”等方面。此外，由于把生产大队作为统一的分配单元，在各生产小队中又造成了平均主义，即“一平二调”[①]的“共产风”。为此，1962年党中央将基本核算单位下放到生产小队，生产队内部按工分进行分配，这一举措解决了队与队之间的平均主义问题，但是户与户之间的平均主义仍然存在。

在城市，由于缺少经济建设的经验并受“左倾”错误思想的影响，按劳分配的收入分配原则屡遭冲击。在“大跃进”和人民公社运动中，强调“政治挂帅”，试图用政治思想工作完全替代物质激励以调动劳动者的积极性。计件工资和原有奖励制度也被一度取消，并实施了带有按需分配和平均主义特征的“供给制”，这显然超越了当时的社会生产力发展水平，导致大量资源的浪费。在1960年初期，按劳分配制度和政策才得以恢复[②]。

“文化大革命”期间，平均主义思想走向极端，否定物质利益的观念盛极一时，不但将按劳分配视为“资产阶级法权”，还将收入分配差别视为剥削，社会主义按劳分配制度遭到严重破坏，这不但有悖于共同富裕的目的，而且有损于广大人民群众的积极性，妨碍社会生产力的发展。应当指出，这一以“绝对平均主义”为幌子，以否定按劳分配为导向的、不符合中国国情的“极端左翼”的收入分配理论与实践，尽管产生影响的时间不长，却严重破坏了公有制的声誉，也使党在以共同富裕为目标探索合理收入分配制度中走了一段弯路。

1975年，邓小平主持了党中央日常工作，开始了对国民经济的整顿工作。1977年，他提出，如果不重视工资的差异，就会造成看似公平，其实并不能

---

① “一平二调”是指在人民公社内部所实行的平均主义的供给制、食堂制（一平），对生产队的劳力、财物无偿调拨（二调）。

② 潘春阳，吴柏钧：《构建公平合理的收入分配制度：新中国七十年探索》，《中央社会主义学院学报》2022年第4期。

调动人们的积极性，也不符合按劳分配的原则。邓小平对 1977 年以来连续 4 次的按劳分配理论讨论会给予高度重视，并于 1978 年 5 月 5 日以“特邀评论员”的身份在《人民日报》上发表了《贯彻执行按劳分配的社会主义原则》一文，为按劳分配制度正名。

纵观这一时期党对收入分配思想的发展历程和政策轨迹，我们可以看到，在毛泽东为首的第一代中共领导人的带领下，中国共产党把追求共同富裕、避免贫富两极分化作为自己的奋斗目标，并以公有制为依托，在中国这个相对落后的社会主义国家中，确立了一套适于其发展的按劳分配制度，并实行了一系列与之配套的政策，是一个伟大的创举。但是，在 1957 年之后，因急于完成从社会主义到共产主义的转变，导致了党的理论和政策脱离了中国实际，曾经有一段时间，绝对平均主义打击了人民的工作热情，阻碍了国家经济效率的提高。随后，以邓小平为首的领导人实行“拨乱反正”，重新确立了我国实行按劳分配的分配原则。

（二）改革开放到党的十八大对收入分配制度的理论探索及实践（1978—2012 年）

党的十一届三中全会以来，党领导人民积极探索具有中国特色的社会主义道路，并逐步确立了与中国特色的社会主义经济相适应的分配制度。在党的十八大以前，我国的经济在经历了 30 年的高速发展之后，基本解决了人民的温饱问题，超过 90% 的农村贫困人口都已经实现了脱贫，在全面建成小康社会方面也取得了重大进步。但是，伴随而来的是区域、城乡经济社会发展的不均衡和收入分配不平等的现象。这一时期，在收入分配问题上，首先构建了一套符合中国特色的社会主义经济体制。与此相适应，我国构建了以按劳分配为主，按劳动、资本、技术和管理等生产要素的贡献参与分配的收入分配制度。

1. 坚持按劳分配原则，多种分配方式并存

党的十一届三中全会以后，为了更好保障人民利益，中国共产党适时调整分配政策，在坚持社会主义基本原则的基础上，提出“按劳分配为主体，其他分配方式为补充”政策。党的十三大报告明确指出：“社会主义初级阶段的分配方式不可能是单一的。我们必须坚持的原则是，以按劳分配为主体，其他分配方式为补充。”① 之后，党的十四大报告再次明确指出，在分配制度上，

① 十三大以来重要文献选编（上）[M]．北京：人民出版社，1991：32.

我们党坚持“以按劳分配为主体，其他分配方式为补充，兼顾效率与公平。运用包括市场在内的各种调节手段，既鼓励先进，促进效率，合理拉开收入差距，又防止两极分化，逐步实现共同富裕”。① 1993 年在党的十四届三中全会提出的“按劳分配为主体、多种分配方式并存”分配政策的基础上，党的十五大又提出了对于完善分配结构和分配方式的具体要求贯彻政策，尤其指出，“把按劳分配和按生产要素分配结合起来”，这充分体现了尊重社会主义初级阶段的生产力发展水平和要求做出的科学的分配政策调整。党的十五大也提出了“取缔非法收入”“整顿不合理收入”等问题，坚持多种分配方式并存，并不是任由市场主体在市场经济条件下毫无约束地决定支配劳动人民的收入，而是充分尊重“多种分配方式”的前提下，在社会主义市场经济条件下有序开展经济活动和收入分配调整，从而实现“规范收入分配，使收入差距趋向合理，防止两极分化”② 的目的。党的十六大又提出“确立劳动、资本、技术和管理等生产要素按贡献参与分配的原则”③，并逐步完善收入分配政策，强调扩大中等收入比重，提高低收入者收入水平。党的十七大将党的十六大提出的按贡献分配原则确立为“按贡献参与分配的制度”，以制度形式确立下来。

2. 深化收入分配制度改革

（1）正确认识收入分配不公问题。随着改革的不断深化，经济生活中出现了城乡、个人以及行业之间的收入分配差距越来越大，劳动报酬在初次分配中所占比例偏低等问题，这些都引起了党的高度关注。收入分配的不公平主要体现在两个方面：一是收入平均化，这一现象主要出现在由国家直接控制的岗位上，比如国有企业和事业单位，目前还没有形成有效的收入调整机制。二是收入差距过大，这一现象主要是由我国收入分配制度体系不健全导致的，比如初次分配不健全导致的寻租、设租等腐败问题以及非法收入现象的存在，各级财政的社会保障和转移支付缺乏制度化的有效保障而弱化再分配的调节作用，慈善捐赠机制不健全导致慈善捐赠机制规模较小等。

（2）完善收入分配制度。一是健全基础的分配体系。1997 年，党的十五

---

① 十四大以来重要文献选编（上）［M］. 北京：人民出版社，1996：19.

② 十五大以来重要文献选编（上）［M］. 北京：人民出版社，2000：24.

③ 十五大以来重要文献选编（上）［M］. 北京：中央文献出版社，2005：21.

大报告提出要坚持并完善基本分配制度，将按劳分配和按生产要素分配结合起来，进一步完善了我国基本分配制度。党的十六大又进一步确立了劳动、资本、技术和管理等生产要素按贡献参与分配的原则，肯定了劳动和非劳动生产要素在财富创造中具有同等的价值。

二是兼顾效率与公平。初次分配和再分配要兼顾好效率和公平的关系，但各有侧重。初次分配注重效率，发挥市场的作用，鼓励一部分人通过诚实劳动、合法经营先富起来，而再分配注重公平，加强政府对收入分配的调节职能，调节差距过大的收入。

三是规范收入分配秩序。2003 年通过的《中共中央关于完善社会主义市场经济体制若干问题的决定》要求推进收入分配制度改革，重视解决部分社会成员收入差距过分扩大问题。以共同富裕为目标，扩大中等收入者比重，提高低收入者收入水平，调节过高收入，取缔非法收入；加强对垄断行业收入分配的监管；健全个人收入监测办法，强化个人所得税征管；完善和规范国家公务员工资制度，推进事业单位分配制度改革。

四是增加居民收入。党的十七大提出，逐步提高国民收入分配中居民收入所占的比重，提高劳动报酬在初次分配中的比重。2010 年，在“十二五”规划中要求，努力实现居民收入增长和经济发展同步、劳动报酬增长和劳动生产率提高同步，这也成为衡量城乡居民收入增长的一个重要指标。除此之外，为了保障劳动者的合法权益，国家先后颁布了《劳动合同法》《就业促进法》等法律法规。

五是建立健全社会保障体系。社会保障作为再分配的主要手段之一，也是调节社会分配的一项基本制度。1989 年，为了缓解我国的收入分配不公平现象，我国提出需要构建和完善社会保障制度。2003 年，我国提出要加快建设与经济发展水平相适应的社会保障体系，包括完善基本的养老、失业、医疗、工伤、生育等方面的保险制度，并对农村地区的最低生活保障制度进行了探索。2007 年，我国把社会保障制度扩展到了城乡居民，使得每个人都能享受最基本的生活保障，享受发展的成果。党的十七大指出，要让所有人都能学有所教、劳有所得、病有所医、老有所养、住有所居，并对构建和健全中国特色的社会保障体系做出了具体的安排，其中包括：以社会保险、社会救助、社会福利为基础，以基本养老、基本医疗、最低生活保障为主要内容，以慈善事业、商业保险为补充。在此期间，按照“广覆盖、保基本、多层次、可持续”

的十二字方针，我国初步建立了具有中国特色的社会保障制度。

（三）习近平新时代中国特色社会主义收入分配理论与实践（2012 年至今）

党的十八大以来，随着我国经济发展进入新常态，转变经济发展方式，推动经济结构优化和转型升级，由高速增长阶段转向高质量发展阶段成为必然选择。同时，我国也进入全面建成小康社会的决胜期，在习近平新时代中国特色社会主义经济思想的指引下，党的收入分配理论和实践进入了一个新的阶段。

1. 新时代收入分配制度的发展和完善

（1）深化收入分配制度改革。2013 年，国务院提出了深化收入分配制度改革的总体思路，即在改革中坚持共同发展、共享成果，坚持注重效率、维护公平，坚持市场调节、政府调控，坚持积极而为、量力而行。此外，还指出初次分配和再分配要兼顾好效率和公平的关系，初次分配既要注重效率，也要关注机会平等；而再分配既要更加注重公平，着力缩小收入差距，也要加强对公共资源的配置效率。

（2）调整国民收入分配格局。党的十八届三中全会通过的《中共中央关于全面深化改革若干重大问题的决定》（以下简称《决定》）提出，要保护合法收入，调节过高收入，清理规范隐性收入，取缔非法收入，增加低收入者收入，扩大中等收入者比重，努力缩小城乡、区域、行业收入分配差距，逐步形成橄榄型分配格局。“十三五”规划进一步指出，要规范初次分配，加大再分配调节力度。我国继续执行提高低收入者收入、扩大中等收入者比重的政策。

（3）健全收入分配体制机制。《决定》指出，要加强对劳动收益的保护，规范收入分配，健全要素市场参与分配的报酬机制，健全各类工资和津贴的增长机制，保证投资收益，提高居民收入，完善再分配的调节机制等措施。2020 年《中共中央关于制定国民经济和社会发展第十四个五年规划和二〇三五年远景目标的建议》提出，为提高居民收入水平，一是要坚持并完善基本分配制度、增加劳动报酬所占比例、完善工资制度和工资增长机制、优化收入分配结构；二是要健全并完善生产要素配置体系，增加中低收入群体要素收入，探索以要素使用权和收益权为主要手段，提高居民财产收入的多元化途径；三是要完善再分配调节机制，提高调节的力度，增强调节的准确性，同时也要加强对收入分配秩序的管理。

2. 打好扶贫攻坚战，实施精准扶贫战略

随着《国家八七扶贫攻坚计划（1993—2000 年）》和《中国农村扶贫开

发纲要（2001—2010 年）》的实施，我国扶贫事业取得了巨大成就。中国特色社会主义进入新时代后，脱贫问题已成为我国全面建成小康社会必须解决的一个重大问题。为了进一步加快贫困地区发展，促进共同富裕，到 2020 年全面建成小康社会奋斗目标，我国特制定《中国农村扶贫开发纲要（2011—2020 年）》，本纲要将重点放在改善民生、完善基础设施、完善基础公共服务体系、缩小城乡发展差距、推进城乡区域协调发展方面。精准扶贫和精准脱贫突出“精准”，即要找准“贫根”，对症下药，保证所有政策红利都落到实处，有针对性地进行治疗，这是我们党在扶贫工作中采取的一项重大措施。而今，我国已经于 2020 年实现了全面脱贫，中国共产党人在世界减贫战争史上开创了“中国奇迹”。

3. 保障和改善民生，实现社会公平正义

“全面”和“小康”缺其中任何一个都不算真正实现了目标，都不能得到人民群众和国际社会的认同。“全面”一词包含了多个层面，具体到民生方面，就是要涵盖所有的人群。要按照人人参与、人人尽力、人人享有的要求，坚守底线、突出重点、完善制度、引导预期，注重机会公平，着力保障基本生活；除此之外，覆盖的领域也要全面，包括要缩小城乡区域发展、居民收入水平、人民生活水平、基础设施、基本公共服务等方面的差距。我国还提出要以促进社会公平正义，增进人民福祉为出发点和落脚点，为此，一方面要将“蛋糕”再做大一些，以经济建设为中心，推动经济和社会的可持续发展；另一方面，在做大“蛋糕”的基础上还要分好“蛋糕”，要推进社会公平与正义，建立健全社会保障体系。要把“蛋糕”做大，就必须发挥广大人民群众的积极性、主动性、创造性，将所有人的力量都投入到建设中国特色社会主义这一伟大事业中去；把“蛋糕”分好，就要扩大中等收入群体，形成橄榄型的收入分配格局，特别是加大对贫困人口的帮助，确保脱贫的最终胜利①。

三、共同富裕发展演变的规律

（一）坚持党在分配制度改革中的坚强领导作用

党之所以能够在我国分配制度改革中发挥领导作用，从理论上看，是由其

① 谢地，武晓岚：《以实现共同富裕为目标探索合理的收入分配制度——建党百年收入分配理论演进与实践轨迹》，《学习与探索》2021 年第 10 期。

性质决定的。所谓分配，就是将社会产品按照一定的制度规则分给社会成员。可见，分配事关每个人的切身利益，归根结底是对经济利益关系的调节。分配制度的制定者能否做到公正无私直接关涉到分配结果是否公平合理。马克思曾在《共产党宣言》中首次对共产党人的性质作出说明，即“他们没有任何同整个无产阶级的利益不同的利益。他们不提出任何特殊的原则，用以塑造无产阶级的运动”。以马克思主义为信仰的中国共产党始终坚守共产党人的这种无私本性，毫无自身特殊利益要求，所以其与分配制度改革对领导者的性质要求相契合。

从实践上看，中国共产党在百年历程中在分配方面的做法证明其具有领导分配制度改革的能力。首先，党能够敏锐洞察国情社况，精准把握分配需求。如大革命失败后，党能够及时认识到占据我国人口绝大多数的阶级是农民这一群体，革命的根本问题在于解决农民土地问题，所以当时的分配制度主要针对土地这一生产资料。其次，党能够顺应社会发展要求，制定合理的分配制度与政策。如土地革命时期，反对专制统治、求民主得解放是当时我国社会发展之要求，所以党适时领导制定了按人口平均分配土地的分配制度，以使农民群体在经济上能够挣脱地主阶级的剥削和压制，获得土地所有权和生产自主权。再次，党能够采取积极行动，落实分配政策。如党在开展打土豪分田地运动前会召开“军民诉苦大会”，其目的是通过此种方式激起和加深民众对土豪地主的不满情绪，从而为平分土地做好舆论准备和群众动员。最后，党能够接受分配实践反馈，及时总结经验教训，调整分配制度与政策。如党于 1928 年制定的《井冈山土地法》则是“总结井冈山革命根据地一年来土地斗争的经验”的产物。由上述分析可知，坚持发挥党在分配制度改革中的领导作用是使我国分配制度日趋公正合理的正确选择，这一经验来源于我们对理论、实践和规律的科学总结。

（二）坚持人民在分配制度改革中的利益中心导向

分配制度改革作为我国经济工作的重要组成部分，党始终将维护和保障人民切身利益放在优先考虑的位置，这是党不忘初心使命的生动体现。党坚持人民在分配制度改革中的利益中心导向有着科学的理论支撑。马克思主义是关于人类解放的学说，人民立场是马克思主义理论的根本立场。马克思在担任《莱茵报》编辑期间就为维护人民利益而犀利抨击普鲁士政府的反动统治。在《1844 年经济学哲学手稿》中，他深刻揭示出资本主义社会中人被“异化”的现象，并寻求化解之径。在《共产党宣言》中，马克思指出代替资本主义社会的“将是这样一个联合体，在那里，每个人的自由发展是一切人的自由发展的条件”。在《哥达纲领批判》中，马克思所构想的共产主义社会高级阶段的显著特征为“各尽所能，按需分配”，即以人的需求为尺度分配社会产品，再次展现出鲜明的人民立场。由此可见，始终以“现实的人”作为研究的前提和归宿，实现每个人的自由全面发展是马克思的理论追求，这也决定了以马克思主义理论为指导的中国共产党必然有坚定的人民立场和维护人民利益的价值取向。

（三）坚持将马克思主义分配理论与我国具体国情相结合

正确处理马克思主义分配理论与我国具体国情之间的关系，是分配制度改革面临的重大问题。没有理论的指导，改革就会失去正确方向，不注重现实具体国情，改革就会脱离现实需要，无法落地生根。改革开放前，由于党对我国现实国情缺乏深度把握，对我国社会处于哪一发展阶段缺乏正确判断，对于什么是社会主义、怎样建设社会主义缺乏全面认识，于是对马克思的分配理论进行了教条化理解，在分配方面将平均主义的供给制视为带有按需分配性质的分配方式，结果在激发劳动者生产积极性方面事与愿违。改革开放后，我国重新确立起实事求是的思想路线，这为我国进行分配制度改革奠定了思想基础。党和国家领导人认识到我国正处于并将长期处于社会主义初级阶段，因此，他们肯定了各种经济成分的存在都能促进我国生产力的发展。在分配方面，他们打破了平均主义倾向，形成了以按劳分配为主体、多种分配方式并存的分配制度，充分调动了全体劳动者的生产积极性，使国家经济进入日新月异的高速发展阶段。改革开放前后的社会建设实践证明只有充分认识我国具体国情，并在此基础上科学运用马克思主义分配理论，才能解决现实问题，否则便容易陷入教条主义的窠臼之中。

坚持将马克思主义分配理论与中国的客观实情密切联系在一起是中国共产党百年以来在分配制度改革方面获取的有益经验。在新时代，为使全体人民能够真正共享改革发展成果，我们仍旧需要一方面用马克思主义分配理论指导现实；另一方面根据具体国情推动社会分配制度在实践中的创新，以分配制度正义确保分配结果正义[①]。

---

① 孟桢：《百年来中国共产党领导分配制度改革的理论基础、历程全景及其基本经验》，《湖南社会科学》2022 年第 1 期。

第三节　促进实现共同富裕的基础理论

一、公平分配理论

公平分配能够有效缩小收入差距，进而推动实现共同富裕。一是公平分配理论要求坚持按劳分配为主体，多种分配方式并存。按劳分配可以确保劳动和报酬的对等，将劳动者的收入与其劳动的质量和数量相结合，将其工作的积极性和创造性充分激发出来，从而更好地推进全体人民共建共同富裕，并共享共同富裕的劳动成果①。按生产要素分配首先扩大了人们的收入来源，其次能够激励生产要素充分流动，减少甚至杜绝闲置和浪费，也能充分调动要素拥有者的积极性、主动性和创造性，从而创造更多的产出，推进全体人民共建共同富裕。二是公平分配要求充分发挥财政、税收、社会保障等再分配手段对收入差距的调节作用。通过加快推进房产税和遗产税、优化税制结构、健全社会保障制度等调节高收入，逐步形成中间大、两头小的橄榄型分配结构，促进社会公平正义，促进人的整体发展，从而扎实推进共同富裕的实现。三是公平分配要求发挥第三次分配的补充作用。第三次分配的本质内涵是以利他主义的行为方式，完善收入分配格局、健全社会保障体系、弘扬社会善意精神，因此，它填补了市场与政府调节之间的空白，并在帮助社会治理、引导向善的民意方面，发挥了独特的社会价值和独特的功能。第三次分配，作为调整收入分配不均和缩小收入差距的主要途径，正在逐渐发挥“善”经济能量，为中国特色的社会主义分配制度注入新的活力，促进共同富裕②。

二、区域协同理论

“协同”意为互相配合、同心协力，可将其拆分为“协作”与“同步”两

① 陆美微：《马克思主义收入分配公平理论视域下中国收入分配问题研究》，辽宁师范大学 2018 年硕士学位论文。

② 曹胜亮，严郁洁：《共同富裕视阈下我国第三次分配的理论意蕴与逻辑进路》，《湖北社会科学》2022 年第 10 期。

词来理解。德国物理学家赫尔曼·哈肯（Hermann Haken）最早提出了协同理论，在他看来，协同即“系统中诸多子系统的相互协调的、合作的或同步的联合作用、集体行为”。协同理论主要包括以下两个方面的内容：

一是协同效应。它是指复杂开放系统中大量子系统发生协同作用而导致了整体效应的最大化，即 1 +1 +1 >3。对于任何一个复杂系统来说，在外部能源或环境改变的影响下，当其物质的聚合态达到一定的阈值，也就是量变到质变的临界点时，各子系统之间就会发生协同效应，以适应新的能源或环境改变。京津冀区域就发挥了其协同效应，当雾霾越来越严重，已经引起了全世界的关注，所有人都认为该解决的时候，京津冀地区的政府和各部门就会联合在一起，在这种协同作用下，使得系统产生协同效应，即形成了京津冀大气联防联控机制，让京津冀地区的空气质量得到了极大的改善。

二是自组织原理。自组织指的是系统在没有外部能量流、信息流和物质流注入的条件下，它的系统内各子系统之间会按照某种规则，自动地形成一定的结构或功能，它呈现出固有性和自生性的特征。当外部环境发生改变时，系统将主动地对其进行调整，并产生新的协作，进而产生新的时间、空间或功能有序结构。就京津冀区域而言，如果没有党中央、国务院对京津冀地区的顶层设计，京津冀地区的“一亩三分地”格局将不会被打破，而是将继续保持下去。由此可以看出，党中央、国务院对京津冀地区协调发展的高度关注对于推动京津冀区域的协同发展起着关键性的作用①。

三、国民收入循环理论

国民收入循环是一个国家的所有收入被创造后，由其产生的价值到财富的累积所经过的一系列的资金流动与分配的过程。通过对国民收入循环的观察，我们能够了解到企业是怎样将生产要素组织起来进行生产的，价值是怎样被创造出来的，产品是怎样被用于消费的，资本是怎样形成的，居民财富是如何积累的等问题，可以说是观察整体经济循环的有效工具②。

资金流量表是研究国民收入循环过程最有效的分析工具。它对国民财富在各部门之间的分配进行了集中反映，涵盖了国民收入循环的四个环节（吕冰

---

① 王雪莹：《基于协同理论的京津冀协同发展机制研究》，首都经济贸易大学 2016 年硕士学位论文。

② 吕冰洋：《税制结构理论的重构：从国民收入循环出发》，《税务研究》2017 年第 8 期。

洋，2017）。第一个是生产环节，也就是国民收入的初次分配环节，它是由企业主导，通过生产要素创造价值。第二个是再分配环节，政府通过税收、转移性支付等方式，对政府、企业、居民等各个领域的可支配收入进行影响。第三个是使用环节，每个部门都将可支配收入用于投资或消费，这里的消费既包括政府消费，也包括居民消费。第四个是积累环节，即以上所述的投资在政府、企业部门所产生的资金累积，以及在居民部门所产生的财富累积。

财政手段贯穿于国民收入循环全过程。在生产环节中，政府对生产税（主要是增值税）进行征收，以间接税为主体，并通过购买性支出等方式，对整个市场的财富创造产生影响。在这个环节中，劳动要素和资本要素分别获得了初次分配的收入，政府的活动会对要素收入初次分配产生影响。在再分配环节，政府通过所得税（主要是个人所得税和企业所得税）以及转移性支出、国债等财政手段作用于各部门要素收入再分配。在使用环节，居民的消费支出中含有间接税（主要是消费税），从而产生间接税分配问题。在积累环节，对居民财富所课征的财产税（主要是车船税、房地产税和遗产税）会影响到财富的分配①（见图 2－1）。

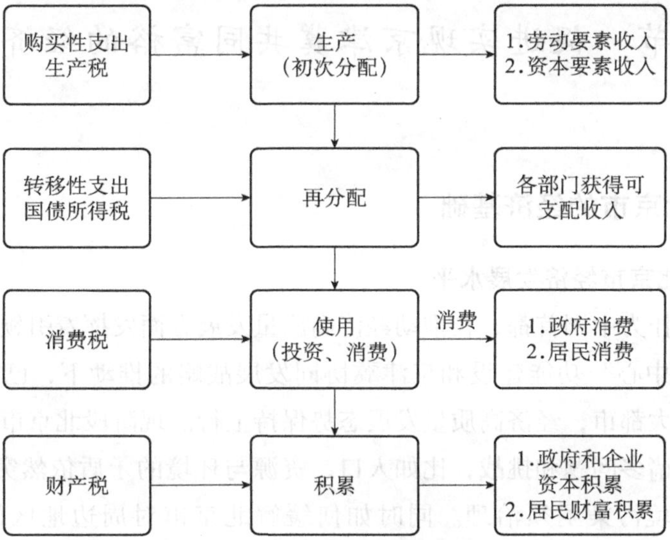

图 2－1　国民收入循环过程

① 詹静楠，吕冰洋：《财政与共同富裕——多维分配视角下的分析》，《财政研究》2022 年第 1 期。

第三章

促进实现京津冀共同富裕的经济基础和制约条件

第一节 促进实现京津冀共同富裕的经济基础

一、北京市的经济基础

（一）北京市经济发展水平

北京市作为中国首都，在推动经济高质量发展方面发挥着引领作用。北京市在“四个中心”功能建设和京津冀协同发展战略的推动下，已经建设成为现代化国际大都市，经济高质量发展态势保持上行。现阶段北京市经济发展过程中也存在诸多问题和挑战，比如人口、资源与环境的矛盾依然突出、“大城市病”与环境污染亟须治理。同时如何缓解北京市对周边地区的“虹吸效应”，发挥北京市对周边地区的经济带动作用，促使京津冀协同发展具有重要实践意义。

北京市自 2011 年至 2020 年 GDP 总值逐年增长，增速下降趋于平稳。北京市 GDP 总值由 2011 年的 17188.8 亿元增长至 2020 年的 36102.55 亿元，增加了1.1倍；增长速度从2011年的8.1%下降至2020年的1.2%，年平均增速为5.9%，北京经济发展呈现“稳中求进”的良好态势（见图3-1）。

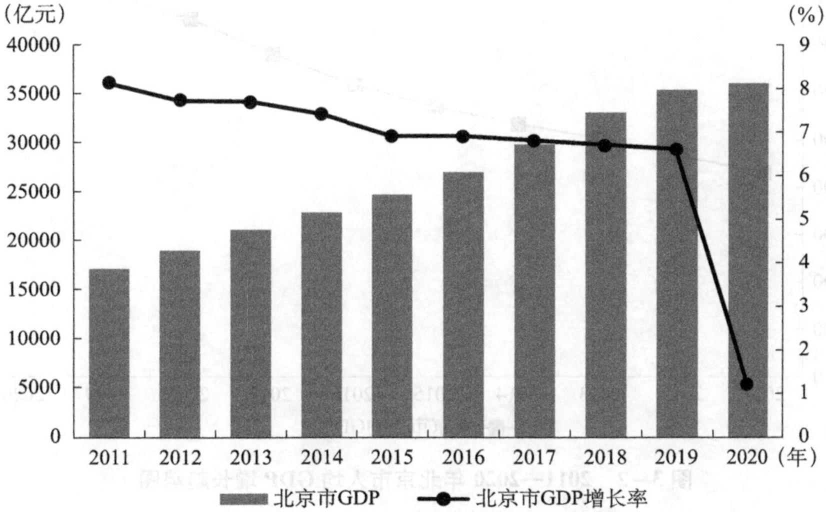

图3-1　2011—2020年北京市GDP总值及增速变化趋势图

数据来源：相关年份《北京统计年鉴》《中国统计年鉴》。

北京市人均GDP由2011年的86246元增长至2020年的164889.47元，增长近一倍（见图3-2）。2020年北京市人均GDP全国排名第八位，保持在全国领先水平。2014年习近平主席在中央经济工作会议提出进入经济“新常态”后，北京市经济从高速增长逐渐转变为稳定增长，经济发展转向以提高质量和效益为前提，以资源节约和生态环保为支撑，以科技创新和技术进步为动力，进行产业转型升级。

（二）北京市资源禀赋

1. 北京市产业分布

在2020年的产值分布中（见图3-3），北京市的主导产业表现出显著的优势和资源丰富性。其中，金融业以19.9%的比重领跑，其成功可归因于以下三个核心因素：首先，在政策资源方面，北京市领跑全国，通过实行金融科技创新监管工具，开展股权二级市场的私募转让试点，并倡导了“气候友好银行北京倡议”。其次，在资金资源层面，北京巩固了其作为国家资金集中地的地位，金融资产总量超190万亿元，占据全国总量近半。最后，在机构资源方面，北京拥有超过900家持牌机构，多样化的机构类型涵盖了全国近三分之

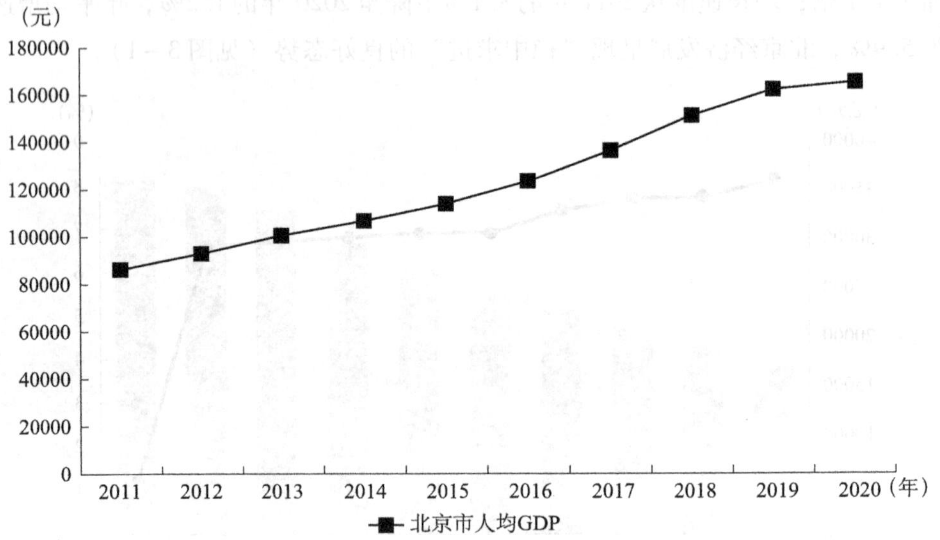

图 3-2　2011—2020 年北京市人均 GDP 增长趋势图

数据来源：相关年份《北京统计年鉴》《中国统计年鉴》。

一的银行理财子公司，30% 的保险资产管理机构以及 20% 的公募基金。追随金融业的是技术服务业，该行业以 15.4% 的产值占比位居第二，标志着北京在培养前沿技术和驱动行业融合方面的专注。北京积极推动高端领域和关键环节的发展，支持一系列优质企业和特色产业集群的成长。特别是在建立国家级人工智能创新应用先导区，构筑全球人工智能创新与产业发展高地方面，北京致力于重点推动。此外，通过支持关键技术的突破，如智能芯片和开源框架等，北京旨在打造一个自主可控的产业生态系统，建立国家级前沿人工智能研究中心，以及超大规模人工智能模型训练平台，目标是在人工智能的关键领域达到国际先进水平。工业紧随其后，以 11.9% 的产值占比位居第三。北京市通过全方位资源支持促进了工业的发展。在政策层面，发布了《中关村科技园区管理体制方案》，在土地资源方面，扩大了开发区可开发土地面积。同时，通过积极的招商活动，不断吸引企业数量增长和外资注入，进一步巩固了其工业基础。

2. 北京市交通资源

北京，作为中国铁路网的关键节点之一，坐拥如京九、京沪、京广、京哈等国家重要干线，辅以京包、京原等地区性线路，构成了一个庞大而高效的铁

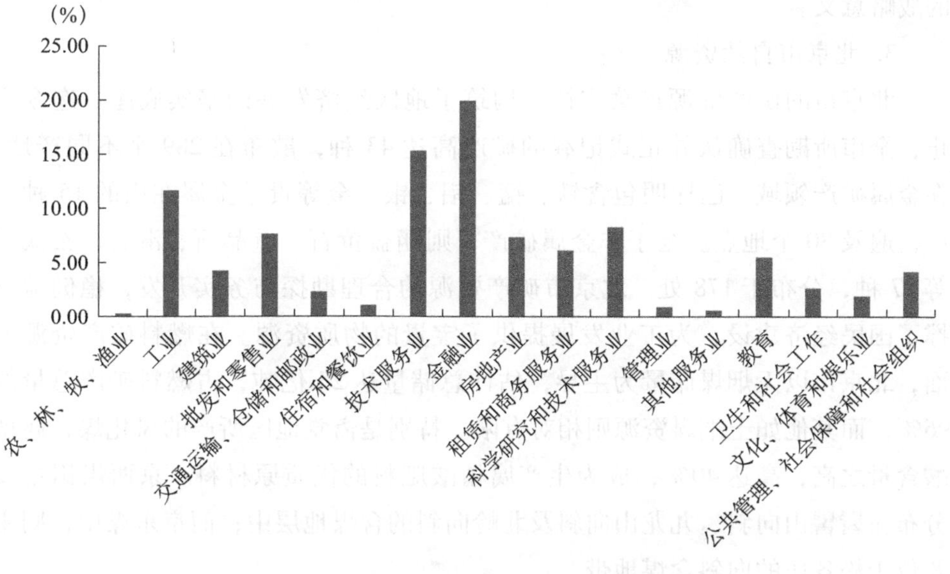

图 3－3　2020 年北京市各行业占产值比重

数据来源：《北京统计年鉴 2021》。

路网络。这一网络还整合了京通、京承等地方线路，并通过诸如京沪高铁、京广高铁、京哈高铁以及京津城际等现代化高速铁路，极大地提升了北京与国内其他主要城市间的连通性和运输效率。此外，北京拥有两座世界级的航空枢纽——北京首都国际机场和北京大兴国际机场。北京大兴国际机场，地处北京市大兴区与河北省廊坊市的交界，作为一座 4F 级别的国际机场，已然成为全球航空网络中的重要枢纽。北京首都国际机场则是全球运行规模最大的机场之一，也是中国国际航空股份有限公司的核心枢纽。旅客吞吐量全球排名第二的该机场，通过首都机场高速公路和地铁首都机场线与北京市区保持着高效的连接。

京津冀地区的交通一体化加速推进中，北京市内地铁的连续扩展，增强了城市与郊区间的联系，显著提高了首都和邻近地区的通达性和便捷度。建设以北京市中心向外辐射 50 公里的环京通勤圈，已成为一项关键举措，它不仅涵盖了燕郊、大厂、香河、固安、武清等周边城镇，而且作为北京都市圈成长的核心区域，标志着城郊一体化的加速步伐。环京地区的通勤圈不仅优化了通勤效率，而且在都市化进程中，实质性地促进了北京都市区的一体化发展。这一进步对于加强首都功能、优化区域经济结构、缓解城市中心压力具有不可小觑的战略意义。

3. 北京市自然资源

北京市的矿产资源珍藏丰饶，构筑了地区经济发展的坚实底座。迄今为止，全市所勘查确认并正式记载的矿产高达43种，散布在289个不同产地。在金属矿产领域，已探明包含铁、锰、铝、银、金等贵重金属在内的15种矿产，遍及80个地点。至于非金属矿产，则涵盖萤石、重晶石、滑石、玄武岩等27种，分布于178处。北京市矿产资源的合理勘探与务实开发，稳健地支撑了国民经济建设，为工业发展提供了宝贵的物质资源。在燃料矿产资源方面，北京市以无烟煤储量为主导，估计总储量达25亿吨，占燃料矿产总量的96%，而其他如土烟煤资源则相对有限。特别是斋堂地区所产的风化煤，腐植酸含量之高，高达40%，成为生产腐植酸肥料的优质原材料。京西煤田主要分布在髫髻山向斜、九龙山向斜及北岭向斜的含煤地层中；而京东煤田，则主要位于松各庄的向斜含煤地带。

除了地下资源，水资源在北京的经济和民生活动中占有关键地位。北京市境内的自然河流穿梭东西，创造了五大水系，包括拒马河、永定河、北运河、潮白河、蓟运河等，这些河流大都发源于西北山地，蜿蜒向东南方向贯穿平原，最终汇入辽阔的渤海。此外，城市内拥有85座水库，其中包括密云水库、官厅水库、怀柔水库、海子水库等大型蓄水设施。地下水长期平均补给量约29.21亿立方米，可供年开采量达24亿—25亿立方米，而全市一次性天然水资源的年平均总量能达到55.21亿立方米。在新型能源领域，北京市浅层地热能潜藏丰富，广布于平原区中东部和南部。地热能在通州区、朝阳区大部、海淀山后、昌平区东侧、顺义区西南、大兴区南端以及房山和延庆的少数区域均有良好地质条件。地热能的直接应用正飞速发展，其广泛的商用、住宅供暖和空调系统、洗浴及医疗服务、农业温室和田间灌溉、土壤加温、水产养殖、畜牧业等应用，不仅提升了城市的生态效能，同时也实现了显著的经济效益和技术进步。

二、天津市的经济基础

（一）天津市经济发展水平

天津市位于我国环渤海经济区，作为我国四大直辖市之一，是我国北方最大的沿海开放城市和工商业城市，拥有我国最大的人工港天津港。当前，京津冀协调发展、自由贸易试验区建设、国家自主创新示范区建设、“一带一路”建设、滨海新区等五大国家级战略叠加于天津，给天津带来了一系列利好的发展机会。

天津市的经济增长，表现出了稳健向上的局面。具体来看，该市的GDP总量自2011年的8112.5亿元稳健上升至2020年的14083.73亿元，这一跨度显著，以大约0.42倍的增幅印证了经济体量的扩张。在这个过程中，GDP增长速度虽然有所放缓，从2011年引人瞩目的13.4%下降到2020年的1.5%，但其年均增长速度依然保持在6.83%的水平（见图3-4）。这反映出天津市经济发展的总体态势保持了预期的平稳性。

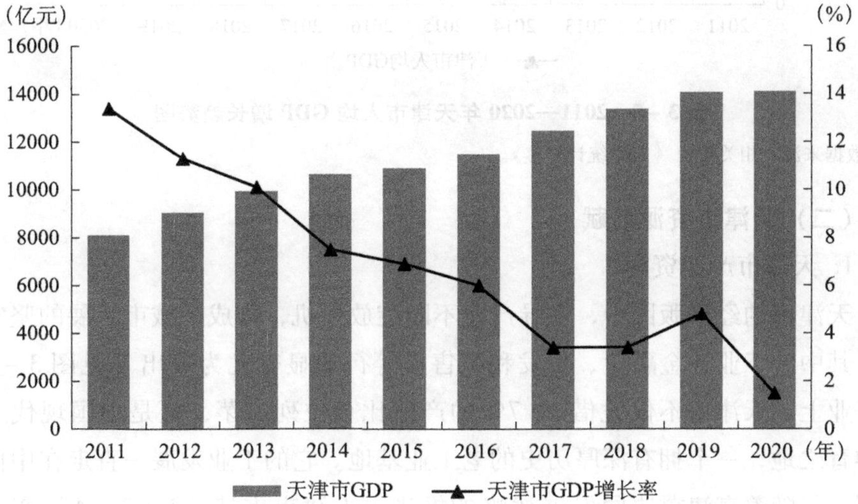

图3-4　2011—2020年天津市GDP总量增长及增速趋势图

数据来源：相关年份《天津统计年鉴》。

天津市人均GDP数据亦展现出了积极的增长趋势。2011年，该市人均GDP为61137元，而经过近年的发展，至2020年已实现至101614元（见图3-5）。这表明人均GDP在这一时期内增长了大约0.7倍。尤其值得关注的是，2020年时，天津市的人均GDP在全国的排名中占据第十位，继续维持在全国经济较为发达的地区行列。这些数据证实了天津市在过去数年间，无论是在宏观经济规模还是在人均经济水平方面，都实现了质的飞跃，为未来的可持续发展奠定了坚实的基础。

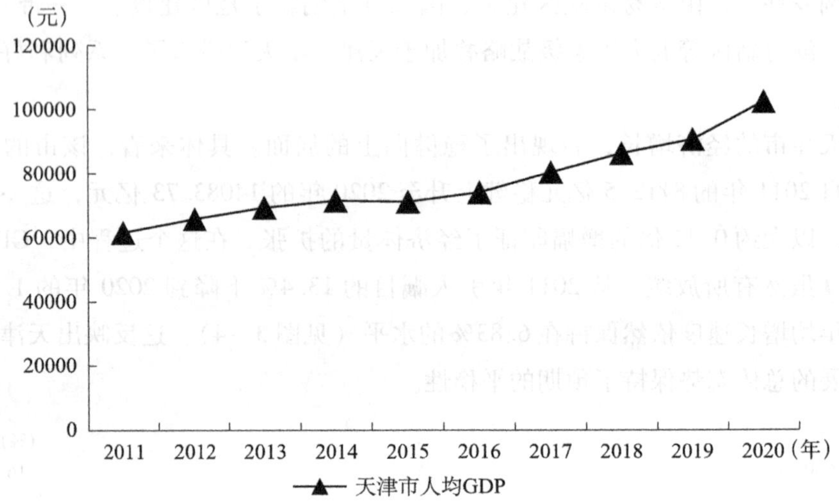

图3－5　2011—2020年天津市人均GDP增长趋势图

数据来源：相关年份《天津统计年鉴》。

（二）天津市资源禀赋

1. 天津市产业资源

天津市的经济版图中，主导产业不断绽放生机，构成了城市发展的坚实基石。其中，工业、金融业、批发和零售业等行业显得尤为突出（见图3－6）。在工业上，天津市不仅凭借29.7%的产值比重位列前茅，更是中国现代工业的孕育之地，一个拥有深厚历史的老工业基地。它的工业发展一直走在中国的前列。伴随着京津冀协同发展战略的推进，天津市秉持“1＋3＋4”产业规划，激发了新的经济动能，并推动产业结构的转型升级。该市成功举办世界智能大会，抓住全球科技前沿，将智能科技有机融入当地产业之中，以智能科技产业为先导，赋能和提升传统优势产业，促进新兴产业的迭代升级。在这个产业新动能中，“1”指代高技术产业，尤其以人工智能为核心的智能科技产业；“3”则聚焦于生物医药、新能源、新材料三大新兴产业；“4”涵盖航空航天、高端装备、汽车、石油石化这四大传统的优势产业。在金融领域，天津市亦持续发力，金融业的发展带来了占总比重14.6%的经济贡献。多家地方银行登陆资本市场，反映了当地金融业的蓬勃态势，本土金融组织数量和资产总额更是突破重要的里程碑。此外，批发和零售业也占据了8.8%的产业比重，它们进一步巩固了天津作为重要的商贸中心的地位，助力城市成为华北地区及东北西北方向重要的物资交流枢纽和商品集散地，推动着京津冀地区的紧密协作与共同增长。综合来看，天津市通过不断优化产业结构和积极融入区域协同发展战略，保持着持续的增长势头，并显现出强大的发展潜力。这些主导产业的稳健前进，不仅为城市的经济提供了稳定支撑，也为区域发展注入了新的活力。

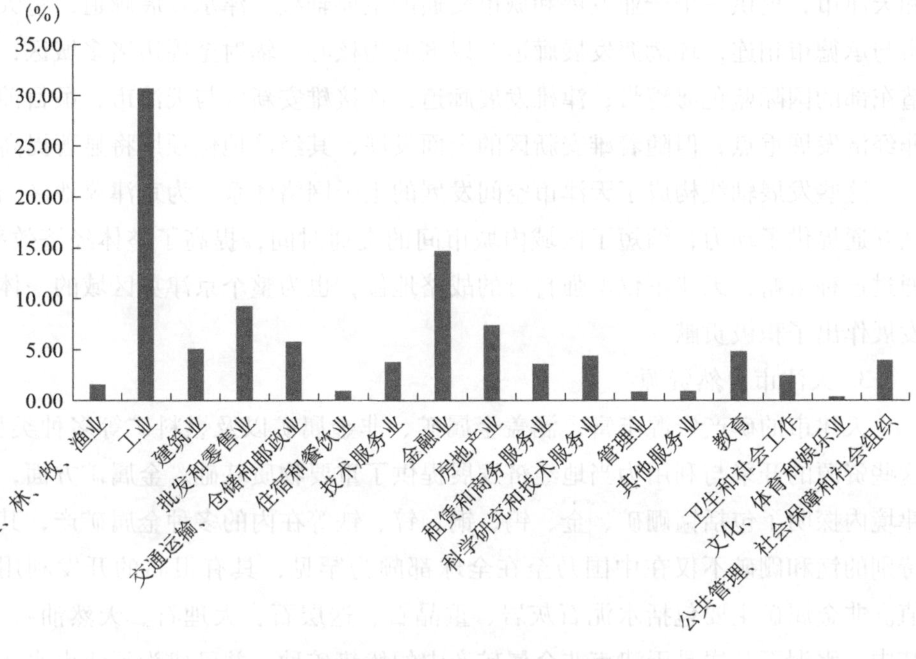

图 3-6 2020 年天津市各行业占产值比重图

数据来源：《天津统计年鉴 2021》。

2. 天津市交通资源

天津市在中国的交通网络中占据着重要的战略地位，作为交通枢纽，拥有着完善的铁路、机场和港口设施。铁路方面，天津是京沪铁路和津山铁路两大传统铁路线的交汇点，同时，它也是京沪高速铁路、京津城际铁路、津秦客运专线和津保客运专线等多条高速铁路的交接核心。这些铁路网的深度互联，使得天津成为连接北京、东北以及上海方向的关键节点，进而大大提高了区域的连通性。在航空方面，则有天津滨海国际机场、天津塘沽机场、天津滨海东方直升机场和武清杨村机场等。这些机场构成天津市综合立体交通网络中的空中门户，为国内外旅客和货物提供了高效的航空运输服务。天津港则是天津交通基础设施的另一个闪亮点。作为世界级别最高且具有深水条件的超大型人工港口之一，它的吞吐量更是位居世界第四，是中国最大的综合性港口，对于推动本地区以及周边地区的经济发展起到了至关重要的作用。

京津冀协同发展战略致力于通过构建城镇发展廊道，进一步加强北京、天津与河北省城市之间的协调发展。其中包括：京津发展廊道，通过连接北京市和天津市，提供一个产业发展和城市交通的主要轴线；津承发展廊道，将天津市与承德市相连；环渤海发展廊道，以滨城为核心，辐射至周边诸多城区，打造东部的国际蓝色海湾带；津雄发展廊道，连接雄安新区与天津市，虽目前并非经济发展重点，但随着雄安新区的全面发展，其经济地位预期将显著提高。

这些发展轴线构成了天津市空间发展的主干网络体系，为京津冀地区的互联互通提供了动力，缩短了区域内城市间的交通时间，提高了整体经济效率。通过这种策略，天津不仅增强自身的战略地位，也为整个京津冀区域的一体化发展作出了积极贡献。

3. 天津市自然资源

天津市的矿产资源丰富，涵盖金属矿、非金属矿以及燃料矿等多种类型，这些资源的开采与利用为当地经济发展提供了重要物质基础。金属矿方面，天津境内探明了包括锰硼矿、金、钨、铜、锌、铁等在内的多种金属矿产，其中特别的锰和硼矿不仅在中国乃至在全球都颇为罕见，具有很高的开发利用价值。非金属矿主要包括水泥石灰岩、重晶石、迭层石、大理石、天然油石等。其中，水泥石灰岩是天津市非金属矿产中的优势矿种，并已成为天津市水泥工业生产的主要原料。燃料矿资源也相当丰富，天津市拥有石油、天然气和煤成气等能源矿产。渤海和大港油田是国家重点开发的油气田，具有庞大的石油和天然气储备，对满足当地乃至国家的能源需求起到了关键作用。地热资源方面，天津市富含中、低温热水型地热资源，具有较低的开发成本和优良的水质条件。这些地热资源不仅可用于供热，还能应用于温室种植、养殖等领域，拥有良好的经济开发前景。海洋资源方面，天津市拥有位于华北平原东部的滨海地区和广阔的海域，不仅地理位置优越，而且海洋资源极为丰富，成盐量高的海水为天津的盐业提供了得天独厚的条件，同时天津也积极开展海水淡化工作，补充淡水资源，支持可持续发展。

整体来看，天津市的矿产资源与海洋资源的丰富，不仅成为推动其工业发展的物质基础，也为城市及区域的经济振兴和可持续发展提供了重要支持。随着资源开采技术的提升和环保要求的加强，合理利用和保护这些自然资源将成为天津市未来发展的重要课题。

三、河北省的经济基础

河北省的地理位置给予其特殊的经济和社会发展机遇。它不仅位于中国重要的经济带——京津冀地区的核心位置，而且紧邻首都北京和直辖市天津，从政治、经济到文化层面上与这两个城市都有着深厚的联系。然而，由于多种复杂的历史和现实因素，河北省的发展在过去确实存在一定程度的不均衡性。河北省曾长时间内在资源配置、产业发展、经济收入等方面相对落后于北京和天津，这两个都市在区域发展中拥有更加明显的优势和引领作用。这种现象被描述为“虹吸效应”，即北京和天津由于其更强的经济实力和对高端资源的集聚能力，从周边地区包括河北吸引了大量的人才、资金和技术资源，导致河北省自身的发展受到制约。为了改善这一现状，中国中央政府提出了京津冀协同发展战略，旨在通过区域协调发展，缩小北京、天津和河北之间的发展差距。这一战略强调在保护生态环境的基础上，通过优化产业布局、深化基础设施互联互通、推动公共服务均等化等措施，实现区域内资源共享、互利共赢。

随着协同发展战略的深入推进，河北省逐渐发力在一些领域和产业上取得竞争优势，比如建立了雄安新区这样的全国级新区，发展现代商贸物流、推动产业转型升级，加快新型城镇化进程，以及承接北京非首都功能的疏解等。通过这些措施，河北逐步提高自身的经济实力和区域竞争力，实现与北京和天津的互补与共进，促进了整个京津冀地区的协同发展。

（一）河北省经济发展水平

河北省在过去十年中，GDP 总值实现了显著的增长，由 2011 年的 21384.7 亿元稳步上升至 2020 年的 36206.89 亿元，增长幅度接近 70%（见图 3－7）。尽管经济总量持续扩大，但增速呈现逐步放缓之势，从 2011 年的 11.3% 递减至 2020 年的 3.9%，年均增长率稳定在 7.32%。这一放缓趋势符合经济发展进入新常态的特征，反映了随着经济体量的增大，持续保持过高增速的难度加大。

同时，河北省人均 GDP 的增长维持在稳定态势之中，从 2011 年的 29631 元增加至 2020 年的 48564 元，实现了 1.6 倍的提升（见图 3－8）。然而，与北京市、天津市等经济发达地区相比，河北在人均 GDP 方面仍有差距，2020 年排在全国第 26 位，反映出区域发展存在一定的不均衡性。

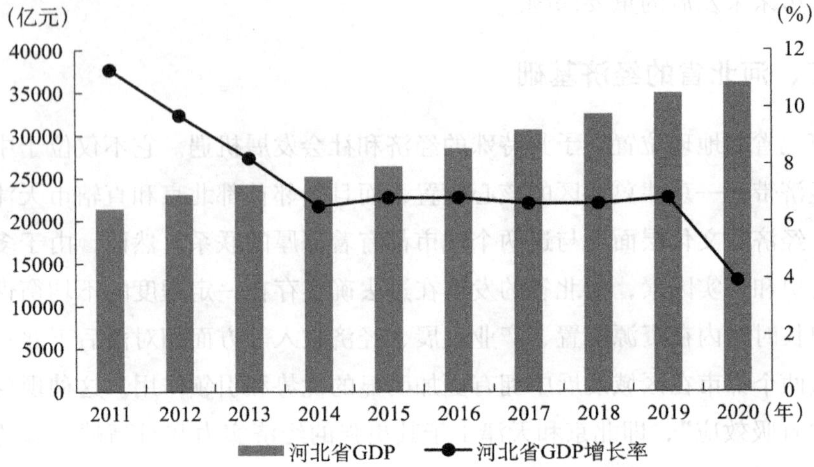

图 3-7 2011—2020 年河北省 GDP 及 GDP 增速趋势图

数据来源：相关年份《河北统计年鉴》。

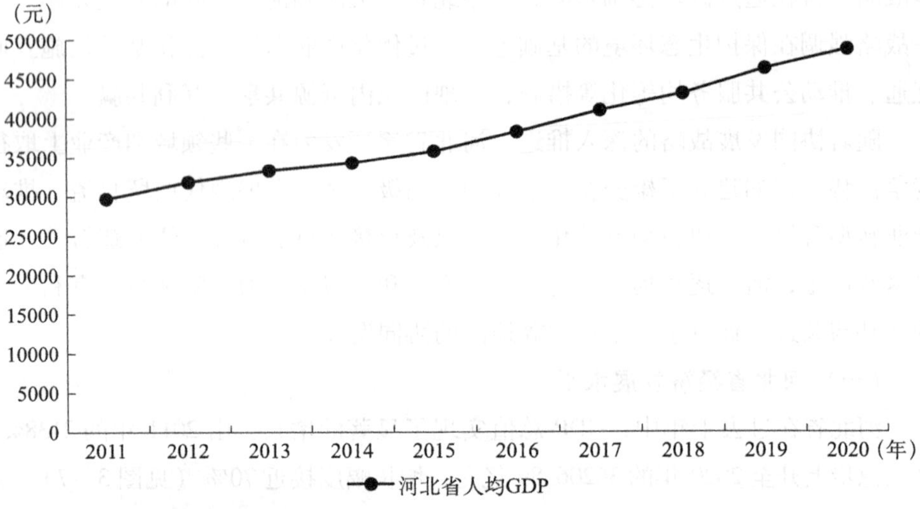

图 3-8 2011—2020 年河北省人均 GDP 增长趋势图

数据来源：相关年份《河北统计年鉴》。

（二）河北省资源禀赋

1. 河北省产业资源

根据图 3-9 所示，制造业和农林牧渔业构成了河北省的主导产业群。在 2020 年的产业结构中，制造业以 26.9% 的比例占据最高份额。河北省积极推进了包括钢铁、装备制造、石化、食品、建材、纺织服装和轻工业等传统强项产业的转型与升级，并重点培育信息技术、生物医药、新能源和新材料等新兴战略性产业。同时，省份还快速推进了应急产业、被动式超低能耗建筑、康复辅助器具业以及区块链、量子信息、基因技术等潜力领域的发展。在土地管理方面，河北省通过减少审批环节和缩短时限，实现了“三减三统一”政策，完善了土地资源保障体系。对于重点项目，实行用地保障台账管理和优先审批绿色通道，确保重点项目的土地需求得到满足。科技创新被视为产业发展不可或缺的支柱，河北省努力以科技驱动产业发展，并推进产业创新资源的聚集与优化整合。省份建设了科技创新平台，激励人才潜能，并在京津冀区域一体化框架下，充分利用京津地区的创新资源及市场机会，力求在产业科技领域及协同发展上实现突破性进展。农林牧渔业则以 11.36% 的比重位居河北省产业结构的第二位，是河北经济的重要支柱。河北省在推动农业发展方面，不断建设绿色农业基地，并推行清洁生产及生态防控措施。同时，大力培育特色农业品牌，如依托特优区创建强化地方公共品牌，提升“冀”字号产品的市场竞争力。在提升品质、发展高端产品方面，河北省推崇国家标准和行业标准，致力于打造具有地域特色的农产品标准体系。此外，省内还着力于延伸农产品产业链，促进特色农业的融合发展，并以此全面提升特色农产品全产业链的竞争力。河北省通过有效利用各自产业优势，积极配合京津冀区域一体化发展的大趋势。

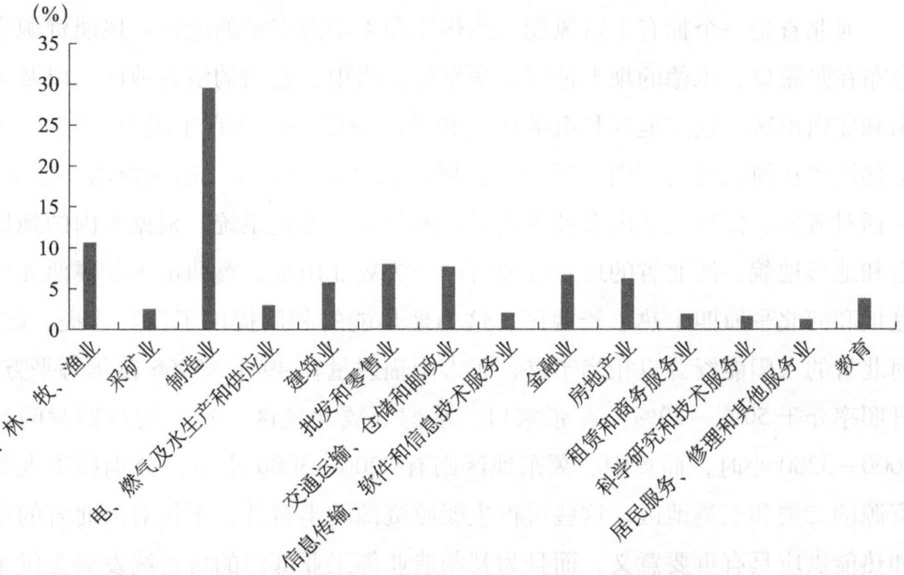

图 3－9　2020 年河北省各行业占产值比重图

数据来源：《河北统计年鉴 2021》。

2. 河北省交通资源

河北省拥有明显的地理位置和交通运输优势。位于京津都市圈内，且紧邻渤海的河北省不仅有着辽阔的内陆地区，还拥有一条长达487公里的海岸线，这一地理特点为其提供了连接东北亚和亚欧内陆通道的潜力，为河北发展成为北方乃至全国的对外开放枢纽打下了良好基础。省内共有6个机场在运营中，港口装卸能力达到了11亿吨。全省城镇与高速铁路网络相互联通，县县之间都通过高速公路连接。河北省依托全球级的城市群、机场群和环渤海港口群，提供了将该地区融入国内外市场、构建现代化经济体系的坚实基础。省内有28条主干铁路线，包括京广铁路和京九铁路等，这些铁路线的货物运输周转量在中国大陆的省份中排名第一。海上运输条件也颇为优越，河北沿岸自南到北分布着黄骅港、天津港、唐山京唐港区、秦皇岛港和正在建设中的唐山曹妃甸港区等一系列重要海港。石家庄正定国际机场在2018年已经跻身千万级机场的行列。河北省的这些交通优势，加上其与北京市和天津市的近距离，不但为河北本身的经济发展提供了有利条件，也为北京、天津与河北省之间的协同发展带来了地理上的便利，从而有利于整个京津冀区域经济的协同进步。

3. 河北省自然资源

河北省是一个拥有丰富风能、地热能和太阳能资源的地区。风能资源主要分布在张家口、承德的坝上地区、秦皇岛、唐山、沧州的沿海地区，以及太行山和燕山山区。这些地区具有的风速和风能密度条件适宜于风力发电的开发。地热资源在河北省范围内广泛分布，埋藏深度通常较浅。地热资源类型多样，包括对流式、传导式和由多种成因形成的复合型地热系统。根据省内的地质构造和地形地貌，河北省的地热资源可以分为冀北山地、冀西山地、冀西北山间盆地和河北平原四个热水资源区，这为地热能的利用提供了良好前提。此外，河北省的太阳能资源也相当丰富，年太阳辐射量在4981—5966兆焦每平方米，日照率介于50%—70%。在张家口、承德等冀北地区，年平均日照时间达到3000—3200小时，而冀中、冀东地区则有2200—3000小时，分别属于太阳能资源的二类和三类地区。这些可再生能源资源的丰富性，不仅对河北省的电力和热能供应具有重要意义，而且为其制造业等工业部门的可持续发展提供了坚实的能源保障。

第二节　京津冀实现共同富裕的制约条件

一、京津冀经济发展水平差距

在2011年至2020年期间，京津冀地区人均GDP的差距呈现出逐步扩大的趋势。这一时期，北京与天津之间的人均GDP差额扩大了1.5倍，北京与河北的差额增加了1倍，而天津与河北的差额增加了0.68倍（见图3－10）。这一现象说明，尽管存在区域协同发展策略，在这段时间内，三地经济发展水平未能实现趋同。

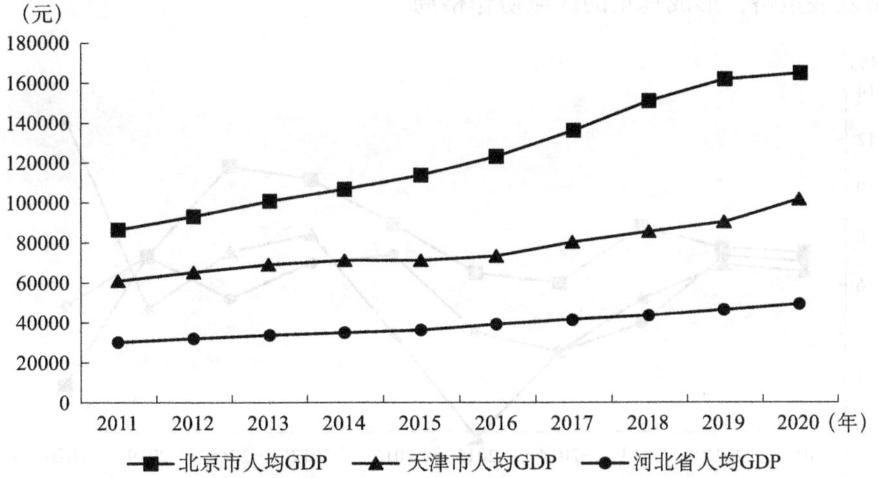

图3－10　北京市、天津市、河北省人均GDP增长趋势图

数据来源：相关年份《北京统计年鉴》《天津统计年鉴》《河北统计年鉴》。

同时，京津冀三地人均GDP增长率也呈现出波动性。北京市的增长率先是上升后下降，从2011年的7.35%增加至2018年的10.86%后又下降至2020年的1.92%，年平均增速为7.48%，年均增速为7.48%。天津市人均GDP增长率呈现先降后升趋势，从2011年的6.59%下降至2015年的－0.25%后又增长至2020年的12.83%，年平均增速为5.94%。而河北省人均GDP增长率从2011年的6.98%降低至2020年的5.16%，人均GDP增长率轻微波动，2016

年达到最高点7.24%，2014年达到最低点3.23%，年平均增速为5.78%（见图3-11）。综合来看，北京市的人均GDP增速最高，而河北省最低，表明即使京津冀协同发展战略已经推出，经济增长和区域间的差距问题依旧存在。

从长远角度考虑，北京在过去的经济发展中享受到中央政府更多的政策支持和资源倾斜，而天津凭借其历史地位同样获得了诸如引滦入津和滨海新区等重大项目的政策利好。与此相比，河北省虽然有着地理上的优势，长期以来却在资源和人才的支持下充当了北京与天津的“后花园”和“后勤基地”，并在一定程度上牺牲了自身的利益。由于缺少恰当的补偿或成本分担机制，河北的发展与京津的差距继续拉大。京津冀协同发展的目标之一是解决北京大城市病，通过搬迁企业和教育机构至河北省以缓解北京人口压力。然而，在现行体制中，河北经历了由于紧邻北京而产生的负面虹吸效应，导致人才和资源的流失。要在协同发展上取得进展，河北与北京、天津需要进一步优化产业协作和经济发展策略，形成真正的区域协作格局。

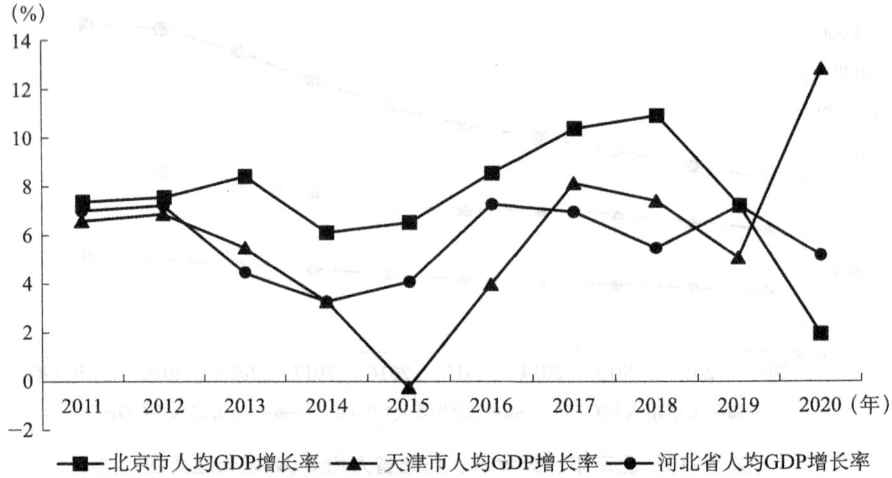

图3-11　2011—2020年北京市、天津市、河北省人均GDP增长率变化趋势图

数据来源：相关年份《北京统计年鉴》《天津统计年鉴》《河北统计年鉴》。

二、京津冀财政能力差距

（一）人均财政收入

在2011年到2020年这一时间段内，京津冀地区的人均财政收入差距呈现出进一步扩大的态势。北京市的人均财政收入在这段时间从14853.2元增长至

25048.5元，经历了一个“先升后降”的趋势，2019年触达峰值26562.1元。天津市的人均财政收入从10851.1元增长至13866.8元，增长中带有轻微的波动性，其中2016年达到最高值18873.9元。河北省则显示出一种较为稳定的增长态势，人均财政收入从2402.9元增长至5126.7元（见图3-12）。在2011年时，北京市的人均财政收入是天津市的1.36倍，是河北省的6倍；而天津市的人均财政收入则是河北省的4.5倍。到了2020年，这一差距进一步拉大，北京市的人均财政收入为天津市的1.8倍，为河北省的4.8倍，同时天津市与河北省的比值缩减至2.7倍。这表明在京津冀地区中，京津两市的人均财政收入远高于河北省，而且京津与河北之间的差距愈发扩大。反之，天津市与河北省之间的差距则呈现出缩小趋势。根据瓦格纳法则（Wagner's Law），随着人均国民生产总值的提升，财政支出占GDP的比重自然会上升。鉴于京津冀地区人均GDP差异的持续扩大，三地间的人均财政收入差距也在相应地增长。在这个过程中，虽然京津冀协同发展的目标旨在增强区域间的经济联系和相互带动，但实际上，从财政收入的角度来看，北京和天津并未在经济上充分发挥出对河北省的带动作用。这进一步凸显了该区域内各地财政收入不均和经济发展不平衡的现状。

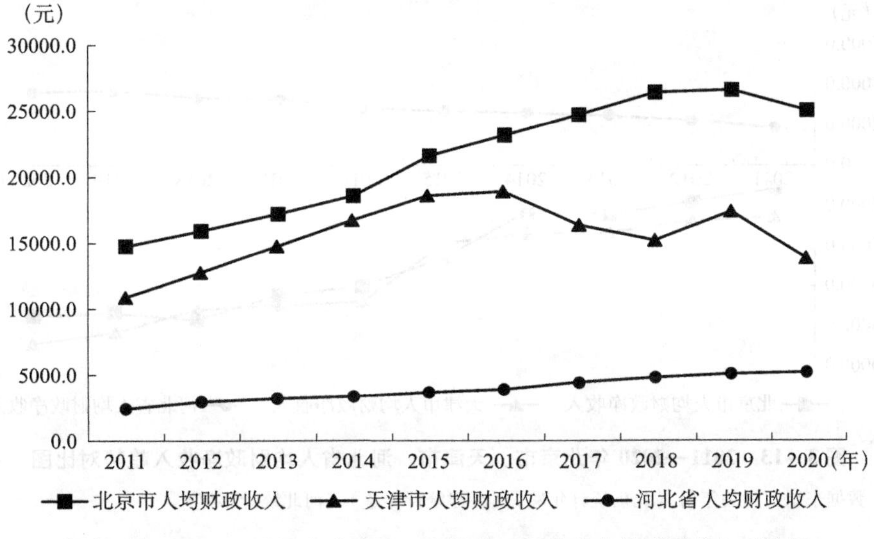

图3-12　2011—2020年北京市、天津市、河北省人均财政收入对比图

数据来源：相关年份《北京统计年鉴》《天津统计年鉴》《河北统计年鉴》。

（二）财政净收入

京津冀地区在财政净收入的变化趋势上呈现出区域性差异。财政净收入的计算方式是将区域政府的财政收入与支出之差，按照当地总人口平均分配。观察北京市的数据，我们可以看到人均财政净收入的负差额自2011年的1180.6元显著增长至2020年的7455.7元，其负差额在不断增加，且曾达到最大值7689.2元。天津市的类似指标也呈现出上升趋势，人均财政净收入的负差额从2011年的2544.4元增长至2020年的8856.4元，该年也是其负差额的峰值。相比之下，河北省的人均财政净收入表现出一种稳步的增长模式，从2011年的1844.9元增长至2020年的3596.3元，后者同时也是该指标的最高点（见图3－13）。结合图3－10中的数据可以看出，北京市和天津市的人均财政收入高于河北省，不过，当考虑到人均财政净收入时，二者均低于河北省。这一情况表明北京市与天津市的财政支出远超河北省。进一步分析可知，这可能与公共基础服务、社会保障以及医疗保障等方面有很大关系。北京市和天津市在这些领域的开支较大，与河北省存在较明显的差距。鉴于此，河北省应在其财政能力范围内，努力增加相关财政支出，以在上述领域实现更好的民生保障和服务。

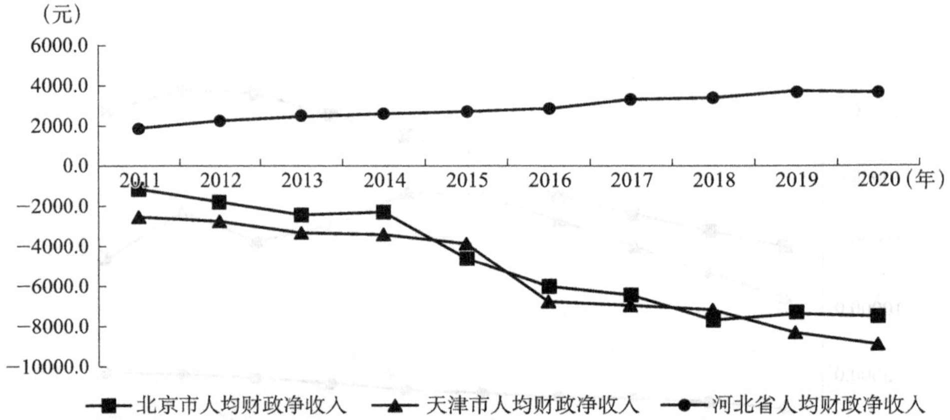

图3－13　2011—2020年北京市、天津市、河北省人均财政净收入趋势对比图

数据来源：相关年份《北京统计年鉴》《天津统计年鉴》《河北统计年鉴》。

（三）人均税收收入

从2011年至2020年，京津冀地区人均税收收入的差距逐步扩大。在这一时期内，北京市的人均税收收入实现了显著增长，从2011年的14103.9元增长至2020年的21211.6元，呈现出大约50%的增幅；其高峰出现在2018年，达到了22759.3元。同时，天津市的人均税收收入也保持了稳健的增长态势，从2011年的7490.8元增长至2020年的10816.7元，其中最高值记录在2019年为11799.3元。河北省的人均税收收入亦呈现出增长的趋势，从2011年的1846.4元增长至2020年的3386.1元，增长幅度接近80%，其中2015年的收入最高，为3532.6元（见图3－14）。具体来看，在2011年，北京市的人均税收收入是天津市的近两倍，而且是河北省的7.5倍；天津市的人均税收收入则是河北省的四倍。到了2020年，这种差距在北京市和天津市之间有所扩大，北京市的人均税收收入是天津市的两倍，而与河北省的差距则有所缩小，降至6.26倍；天津市与河北省之间的差距也在减少，仅为3.2倍。北京与天津的人均税收收入差距显示出扩大的趋势，而北京与河北、天津与河北之间的差距则呈现缩小的态势。总的来看，京津冀三地人均税收收入的绝对值差异显著。人均税收收入的水平与当年地区生产总值（GDP）紧密相关，也与地区的产业结构等因素有关。随着京津冀地区人均GDP差异的持续扩大，人均税收收入的差距也在不断增加，反映出地区间经济发展不均衡的现象。

图3－14 2011—2022年北京市、天津市、河北省人均税收收入对比图

数据来源：相关年份《北京统计年鉴》《天津统计年鉴》《河北统计年鉴》。

（四）人均非税收入

在2011年至2020年期间，北京市、天津市以及河北省的人均非税收入的差异表现出一个由较大到较小的缩减趋势。北京市的人均非税收入维持在一个稳健上升的轨迹中，从749.3元增长至2020年的1014.2元，并在该年达到其峰值。天津市的人均非税收入则呈现出一种先上升后下降的波动趋势，从2011年的3360.3元下降至3050.1元，其中最高值出现在2016年，为7618.2元，最低值出现在2020年。与此同时，河北省的人均非税收入从2011年的538.2元稳定增长至2020年的1740.7元（见图3－15）。从相对数值上看，2011年，天津市的人均非税收入是北京市的4.5倍，同时也是河北省的6.2倍。而到了2020年，天津市的这一指标减少至北京市的3倍，对河北省的比值也降至1.8倍。此数据显示天津市与北京市、河北省之间的人均非税收入差距正在缩小。天津市人均非税收入之所以显著高于另外两地，是因为该市政府通过股权转让、围填海处罚等渠道获得的收入较多。

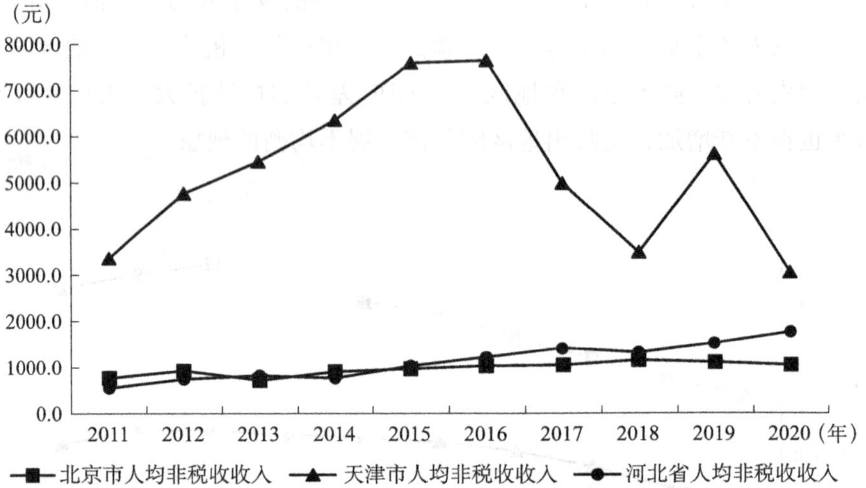

图3－15 2011—2020年北京市、天津市、河北省人均非税收收入对比图

数据来源：相关年份《北京统计年鉴》《天津统计年鉴》《河北统计年鉴》。

京津冀地区在政策层面上存在某种程度的行政壁垒，而河北省作为北京非首都功能疏解的重要承载地，在教育、医疗、社会保障等基础公共服务方面的水平和质量相较于京津差异较大，这一现象在一定程度上妨碍了京津冀一体化发展的步伐。一路看来，在发展中，京津地区由于其区位优势，往往会吸引河北的投资、消费和其他资源，导致河北地区人才的大量外流。因此，在过去很长一段时间内，河北为邻近的京津地区的经济繁荣不断让步，为其经济发展做

"嫁妆"。考虑到这一点，中央政府扮演协调者的角色显得尤为重要，以通过地区间的资源再分配，减少乃至消除这种资源的不均衡流动现象。在财税政策的视角下，京津冀区域经济协调发展的核心挑战在于处理政府间的财政关系，这包含了政府之间的横向关系（如京津冀三地之间的财政协调）以及纵向关系（如中央政府与京津冀地区之间的关系）。①（张伯旭，2022）有效处理这些财政关系，对于推动地区均衡发展和增强区域经济竞争力至关重要。

三、京津冀产业结构差距

（一）第一产业

北京市和天津市的第一产业在GDP中所占比重持续下降，而河北省的第一产业比重则显示出一定程度的波动。以2020年为例，北京市的第一产业占GDP的比例为0.3%，天津市为7.7%，河北省为10.7%（见图3－16）。在河北省，第一产业继续发挥其对省内经济的重要支撑作用，而对于北京和天津而言，第一产业占总产值的比例相对较小。京津冀三地均在推进产业转型进程，着力减缓对第一产业的依赖。比重的降低反映了三地在逐步升级产业结构，从以往主要依赖劳动强度较低的农业生产，逐渐转向第二和第三产业的发展。在2011年至2020年间，北京市、天津市和河北省在第一产业增加值上都表现出小幅的波动，并无显著增长。根据图3－17所示，天津市和河北省在第一产业增加值上的增长指数保持在90至105的区间内，显示了相对稳定。到2020年，北京市的第一产业增加值增长指数为91.5，天津市为99.4，河北省为103.2。

特别值得一提的是，北京市的第一产业增加值增长指数在2014年至2015年间出现显著下降，这背后是北京市在2014年实施了一系列重大的政策调整。当年市政府发布的政策文件《北京"高精尖"产业活动类别》等，体现了政府对于优化产业结构、加快产业升级的强烈意图。政策的重点是从第一产业转向优先发展第二、第三产业，尤其是金融服务、大数据等高附加值行业。通过产业结构的调整和升级，北京市逐渐降低了对农业作为经济支撑源的依赖。

---

① 张伯旭：《北京高质量发展需解决的问题及关注的方面》，《北京社会科学》2022年第8期。

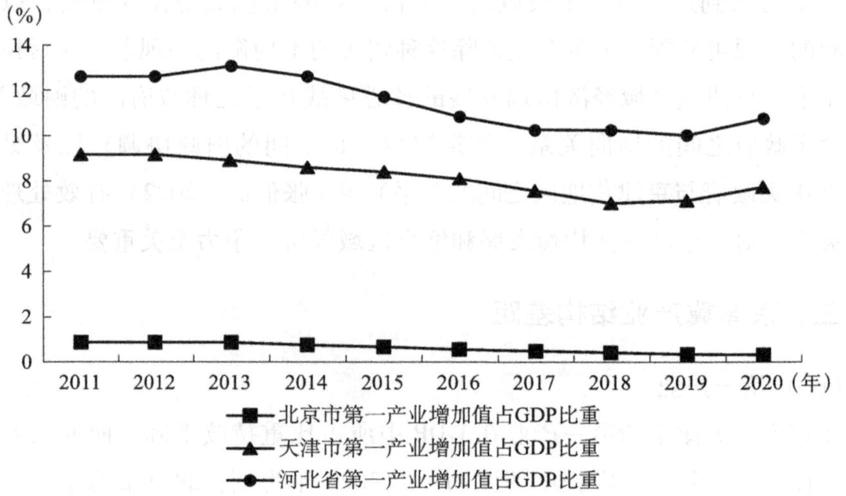

图3-16 2011—2020年北京市、天津市、河北省第一产业增加值占GDP比重对比图

数据来源：相关年份《北京统计年鉴》《天津统计年鉴》《河北统计年鉴》。

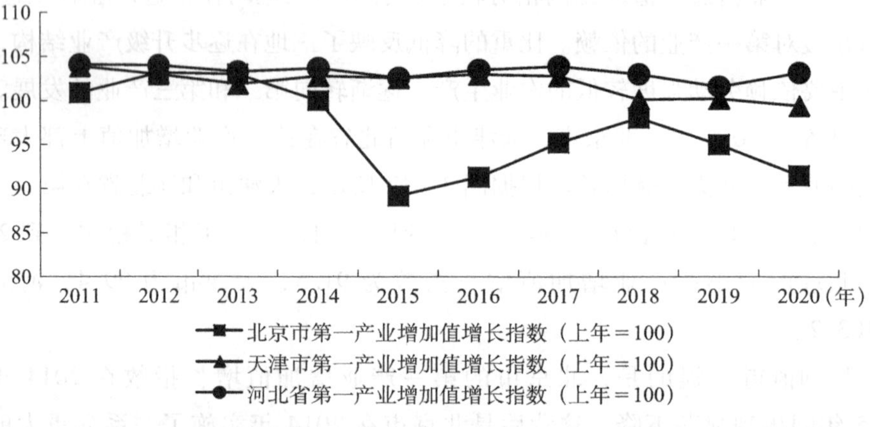

图3-17 2011—2020年北京市、天津市、河北省第一产业增加值增长指数对比图

数据来源：相关年份《北京统计年鉴》《天津统计年鉴》《河北统计年鉴》。

（二）第二产业

在2011年至2020年期间，北京市、天津市和河北省的第二产业（包括工业和建筑业）在总GDP中所占的比重均出现下降。具体来说，三地的比重从2011年的20.7%、46.5%和48.1%分别下降至2020年的15.8%、37.8%和37.6%（如图3-18所示）。究其原因，京津冀三地均在采取措施限制环境污染较重的传统制造业和重工业的发展，并促进创新与高新技术产业的发展，致力于将第三产业培育为经济增长的核心支撑。因此，三地的第二产业增加值增长指数在2011年至2020年间都出现了连续下降的趋势。以增加值增长指数为例，2011年北京市记录为106.6，天津市为114.9，河北省为111.9，而到2020年则分别降至102.1、101.6和104.8（见图3－19）。

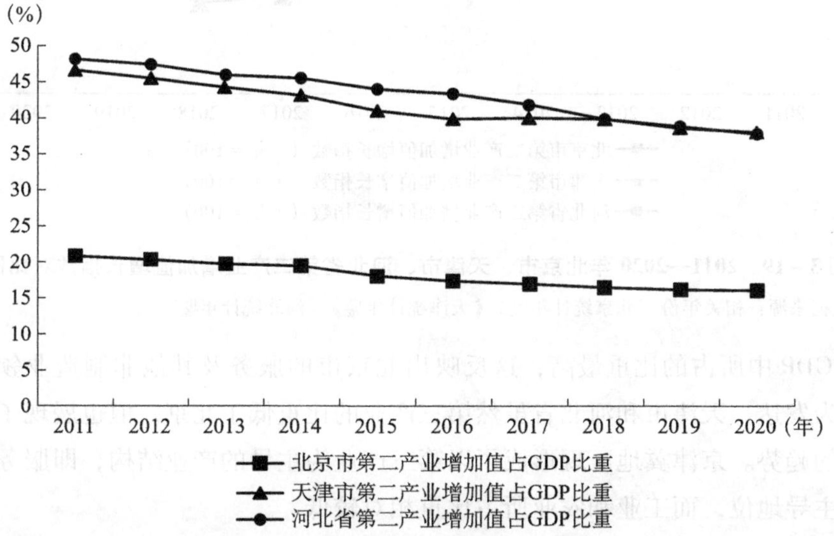

图3－18　2011—2020年北京市、天津市、河北省第二产业增加值占GDP比重对比图

数据来源：相关年份《北京统计年鉴》《天津统计年鉴》《河北统计年鉴》。

京津冀地区曾经的经济快速增长在很大程度上是以牺牲环境为代价的。但随着2015年《京津冀协同发展生态环境保护规划》的推出，三地着手产业转型，从侧重速度的经济增长向更为注重质量的经济增长模式转变。在这一过程中，他们限制了对环境造成严重污染的重工业和传统制造业的发展，并着力推广创新驱动、竞争力强的第三产业。这些措施旨在实现更为可持续和环境友好的经济结构。

（三）第三产业

在2011年至2020年的十年间，北京市、天津市和河北省的第三产业均经历了快速增长，且各自经济的重心都在明显地向第三产业倾斜。数据显示，第三产业在GDP中的比重在2011年时北京市为78.5%，天津市为44.3%，河北省为39.3%。到了2020年，这一比重分别增长至北京市的83.9%，天津市的54.5%，河北省的51.75%（见图3－20）。在这三个地区中，北京市的第三产

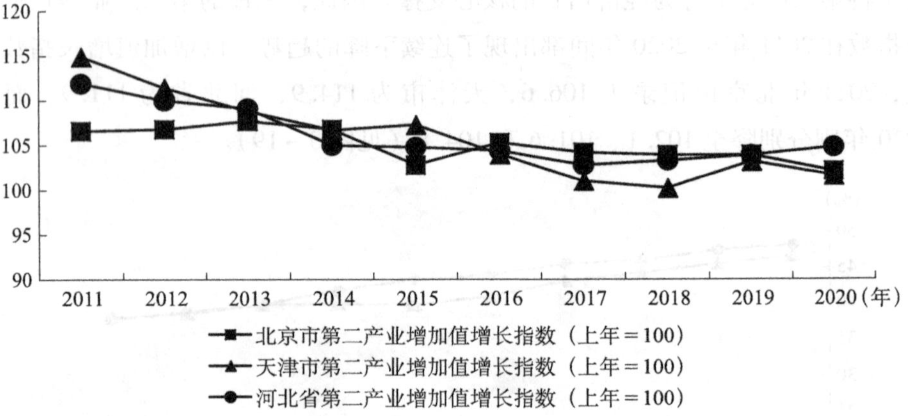

图 3－19　2011—2020 年北京市、天津市、河北省第二产业增加值增长指数对比图

数据来源：相关年份《北京统计年鉴》《天津统计年鉴》《河北统计年鉴》。

业在 GDP 中所占的比重最高，这反映出北京市的服务及其他非制造业领域相对较为发达。天津市和河北省虽然第三产业的比重低于北京，但也展现了稳健增长的趋势。京津冀地区现形成了以第三产业为主导的产业结构，即服务业占据了主导地位，而工业和农业所占比重相对较低。

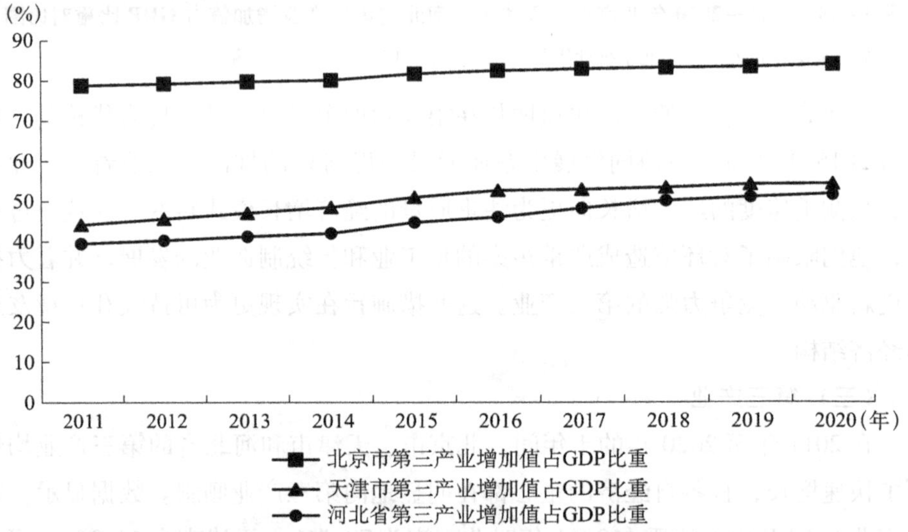

图 3－20　2011—2020 年北京市、天津市、河北省第三产业增加值占 GDP 比重对比图

数据来源：相关年份《北京统计年鉴》《天津统计年鉴》《河北统计年鉴》。

从2011年到2020年，北京市、天津市和河北省的第三产业增加值增长指数有所下降，显示增长速度放缓。具体数据方面，2011年北京市的第三产业增加值增长指数为108.6，天津市为112.4，河北省为110.4，而到了2020年，这些指数分别降至北京市的101，天津市的101.4和河北省的103.3（见图3-21）。随着区域产业战略的共同调整，京津冀三地都在逐步将服务业形成核心经济支撑，以期实现更加均衡和高质量的经济发展。

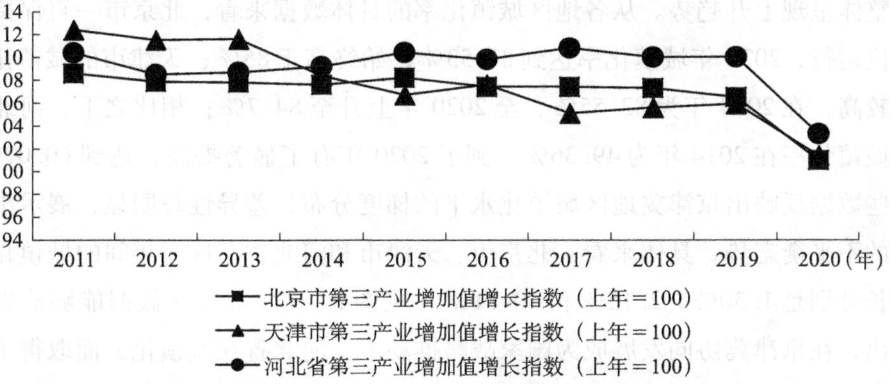

图3-21 2011—2020年北京市、天津市、河北省第三产业增加值增长指数对比图

数据来源：相关年份《北京统计年鉴》《天津统计年鉴》《河北统计年鉴》。

同构建新发展格局、推动高质量发展的要求相比，京津冀区域发展的基础还不稳固。目前，京津冀区域，尤其是天津和河北的传统产业占比依旧较高，战略性新兴产业及高技术产业等高附加值、竞争力强的产业仍在起步阶段，尚未成为推动经济增长的核心产业①（武义青、姚连宵，2022）。在产业链建设方面，京津冀产业链建设尚不完善，缺少世界级产业链集群支撑；实现产业协同发展任务依然面临较大挑战②（郭立甫、刘苗苗，2022）。三地在聚焦北京非首都功能疏解的同时，应综合考虑北京作为“四个中心”的战略定位、天津的先进制造研发基地定位和河北作为产业转型升级示范区的优势，共同调优城市与空间结构，有序推进产业承接与协作。为了更快实现京津冀协同发展的战略目标，北京、天津、河北三地应该明确自己地区内部的发展优势，大力发

① 武义青，姚连宵：《京津冀低碳经济与高质量发展》，《前线》2022年第8期。

② 郭立甫，刘苗苗：《京津冀工业互联网平台建设现状、问题及对策研究》，《产业与科技论坛》2022年第17期。

展自己的优势产业，从而能够早日实现三地经济相互联系，资源互通使用，真正实现京津冀的协同发展，打造京津冀协同发展的经济圈[①]（丛屹、闫苗苗，2022）。

四、京津冀城镇化水平差距

京津冀地区在 2014 年至 2020 年期间的城镇化进程显著，常住人口城镇化率整体呈现上升趋势。从各地区城镇化率的具体数据来看，北京市一直保持在高位运行，2020 年城镇化率达到 87.53%，始终高于 85%；天津市的城镇化率也较高，在 2014 年为 82.55%，至 2020 年上升至 84.7%；相比之下，河北省的城镇化率在 2014 年为 49.36%，到了 2020 年有了显著提高，达到 60.07%。这些数据反映出京津冀地区城镇化水平的梯度分布，差异性较明显，展示出明显的不平衡态势。具体来看，北京市、天津市和河北省在这六年间的城镇化率增长分别是 1.30%、2.15% 和 10.71%（见图 3－22）。这一数据能够清晰地指出，在京津冀协同发展成为国家战略推动下，河北省在城镇化方面取得了显著成就，这反映了区域协同发展策略为河北省带来的重要发展机遇。

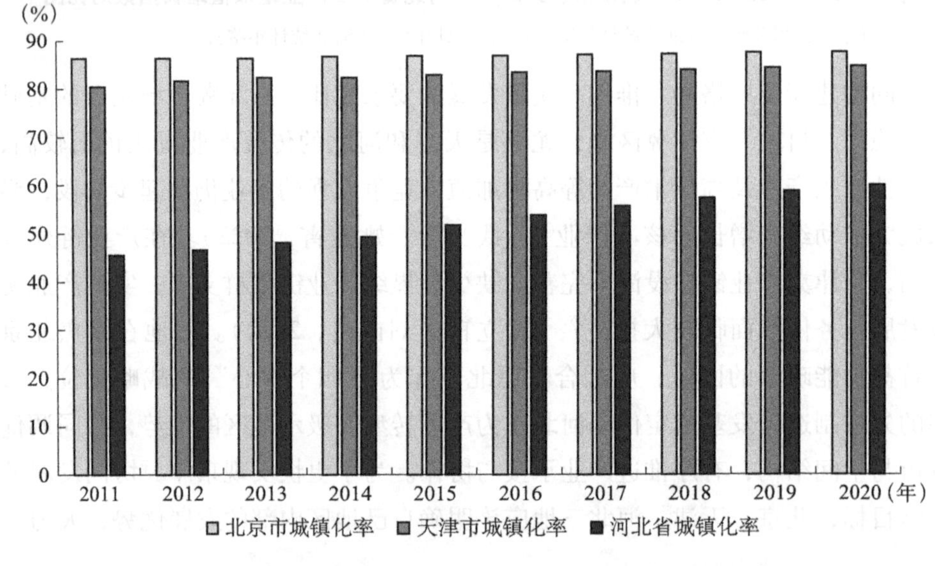

图 3－22　2011—2020 年北京市、天津市、河北省人口城镇化率对比图

数据来源：相关年份《北京统计年鉴》《天津统计年鉴》《河北统计年鉴》。

① 丛屹，闫苗苗：《京津冀产业结构与就业结构匹配度研究》，《工程管理科技前沿》2022 年第 6 期。

第三节　制约京津冀共同富裕的河北省区域差距分析

一、河北省内经济发展水平差异

在2011年，河北省各市的人均GDP分布在20027元至71565元的范围内，而到了2020年，河北省各市人均GDP的区间从24254元提升至78525元，整体增长并不显著。在这个经济版图中，唐山市以大约人均75000元的水平领跑，稳居第一梯队；其次，属于第二梯队的廊坊市与石家庄市，人均GDP在50000元左右；而在第三梯队中，承德、张家口、秦皇岛、保定、沧州、衡水、邢台以及邯郸等市的人均GDP则处在20000元至40000元的区间。在2014年至2019年期间，各市的人均GDP呈现出稳健的增长态势，但2020年受疫情影响，人均GDP普遍出现回落。省内城市间人均GDP的差异颇为显著，以唐山市和邢台市为例，前者的人均GDP约为后者的三倍，然而各市人均GDP的差距也显示出逐渐缩小的趋势（见图3－23）。这一趋势反映了河北省城市间在经济发展上互相追赶与协调发展的势头。

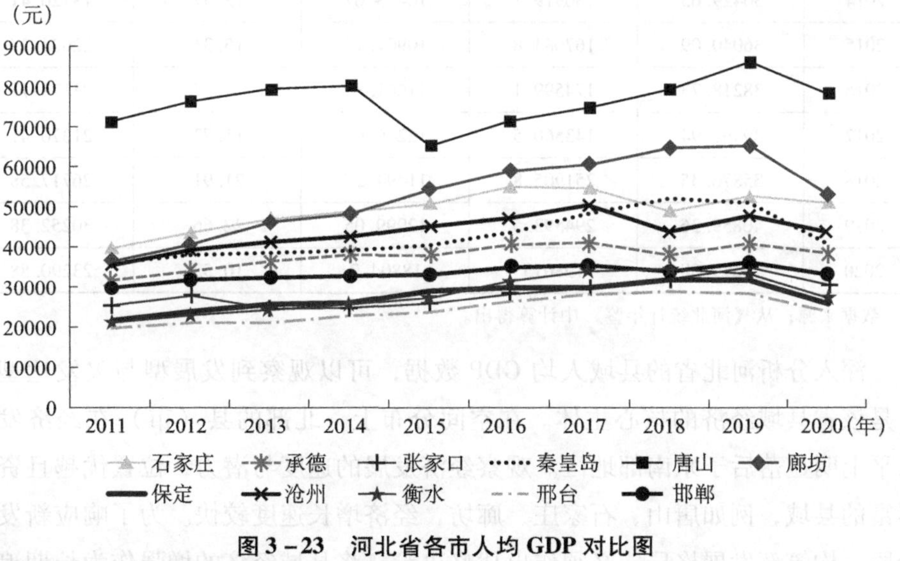

图3－23　河北省各市人均GDP对比图

数据来源：相关年份《河北统计年鉴》。

河北省拥有 167 个县级行政区域，位列全国各省份的第二位。相较于全国平均水平：地级市下属县级行政单位数量不足 10 个的现状，河北省的情况则显得颇为特殊，其石家庄市和保定市所辖的县级行政单位数量均超过 20 个。县级单位作为国家地方经济的基本单元，对于支持和塑造地方经济结构具有基础作用。根据表 3－1 的数据分析，河北省的县域人均 GDP 均值在 2011 年至 2020 年间保持了平稳的增长势头。平均值从 2011 年的 26832.16 元攀升至 2020 年的 44679.38 元，增长幅度达到约 1.7 倍。紧接着，最高值在 2019 年达到了一个峰点，为 294593.5 元，较 2011 年提高了约 2.7 倍。同期最小值也有明显增长，从 7439.44 元增至 18804.7 元，呈现约 1.5 倍的增长率。极值比的轻微波动，尤其是 2019 年的极值比达到 22.66，暗示着县域经济之间的差距可能在扩大。该时期内标准差从 17584.32 增至 23290.88，同样指向了经济水平差异的加剧。

表 3－1　　河北省内县域人均 GDP 测算数据

年份	平均值 单位：元	最大值 单位：元	最小值 单位：元	极值比	标准差
2011	26832.16	111169.6	7439.44	14.94	17584.32
2012	28870.84	122407.2	8077.97	15.15	18439.5
2013	30435.24	135065.6	8822.74	15.30	19307.38
2014	30429.65	130919.1	10413.67	12.57	18720.41
2015	36040.09	167084.8	10907.15	15.31	22624.27
2016	38218.73	174599.1	11661.85	14.97	23173.77
2017	39962.94	143560.5	12246.66	11.72	21370.41
2018	35876.35	251905.8	11494.37	21.91	26717.58
2019	40859.36	294593.5	12999.05	22.66	30252.38
2020	44679.38	198015	18804.7	10.53	23290.88

数据来源；从《河北统计年鉴》中计算得出。

深入分析河北省的县域人均 GDP 数据，可以观察到发展型与欠发达型县区是该省县域经济的核心主体。在空间分布上，北部的县（市）在经济发展水平上明显落后于东南部地区。观察经济发展的速度与潜力，位置优越且资源丰富的县域，例如唐山、石家庄、廊坊，经济增长速度较快。为了响应新发展阶段，构筑新发展格局，必须作出战略决策，将县域经济的增强作为长期追求的重要目标，并不断推动县域财政与经济的高质量发展。河北省内的县市区整体上可分为四种情况：第一种情况是经济基础雄厚、发展迅速的大县，特别是那些形成2个以上优势主导产业的县级市和省直管市，它们是产业大县。第二种情况是拥有一个优势产业，同时存在其他多种行业的零散企业，比如107个特色产业集群所在的县。第三种情况是尚未发展出主导产业，仅有散布在县域的一批中小企业。第四种情况是一些县的企业规模很小，大型企业数量稀少。这一多元化的县域经济模式映射了河北省发展的不均衡性及其潜在的增长机会。

二、省内财政能力差异

（一）各市财政能力差异

在2011年至2020年期间，河北省各市的财政收入增长率总体呈现出一种减缓的趋势，尤其是承德市的财政收入增长率波动明显。2016年之前，各市的财政收入增长速度较为迅猛，多在10%—30%。然而，进入2016年之后，这一增长率普遍降至约10%的水平，表现出增速缓和的现象。据2020年的数据示例，秦皇岛和邢台的财政收入增长率较高，达到了10%，而廊坊和保定的财政收入增长率则分别下降至-7%和-8%（见图3-24），暴露出省内城市财政收入增长率的显著差异。河北省在颁布《河北省建设京津冀生态环境支撑区规划（2016—2020年）》之后，关停了一批高污染企业，这一举措虽有利于生态环境的改善，却也导致了经济效益的下滑，进而影响了部分城市的财政收入水平。

进一步观察2020年的人均公共财政收入，河北省可分为三个不同梯队。第一梯队，收入高于5000元，包括廊坊（6590.29元）、唐山（6570.36元）、石家庄（5384.91元）、秦皇岛（5052.44元）。第二梯队，收入在3001—5000元，涵盖了张家口（4260.85元）、沧州（3772.19元）、承德（3461.13元）、邯郸（3057.15元）、衡水（3021.67元）。第三梯队，收入低于3000元的城市有保定（2715.07元）和邢台（2473.60元）（见图3-25）。值得注意的是，廊坊市与人均公共财政收入最低的邢台市之间存在六到七倍的差距，并且与2011年相比，城市间的财政收入差距正在扩大。在经济平衡发展方面，河北省面临着提升内部城市经济水平、缩小城市间贫富差距以及与周边发达地区的差异性这三方面的挑战。未来发展规划中需要考虑采取有效措施，以促进全省经济的均衡和可持续发展。

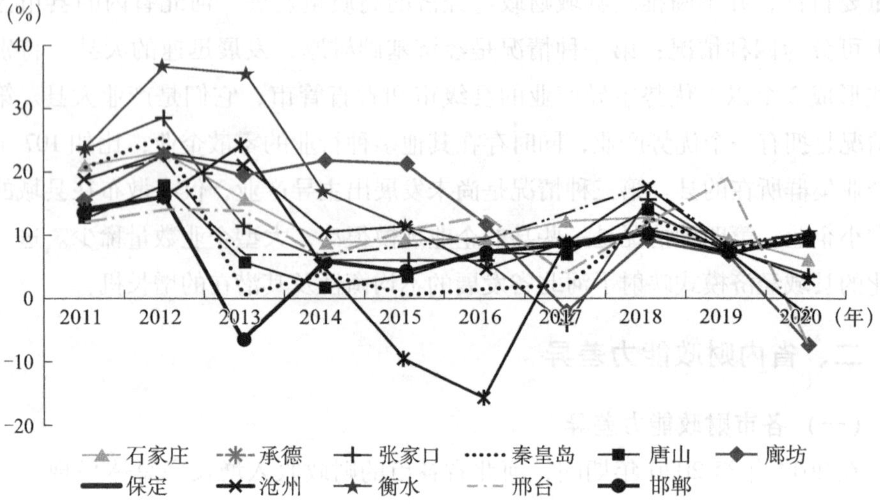

图 3-24　河北省各市财政收入增长率对比趋势图

数据来源：相关年份《河北统计年鉴》。

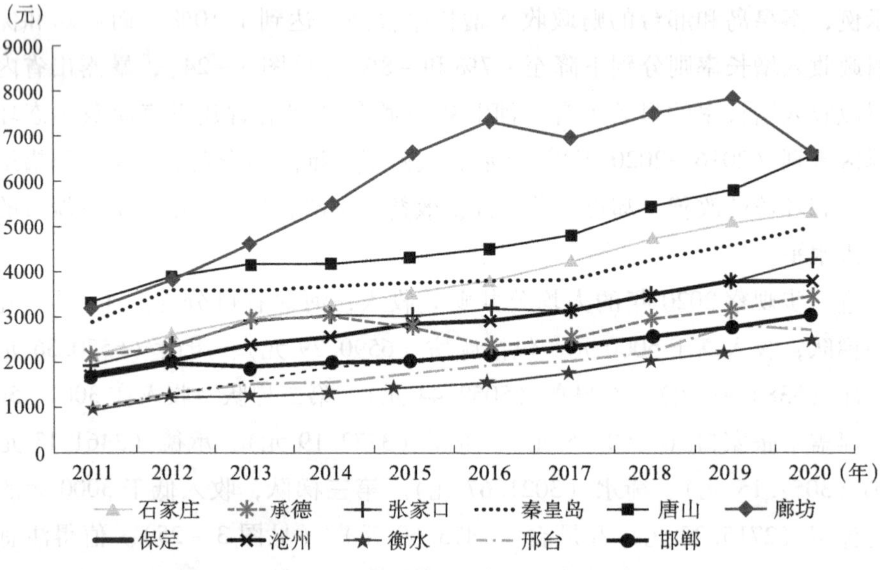

图 3-25　河北省各市人均公共财政对比趋势图

数据来源：相关年份《河北统计年鉴》。

（二）县域人均财政能力收入

依据表 3-2 所反映的数据，我们可以洞察到 2011 年至 2020 年间，县域人均财政收入呈现显著正增长。该数据从 2011 年的 999.16 元增长至 2020 年的 3302.46 元，成长了近三倍。而在同一时期内，人均财政收入的最大值和最小值也都有显著的增长：最大值从 6382.03 元增长至 21789.73 元，大约是原值的 2.4 倍；最小值则从 153.5 元激增至 815.85 元，是原值的大约 4 倍。从极值比的变化可以看出，从 2011 年的 41.57 下降至 2020 年的 26.71，这意味着县域间财政收入的差距在减少。然而，标准差的增加（从 910.81 升至 2530.97）则指出了财政收入的分布离散程度在扩大，表明虽然整体县域财政收入差异在减小，但同时不同县域间的差异依然存在且部分差异在增加。

因此，河北省县域间的财政收入水平虽然整体上趋于一致，但个别地区仍有显著的差异需要关注。在制定未来发展规划和相关政策时，需要考虑这种不均衡发展趋势，促进县域经济的均衡增长。

表 3－2　　县域人均财政收入

年份	平均值（元）	最大值（元）	最小值（元）	极值比	标准差
2011	999.16	6382.03	153.50	41.57	910.81
2012	1220.19	7456.55	203.54	36.63	1029.84
2013	1401.37	9070.72	259.42	34.96	1203.38
2014	1534.12	11799.13	288.51	40.89	1555.24
2015	2112.74	31373.33	332.41	94.37	3086.35
2016	2222.17	31624.73	402.83	78.50	3061.71
2017	2415.60	21917.69	551.43	39.74	2523.69
2018	2536.65	31788.23	476.76	66.67	3422.98
2019	3134.09	33293.55	535.73	62.14	3488.25
2020	3302.46	21789.73	815.85	26.71	2530.97

数据来源：从《河北统计年鉴》中计算得出。

三、省内产业结构差异

（一）各市产业结构现状

1. 第一产业现状

在 2011 年至 2020 年的时间段内，河北省各市第一产业（主要是农业、畜牧业、渔业等）占经济总量的比重有所波动，反映出不同地区发展第一产业的差别和发展策略的多样性。承德市第一产业所占比重超过20%（见图3-26），显示出该市在促进农业及相关产业方面的投入和发展较为显著。而唐山（8.2%）和廊坊（6.7%）较低的第一产业比重可能反映出这些城市工业化程度更高，第二产业（工业和建筑业）或第三产业（服务业）在当地经济中的主导作用。承德与唐山之间超过11.8%的差距说明河北省的城市在第一产业的比重上确实存在明显差异，这可能是由于自然条件、资源禀赋、产业结构调整政策以及各地经济发展战略的不同决定的。

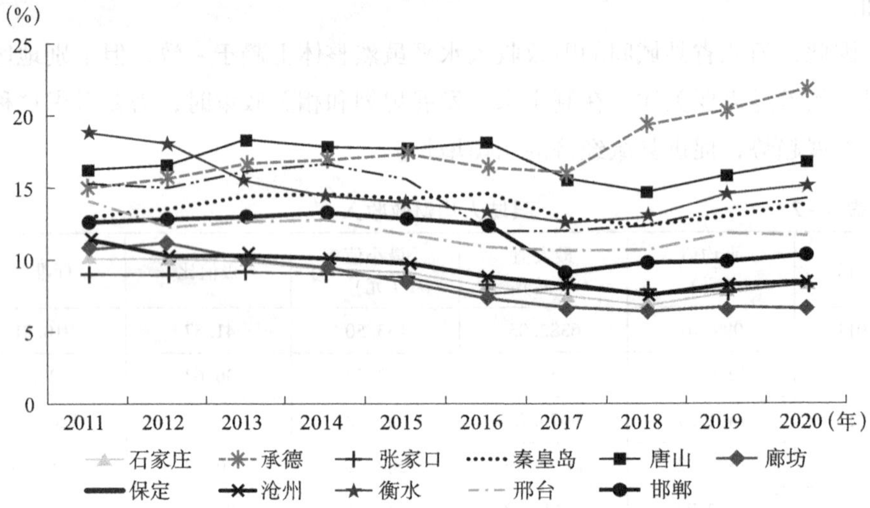

图3-26　河北省各市第一产业所占比重趋势对比图

数据来源：相关年份《河北统计年鉴》。

在增长率方面，2011—2020年河北省各市第一产业增长率略有波动。以2020年数据为例，承德和秦皇岛的第一产业113%的增长率显示了较为平稳的增长趋势，而保定88%的增长率下降趋势则表明第一产业在该市发展中遇到了一定的挑战（见图3-27）。25%的增长率差距暗示了未来河北省内各市在第一产业的发展可能会更加不均衡。为了应对这种不均衡，河北省可能需要制定和实施相应的区域发展战略，以确保第一产业在各地均衡、可持续发展。这可能包括提高农业科技水平、改善农业基础设施、鼓励农产品深加工以及发展农村经济等措施。同时，应考虑到不同城市的产业特点和经济发展阶段来进行差异化的策略制定，既促进经济总量增长，也缩小各地发展差距。

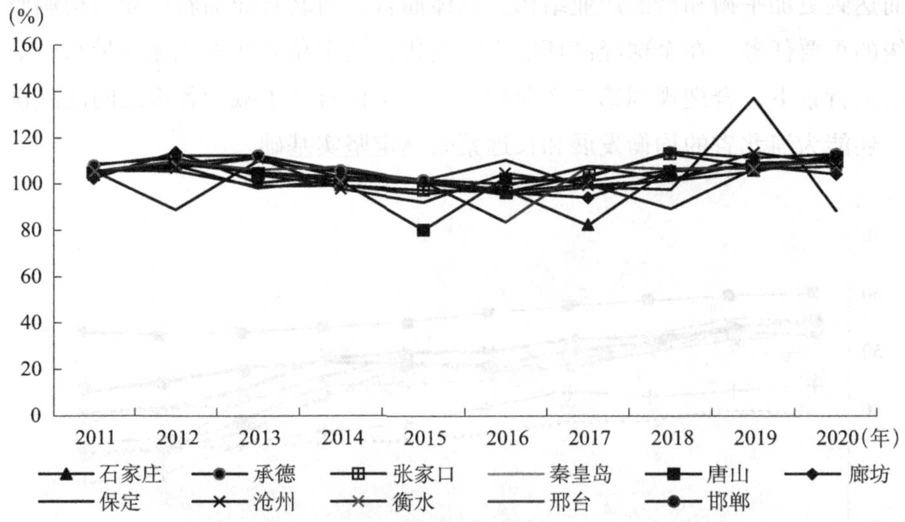

图3－27　河北省各市第一产业增长指数趋势对比图

数据来源：相关年份《河北统计年鉴》。

2. 第二产业现状

根据图3－28数据分析可知，在2011—2020年，河北省各市的产业结构变化中，我们可以注意到第二产业（主要包括制造业、建筑业等）在河北省内各市的占比经历了不同程度的下降。这一现象可能反映出河北省正在积极调整其经济结构，逐步优化产业布局，并推动产业升级。特别值得关注的是，邯郸市在这一时期内的第二产业占比有所提升，达到47.5%，表明了邯郸市在加强传统产业基础上的同时，可能也在探索产业结构的优化和产业链的延伸。而唐山市的第二产业占比超过50%，突显了该市工业基础的雄厚以及工业产业的主导地位，这可能是得益于唐山市丰富的工业遗产和持续的产业支持政策。另外，张家口和石家庄的第二产业占比相对较低，这或许与这些城市在鼓励服务业和高新技术产业发展方面的政策倾斜有关，也可能是因为这些城市保持着较为均衡的产业结构，兼顾农业等第一产业发展。

河北省内各市之间超过20%的第二产业占比差异揭示了各市经济发展的多样性和不平衡状态。对于产业结构以第二产业为主导的城市而言，未来的发展重点可能在于如何通过技术创新与产业升级来提高产业竞争力，同时注重环境保护和可持续发展。那些第二产业占比较低的城市，则可以继续根据当地资源和条件，推动现代制造业和相关产业的发展，增强其在经济结构中的比重，进而达到更加平衡和谐的产业结构。总体而言，河北省面临着产业结构调整和升级的重要任务。在全球经济环境不断变化，数字化和智能化潮流带来产业转型的大背景下，合理规划第二产业的发展，不仅有助于减少各市之间的经济差距，还能为河北省的均衡发展和长远繁荣奠定坚实基础。

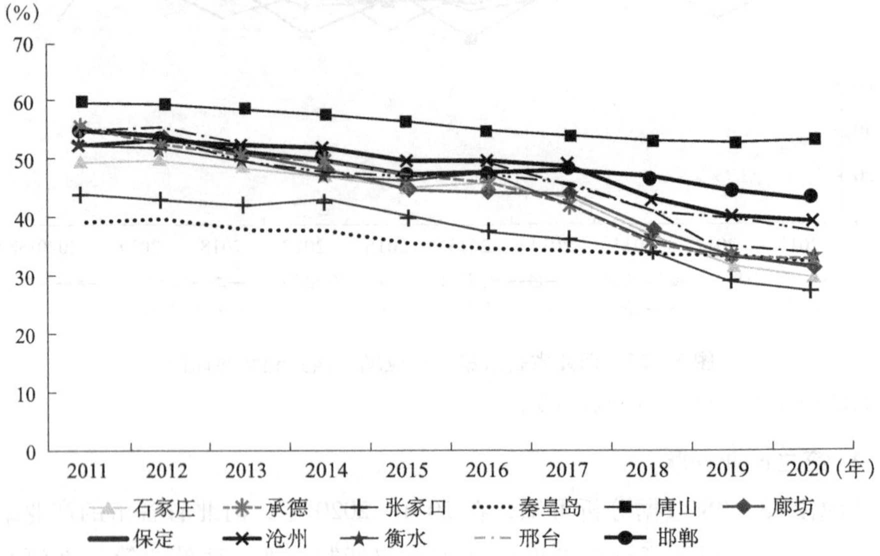

图 3－28　河北省各市第二产业所占比重趋势对比图

数据来源：相关年份《河北统计年鉴》。

图 3－29 反映了河北省各市第二产业增长率变化情况。数据显示，大多数城市的增长率维持在 100%—110%，呈现出稳定的发展态势。以 2020 年的统计数据为例，唐山市以 106% 的增长率领跑全省，表现出强劲的经济动力。而相较之下，石家庄、张家口及廊坊等市则以 97% 的增长率并列，显露出一种相对平稳却略显放缓的发展趋势，这似乎反映出第二产业增长的减缓势头。自 2014 年起，像石家庄等城市在第二产业的增长率上遭遇了明显的下滑，这一现象或许可以归因于中央政策层面的转变。国家开始倡导“绿水青山就是金山银山”的发展理念，强调环境保护与经济发展的和谐共存，不再一味追求牺牲环境为代价的经济增长。因此，对于高污染的工业和制造业，政策趋于严格控制，导致这类行业的增速受到抑制。同时，河北省各市正积极探索向第三产业的转型，这种转变意味着对于传统的第二产业可能存在着一定程度上的忽视。随着第二产业发展步伐的放缓，加之转型升级和政策导向的影响，各市之

间在第二产业发展速度上的差异愈发显著。

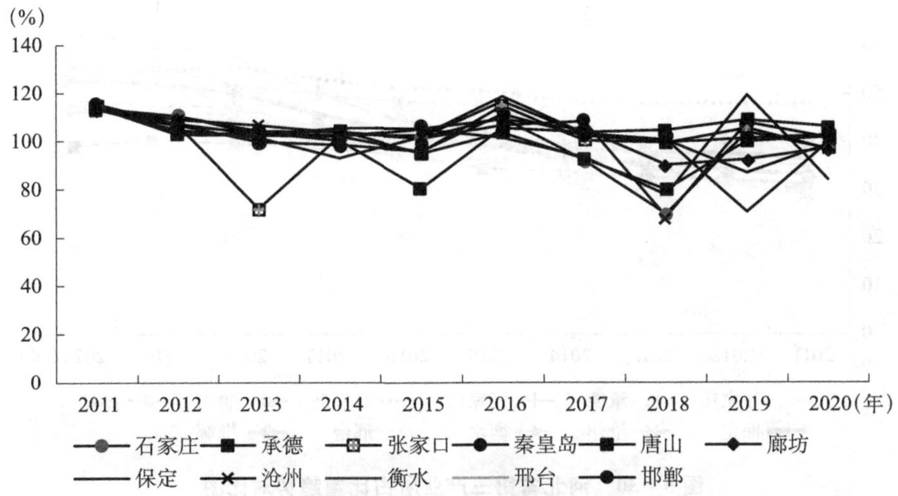

图 3－29　河北省各市第二产业增长指数趋势对比图

数据来源：相关年份《河北统计年鉴》。

3. 第三产业现状

2011—2020 年河北省各市的第三产业比重不断增加（见图 3－30）。在对 2011 年至 2020 年间河北省各市产业结构的观察中，显而易见的是第三产业的比重正逐年攀升。2020 年，石家庄市、沧州市、保定市、廊坊市、邢台市、秦皇岛市、张家口市和衡水市八市的产业结构已然以第三产业为主导，其中，廊坊市和石家庄市的第三产业比重尤为突出，分别占据了 60.3% 及 59.8% 的重要份额。这种情况标志着服务业等第三产业对于当地经济的贡献日渐增加，并开始扮演更加核心的角色。然而，在整个河北省的范围内，第三产业发展的均衡性仍呈现出较大的差异化特征。承德市和邯郸市的第三产业比重均为 46.2%，与其他发展较好城市相比有着超过 10% 的显著差距，体现出河北省在第三产业发展上的多样性和不均衡性。随着《河北省全国产业转型升级试验区规划（2016—2020 年）》的实施，河北省整体上展现出了积极转型的姿态，各地对产业升级和转型的反应迅速且具有前瞻性。但由于各城市在反应速度、措施实施时间以及自身资源条件等方面的差异，导致了第三产业发展速度和质量不一，形成了当前的差异化格局。

河北省各市的第三产业增长表现出微妙的波动现象。根据 2020 年的数据，

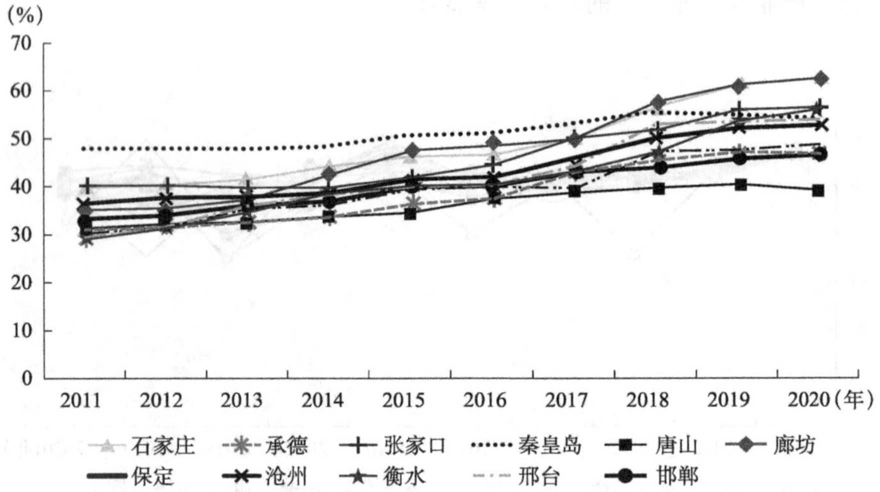

图3-30 河北省第三产业所占比重趋势对比图

数据来源：相关年份《河北统计年鉴》。

廊坊市和邢台市以106%的增长率并列领先，体现了这两座城市在第三产业发展上的强劲势头，位于河北省内的领先地位。然而，相对而言，保定市的第三产业增长率最低，仅为92%（见图3-31），显示出一种下滑趋势。造成这种

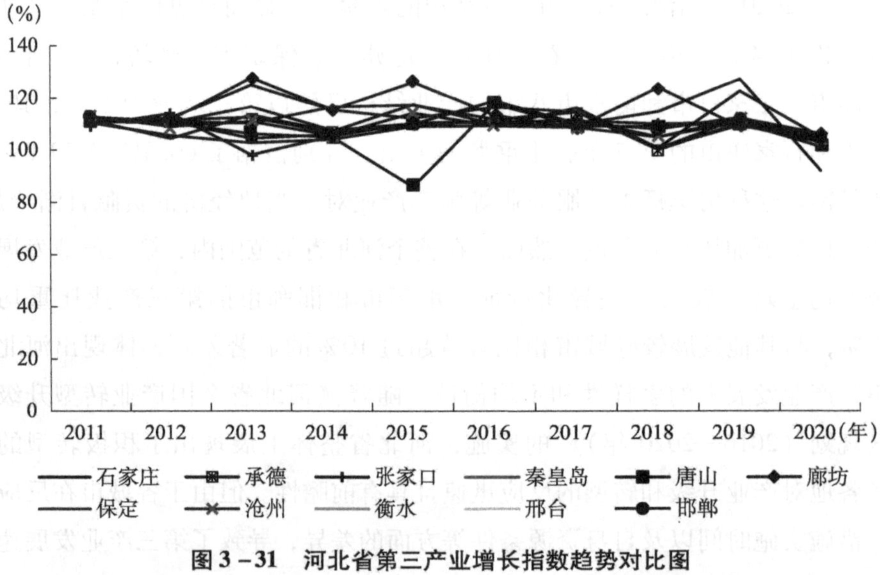

图3-31 河北省第三产业增长指数趋势对比图

数据来源：相关年份《河北统计年鉴》。

差异的原因颇为多样。部分城市能有效利用地理位置优势，比如紧邻北京与天津，通过吸纳和承接周边大城市的产业外溢以及结合本地的特定优势，积极推进本地第三产业的发展。而其他一些城市可能由于未能把握住发展机遇，或是由于资源限制和发展条件的局限性，导致第三产业发展缓慢，甚至出现了下降的趋势。

（二）各市产业结构变化

1. 石家庄。2011—2020 年，石家庄市经历了显著的产业结构变化。这期间，第一、第二产业的比重逐渐减少，而第三产业的比重不断增加，反映出石家庄市的经济发展重心正在改变。到了 2015 年，石家庄市第三产业的比重甚至超越了第二产业，成为支柱产业。这意味着服务业等非生产性领域开始成为城市经济增长的主要动力，标志着石家庄产业转型升级初步显示成效（见图 3 – 32）。

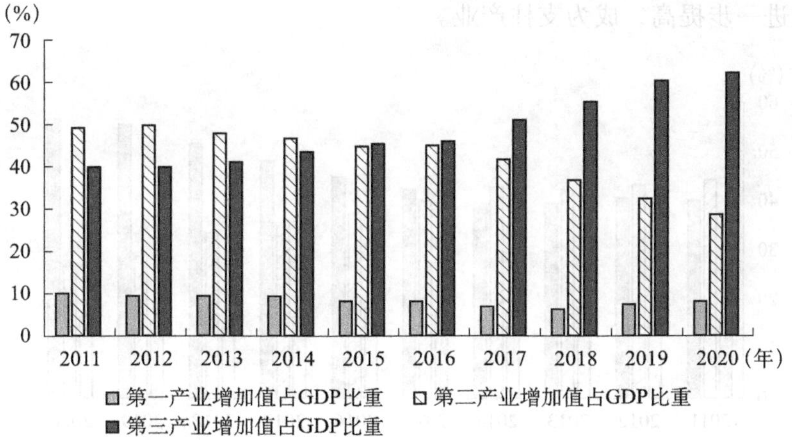

图 3 – 32　石家庄各产业所占比重变化趋势图

数据来源：相关年份《河北统计年鉴》。

2. 承德。2011—2020 年承德第一产业所占比重稳定增加，第二产业所占比重不断减小，第三产业比重增加（见图 3 – 33）。2017 年第三产业超过第二产业，呈现“三二一”的产业结构。

3. 张家口。2011—2020 年张家口第一产业波动不大，所占比重保持在 15% 左右；第二产业不断下降，由 2011 年的 44.2% 下降至 2020 年的 26.9%（见图 3 – 34）。2015 年第三产业超过第二产业所占比重，2020 年第三产业所

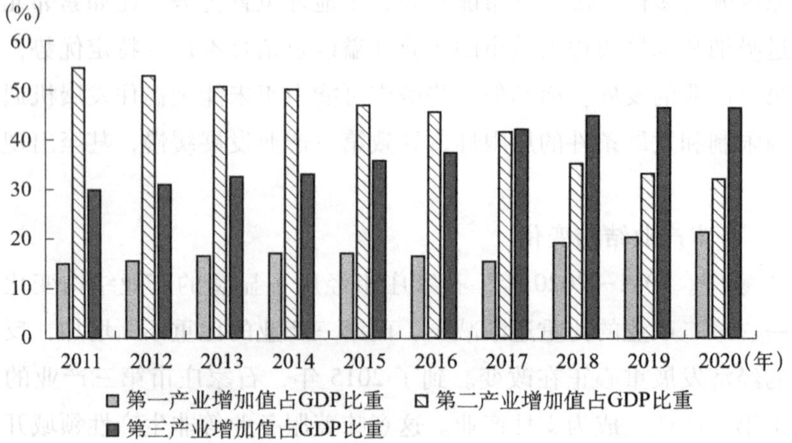

图 3 - 33　承德各产业所占比重变化趋势图

数据来源：相关年份《河北统计年鉴》。

占比重进一步提高，成为支柱产业。

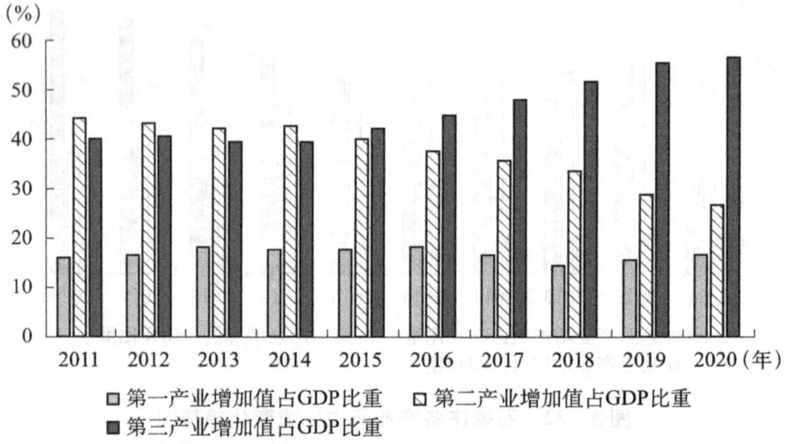

图 3 - 34　张家口各产业所占比重变化趋势图

数据来源：相关年份《河北统计年鉴》。

4. 秦皇岛。2011—2020 年，秦皇岛市第一产业的比重有小幅波动但总体变化不大，第二产业比重持续降低，而第三产业比重则持续增加。尽管如此，秦皇岛的产业结构未有明显变化，仍然是典型的“三二一”结构，即第三产业占据主导地位，第二产业位于中间，第一产业则占据最小比重（见图 3 - 35）。

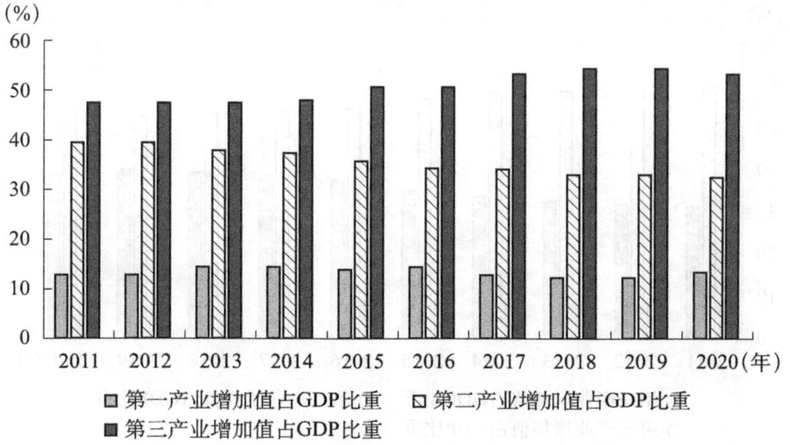

图 3－35　秦皇岛各产业所占比重变化趋势图

数据来源：相关年份《河北统计年鉴》。

5. 唐山。唐山市在 2011—2020 年，第一产业的比重略有下降，第二产业的比重大幅下降，而第三产业的比重则有所上升。即便如此，截至 2020 年，唐山依然维持着以第二产业为主导的“二三一”产业结构（见图 3－36）。这意味着尽管服务业等第三产业领域正在增长，但工业和制造业仍然是唐山经济发展的主要推动力。唐山市长期以来一直以重工业和制造业著称，尤以钢铁、建材等行业最为知名。这种产业结构的特点通常带动了该地区经济增长的快速发展，但同时也可能伴随着资源消耗大、环境压力较高等问题。为了促进经济的可持续发展和提升城市竞争能力，唐山需要在优化和提升第二产业的同时，促进第三产业的快速发展。此外，亦需要关注第一产业的现代化和技术改造，促进农业可持续发展，从而形成一个均衡的产业结构，以应对未来可能出现的经济波动和挑战，实现长期稳定发展。

6. 廊坊。2011—2020 年，廊坊第一、第二产业所占比重下降，第三产业所占比重上升。2015 年第三产业所占比重超过第二产业，2020 年第三产业所占比重为 62.3%，第二产业所占比重为 31%，差距越来越大，第三产业成为支柱产业（见图 3－37）。

7. 保定。保定市在 2011—2020 年，第一产业和第二产业的占比都有所下降，而第三产业则呈现上升趋势，并且在 2018 年第三产业比重超过了第二产业，成为了保定市的支柱产业（见图 3－38）。这种变化反映了保定市产业结

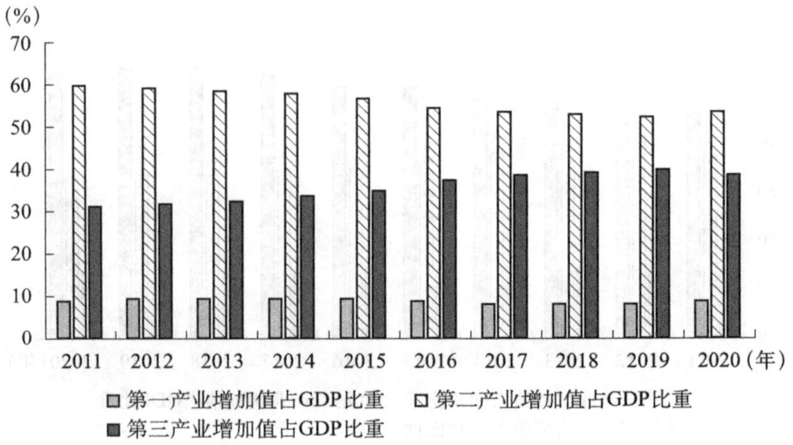

图 3-36 唐山各产业所占比重变化趋势图

数据来源：相关年份《河北统计年鉴》。

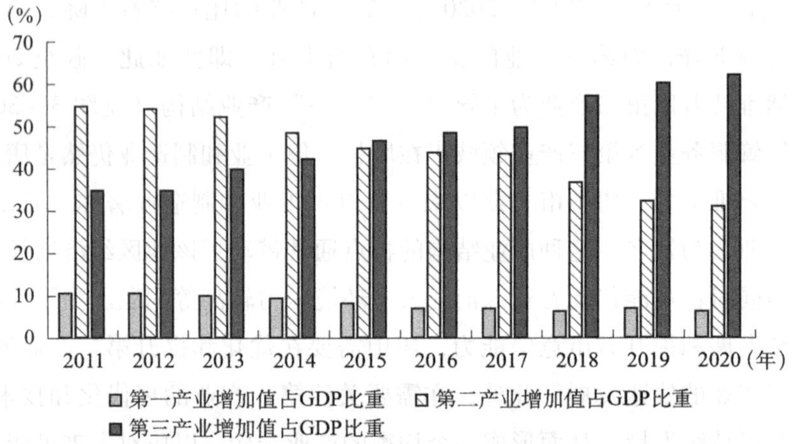

图 3-37 廊坊各产业所占比重变化趋势图

数据来源：相关年份《河北统计年鉴》。

构的升级和经济发展模式的转型。保定市第三产业成为支柱产业，意味着经济增长正逐步从依赖物质生产（如制造业、农业）转向依赖服务和知识密集型的行业。这种转型对于促进经济的可持续发展和提高城市整体竞争力是十分重要的。

8. 沧州。2011—2020 年，沧州第一、第二产业所占比重不断下降，第三产业所占比重上升，2018 年第三产业所占比重超过第二产业。沧州市转型升

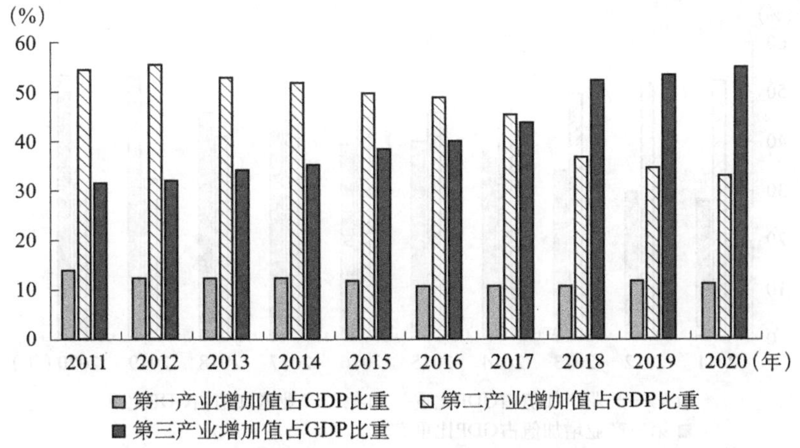

图 3－38　保定各产业所占比重变化趋势图

数据来源：相关年份《河北统计年鉴》。

级为“三二一”产业结构（见图 3－39）。

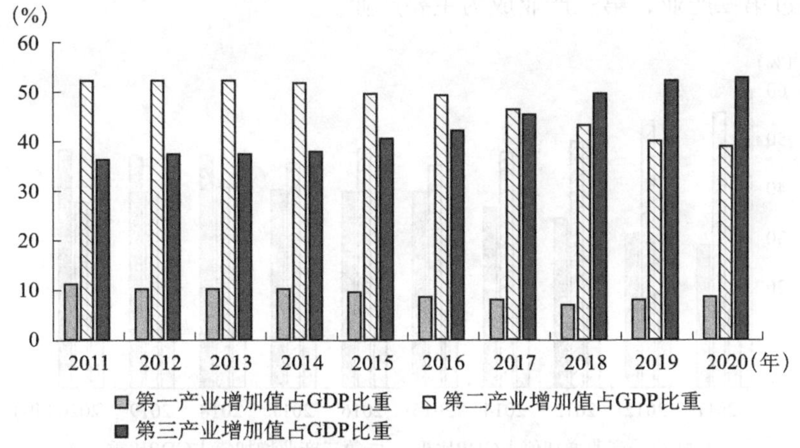

图 3－39　沧州各产业所占比重变化趋势图

数据来源：相关年份《河北统计年鉴》。

9. 衡水。2011—2020 年，衡水第一产业呈现“先降后升”趋势，第二产业所占比重不断下降，第三产业所占比重不断上升。2018 年第三产业所占比重超过第二产业。2020 年第三产业所占比重为 53.5%，第二产业所占比重为 31.4%，差距越来越大，第三产业成为主要产业（见图 3－40）。

10. 邢台。2011—2020 年，邢台第一产业呈现“先降后升”趋势，第二

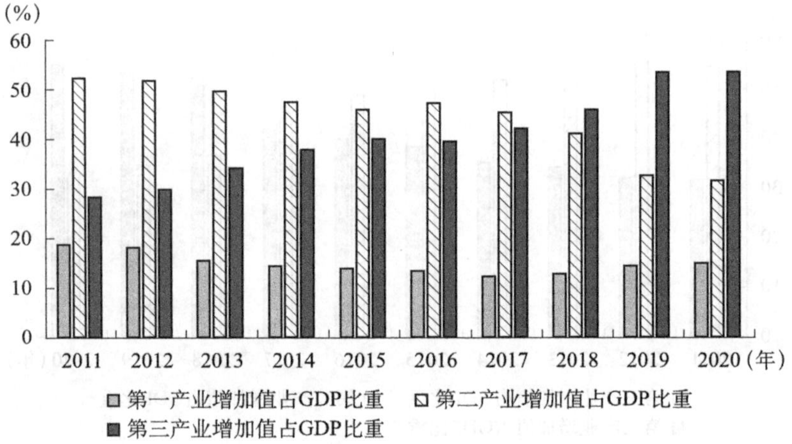

图 3-40 衡水各产业所占比重变化趋势图

数据来源：相关年份《河北统计年鉴》。

产业不断下降，第三产业所占比重上升（见图 3-41）。2018 年第三产业所占比重超过第二产业，第三产业成为主要产业。

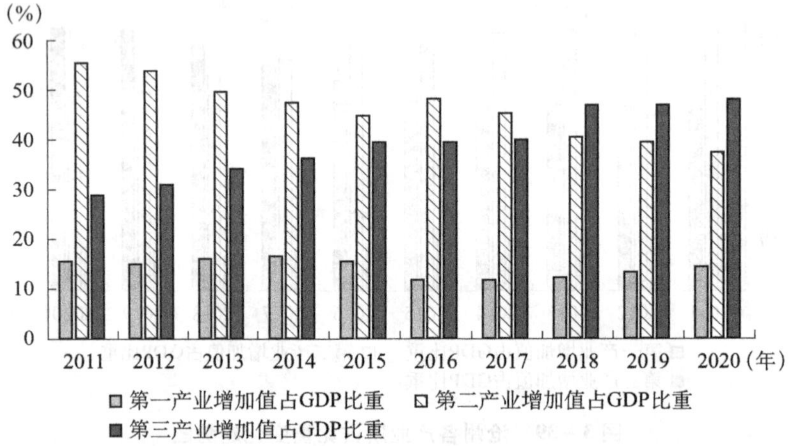

图 3-41 邢台各产业所占比重变化趋势图

数据来源：相关年份《河北统计年鉴》。

11. 邯郸。2011—2020 年，邯郸第一产业和第二产业所占比重不断下降，第三产业所占比重上升。2019 年第三产业所占比重超过第二产业，产业转型速度较慢，2020 年第三产业和第二产业占比相差不多（见图 3-42）。

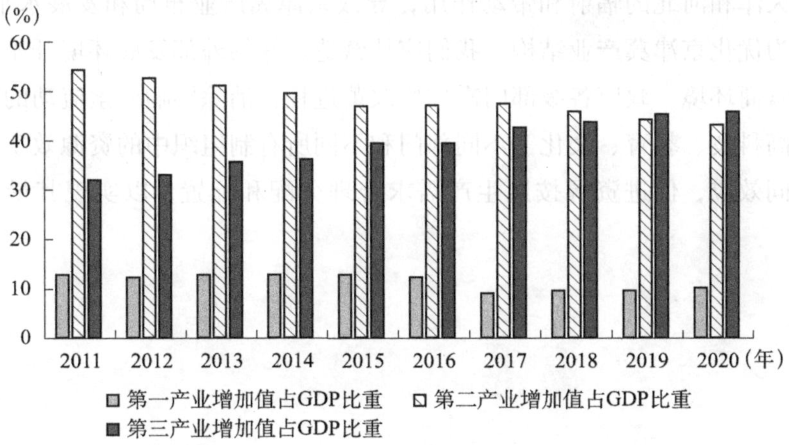

图 3－42　邯郸各产业所占比重变化趋势图

数据来源：相关年份《河北统计年鉴》。

（三）各市产业结构差异分析

经深入分析可见，大部分河北省地级市的产业结构当前呈现为以第三产业为主导的“三二一”模式，在这些城市中，第三产业的比重高于第二产业，且逐渐成为经济增长的核心动力。特别是唐山市以外的其他地市，第三产业的占比普遍超过了第二产业。石家庄、廊坊、张家口等城市在产业转型方面走在前列，他们的第三产业比重在 2015 年已经超过了第二产业。秦皇岛在第三产业领域长期保持领先地位，而保定、承德、衡水、沧州、邢台、邯郸等市的转型进程较为缓慢，第三产业的比重直到 2017—2018 年才超越第二产业。在所有河北地级市中，唐山市凭借其丰富的矿产资源，尤其是钢铁产业，长期在省内经济总量中占据优势，第二产业的增长值较高且稳定，构成了河北省产业增加值的主要部分。面对未来的发展需求，唐山市调整重工业在产业结构中的比重、增强第三产业的经济贡献是其发展的关键方向。到了 2020 年，石家庄和廊坊市的第三产业比重已突破 60%，张家口、保定、沧州和衡水超过 50%，而承德和邯郸超过 40%，不同城市在产业转型的速度和效果上各有差异。

目前情况显示，北京已步入以金融服务业和信息技术服务业为核心的后工业阶段；河北省依然处于以黑色金属和其他重工业为主导的工业化阶段；天津则正处于以医药制造和汽车制造等高端制造业为主导的后工业化发展阶段，但其竞争力尚不强。这种结构上的差异限制了北京在优势服务业，特别是科技服务业对天津和河北的辐射和带动作用，导致京津冀产业布局和发展水平分化。因此，为优化京津冀产业结构，我们应从营造良好的外部发展环境开始，构建宜商的营商环境。政府各级部门需加快改革进程，消除影响要素流动的制约因素，提高科技、教育、文化等不同部门和不同所有制组织中的资源效率。通过这种协同效应，促进资源按照生产需求合理分配和配置，以实现其最有效的利用。

第四章

京津冀收入分配水平测度

随着中国社会经济步入一个全新的历史发展时期，实现共同富裕已经成为新阶段的关键战略目标[①]（孙豪等，2022）。国家高度重视，坚定推进共同富裕的实现。中国在长期经济积累和发展的基础上，已经拥有了推动共同富裕政策落地的经济条件。据 2020 年数据显示，中国的人均 GDP 达到 71999.6 元，居民个人可支配收入平均值为 32189 元。尽管中国经济取得了显著成就，但居民收入分配差距仍然是一个棘手问题。据国家统计局发布的数据显示，2020 年中国的收入基尼系数为 0.46，超出了国际公认的警戒线，反映出国内居民之间收入差距的显著性。这清晰地表明了我国在追求共同富裕路上仍需努力缩小居民收入水平的差距。

京津冀协同发展战略作为国家层面的一项重点规划，受到普遍关注。该区域经济合作的一大核心目标便是减少甚至根除区域内部不同行政区域之间的经济发展不均衡。本章围绕北京、天津、河北以及整个京津冀地区收入分配的基本状态开展研究，旨在深入分析不同行业居民、城乡居民间的收入差距，并对整体居民收入差距进行测度。通过这些实证研究，旨在为缩小区域内经济差异、推动地区间公平与协调发展出谋划策。

① 孙豪，曹肖烨：《收入分配制度协调与促进共同富裕路径》，《社会科学文摘》2022 年第 6 期。

第一节　北京市收入分配水平测度

一、北京市居民收入分配现状

（一）北京市居民收入规模

在2011—2020年这一时段内，北京市居民的人均可支配收入显示出了明显的上升趋势（见图4－1）。从2011年的人均可支配收入33176元增长到2020年的69434元，显著增加了109.29%。在这一期间，北京一直致力于保持经济增长与民生保障同步发展，努力实现劳动者报酬与劳动生产率的均衡提升，确保所有市民均能共享社会发展的果实。北京市通过不断扩大居民收入渠道，推动实现更高质量和更全面的就业，加大公共转移支付规模，提升各项社会保障和福利的水平。具体措施包括连年调高离退休人员养老金，修改多项社会保障标准，提升最低生活保障线，同时建立了一个统一整合的城乡居民基本医疗保险体系。伴随着金融和房地产市场的进一步开放与发展，以及农村土地资源管理制度的不断完善，北京市通过多种途径逐步增加了居民群体的可支配收入，从而为其经济繁荣和民众福祉的改善提供了有力支撑。

（二）北京市居民收入结构

在中国，居民收入根据来源可划分为工资性收入、经营净收入、财产净收入及转移净收入。根据公布的数据，我们可以追踪自2014年以来的居民收入结构变化①。具体到北京市（见表4－1），自2014年起至2020年，居民收入各方面均呈现出积极增长的态势。工资性收入作为居民的主要经济来源，从41439元增长至62208元，呈现出50%的稳健增幅。而经营净收入虽在绝对数额上较低，但其增幅也不容小觑，由2014年的564元增至2020年的812元，涨幅达44%。在财产净收入方面，从6905元增至11789元，增长幅度达到

① 居民收入结构数据公布起始年份为2014年。

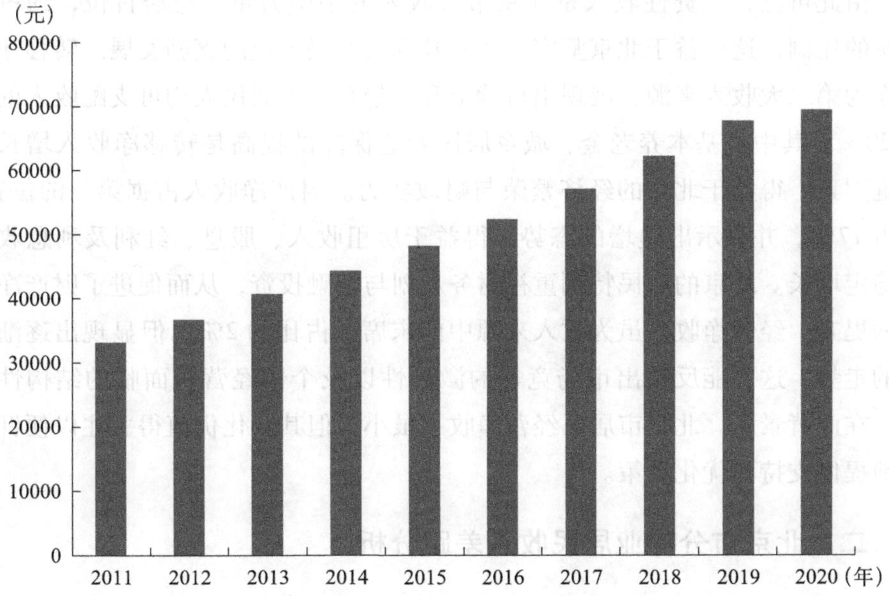

图 4-1　北京市居民人均可支配收入

数据来源：相关年份《北京统计年鉴》。

表 4-1　北京市居民收入结构

年份	居民人均可支配收入（元）	居民人均可支配收入构成							
		工资性收入（元）	比重（%）	经营净收入（元）	比重（%）	财产净收入（元）	比重（%）	转移净收入（元）	比重（%）
2014	44489	27555	61.94	1452	3.26	7001	15.74	8481	19.06
2015	48458	30241	62.41	1421	2.93	7499	15.48	9297	19.19
2016	52530	33114	63.04	1396	2.66	8230	15.67	9790	18.64
2017	57230	35217	61.54	1408	2.46	9306	16.26	11299	19.74
2018	62361	37687	60.43	1201	1.93	10612	17.02	12861	20.62
2019	67756	41214	60.83	1201	1.77	11257	16.61	14084	20.79
2020	69434	41439	59.68	812	1.17	11789	16.98	15394	22.17

数据来源：相关年份《北京统计年鉴》。

68%，彰显了资本市场的活力与居民财产管理能力的提升。转移净收入则从2014 年的 8461 元大幅增长至 2020 年的 15439 元，上涨了 82%，体现了北京市民在享受更丰富社会保障红利的同时，各项收入水平亦稳步提升。

由此可见，工资性收入是北京市民收入的中坚力量，稳居首位，约占到60%的比例，这得益于北京坚实的产业基础与新兴行业的蓬勃发展。转移净收入作为第二大收入来源，展现出持续上升的趋势，占居民人均可支配收入的大约20%。其中，基本养老金、城乡居民养老保障的提高是转移净收入增长的关键因素，得益于北京的经济繁荣与财政实力。财产净收入占据第三的位置，约占17%，并显示出递增的态势，得益于房租收入、股息、红利及利息收入的稳定增长。北京的居民特别重视财务规划与金融投资，从而促进了财产净收入的提升。经营净收入虽为收入来源中的末席，占比约2%，但显现出逐渐下降的走势，这可能反映出市场竞争的激烈性以及个体经营所面临的结构性挑战。在此背景下，北京市居民经营净收入虽小，但其变化仍值得关注以便针对性地提供支持与优化政策。

二、北京市分行业居民收入差距分析

本章使用城镇非私营单位就业人员的平均工资，分析北京市不同行业居民收入差距状况①。北京市各产业非私营单位就业人员的平均工资在2011—2020年呈现上升的趋势，各行业居民收入都有一定程度的增长（见图4－2）。

2011年北京市城镇非私营单位就业人员平均工资排名前五位的行业分别为金融业，信息传输、计算机服务和软件业，科学研究、技术服务和地质勘查业，文化、体育和娱乐业以及电力、燃气及水的生产和供应业，它们的工资分别为北京市城镇非私营单位就业人员平均工资的2.28倍、1.54倍、1.29倍、1.22倍以及1.10倍；排名后五位的行业分别为建筑业，水利、环境和公共设施管理业，住宿和餐饮业，居民服务和其他服务业以及农、林、牧、渔业，它们的工资分别是北京市城镇非私营单位就业人员平均工资的0.69倍、0.63倍、0.50倍、0.45倍以及0.44倍。

进入2020年，北京市城镇非私营单位就业人员平均工资排名前五位的行业分别为金融业，信息传输、计算机服务和软件业，文化、体育和娱乐业，科学研究、技术服务和地质勘查业以及卫生、社会保障和社会福利业，它们的工资分别为北京市城镇非私营单位就业人员平均工资的1.41倍、1.40倍、1.20倍、1.09倍以及1.08倍；排名后五位的行业分别为水利、环境和公共设施管

① 由于数据可获得性，本书选择使用城镇非私营单位就业人员的平均工资分析行业居民收入差距。

理业，房地产业，农、林、牧、渔业，居民服务和其他服务业以及住宿和餐饮业，它们的工资分别为北京市城镇非私营单位就业人员平均工资的 0.63 倍、0.61 倍、0.45 倍、0.40 倍以及 0.31 倍。

2020 年与 2011 年相比，排名前 5 位的行业中卫生、社会保障和社会福利业替换了电力、燃气及水的生产和供应业。城镇非私营单位就业人员平均工资相对较高的为：金融业，信息传输、计算机服务和软件业，文化、体育和娱乐业，科学研究、技术服务和地质勘查业以及卫生、社会保障和社会福利业；排名后 5 位的行业中房地产业替换了建筑业。城镇非私营单位就业人员平均工资相对较低的为：住宿和餐饮业，居民服务和其他服务业，农、林、牧、渔业，水利、环境和公共设施管理业。

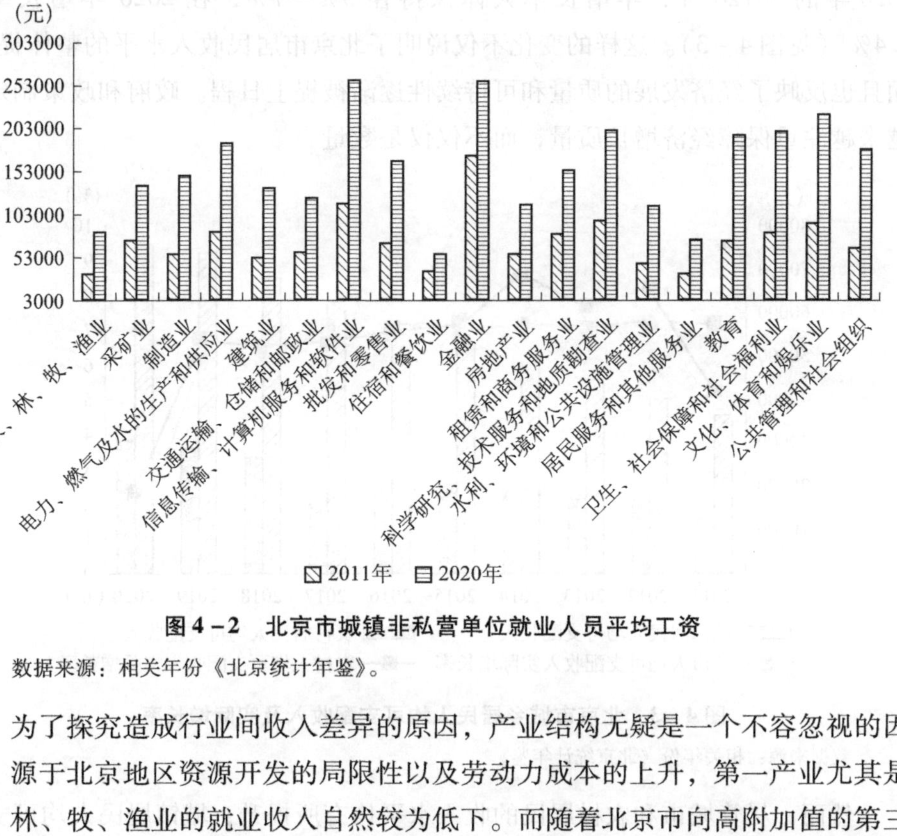

图 4－2　北京市城镇非私营单位就业人员平均工资

数据来源：相关年份《北京统计年鉴》。

为了探究造成行业间收入差异的原因，产业结构无疑是一个不容忽视的因素。源于北京地区资源开发的局限性以及劳动力成本的上升，第一产业尤其是农、林、牧、渔业的就业收入自然较为低下。而随着北京市向高附加值的第三产业转型，特别是在金融业、IT 服务业以及文化和娱乐业等领域取得显著发展，从业人员体现出相对较高的收入水平。这种产业升级和转型不仅体现了北京市经济发展的趋势，同时也昭示了行业间存在的收入差距，这可能需要政策上进一步的平衡与调节，以促使行业间收入分配更加合理化。

三、北京市城乡居民收入差距分析

（一）北京市城乡居民收入规模

在2011年至2020年这段时间内，北京市城镇居民和农村居民的人均可支配收入都实现了增长，尽管增长率有所下降。具体来讲，城镇居民人均可支配收入从2011年的36365元上升到了2020年的75602元，显示出持续的增长趋势。虽然这段时期的实际增长率保持在6%—7%，但到2020年增长率放缓至0.7%。同样，农村居民的人均可支配收入也从2011年的13742元上升到了2020年的30126元，年增长率大体保持在5%—7%，在2020年增长率为2.4%（见图4－3）。这样的变化不仅说明了北京市居民收入水平的整体提高，而且也反映了经济发展的质量和可持续性逐渐被提上日程。政府和政策制定者越来越注重保障经济增长质量，而不仅仅是数量。

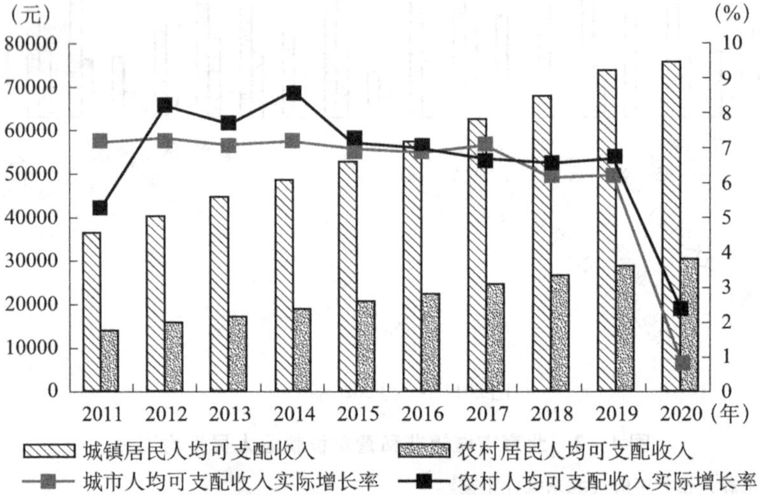

图4－3　北京市城乡居民人均可支配收入及实际增长率

数据来源：相关年份《北京统计年鉴》。

然而，尽管城市和农村居民的收入水平均有所提升，城镇居民人均可支配收入还是远远高于农村居民，这揭示了城乡居民收入差距的持续存在。这种收入差距来源于多种因素，包括劳动力的流动、资本的积累以及土地等生产要素的配置。城市地区因为工业化和服务业的蓬勃发展积累了更多的资本，提供了更多的就业机会，而农村地区则由于受到自然条件限制以及生产方式较为传统，经济发展相对缓慢。此外，教育和技能发展不均，以及城乡之间基础设施和公共服务质量的差异也在这个过程中扮演了重要角色。为缩减这一差距，并进一步推动经济的均衡发展，需要进一步的策略调整和政策支持，像增强农村地区经济活力、改善基础设施、提升教育和卫生水平，以及通过技术创新来推动传统产业的升级等举措，从而实现城乡之间的更加平衡发展。

（二）北京市城乡居民收入差距

关于城乡居民收入差距测度，本书借鉴陈斌开等（2013）[①] 的做法，用城镇居民人均可支配收入和农村居民人均可支配收入比值来衡量城乡收入差距。

从 2011—2018 年，北京市城乡居民之间的人均可支配收入比值略有减少，由 2. 65 降至 2. 57。根据 2019 年至 2020 年的数据（见图 4－4），这一比值稍微下跌。经历简单的平均运算后，我们可以观察到北京市城乡居民人均年可支配收入比值大体稳定在 2. 57 的水平，这反映出北京市城乡之间的收入差距相对较大。导致这种城乡收入差距的重要因素包括产业发展不均衡和教育水平差异。农村大多仍依靠传统农业生产方式，而这些方式受制于市场信息的不对称性、农产品生产周期以及不可预测的自然风险等多重因素，这些都与城市的产业结构形成了鲜明对比。城市中的农业相对较少，资源更多地流入了工业与服务业，这些领域也在迅速发展，从而使城乡之间的生产效率差异更加突出（罗楚亮，2020）[②]。

虽然北京市投入了一定的财政支持去改善农村的状况，不过目前而言，城市所获的资源仍然占据主导地位。对于农村居民来说，这意味着他们面临的生活压力相对较大。此外，北京市居民的教育水平整体有所提高，农村居民的教育程度也在逐步提升，但城乡教育水平的差异依然显著。教育程度直接影响了个人的就业机会和收入水平；由于许多农村居民的教育程度较低，进而影响了他们在城市中获得更好就业机会的可能，从而限制了他们收入水平的提高。另外，收入较低的家庭在孩子的教育上的投入也受到限制，这种情况可能会使贫困在家庭之间代际传递，从而长期固化农村居民的收入状况。这些问题迫切需

---

① 陈斌开，林毅夫：《发展战略、城市化与中国城乡收入差距》，《中国社会科学》2013 年第 4 期。

② 罗楚亮：《收入结构与居民收入差距变动——新中国成立以来收入差距的基本特征》，《北京工商大学学报（社会科学版）》2020 年第 4 期。

要通过政策和实践的努力，来实现更为均衡的城乡发展与收入分配。

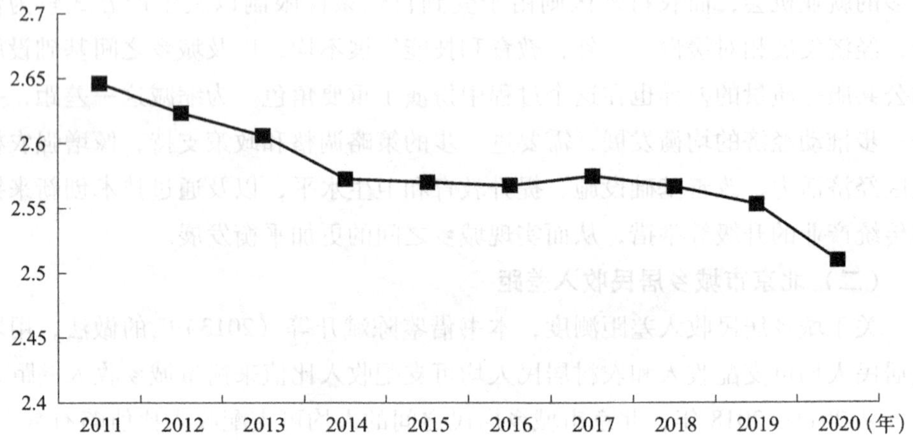

图 4-4 北京市城乡居民可支配收入比值

数据来源：根据相关年份《北京统计年鉴》数据计算得出。

四、北京市居民收入差距测度

为了更全面分析，本书借鉴陈传波等（2015）的做法，使用基尼系数来衡量收入差距。

假定样本人口可以分为 n 组，设 w_i、m_i、p_i 分别代表第 i 组的人均收入份额、平均人均收入和人口频数（$i=1, 2, \cdots, n$），对全部样本按人均收入（m_i）由小到大排序后，其基尼系数 G 可由如下公式表示：

$$G = 1 - \sum_{i=1}^{n} p_i(2q_i - w_i)$$

其中 $q_i = \sum_{i=1}^{n} w_i$，q_i 为从 1 到 i 累积的比重。国际上并没有一个组织或教科书给出最适合的基尼系数标准。但有不少专家学者认为基尼系数小于 0.2 时，居民收入过于平均，基尼系数在 0.2—0.3 之间时较为平均，在 0.3—0.4 之间时比较合理，在 0.4—0.5 时差距过大，大于 0.5 时过于悬殊。

本部分以北京市各区进行分组，测算北京市居民整体收入差距。测算结果见图 4-5，北京市的基尼系数由 2011 年的 0.33 增长到 2019 年的 0.40，呈现逐渐上升的趋势，表明北京市居民收入略有差距，2020 年以后回落至 0.4 以下。造成居民收入差距的原因众多，经济结构的转化以及北京城乡社会保障制度差异是不可忽视的两个主要原因。

随着二元经济结构的转换，北京市很多农村劳动力由农村流向城市，由农业流向工业，同时，这部分农村人口的移动无形中产生了许多生活的需求，继而带动相关服务业的发展（陈艳、周易、颜耀懿，2022）①。在这种趋势的发展下，农村能力较强或追求更高水平的劳动者走向城市甚至定居于城市，而许多劳动技能较差或老弱病残等弱势群体依旧留在农村，使得居民间收入差别更加明显。

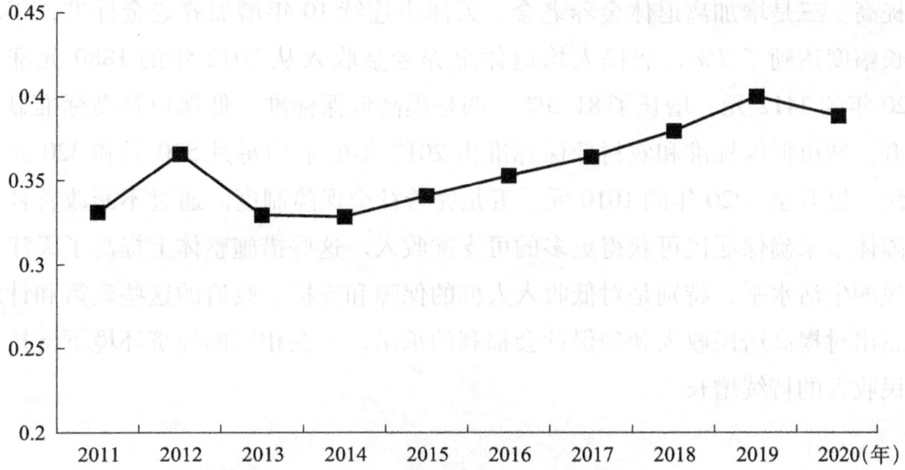

图 4－5　北京市居民收入分配基尼系数

数据来源：根据相关年份《北京统计年鉴》数据计算得出。

第二节　天津市收入分配水平测度

一、天津市居民收入分配现状

（一）天津市居民收入规模

2012—2020 年②，天津市居民人均可支配收入呈现出了显著增长态势（见

---

① 陈艳，周易，颜耀懿：《收入结构异质性视角下城乡居民消费提振研究》，《商业经济研究》，2022 年第 7 期。

② 数据公布起始时间为 2012 年。

图4－6）。在这段时间里，人均可支配收入从24030元增至43854元，增长了82%。这表明天津市在增加居民收入方面采取了一系列积极措施，并取得了显著效果。党的十八大以来，天津市重视增加居民收入并采取了几项关键措施：一是增加就业。天津市连续10年将增加居民收入作为20项民心工程之一的重点任务，并持续扩大就业规模。二是提升最低工资水平。最低月工资标准从2012年的1310元增加到了2020年的2050元，这有助于底层劳动力收入水平的提高。三是增加离退休金养老金。天津市连续10年增加养老金标准，年均增长幅度达到了7%，居民人均退休金养老金收入从2012年的1880元涨至2020年的3412元，增长了81.5%。四是提高低保标准。低保户补助标准显著提升，城市低保标准和农村低保标准由2012年的平均每月520元和320元分别统一提升至2020年的1010元。五是完善社会保障制度。通过不断改善社会保障体系来确保居民可获得更多的可支配收入。这些措施整体上提高了天津市居民的生活水平，特别是对低收入人群的保障和支援。政府的这些政策和计划显露出对提高居民收入和确保社会福利的承诺，并在相应的经济环境下支持了居民收入的持续增长。

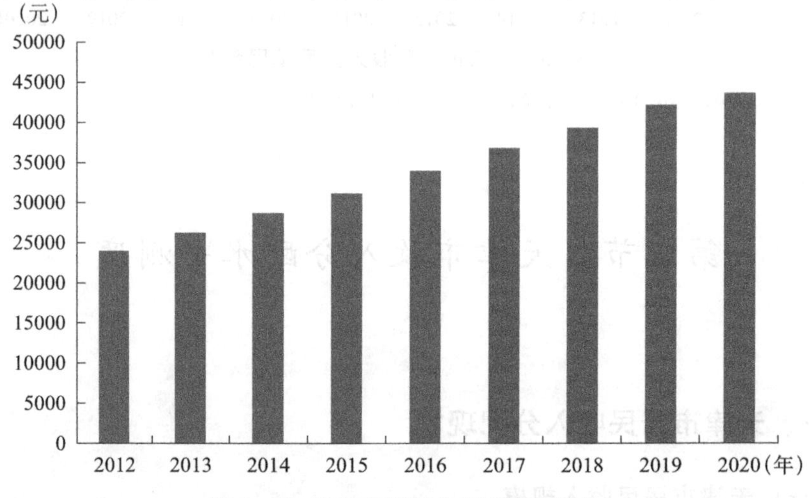

图4－6 天津市居民人均可支配收入

数据来源：相关年份《天津统计年鉴》。

（二）天津市居民收入结构

天津市居民的工资性收入从2014的17163元增长至2020年的27339元，增长率为59%；经营净收入从2014年的2876元增长至2018年的3344元，增长率为16.3%；财产净收入由2014年的2781元增长到2020年的4240元，增长率为52%；转移净收入由2014年的6012元增长至2020年的9478元，增长率约为58%（见表4－2）。天津市居民收入的主要来源是工资性收入以及转移净收入，是促进天津居民增收的主要着力点，财产净收入和经营净收入所占比例相对较少。

工资性收入比重有着逐年上升的趋势，由2014年的59.5%增长到2020年的62.3%，工资性收入比重有略微上升趋势。天津市工资性收入比重有略微上升趋势的原因可能有：天津市政府支持多渠道灵活就业，做好重点群体就业，保障居民工资性收入实现稳定增长。

转移净收入为第二来源，2020年的转移净收入占比比重达到21.6%，转移净收入比重有略微上升趋势。天津市转移净收入比重有略微上升趋势的原因可能有：财政持续加大民生保障力度，养老保险覆盖面扩大以及社会兜底保障措施不断完善都有助于转移净收入比重的上升。

财产净收入为第三来源，2020年的财产净收入占比为9.7%，有略微上升趋势。财产净收入比重有略微上升趋势的原因可能有：出租房屋净收入、股息、红利以及利息收入的增长，随着天津整体社会文化环境的改变，居民金融理财意识以及专业知识技能的增长，促进了财产净收入的增长。

经营净收入的占比比重最小，2020年的占比为6.4%，且有逐渐下降的趋势。

表4－2　天津市居民收入结构

年份	居民人均可支配收入（元）	居民人均可支配收入构成							
		工资性收入（元）	比重（%）	经营净收入（元）	比重（%）	财产净收入（元）	比重（%）	转移净收入（元）	比重（%）
2014	28832	17163	59.5	2876	10.0	2781	9.6	6012	20.9
2015	31291	19256	61.5	2906	9.3	2928	9.4	6201	19.8
2016	34074	21218	62.3	3137	9.2	3217	9.4	6502	19.1
2017	37022	23165	62.6	3262	8.8	3505	9.5	7090	19.2
2018	39506	25119	63.6	3344	8.5	3587	9.1	7456	18.9
2019	42404	27002	63.7	3095	7.3	3908	9.2	8398	19.8
2020	43854	27339	62.3	2797	6.4	4240	9.7	9478	21.6

数据来源：相关年份《天津统计年鉴》。

二、天津市分行业居民收入差距分析

2011—2020 年，天津市各产业非私营单位就业人员的平均工资皆呈现上升的趋势（见图 4 - 7），各行业居民收入都有一定程度的增长，但不同行业之间收入差距依旧较为明显。

2011 年天津市城镇非私营单位就业人员平均工资排名前五位的行业分别为房地产业，金融业，科学研究、技术服务和地质勘查业，电力、燃气及水的生产和供应业以及信息传输、计算机服务和软件业，它们的工资分别为天津市城镇非私营单位就业人员平均工资的 2.19 倍、1.77 倍、1.67 倍、1.57 倍以及 1.36 倍；排名后五位的行业分别为农、林、牧、渔业，建筑业，租赁和商务服务业，居民服务和其他服务业以及住宿和餐饮业，它们的工资分别是天津市城镇非私营单位就业人员平均工资的 0.86 倍、0.79 倍、0.62 倍、0.47 倍以及 0.46 倍。

2020 年天津市城镇非私营单位就业人员平均工资排名前五位的行业分别为科学研究、技术服务和地质勘查业，电力、燃气及水的生产和供应业，金融业，社会保障和社会福利业以及信息传输、计算机服务和软件业，它们的工资分别为天津市城镇非私营单位就业人员平均工资的 1.46 倍、1.45 倍、1.31 倍、1.30 倍以及 1.28 倍；排名后五位的行业分别为批发和零售业，租赁和商务服务业，农、林、牧、渔业，居民服务和其他服务业以及住宿和餐饮业，它们的工资分别为天津市城镇非私营单位就业人员平均工资的 0.82 倍、0.74 倍、0.65 倍、0.48 倍以及 0.33 倍。

2020 年与 2011 年相比，排名前 5 位的行业中卫生、社会保障和社会福利业替换了电力、燃气及水的生产和供应业，其他行业未变化。城镇非私营单位就业人员平均工资相对较高的为：金融业，信息传输、计算机服务和软件业，文化、体育和娱乐业，科学研究、技术服务和地质勘查业以及卫生、社会保障和社会福利业；排名后 5 位的行业有所变化，城镇非私营单位就业人员平均工资相对较低的为：住宿和餐饮业，农、林、牧、渔业，租赁和商务服务业，居民服务和其他服务业以及批发和零售业。

综上，天津市不同行业收入都有一定程度的增长，行业收入悬殊且有一定程度的缩小。究其原因，由于不同行业的经济增值能力、技术含量、市场结构和对专业技术人才的需求不同，因此天津市的不同行业工资收入存在显著差异。高收入行业，如电力、燃气等传统垄断行业，以及金融业、保险业、证券业、房地产业、通信业和商贸业，这些行业往往资本密集、技术密集，对专业技术人才的需求较高，加之这些行业往往带有一定程度的市场垄断性，因此可以提供较高的工资和收益。与此同时，低收入行业主要集中在传统农林牧渔业、住宿餐饮、居民服务等行业，这些行业往往劳动强度高但工资偏低，可能是因为技术含量较低，容易形成较为饱和的竞争市场，而且不需要大量高技能劳动力。尽管天津市的不同行业薪酬差距在一定程度上缩小，但收入水平的差异依然存在。缩小这些差距需要积极调整产业结构，提高全民的教育水平和技能培训，推动高收入行业的发展同时促进低收入行业的升级转型。

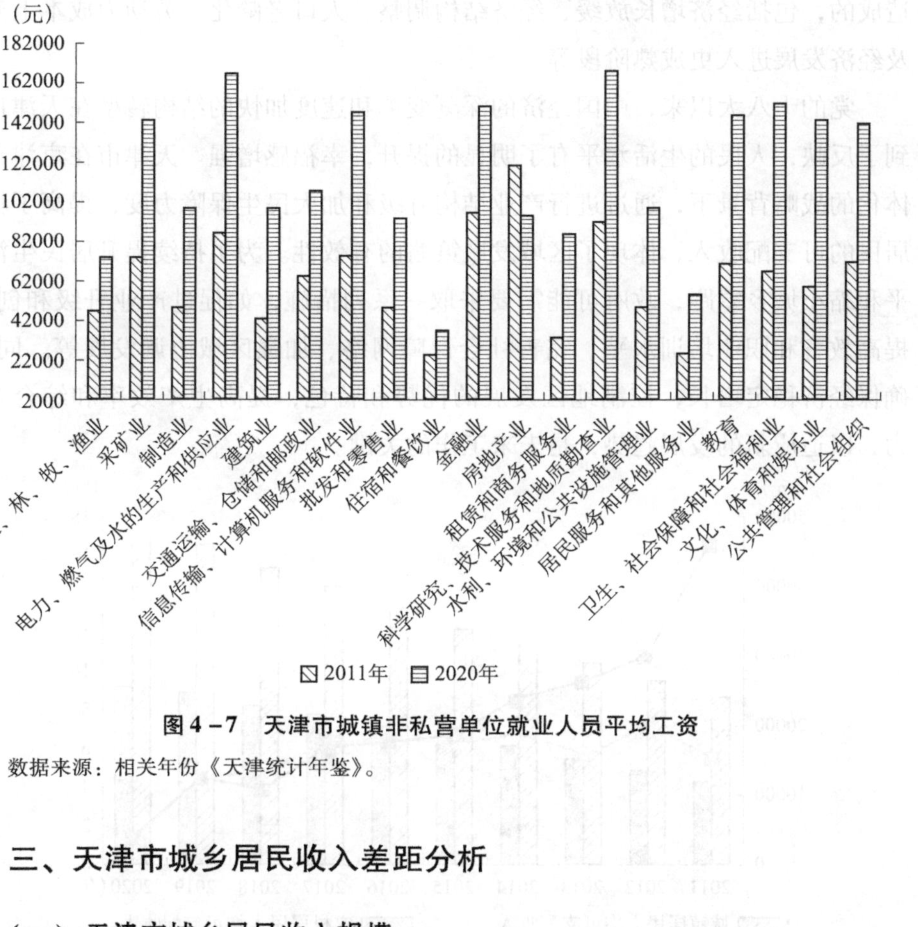

图4-7　天津市城镇非私营单位就业人员平均工资

数据来源：相关年份《天津统计年鉴》。

三、天津市城乡居民收入差距分析

（一）天津市城乡居民收入规模

2011年至2020年，天津市的居民无论是在城镇还是农村都经历了人均可支配收入的增长（见图4-8）。城镇居民的人均可支配收入几乎翻了一番，农村居民的人均可支配收入增长超过了两倍。这些增长数字说明居民经济水平的整体提高，体现了中国经济增长的成果在一定程度上得到了分配。2011—2020年，天津市城镇居民人均可支配收入由2011年的24158元增加到2020年的47659元，是2011年的1.97倍；天津市农村居民人均可支配收入由2011年的11941元增加到2020年的25691元，是2011年的2.15倍。但是增长率的下降需要注意。城镇居民的人均可支配收入实际增长率从2011年的5.6%下降至2020年的1.5%，同样农村居民的人均可支配收入增长率也呈现大幅度减缓，从2011年的16.6%下降到2020年的1.5%。这样的趋势可能是由于多种因素造成的，包括经济增长放缓、经济结构调整、人口老龄化、劳动力成本上升以及经济发展进入更成熟阶段等。

党的十八大以来，中国经济的深刻变革和速度加快的结构转型在天津市得到了反映，人民的生活水平有了明显的提升，幸福感增强。天津市在京津冀一体化的战略背景下，通过进行产业结构升级和加大民生保障力度，提高了城乡居民的可支配收入，体现了区域发展策略的有效性。为了持续提升居民生活水平和缩小城乡差距，政府可能需要采取一系列措施，如促进产业升级和创新、提高教育和职业培训水平、完善社会保障网络、加强区域协调发展等。同时，确保经济稳定增长，控制地区发展的优势和特色，提高生产效率和综合竞争力，以适应新的发展趋势，是未来工作的关键。

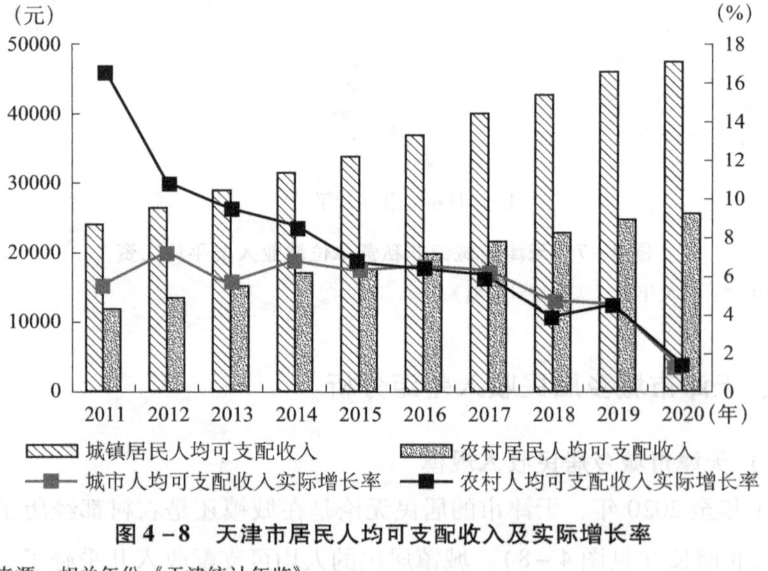

图4-8　天津市居民人均可支配收入及实际增长率

数据来源：相关年份《天津统计年鉴》。

（二）天津市城乡居民收入差距

天津市城乡收入差距在 2011 年到 2020 年期间有所缩小，并在 2016 年至 2020 年维持在相对稳定的水平。图 4－9 数据显示，天津市城乡居民收入差距比值由 2011 年的 2.02 下降至 2015 年的 1.85；2016—2020 年，天津市城乡居民人均可支配收入比值维持在 1.85 左右，这反映了天津市在推动城乡收入平衡、提升农村生活水平方面取得了一定的成果。城乡差距比值（城镇居民人均可支配收入与农村居民人均可支配收入之比）的下降，表明了城市与农村居民收入增长的速度正在逐步趋于一致，或农村地区的收入增长速度略高于城市地区。

天津市的地理位置和自然资源为城市发展打下了良好的基础。例如，它紧邻首都北京，处在环渤海经济圈内，自然环境优越，基础设施完善，特别是滨海新区作为全国首批经济开发区之一，受到了国家战略的重点支持，成为了吸引投资、先进制造业和现代服务业发展的热点，从而为那里的城镇居民创造了更多就业机会和高收入。然而，农村地区可能面临着一系列挑战，包括人力资本相对较少、产业结构单一、基础设施欠缺等因素。这些因素导致了农村的经济发展相对缓慢，农民收入增速相对有限。此外，城市化进程中的土地流转、农民工市民化以及其他政策也影响了农村收入的变化。

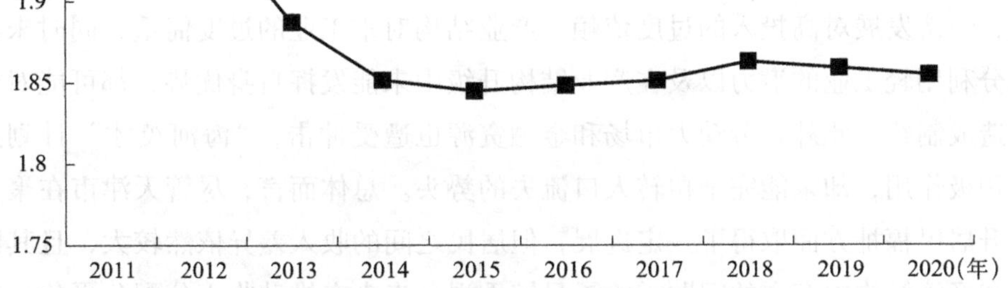

图 4－9　天津市城乡居民人均可支配收入比值

数据来源：根据相关年份《天津统计年鉴》数据计算得出。

四、天津市居民收入差距测度

在这一部分，通过对天津市各区居民收入进行组别分析，我们揭示了居民整体收入差距的动态趋势，如图 4－10 所示。天津市的基尼系数在 2011 年记录为 0.426，并在之后的年份略有波动。到 2018 年，基尼系数略降至约 0.422，与 2011 年持平。引起关注的是，2019 年和 2020 年的数据显示基尼系数降至大约 0.38，展现了收入差距的某种回落。常见的经济学理论认为，基尼系数超过 0.4 意味着收入分配较为不均，而当超过 0.5 时则表明极度不均等。依据此标准，即便天津市的基尼系数一度高于 0.4 的“警戒线”，近年来的趋势却显示其略有降低，指示出城乡之间的不均等现象有所缓解。

在 2011 年至 2018 年间，天津市居民收入的不均等状态，或许反映了由地域极端性、不同自然条件以及经济发展水平带来的多元因素影响。传统上，农村区域聚焦于第一产业的发展，而城镇更倾向于发展第二和第三产业。在这种模式下，不同产业间固有的发展路径对扩大收入差距起到了显著影响。实际上，天津市第一产业在 GDP 中的比例从 2011 年的 1.2% 下降至 2018 年的 0.9%，而在同一时期，第二产业和第三产业的比重分别由 52.9% 降至 40.5% 和由 45.9% 升至 58.6%。显然，首产业相对于其他产业仍发展缓慢、前景有限，这一削弱的趋势在居民收入差距的加剧中也扮演了一定角色。

然而，基尼系数的降低并不完全意味着居民间的实际收入差距在减小。相反，可能部分反映出整体居民收入的降低。天津市的 GDP 在 2019 年虽然达到约 1.4 万亿元，增长势头虽存但幅度有限。天津市长期依赖重工业的成长模式，经济发展对高投入的过度依赖、产业结构对重工业的过度倚重、同时未能充分利用轻工业的潜力以及在产业结构升级中未能发挥自身优势，都可能对经济造成制约。此外，劳动力市场和金融资源也遭受冲击，“海河英才”计划虽有积极作用，却未能完全扭转人口流失的势头。总体而言，尽管天津市在聚力提升居民福祉方面取得了一定进展，但居民之间的收入差异依然较大，且其财政和经济结构中存在的问题需给予足够重视。未来在推动收入分配公平化、实施全面区域发展策略以及革新经济增长模式方面，天津市面前的工作任重道远。

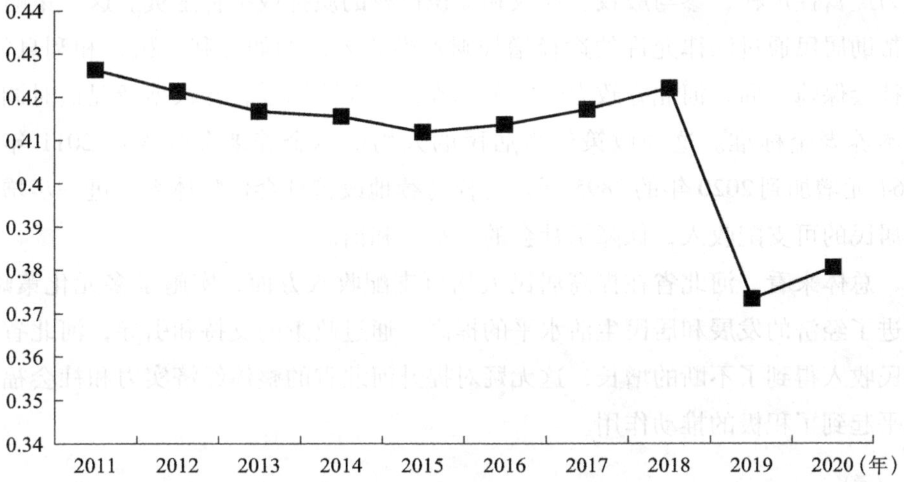

图 4－10　天津市居民收入分配基尼系数

数据来源：根据相关年份《天津统计年鉴》数据计算得出。

第三节　河北省收入分配水平测度

一、河北省居民收入分配现状

（一）河北省居民收入规模

在 2011 年至 2020 年的十年间，河北省居民的人均可支配收入实现显著增长，从 2011 年的 12059 元增加至 2020 年的 27135 元，增加了 124.7%。这一增长趋势（见图 4－11）是多方面因素共同作用的结果。2013 年，河北省人民政府发布了《关于促进居民收入增长的意见》，出台了一系列措施来刺激居民收入增加。这些建议的核心在于，充分体现了就业在提高居民收入方面的基础性角色。政府致力于完善促进就业和创业的体系和机制，大力发展服务业、劳动密集型企业以及中小微企业，这为广大城乡居民提供了更加丰富的就业机会。河北省还着重于建立企业工资正常增长的机制，并健全了最低工资标准的动态调整机制。这两方面的结合，旨在保障和提升职工的收入水平。同时，省政府鼓励居民通过各类投资，如动产和不动产，将资金、技术、管理等要素转化为经营性产权，参与股权、债权和知识产权的质押或抵押融资。这一策略旨在帮助居民通过法律允许的途径增加财产性收入，例如红利、租金和利息等。在社会保障方面，河北省致力于完善基本养老保险制度，并根据情况适时调整基本养老金标准。这项政策使得居民的人均退休金养老金收入从 2011 年的 1564 元增加到 2020 年的 2895 元。这样持续地改善社会保障体系，进一步增加了居民的可支配收入，保障了社会的公平与和谐。

总体来看，河北省在提高居民人均可支配收入方面，实施了多元化策略，促进了经济的发展和居民生活水平的提高。通过政策的支持和引导，河北省的居民收入得到了不断的增长，这无疑对提升河北省的整体经济实力和社会福利水平起到了积极的推动作用。

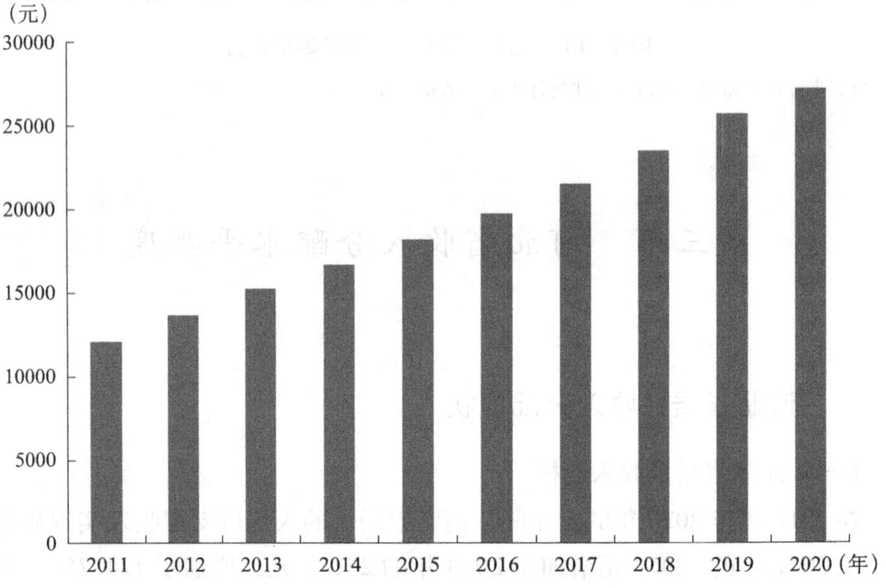

图 4－11 河北省居民人均可支配收入

数据来源：相关年份《河北统计年鉴》。

（二）河北省居民收入结构

河北省居民各项收入分别呈现稳健的增长趋势。至 2020 年，工资性收入从 2014 年的 9934 元增长至 16288 元，实现了 64% 的显著增长；经营净收入也由 2014 年的 2681 元增长至 4151 元，增幅达到 55%；财产净收入增长表现尤为突出，从 2014 年的 1138 元增长至 1932 元，涨幅达到 70%；转移净收入同样实现了稳步提升，从 2014 年的 2894 元增长至 4766 元，总体增幅为 65%。

这些数据在表 4 -3 中得到了具体体现。分析河北省居民收入结构，可以看出工资所得仍然是主要的收入来源。然而，转移净收入和经营净收入各自占据约16% 的比例，而财产净收入的比重相对较小。居民收入构成虽有微小调整，但总体结构未出现剧烈变动。

2014 年至 2020 年，河北省居民主要收入来源的构成表现出显著的稳定性。其工资性收入占比轻微增加，从 59.7% 微升至 60.0%，显示出职工收入依旧是居民收入增长的坚实基石，且河北省在这方面维持了惊人的稳定性。这可能归功于政府的政策推动力度，体现出党和政府对民生的持续关注，致力于确保重点群体的就业问题和工资收入的稳步增长。

转移净收入仍位列第二大收入来源，在 2020 年占到了居民总收入的17.6%。该比重的稳定，可能反映了河北省政府以民为本的发展理念，并持续巩固民生保障网络。这一思路通过增加居民人均社会救济和补助，实施增进人民福祉的政策和农民福利措施，以促进居民政策性收入补贴的增长。

经营净收入排名第三，到 2020 年时其占比微降至 15.3%，显示出了一个缓慢的下滑趋势。这一领域的变化可能是因为政府为中小微企业和个体工商户提供了各种优惠政策和支援措施，造就了有利于市场主体增收的环境。

财产净收入的比重虽然相对较小，但 2020 年达到了 7.1%，呈现出逐渐增长的趋势。这一趋势的形成可能与民众房租、股息、红利及利息收入的整体增长密切相关。并且，居民存款余额的上升、农村土地流转制度的秩序化和扩大化，也正促进着相关财产净收入的增长，并在一定程度上推动着居民财产性收入的整体提升。

在总结河北省居民收入构成的上述变化时，我们可以看出，虽然分项收入增幅存在差异，整体收入结构却维持了相对的稳定。展望未来，在确保工资增长的同时，河北省的相关政策将继续在保障和提升居民综合收入水平方面发挥关键作用。

表 4 -3　　河北省居民收入结构

年份	居民人均可支配收入（元）	居民人均可支配收入构成							
		工资性收入（元）	比重（%）	经营净收入（元）	比重（%）	财产净收入（元）	比重（%）	转移净收入（元）	比重（%）
2014	16647	9934	59.7	2681	16.1	1138	6.8	2894	17.4
2015	18118	10910	60.2	2817	15.6	1210	6.7	3181	17.6

续表

年份	居民人均可支配收入（元）	居民人均可支配收入构成							
		工资性收入（元）	比重（%）	经营净收入（元）	比重（%）	财产净收入（元）	比重（%）	转移净收入（元）	比重（%）
2016	19725	11889	60.3	3020	15.3	1335	6.8	3481	17.6
2017	21484	13004	60.5	3211	14.9	1467	6.8	3803	17.7
2018	23446	14179	60.5	3531	15.1	1624	6.9	4112	17.5
2019	25665	15535	60.5	3912	15.2	1790	7.0	4428	17.3
2020	27136	16288	60.0	4151	15.3	1932	7.1	4766	17.6

数据来源：相关年份《河北统计年鉴》。

二、河北省分行业居民收入差距分析

河北省各产业非私营单位就业人员的平均工资在 2011 年至 2020 年都呈现上升的趋势，各行业居民收入都有一定程度的增长，但不同行业之间收入差距较为明显（见图 4－12）。

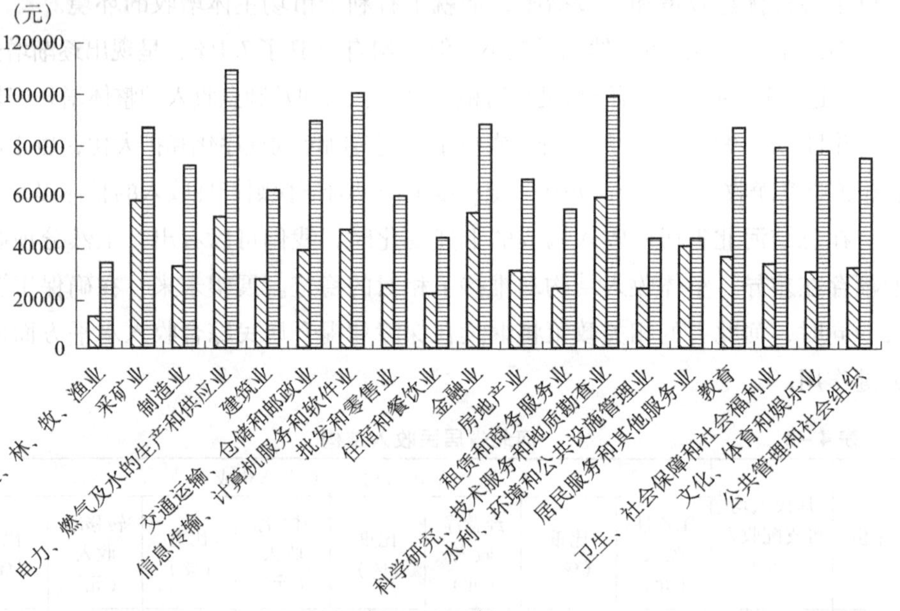

图 4－12　河北省城镇非私营单位就业人员的平均工资

数据来源：相关年份《河北统计年鉴》。

2011年河北省城镇非私营单位就业人员平均工资排名前五位的行业分别为科学研究、技术服务和地质勘查业，采矿业，金融业，电力、燃气及水的生产和供应业以及信息传输、计算机服务和软件业它们的工资分别为河北省城镇非私营单位就业人员平均工资的1.68倍、1.64倍、1.51倍、1.46倍以及1.33倍；排名后五位的行业分别为批发和零售业，水利、环境和公共设施管理业，租赁和商务服务业，住宿和餐饮业，以及农、林、牧、渔业，它们的工资分别是河北省城镇非私营单位就业人员平均工资的0.69倍、0.68倍、0.67倍、0.62倍以及0.36倍。

2020年河北省城镇非私营单位就业人员平均工资排名前五位的行业分别为电力、燃气及水的生产和供应业，信息传输、计算机服务和软件业，交通运输、仓储和邮政业以及金融业，它们的工资分别为河北省城镇非私营单位就业人员平均工资的1.42倍、1.30倍、1.29倍、1.16倍以及1.14倍；排名后五位的行业分别为租赁和商务服务业，住宿和餐饮业，居民服务和其他服务业，水利、环境和公共设施管理业以及农、林、牧、渔业，它们的工资分别为河北省城镇非私营单位就业人员平均工资的0.70倍、0.58倍、0.57倍、0.56倍以及0.44倍。

随着时代的演进，河北省的经济结构有了显著的变化。2020年与2011年相比，卫生、交通运输、仓储和邮政业等第三产业领域呈现上升趋势，并在高收入行业中占据了位置，取代了传统的资源密集型行业如采矿业。这一变化反映了河北省从依赖资源型产业向服务导向型产业转型的发展策略，并与其在京津冀协同发展框架下，建设现代商贸物流重要基地的战略目标相契合。同时观察工资水平较高的产业，可见电力、燃气及水的生产和供应业，信息传输、计算机服务和软件业，科学研究、技术服务和地质勘查业以及金融业，都属于技术或资本密集型行业，并且通常被归类为垄断行业。根据岳希明等（2010）的研究，我国的垄断行业与行业内收入差距扩大息息相关。石油、铁路、电信等部门作为典型的垄断行业，普遍提供高工资水平①。然而，除了垄断格局外，王小鲁（2010）指出，寻租行为对收入差距的扩大也起着重要的影响，这种垄断和寻租导致的不公平可能会破坏社会的和谐与稳定②。

---

① 岳希明，李实，史泰丽：《垄断行业高收入问题探讨》，《中国社会科学》2010年第3期。
② 王小鲁：《阻断扩大收入分配差距的“灰手”》，《人力资源》2010年第8期。

在工资水平相对较低的行业中，变化同样明显。住宿和餐饮业，农林牧渔业，租赁和商务服务业，居民服务和其他服务业以及批发和零售业，这些行业大多脱离不了与农业相关或是处在服务行业的产业链低端。河北省在第三产业中这一部分的工资较低，揭示了产业结构调整的必要性，表明河北省应进一步优化和升级产业结构，以求推动产业向价值链中高端发展，缩减行业间的收入差异，促进经济的平衡和专业化发展，进而为劳动力市场带来更多高薪工作机会，助力整个社会实现更为公平和全面的收入分配。

三、河北省城乡居民收入差距分析

（一）河北省城乡居民收入规模

在2011年至2020年期间，河北省的城乡居民人均可支配收入稳健增长，尽管增长率有所放缓（见图4－13）。城镇居民人均收入从2011年的18006元踏上增长阶梯，到2020年的37286元，年增长率持续保持在8%—11%；农村居民的平均收入也从2011年的7187元增长至2020年的16467元，年增长率同样保持在7%以上。为响应这一进展，河北省政府于2013年发布了一项重要文件——《关于促进居民收入增长的意见》，该文件将经济增长定位为核心任务，并致力于加速经济模式的转型，确保居民收入增长与经济发展步调一致，同时保障劳动薪酬与生产率的同步提升。政策文件中具体着眼于提升农民的收入水平，推行了一系列有针对性的措施。首先，通过完善就业服务，结构性地提高了农民工的工资性收入。其次，实施农业经营方式的创新，支持多样化的、集体参与的经营模式，比如家庭、集体、合作以及企业经营，这些举措显著提升了农民的经营性收入。最后，建立了农业补贴的长期稳定增长机制，优化了种子、农资综合补贴以及直接粮食补贴政策，并扩大了农机购置补贴的规模。政府进一步完善了补贴机制的动态调整过程，并确保了对新兴生产经营主体的支持。这些精心设计的政策，搭配财政支持和社会保障体系的加强，共同为河北省农村居民人均可支配收入的增长提供了动力。这不仅仅是经济数据的增长，而是对提升河北省人民生活质量、缩小城乡差距的切实承诺，这些努力昭示了可持续发展和社会共享繁荣的取向。

（二）河北省城乡居民收入差距分析

2011年至2020年，河北省城乡居民的收入差距有了明显的缩减。根据相关图表（见图4－14），我们看到这一差距比值从2011年的2.51下降至2014

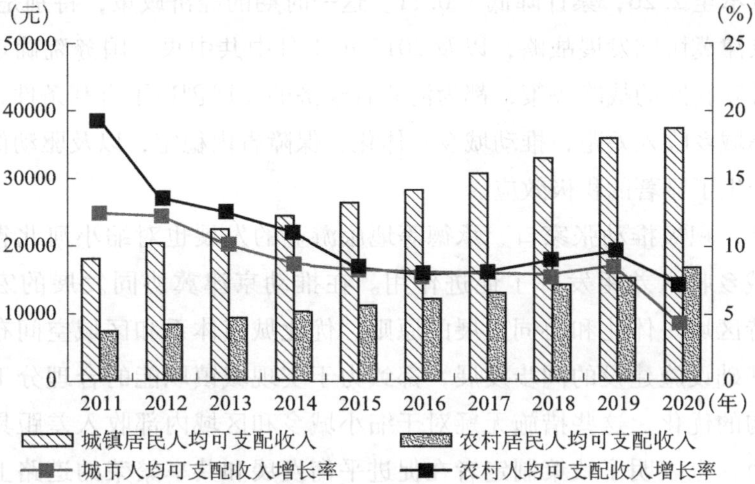

图4－13　河北省居民人均可支配收入及增长率

数据来源：相关年份《河北统计年鉴》。

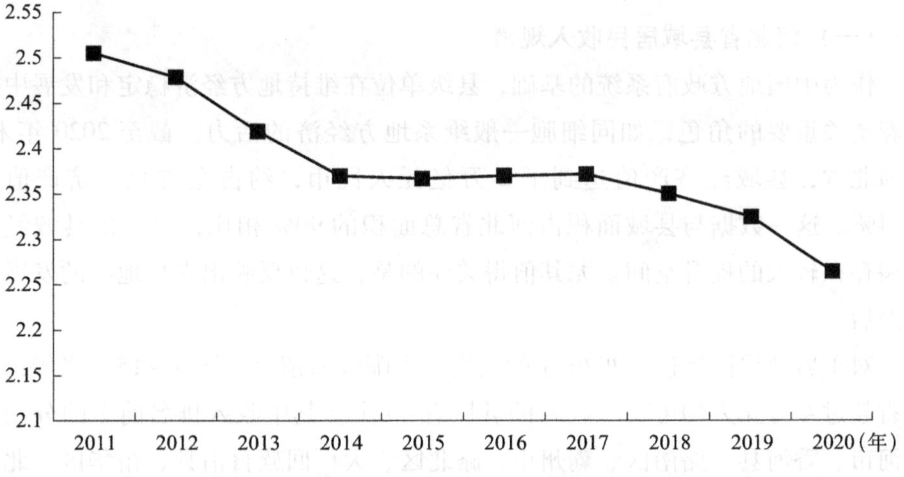

图4－14　河北省城乡居民人均可支配收入比值

数据来源：根据相关年份《河北统计年鉴》数据计算得出。

年的2.37，降幅达到0.14。这一积极变化得益于城镇化水平的提升、财政社会保障和就业支持支出的增长，这些因素共同助推了城乡居民收入的增长。同时，对农业的财政支持力度加大，以及保持农村劳动力就业比率的稳定，对提升农民收入起到了至关重要的作用。从2015年的2.36到2017年的2.37，城乡居民收入差距比值虽略有波动，但基本保持稳定。到了2020年，这一比值进一步收窄至2.26，累计降低了0.11。这一时期的经济政策，特别是2014年提出的京津冀协同发展战略，以及2017年4月中共中央、国务院确定的在河北建设雄安新区的战略决策，都为河北省经济的发展创造了有利条件，尤其是对于缩小城乡收入差距，推动城乡一体化，保障省内稳定，以及驱动健康经济增长，产生了显著的积极效应。

此外，积极推动张家口、承德等地旅游业的发展也对缩小河北省内部的区域间城乡收入差距发挥了促进作用。在推动京津冀协同发展的宏观战略下，坚持区域一体化和协同发展的原则、优化城镇体系和区域空间布局、加强重大基础设施建设的同步发展，都致力于实现城镇职能的合理分工和城镇规模结构的优化。这些措施无疑对于缩小城乡和区域内部收入差距具有深刻的影响力，也表明了政策制定者在促进平衡发展和共享繁荣的道路上不断迈进的坚定决心。

四、河北省县域城乡居民收入差距分析

（一）河北省县域居民收入规模

作为中国地方政府系统的基础，县级单位在维持地方经济稳定和发展中扮演着至关重要的角色，如同细胞一般维系地方经济的活力。截至2020年末，在河北省，县域经济产值达到了2万亿元人民币，约占全省总经济产值的55.4%。这一数据与县域面积占河北省总面积的90%相比，显示出县域经济发展存在较大的提升空间。尤其值得关注的是，这也反映出农村地区的发展相对滞后。

对于城镇居民来说，2020年的人均可支配收入情况见图4－15。当年，河北省超过4万元人均可支配收入的县域有40个，其中收入排名前十的分别是三河市、香河县、路南区、霸州市、路北区、大厂回族自治县、裕华区、北戴河区、桥西区和广阳区。从地理分布上来看，收入较高的城镇集中在唐山（2个）、廊坊（5个）、石家庄（2个）和秦皇岛（1个）地区，表明河北省经济较为富裕的县（市）主要集中在这些地区。

从农村居民人均可支配收入来看情况如图4－16所示，河北省有16个县域的农民平均可支配收入超过2万元，分别是迁安市、竞秀区、莲池区、路北区、北戴河区、海港区、曹妃甸区、山海关区、鹿泉区、藁城区、三河市、晋州市、井陉矿区、正定县、高阳县和涿州市。有趣的是，这16个地区中，有

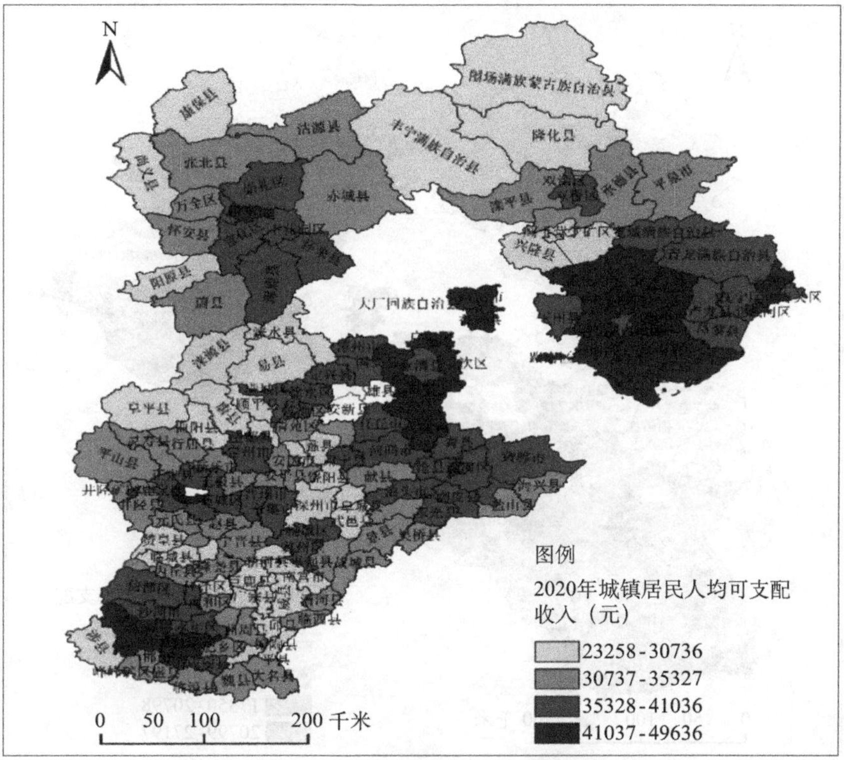

图 4-15　河北省县域城镇居民人均可支配收入

6 个是县（市），其余 10 个是市辖区，其中一些甚至为中心城区。各地区分布看，唐山（5 个）、廊坊（5 个）、保定（4 个）、沧州（3 个）、石家庄（2 个）、秦皇岛（1 个）、张家口（1 个）有较为显著的农村富裕县（市）。然而，唐山市中的滦南县排在全省第 69 位，廊坊市的永清、大城两县分别排在第 56 位和第 65 位。在排名靠后的地区，沧州、石家庄、保定、秦皇岛仅有部分县（市）处于较富裕的行列，而其余约一半县（市）的排名则低于前 50 名，显示出其财富水平较一般。排名 100 名以后的县域中，区域较少，县（市）居多。特别是阜平县、海兴县、行唐县、丰宁县、巨鹿县、灵寿县、唐县、涞源县、曲阳县、新河市、赞皇县和顺平县等 12 个县的居民人均收入不足 10000 元。综合上述，河北省中，唐山市、廊坊市和石家庄市所属的部分县（市）在农村居民人均可支配收入方面居于前列，显示了这些地区相对较高的经济水平和居民生活质量。

地理环境的多样性是导致区域间农民收入差别的重要因素之一。以河北省

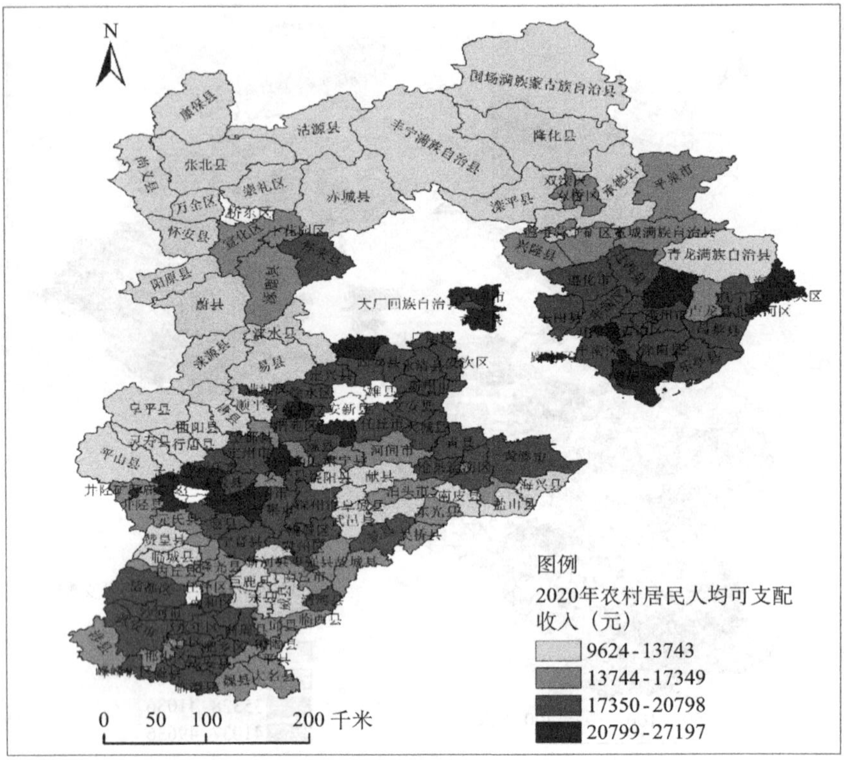

图 4-16　河北省县域农村居民人均可支配收入

为例，西北部与北部地区多被太行山脉与燕山脉覆盖，这些地区海拔较高、日温差大，受地形限制，交通并不发达。特别是像阜平县、涞源县这样的特困山区，农业生产受到极大挑战。而像张北县、万全县、崇礼县和丰宁等县则位于坝上草原，这里环境恶劣，草地退化，土地沙化问题严重，这些都限制了当地农民的收入潜力，形成了所谓的“低收入带”。相比之下，河北的南部和东部区域普遍拥有更为平坦的地形、较低的海拔和更便捷的交通条件，这些地理优势为当地的农业经济发展创造了有利环境。另外，工业化水平对农村居民的人均可支配收入差异具有关键影响。以唐山市为例，农民收入之所以能持续成为热点并对外辐射盈利，很大程度上是因为该市高度工业化的带动效应。同时，廊坊市作为北京市疏解非首都功能的关键承载地，其服务业迅猛发展也带动了居民收入的持续增长。这些经济动态释放出的信号表明，工业和服务业的崛起在很大程度上能够缩减城乡之间，甚至是农村内部的经济差异，推动地区发展平衡，为提升农民收入打下坚实的基础。

（二）河北省县域城乡居民收入差距分析

根据表4－4的数据分析可见，河北省城乡收入差距正逐渐缩小。以2013年为例，石家庄市灵寿县的城乡收入差距居河北省之首，其城镇居民的人均可支配收入为21195元，而农村居民则仅为3804元，城乡居民收入比值达到了5.57。到了2020年，该县城镇居民人均可支配收入提升至32724元，农村居民同样增至9313元，相应的收入比值降到了3.51。另一个例子是赞皇县，2014年当地城镇居民人均可支配收入为19741元，农村居民为4486元，城乡收入比值为4.88；然而到了2020年，城乡人均可支配收入分别为30502元和8980元，城乡收入比值降至了3.40。在省域层面，2013年河北省城乡居民收入差距极值比为3.03，但到了2020年降至了2.45。

河北省城乡发展的均衡与协调区域呈现出环状分布，以唐山、石家庄、邯郸、保定等城市为核心逐步向外扩展形成了四大经济圈。与此同时，那些位于山区、冀南平原和冀中东部地带的经济欠发达县域面临城乡发展不协调的问题。由于资金、人才、劳动力等发展要素从欠发达地区向发达地区流动，导致这些欠发达地区的积累与成长能力进一步削弱，而对于中心城市来说，其产业辐射力和市场扩张能力也因而受到了制约，最终影响到河北省整体的发展。为了解决城乡之间的收入差距，河北省需要从多个维度入手。首先是提升居民尤其是低收入居民的收入水平，这需要改变经济增长模式，持续提升经济增长的质量。其次，鉴于收入差距过大往往源于不平等的收入分配，体制改革显得尤为关键，通过体制改革建立和完善平等的机会分配机制，增进收入分配的公平性。最后，还需加快社会保障制度的建设，确保为社会弱势群体提供有力的保障和支援。

表4－4　　河北省县域城乡居民收入差距

年份	最大值	最小值	平均值	标准差	极值比
2013	5.57（灵寿县）	1.84（迁安市）	2.80	0.78	3.03
2014	4.89（灵寿县）	1.77（新乐市）	2.67	0.64	2.75
2015	4.78（赞皇县）	1.33（邱县）	2.42	0.57	3.58
2016	4.58（赞皇县）	1.33（邱县）	2.40	0.54	3.44
2017	4.39（赞皇县）	1.34（邱县）	2.38	0.52	3.29
2018	4.23（赞皇县）	1.47（安国市）	2.34	0.48	2.87
2019	3.74（灵寿县）	1.49（高阳县）	2.30	0.43	2.51
2020	3.51（灵寿县）	1.43（高阳县）	2.23	0.40	2.45

数据来源：根据相关年份《河北统计年鉴》数据计算得出。

五、河北省居民收入差距测度

本部分旨在探讨河北省各个区域之间居民收入的差异性。经由详尽的数据分析及分组计算，我们得以透视河北省居民收入差异的详细脉络，相关数据详见图4－17。在2011年至2014年间，河北省的基尼系数经历了轻微的波动，呈现出“先上升，后下降，再次上升”的走势；其值在0.32左右。特别是2011年，该年不只是“十二五”规划的开局之年，河北省也在这一时期加速了工业化、城镇化和农业现代化的步伐，经济增长模式亦开始由依赖政策驱动向市场主导的自主增长转变。此外，河北省沿海地区的发展计划获得了国家的批准与支持，得以顺利启动。同时，京津冀区域经济一体化战略和首都经济圈建设被纳入全国“十二五”规划框架之中，冀中南地区更被定位为国家重点发展区域。一系列大型项目如华北石化、保定长城汽车等的推进和建设，旨在保障项目按期投产并达成预定成效。并且，河北省亦致力于加速基础设施建设，如京港澳高速公路和张家口机场等，以此提升城乡居民的收入水平。

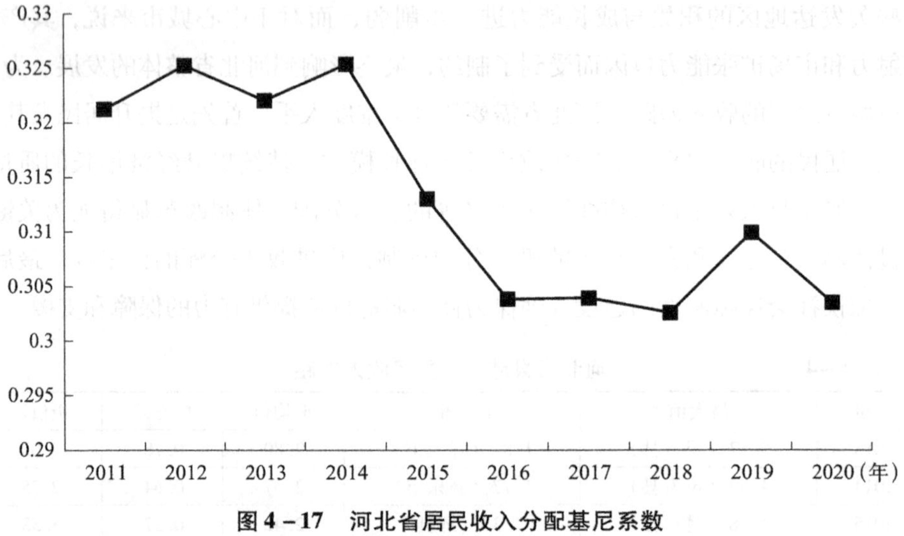

图4－17　河北省居民收入分配基尼系数

数据来源：根据相关年份《河北统计年鉴》数据计算得出。

然而，即使河北省在发展成绩显著的同时，也面临着城乡之间差距的持续扩大问题。城市和工业领域的发展优先策略、税收和财政政策的城市化倾斜，以及城市中心社会保障、就业和教育体系的不公等问题，都加剧了居民间的收入差距。好在2014年以后的趋势有所改变。伴随京津冀协同发展战略的正式启动，国务院推出了包含水利、交通和生态保护在内的12项专项规划。这些规划覆盖了交通一体化、环境保护及产业迁移等关键领域的重大进展。在这一系列措施下，河北省的生态环境保护意识不断加强，产业结构转型步伐亦加快，对传统产业进行了限制和调整，经济增速趋缓，居民收入差异有所减少。不过，尽管到2020年河北省的基尼系数已从2014年的0.32降低至0.30，省内居民总体收入水平仍偏低，处于一个相对“低收入”的状态。这警示我们在推进社会经济发展的同时，必须着手解决收入不平等问题，促进社会的整体和谐稳定。

第四节　京津冀收入分配水平测度

一、京津冀三地收入分配水平差异

（一）居民人均可支配收入

在2014年至2020年间，京津冀地区居民的人均可支配收入普遍实现了显著的增长，但这一增长同时带来了区域发展的不平衡现象（见图4－18）。具体来看，2014年北京市的人均可支配收入是天津市的1.41倍，是河北省的近2.67倍，而天津市的人均可支配收入则是河北省的约1.89倍。到了2020年，这一差距有所变化：北京市人均可支配收入为天津市的1.58倍，对比河北省则为2.56倍，而天津市与河北省间的差距降至了1.62倍。尽管差异性仍然存在，但河北省与邻近的天津市和北京市的差距有所减少。

《京津冀协同发展规划纲要》的颁布，不仅为京、津、冀三地的职能定位、产业协作、城市布局、基础设施配置以及综合交通网等宏大议题提供了清晰的发展框架，而且在财政政策、投资安排和具体项目落实方面制定了切实可行的策略。在这一协同发展框架下，三地功能区的专业定位进一步精准化、深化。例如，北京持续强化其作为“四个中心”的建设，以文化产业为例，2020年全市规模以上文化产业收入达到约1.4万亿元，人均发明专利数量近为全国平均水平的10倍；天津则专注在打造国家级先进制造业研发基地，制造业增加值年增长率为1.5%，在规模以上工业企业中的占比高达72.9%；河北省则在第三产业的发展上取得新的进展，其增加值占比较上年提升了0.4个百分点，同时，也积极打造国家级的现代商贸物流中心，物流业增加值在GDP中占比增至7.8%。京津冀协同发展不仅推动了三地人均可支配收入的提高，也逐渐缩小了河北省相对于北京市和天津市的收入差距。

尽管京津冀区域内的经济发展差异得到了一定程度的缓解，但在人均收入等多方面，三地间仍存在显著的不平衡。河北省在工业经济、医疗卫生服务、教育资源和科技创新方面的表现相对滞后。产业方面，河北的制造业与服务业多分布于产业链的低端，与京津两市形成的较大差距导致三地间的产业链条分工不明确，相互之间的上下游联系薄弱，产业对接面临较大困难，从而影响了整体的经济发展水平。医疗卫生服务方面，河北省内卫生医疗资源相对不足，需求较大。在教育资源配置上，按照“2020中国京津冀城市群大学排名”，河北省内高等教育机构的数量和质量相对于北京和天津都显得不足。科技创新层面，河北省在投入资源、创新能力和产业化能力方面仍面临重复配置、分散效应、封闭运作和效率低下等问题。龙头企业在推动创新链上仍显能力不足，优势资源在产业化方面的转化能力待提升，产业配套推动作用较弱，整体融合程度有待进一步加强。

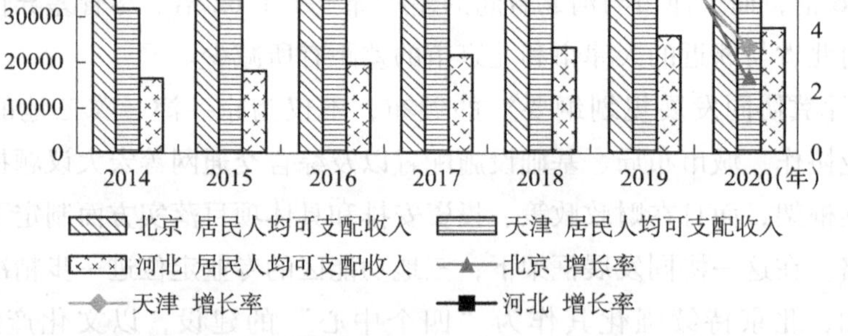

图4－18 京津冀居民人均可支配收入

数据来源：根据相关年份的《北京统计年鉴》《天津统计年鉴》《河北统计年鉴》数据绘制。

（二）工资性收入

在2014年至2020年的时期内，京津冀地区居民的工资性收入实现了显著增长。这段时间内，虽然北京、天津和河北三地居民的工资性收入总量都有了显著提升，但是区域之间的收入差距也有了轻微的缩小（见图4－19）。具体地，北京与天津、河北两地的工资性收入比例，以及天津与河北之间的比例，均出现了微小的下降。举例来说，2014年北京市的工资性收入是天津市的1.61倍，是河北省的2.77倍，而天津市对河北省的倍率则为1.73倍。到了2020年，这个比例降至了北京对天津为1.52倍，对河北为2.54倍，同时天津对河北的比例也降至1.68倍。在2014年至2018年间，京津冀地区居民的工资性收入在其人均可支配收入中的占比呈上升趋势；然而，2019年至2020年期间，由于新冠疫情的冲击，工资性收入在人均可支配收入中的比重出现了下滑。

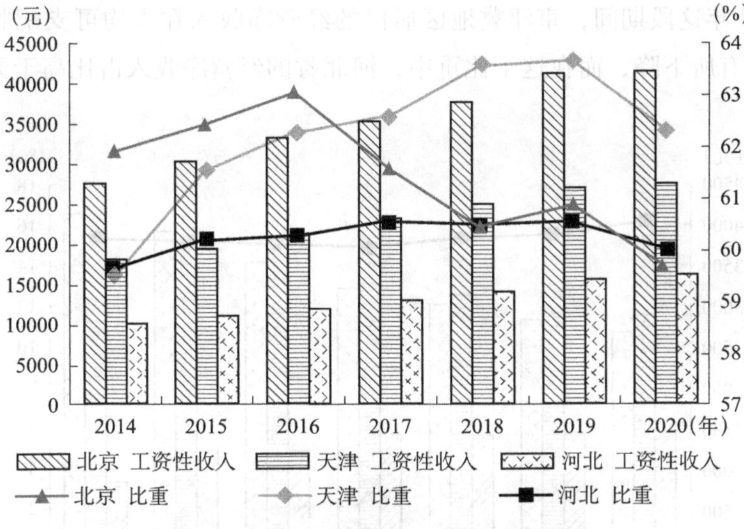

图4－19　京津冀居民工资性收入

数据来源：相关年份《北京统计年鉴》《天津统计年鉴》《河北统计年鉴》。

随着国家对经济结构调整和新动能释放的持续推动，就业市场不断扩大，收入来源变得更加丰富多元，相应地，京津冀居民的工资性收入均有不同程度的增加。与此同时，资源配置的多样化和互联网行业的蓬勃发展，为居民提供了更为灵活多变的资金配置机会。不少人选择了兼职或从其他职业活动中获得附加收入，有时这些收入甚至超越了其主要职业的工资。这一趋势不仅为人们的工资性收入增长创造了广阔的空间，也在一定程度上有助于缩减京津冀三地在收入水平上的差距（冯利斐，2017）①。

（三）经营净收入

从2014年至2019年，北京市居民的经营净收入经历了一定程度的下降，而天津和河北省居民的经营净收入则呈现出上升趋势（见图4－20）。到了2020年，在严峻的国内外形势和新冠疫情影响下，北京和天津市居民的经营净收入出现了大幅下降，与此形成对比的是，河北省居民的经营净收入则相对较为稳定，甚至有所增长。然而同时，京津冀三地在经营净收入方面的差距也呈现出扩大的趋势。以图4－20中数据为依据，可以看到2014年天津市的经营净收入是北京市的1.98倍，河北省为北京市的1.85倍，而河北省对天津市的比率为0.93倍；到了2020年，天津市的经营净收入是北京市的3.44倍，河北省是北京市的5.11倍，河北省对天津市的比率上升至1.48倍。在2014年至2020年这段期间，京津冀地区居民的经营净收入在人均可支配收入中的比重整体有所下降，而在这个比重中，河北省的经营净收入占比高于天津市和北京市。

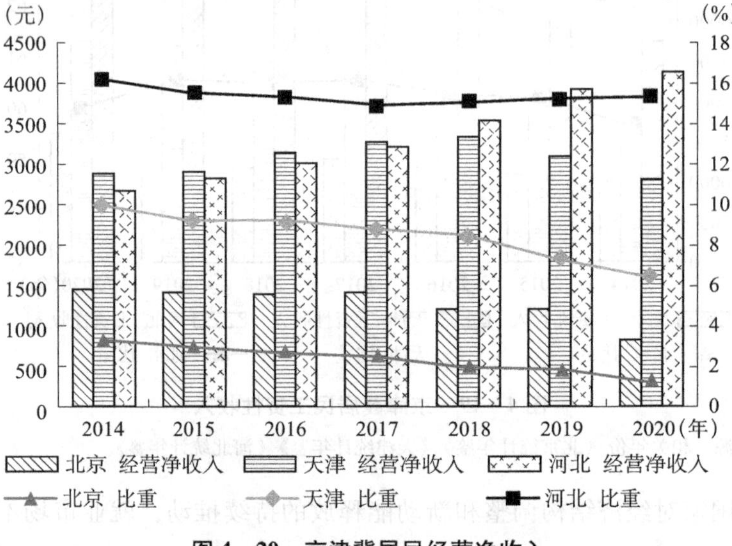

图4－20 京津冀居民经营净收入

数据来源：相关年份《北京统计年鉴》《天津统计年鉴》《河北统计年鉴》。

① 冯利斐：《工资性收入差异对城乡居民现金消费支出的影响》，《现代经济信息》2017年第22期。

居民的经营性收入来源可以分为两部分，一部分是来自于个体经营，也就是我们所称的个体工商户；另外一部分则来源于规模较大的中小企业。这些企业为城市的经济发展注入了巨大的活力，它们对于市场变化的响应极为灵敏，市场则对劳动者的技能、企业的运营效率以及产品的质量高度敏感。近年来，随着国家深化改革的推进和大力鼓励创业万众的政策，个体经营及私营企业获得了较大的发展空间，发展良好的个体工商户也有可能向私营企业的方向转型。随着非公有制经济的持续壮大，城镇中的各类个体经济和私营企业数量会进一步增长，由此带动的经营性收入也将随之上升，成为增强居民收入新动能的力量之一，这将有利于推动天津和河北居民经营净收入的进一步增长。

（四）财产净收入

在 2014 年到 2020 年，京津冀地区城镇居民的人均财产净收入均实现了一定的增长。在京津冀三地财产净收入总量显著增加的背景下，三地之间在财产净收入上的差异也出现了一些变化。具体来讲，北京市与天津市之间的财产净收入比例略有增大，而北京市与河北省、天津市与河北省之间的财产净收入差距则显示出缩小的趋势（见图 4－21）。例如，2014 年，北京市的财产净收入是天津市的 2.52 倍，河北省的 6.15 倍，同时天津市的财产净收入是河北省的 2.44 倍；到了 2020 年，北京市对天津市的倍率上升到了 2.78 倍，对河北省则微降至 6.1 倍，天津市对河北省的倍率降至 2.19 倍。在这六年间，京津冀财产净收入占人均可支配收入之比重呈上升态势，其中北京市的财产净收入占比高于天津市和河北省。

这段时间内京津冀居民财产净收入的增长，一方面反映了中国资本市场的日趋成熟，投资渠道丰富多样化，广泛被公众理解和采纳。特别是近些年随着环京房地产市场的热度持续攀升，出租房产带来的收益及分红盈利均有所增加，这为财产净收入的快速增长贡献了主要驱动因素。另一方面，也是居民投资理财观念不断提升的体现。河北省居民的金融知识和投资理财意识逐年提高，这有利于缩小河北省居民与北京、天津居民在财产净收入方面的差距。

（五）转移净收入

从 2014 年至 2020 年的时间段内，京津冀三地城镇居民的人均转移净收入普遍实现了一定程度的增长。伴随着三地转移净收入总量的显著提升，三地间的收入差异亦出现了一些新的动态。具体地，北京市与天津市以及河北省之间的转移净收入差距显示出逐步扩大的趋势，而天津市与河北省之间的差距则呈

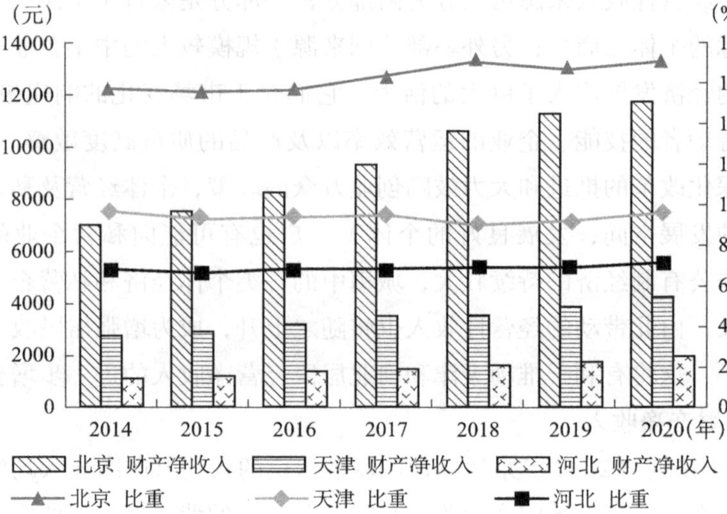

图4-21 京津冀居民财产净收入

数据来源：相关年份《北京统计年鉴》《天津统计年鉴》《河北统计年鉴》。

现缩小的态势（见图4-22）。在2014年时，北京市的转移净收入为天津市的1.41倍，为河北省的2.93倍，以及天津市对河北省的比值为2.08倍；来到2020年，北京市与天津市的比值上升到了1.62倍，与河北省的比值也增至3.23倍，同时天津市与河北省之比微降至1.99倍。在此六年间隙中，北京与天津的转移净收入占其人均可支配收入的比重出现了提升，而河北省在这一比重上没有显著的增幅，且北京市的转移净收入比重高于天津市和河北省。

转移性收入主要源自政府以及其他机构的再分配作用。国民收入分配是指政府将国民收入在政府本身、居民和企业之间按一定的规则与标准进行合理划分的过程。各个城市因战略地位、资源分配和政策导向的不同，享有的再分配比重也出现差异。现实中，这种差异往往导致不同城市居民之间转移性收入的差距进一步拉大，而京津冀三地的情形便是一个典型例证。

二、京津冀三地分行业居民收入差距分析

关于2020年城镇非私营单位就业人员的平均工资情况，图4-23显示了京津冀地区的行业排序情况。在北京市，收入最高的前五个行业分别为：金融业、信息传输、计算机服务与软件业、文化、体育与娱乐业、科学研究、技术服务及地质勘查业，以及卫生、社会保障和社会福利业。天津市的榜单上则以

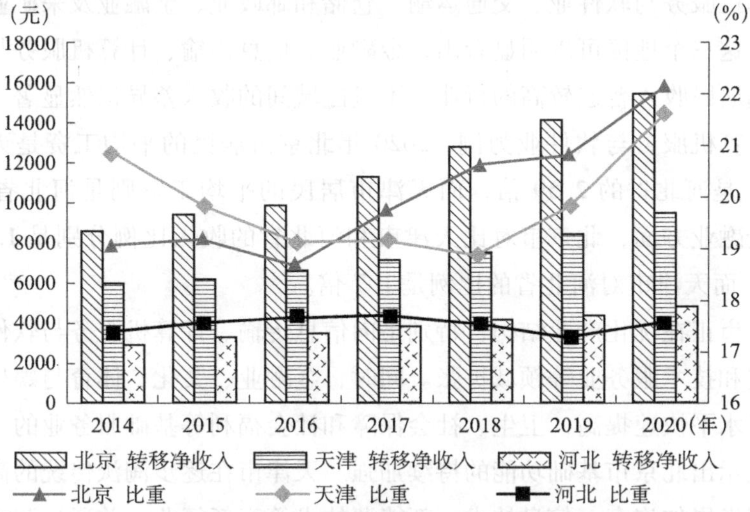

图 4-22　京津冀居民转移净收入

数据来源：相关年份《北京统计年鉴》《天津统计年鉴》《河北统计年鉴》。

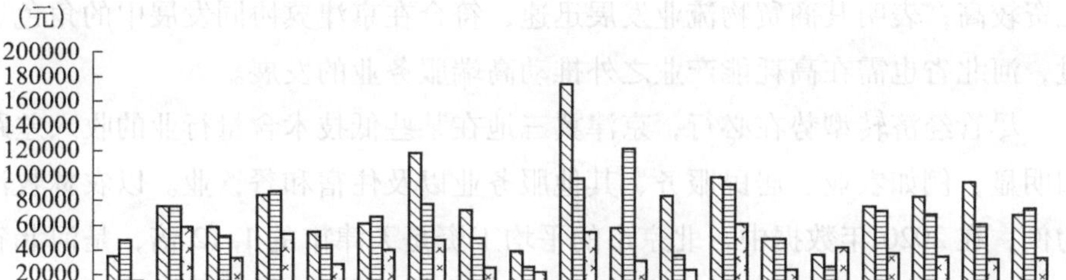

图 4-23　2020 年京津冀城镇非私营单位就业人员的平均工资

数据来源：相关年份《北京统计年鉴》《天津统计年鉴》《河北统计年鉴》。

科学研究、技术服务及地质勘查业领先，其后是电力、燃气及水的生产和供应业、金融业、社会保障和社会福利业以及信息传输、计算机服务与软件业。在河北省，前五位的高收入行业则是电力、燃气及水的生产和供应业、信息传输、计算机服务与软件业、交通运输、仓储和邮政业、金融业及采矿业。

对比这三个地区可以明显看出，金融业、信息传输、计算机服务与软件业是京津冀居民收入普遍较高的行业，不过区域间的收入差异仍然显著。以信息传输、计算机服务与软件业为例，2020 年北京市居民的平均工资是天津市的 1.77 倍，是河北省的 2.59 倍，而天津市居民的平均工资则是河北省的 1.47 倍。在金融业方面，北京市对比天津市和河北省的收入比例分别是 1.74 倍和 2.96 倍，而天津市对河北省的比例是 1.7 倍。

北京市正在优化产业结构，特别是向信息传输、计算机服务与软件业以及科学研究和技术服务业等领域扩张。同时，金融业、文化、体育与娱乐业等领域的工资水平快速提高，卫生、社会保障和社会福利等基础服务业的工资也在增长，显示出北京市基础功能的持续加强。天津市在逐步淘汰传统的高污染工业，转型发展如汽车、信息技术、新能源技术等高新行业，并通过滨海新区建设吸引资本，促进金融业发展。与此同时，服务业亦在迅猛增长。河北省中，电力、燃气及水的生产和供应业、交通运输、仓储和邮政业以及采矿业人员的工资较高，表明其商贸物流业发展迅速，符合在京津冀协同发展中的角色。不过，河北省也需在高耗能产业之外推动高端服务业的发展。

尽管经济转型势在必行，京津冀三地在某些低技术含量行业的收入差距依旧明显，例如农业、居民服务、其他服务业以及住宿和餐饮业。以农林牧渔业为例，在 2020 年数据中，北京市的平均工资是天津市的 1.12 倍，是河北省的 2.47 倍，天津市又是河北省的 2.2 倍。住宿和餐饮业的情况也类似，展现出技术含量较低行业的较大收入差异。

三、京津冀三地城乡收入差距分析

在 2011 年至 2020 年的十年间，针对城乡居民收入差距，北京市、天津市和河北省三地表现出不同的特点。从绝对值差距来看，北京市一直位居榜首，其次是天津市，而河北省则相对较小。相反，在城乡居民收入比值方面，北京市依然领先，但紧随其后的是河北省，天津市的比值最低（见图 4 – 24）。这一趋势反映出北京的城乡收入差距在逐渐缩小，从 2011 年的 22623 元增至 2020 年的 45476 元，而其城乡收入之比从 2011 年的 2.65 减少至 2020 年的 2.51，减少了 0.14 点。天津市城乡收入差距从 2011 年的 12217 元上升至 2020 年的 21968 元，城乡比值从 2011 年的 2.02 减少至 2020 年的 1.85，减少了

0.17点。而河北省的城乡收入差距从2011年的10819元上升至2020年的20819元，其城乡比值从2011年的2.51减少至2020年的2.26，下降了0.25点。尽管北京市城乡收入差距保持在较高水准，显示出一定程度的“不平等”，河北省的差距则处于一种较低水平的“平等”，但河北仍面临着与北京和天津城乡居民收入差距进一步扩大的风险。

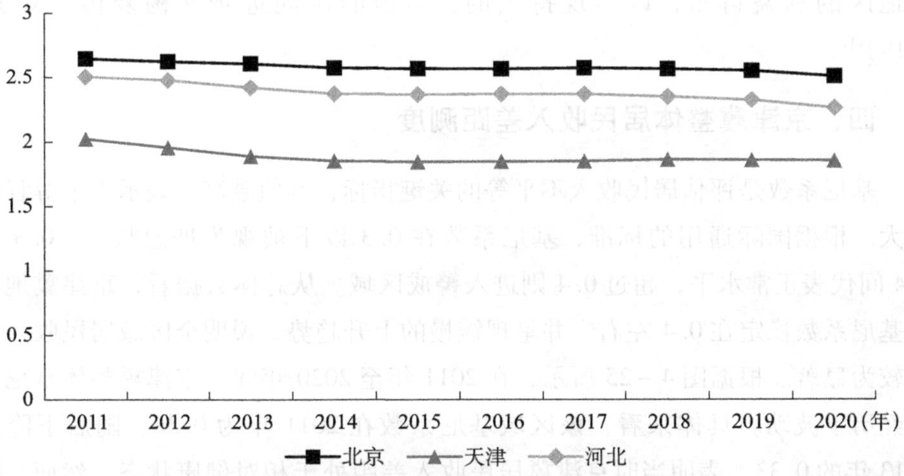

图4-24　京津冀的城乡居民收入比

数据来源：根据相关年份《北京统计年鉴》《天津统计年鉴》《河北统计年鉴》数据计算得出。

导致京津冀三地城乡收入差异的原因主要包括市场规模的巨大差异、不均衡的经济发展，以及城镇化水平的不一致性。概括而言，北京作为国家首都，具备人口密度高、收入水平高、市场规模大等多方面优势，这为其经济和文化积累提供了独有的条件，与天津和河北形成了较大的落差。在城镇化水平方面，天津和北京的发展水平相对河北省有着明显领先，表现在城镇居民比重的高低上，北京市和天津市拥有更高的城镇人口比例。

城乡收入差距的不断扩大不仅可能阻碍中国经济的持续健康发展，还可能影响社会稳定与和谐，甚至引发社会矛盾。因此，缩小城乡之间的收入差距成为一个政策重点。为了实现区域的共同繁荣，关注弱项并改善内部以及跨地区的城乡收入差距是迫切需要的。具体来说，北京和天津需要关注如何在各自地区内减少城乡差距，而河北则需要努力提高居民收入水平以减少与其他两地的差异。尽管河北省的城乡居民收入均稳步增长，但在市场规模和投资额等外部因素的影响下，其与京津的经济差异有可能会持续扩大。为了实现京津冀地区的共同繁荣，中央政府有必要对河北进行政策倾斜，从政策、技术、资金和管理等多个方面提供支持。同时，精确理解京津冀协同发展的内涵至关重要，即通过优化资源配置，达到公共服务均衡化，促进资源互补，全面提高地区的经济水平和影响力，助力经济转型和社会和谐发展。最后，建立京津冀协同发展的长效机制也是关键所在，这包括探索跨行政区域的经济合作机制，关注不发达地区的利益诉求，以实现持久的、均衡的协同进步（杨梦冉、贾宁，2019）①。

四、京津冀整体居民收入差距测度

基尼系数是评估居民收入不平等的关键指标，其值越高，表示不平等程度越大。根据国际通用的标准，基尼系数在 0.3 以下被视为理想状态，0.3 至 0.4 间代表正常水平，超过 0.4 则进入警戒区域。从总体数据看，京津冀地区的基尼系数稳定在 0.4 左右，并呈现缓慢的上升趋势，说明全区域居民收入差距较为显著。根据图 4 – 25 所示，在 2011 年至 2020 年间，京津冀整体基尼系数经历了波动。具体来看，该区域基尼系数在 2011 年为 0.36，随后下降至 2013 年的 0.33，表明当时京津冀居民收入差距处于相对健康状态。然而，随着 2013 年至 2015 年上升至 0.46，区域内的不平等程度似乎进入了警戒状态，居民总体收入差距明显扩大。

这一时期京津冀地区干预政策也有显著发展。国家发展改革委启动新一轮的区域规划，推出“首都经济圈”方案，这被视作“京津冀都市圈”规划的进阶。“十二五”期间，河北省沿海发展战略、燕山—太行山区域发展与扶贫攻坚规划等获国家规划纳入。但同时，北京市的金融、科技、信息行业迅速增长，天津市的八大优势产业持续向好发展，相比之下，河北省的金融业、高端制造业及现代服务业发展稍显滞后，由此造就了京津地区居民收入增速超过河北，进一步扩大了区域内的收入差距。

到 2018 年，虽然基尼系数有所下降至 0.44，但区域居民收入差距仍明显较大。《京津冀协同发展规划纲要》的审议通过，以及“十三五”期间京津冀的国民经济和社会发展规划的实施，意味着京津冀协同发展策略的全面落实。虽然此举对增进居民收入有积极影响，提升了区域内的公共服务质量，但京津

---

① 杨梦冉，贾宁：《北京市城乡居民收入差距分析》，《中国集体经济》2019 年第 3 期。

的产业升级和技术创新相较于河北的相对滞后，依旧可能对区域收入差距造成拉大的影响。到了2020年，京津冀基尼系数降至0.40，仍濒临警戒线。在交通一体化、生态环境保护、产业转型升级等领域的早期建设成效显现后，区域内的创新能力和产业承接力有了显著提高。京津冀地区的一体化发展对缩小区域内差距起到了积极作用，推进了公共服务的共建共享。

为了推动京津冀实现区域共同繁荣，要利用北京和天津这两个经济极点的辐射作用，以期达到区域内部经济和社会差异的进一步缩减。其中，一方面是鼓励有序人口流动，促进城市群内外的人均收入均衡。另一方面是加快边缘地区中心城市的发展，有助于减小省级中心地区与边缘地区的差异。要缩减京、津、冀之间的发展差距，有必要加强区域合作，加快区域性中心城市发展，朝着收入不均的区域协同发展迈进。

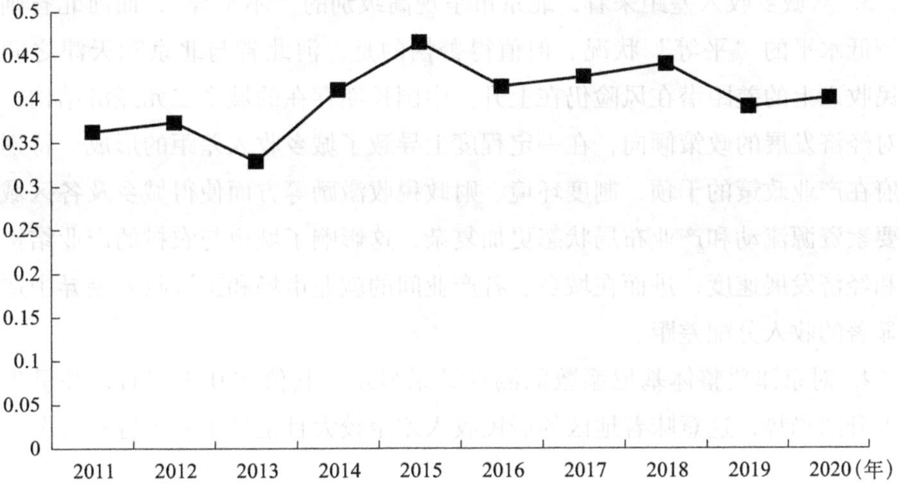

图4-25 2011—2020年京津冀整体居民收入分配基尼系数

数据来源：根据相关年份《北京统计年鉴》《天津统计年鉴》和《河北统计年鉴》数据经整理计算得出。

本章深入探讨了北京、天津、河北以及京津冀地区作为一个整体在收入分配上的基本现状。通过分析各行业居民收入的差异、城乡收入差距以及综合评价整体居民收入的不平等程度，本研究旨在提供缩小地区间经济差异、促进区域公平和协调发展的实证基础。研究结果表明：

1. 京津冀三地居民人均可支配收入仍存在差距。自京津冀协同发展战略实施以来，虽然此区域取得了一些发展，但北京、天津和河北三地在居民人均可支配收入等方面仍存在显著差距。特别地，尽管北京对周边地区具有一定的拉动效应，但其辐射能力并未达到预期的效果。京津冀地区的经济发展存在显著的不平衡性，行政壁垒限制了资源与要素的自由流动，区域间产业发展缺乏联动，市场呈现分割现象，城市交通及环境问题日益严重，资源枯竭风险愈发突出，这些因素共同导致了地区间较大的收入差距和双层分化现象。

2. 京津冀三地正经历产业结构转型。北京市正在经历产业转型，积极发展金融业、信息传输、计算机服务及软件业和科学研究技术服务业等领域；天津市正在逐步淘汰传统重污染行业，转型聚焦于高收入的技术密集型产业；而河北省在交通运输、仓储和邮政业等商贸物流行业发展迅速，但传统高能耗行业仍是该省产业发展的重要依托，河北在信息传输、计算机服务及软件业、科研和技术服务业等高端服务行业的发展则相对滞后。

3. 从城乡收入差距来看，北京市呈现高级别的“不平等”，而河北省则处于较低水平的“平等”状况。但值得警惕的是，河北省与北京和天津之间在居民收入上的差距潜在风险仍在上升。中国长期存在的城乡二元经济结构，以及对经济发展的政策倾向，在一定程度上导致了城乡收入差距的形成。特别是政府在产业政策的干预、制度环境、财政税收激励等方面使得城乡及各区域间的要素资源流动和产业布局状态更加复杂，这影响了城市与农村的产业结构配置和经济发展速度，进而在城乡、各产业间的就业市场和工资收入差异中造成了显著的收入分配差距。

4. 对京津冀整体基尼系数的测算结果显示，其值在0.4左右，并呈现逐渐上升的趋势，这意味着地区的居民收入差距较大且正处于一个警戒状态。

第五章

京津冀基本公共服务均等化水平测度

第一节　京津冀基本公共服务现状描述与均等化测算方法

一、基本公共服务内涵

基本公共服务是由政府主导、保障全体公民生存和发展、与经济社会发展水平相适应的公共服务。福利经济学为公共服务的供给和基本公共服务均等化提供了理论依据，福利经济学最早由英国经济学家庇古提出。福利经济学主要研究如何将有限资源通过更好地配置以实现社会福利最大化，它包含两个基本命题：社会福利与收入总量正相关，即基本公共服务水平将随着经济发展、地方财力增长逐步提高；社会福利与收入均等分配相关，即对基本公共服务的分配能够促进国民收入更好地分配，从而增进社会福利，若能够提高基本公共服务均等化程度，就能提高社会福利水平。

关于基本公共服务范围，2021 年 4 月 20 日，国家发改委等部门联合发布

《国家基本公共服务标准（2021年版）》，该标准从幼有所育、学有所教、劳有所得、病有所医、老有所养、住有所居、弱有所扶、优军服务保障以及文体服务保障九个方面明确了国家基本公共服务具体保障范围和质量要求，九个方面细分为80个服务项目，每个项目进一步明确服务内容、服务标准、支出责任等，主要服务项目如表5－1所示。

表5－1　《国家基本公共服务标准（2021年版）》主要服务项目

序号	服务大类	主要服务项目
1	幼有所育	孕产妇健康管理、0—6岁儿童健康管理
2	学有所教	义务教育和高中教育阶段学杂费减免、困难学生补助
3	劳有所得	就业创业援助、失业保险、工伤保险
4	病有所医	传染病防控、药品供应、医疗保险
5	老有所养	老年人福利补贴、养老保险
6	住有所居	公租房保障、棚户区改造
7	弱有所扶	最低生活保障、医疗救助、残疾人帮扶
8	优军服务	优待抚恤、退役军人安置
9	文体服务	公共文化设施免费开放、公共体育设施免费开放

资料来源：http：//www. gov. cn/zhengce/zhengceku。

限于相关统计数据较少，全部分析以上九个方面的基本公共服务缺乏数据基础，因此，结合数据的可获得性以及学者们的研究，将上述九个方面的服务项目进一步归纳，可大致划分为基础教育、医疗卫生、社会保障、公共文化、基础设施五个方面，其中基础教育主要对应学有所教，医疗卫生主要对应幼有所育、病有所医，社会保障主要对应劳有所得、老有所养、弱有所养、优军服务，公共文化主要对应文体服务，基础设施主要对应住有所居等内容。关于基本公共服务的分析主要围绕以上提及的五个方面展开。

二、京津冀基本公共服务现状描述

（一）基础教育

教育是“功在当下”“利在千秋”的长远大计，教育公共服务均等化在实现共同富裕的过程中具有长效性与基础性的作用①，可以提高贫困群众的知识水平和能力素质，让低收入群体掌握致富本领，缩减居民贫富差距，促使其向

① 袁威：《基本公共服务均等化的政策逻辑与深化：共同富裕视角》，《中共中央党校（国家行政学院）学报》2022年第4期。

中等收入群体转变。

为了促进基础教育均衡发展，京津冀三地在名师帮扶、人才培养、资源引进等方面展开了密切的交流合作。在名师帮扶方面，2017 年北京市将河北省阜平县纳入北京市“老校长下乡”活动覆盖范围，北京市委派优秀教师每月定期到阜平县 12 所乡村学校进行帮扶，为山村孩子提供更好的教育。在教育人才培养方面，京津冀三地推动师范类院校建立教师培养培训基地，培养贫困县教师；北京市 30 余所中小学“手拉手”对接帮扶河北省 23 个教育贫困县；北京市每年选派百名专家教师赴河北省送教讲学，培训教师2000 余人①。在优质教育资源引进方面，北京市与廊坊市、雄安新区展开了密切合作，2021 年北京市潞河中学在廊坊三河市揭牌，2022 年北京市支持雄安新区建设的三所学校已全部交付。

虽然京津冀三地在基础教育方面展开了密切合作，但统计数据显示三地基础教育资源差距依然显著。根据图 5－1 所示，2011—2020 年北京市每万中学生学校数明显高于天津市和河北省，并且这种差距有所扩大，2011 年北京市每万中学生学校数是天津市的 1.08 倍，是河北省的 1.37 倍，2020 年分别变化为 1.24 倍、1.91 倍。根据图 5－2 所示，2011—2020 年京津冀三地人均教育支出也存在明显差距，以 2020 年数据为例，人均教育支出中北京市为 5199.31 元，天津市为 3193.66 元，而河北省仅为 2138.66 元，北京市是天津市的 1.63 倍，北京市是河北省的 2.43 倍。

图 5－1　京津冀每万中学生学校数②

图 5－2　京津冀人均教育支出③

① 光明网，2021 年 2 月 25 日，见 https：//m. gmw. cn/baijia/2021－02/25/1302133569. html。
② 数据来源：《北京统计年鉴》《天津统计年鉴》《河北经济年鉴》。
③ 数据来源：《北京统计年鉴》《天津统计年鉴》《河北经济年鉴》。

（二）医疗卫生

医疗卫生普及程度关系到全体居民的基本健康，全民的健康是一个国家发展的基础，促进医疗卫生均等化，保障居民身体健康，这是我们所面临的现实问题。

2014 年以来，京津冀三地稳步推进医疗卫生协同发展。在医联体的建设方面，截止到 2022 年，廊坊市共有 32 家一级以上医院与北京市 50 家、天津市 11 家医院达成对接合作，天津市 9 家三甲医院、河北省 40 多家医院和北京市 5 家医院分别建立了合作联盟；67 所医疗机构加入京津冀临床检验结果互认名单，互认项目达 43 项，50 所医疗机构加入京津冀医学影像资料共享名单，共享项目达 20 项；在天津市执业的北京市和河北省医师、护士达到 447 人次①。在医疗卫生协同机制方面，北京市儿童医院与保定市儿童医院探索"托管模式"，此模式投资少见效快，极大提升了保定市儿童医院的医疗水平。

统计数据显示，京津冀三地在医疗卫生的某些方面存在较大差距，从数据上看主要体现在医疗卫生人员数量和财政资金对医疗卫生的保障方面。根据图 5－3 所示，2011—2020 年京津冀三地每万人卫生人员数均有所增加，但三地间的差距依然显著，以 2020 年为例，每万人卫生人员数中北京市为 159.01，河北省仅为 90.43，北京市是河北省的 1.76 倍。根据图 5－4 所示，2011—2020 年北京市人均医疗卫生支出与天津市和河北省的差距明显，并且差距没有显著缩小，2011 年人均医疗卫生支出中北京市是天津市的 1.65 倍，是河北省的 2.66 倍，2020 年分别变化为 2.18 倍、2.53 倍。

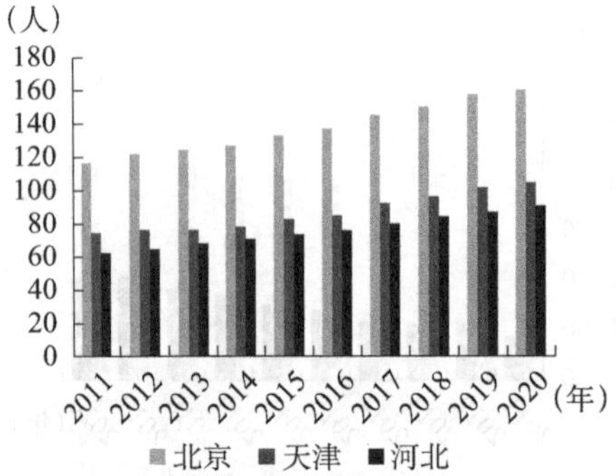

图 5－3 京津冀每万人卫生人员数②

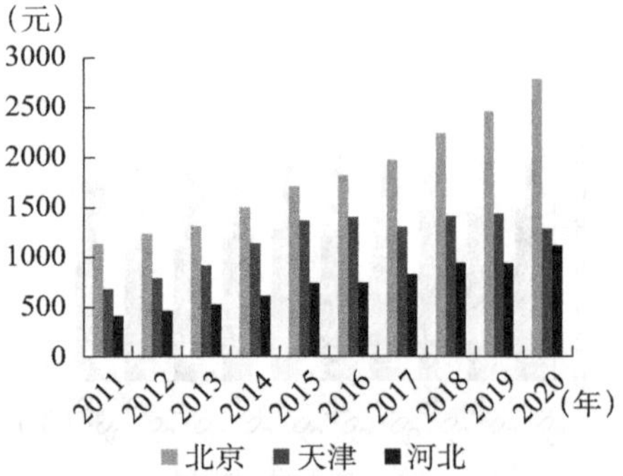

图 5－4 京津冀人均医疗卫生支出③

① 京报网，2022 年 7 月 8 日，见 https://baijiahao.baidu.com/s?id=1737744086607904609&wfr=spider&for=pc。

② 数据来源：《北京统计年鉴》《天津统计年鉴》《河北经济年鉴》。

③ 数据来源：《北京统计年鉴》《天津统计年鉴》《河北经济年鉴》。

（三）社会保障

一般来说，社会保障由社会保险、社会救济、社会福利、优抚安置等组成，社会保障具有保障居民基本生活，增进国民福利、稳定消费预期，促进经济发展、调节收入分配、促进社会公平等作用。

早在2015年，京津冀三地就开展了社会保障方面的协同工作，北京市、天津市分别与河北省签订了《推动人力资源和社会保障工作协同发展合作协议》，三地从就业创业、社会保障、人才服务、劳动关系等方面展开合作。在医疗保障方面，截至2022年5月底，京津冀区域内跨省就医累计跨省直接结算392.86万人次，门诊费用跨省直接结算已联网定点医药机构5485家①。在养老保障方面，2015年以来，河北省养老机构累计收住京津老年人近7000名，均享受京津异地养老机构运营补贴。

统计数据显示，京津冀三地在社会保障方面存在一定差距。根据图5-5所示，2011—2020年北京市养老保险覆盖率显著高于天津市、河北省，以2020年数据为例，养老保险覆盖率中北京市90.38%，天津市64.94%，河北省70.79%。根据图5-6所示，北京市医疗保险覆盖率增长迅速，从2011年72.37%增长到2020年97.74%，天津市医疗保险覆盖率相对较低，河北省医疗保险覆盖率稳定在90%以上。根据图5-7、图5-8所示，京津冀失业保险覆盖率、人均社会保障与就业支出均有所提升，但三地间的相对差距并没有明显缩小，以2020年数据为例，失业保险覆盖率中北京市60%，天津市25%，河北省仅9%，人均社会保障与就业支出中北京市4823.48元，天津市3741.02元，而河北省仅为1892.64元。

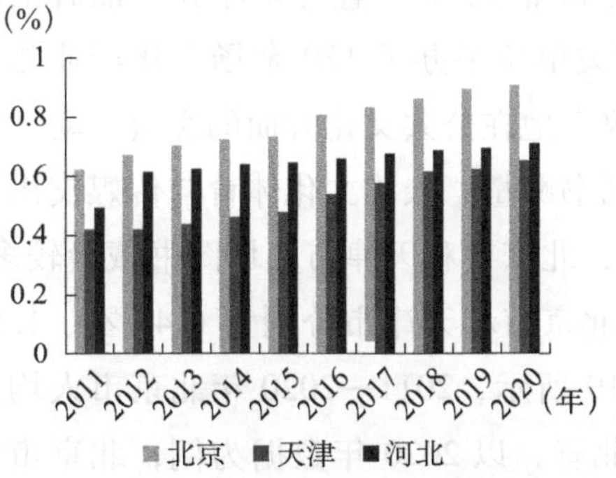

图5-5　京津冀养老保险覆盖率②

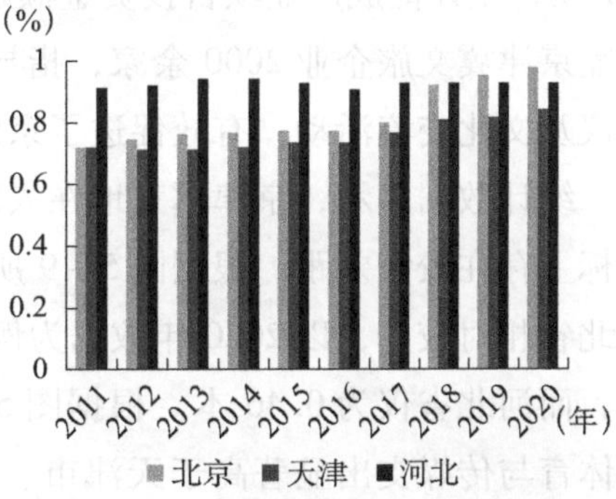

图5-6　京津冀医疗保险覆盖率③

① 新浪网，2022年9月4日，见http://k.sina.com.cn/article_1893892941_70e2834d02001ag6z.html。

② 数据来源：《北京统计年鉴》《天津统计年鉴》《河北经济年鉴》。

③ 数据来源：《北京统计年鉴》《天津统计年鉴》《河北经济年鉴》。

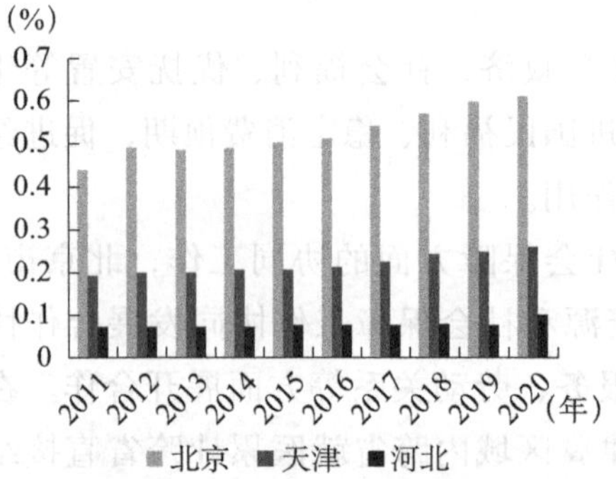

图5－7　京津冀失业保险覆盖率①

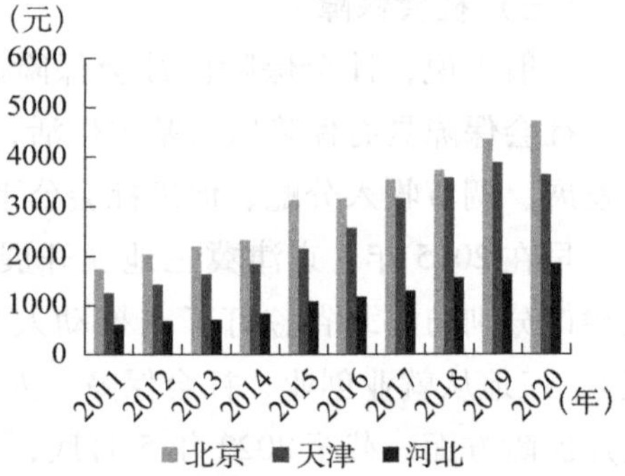

图5－8　京津冀人均社会保障与就业支出②

(四) 公共文化

共同富裕作为社会主义的本质要求，绝不仅仅只是实现人民物质生活富裕，也包括文化文明的繁盛，要坚持物质富裕和精神富裕相统一。习近平总书记多次强调精神富裕对共同富裕的重要性，并提出要强化社会主义核心价值观引领，发展公共文化事业，完善公共文化服务体系。

在公共文化服务方面，京津冀三地同样展开了密切的交流合作。2014 年，三地签订《京津冀三地文化领域协同发展战略框架协议》，明确京津冀文化协同发展的指导思想、基本原则、合作内容、战略合作组织机制等重点问题。2015 年，京津冀三地成立图书馆联盟，建立群众艺术馆联席会议制度。2017 年，京津冀文化产业协同发展中心成立，成立以来已促成京津冀文旅合作项目 381 项，累计促成产业项目投资金额超过 40 亿元③。“魅力京津冀”品牌活动覆盖京津冀文旅企业 2000 余家，指导相关单位举办了 120 余场文化产业相关会议及文化交流活动，有效促进了京津冀三地在公共文化方面的交流互动。

统计数据显示，京津冀三地在人均图书藏量、人均文化体育与传媒支出等指标上存在较大差距。根据图 5－9 所示，北京市和天津市人均图书藏量较多，河北省相对较少，以 2020 年数据为例，北京市和天津市分别为 1. 43 本、1. 57 本，而河北省仅为 0. 46 本。根据图 5－10 所示，2011—2020 年北京市人均文化体育与传媒支出显著高于天津市、河北省，以 2020 年数据为例，北京市为 1028. 22 元、天津市和河北省分别为 245. 23 元、219. 36 元。

---

① 数据来源：《北京统计年鉴》《天津统计年鉴》《河北经济年鉴》。

② 数据来源：《北京统计年鉴》《天津统计年鉴》《河北经济年鉴》。

③ 搜狐网，2022 年 9 月 1 日，见 https：//www. sohu. com/a/581694225_ 163278。

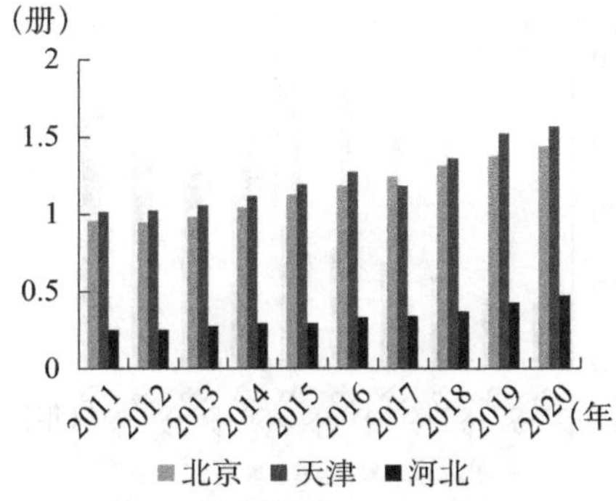

图 5-9　京津冀人均图书藏量①

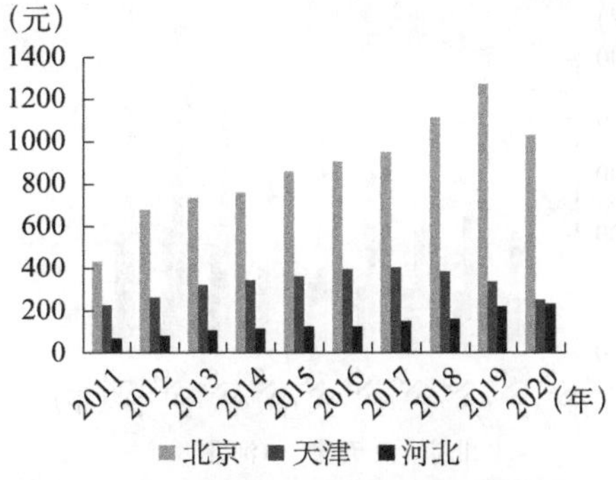

图 5-10　京津冀人均文化体育与传媒支出②

（五）基础设施

基础设施是社会赖以生存发展的物质条件。基础设施建设包括交通、邮电、水电气等多个方面，是保障城市群国民经济和社会发展的基础，是促进共同富裕的必要条件。

京津冀三地在公共交通、城市供热、水资源保护等方面展开了深入合作。公共交通方面，京雄城际铁路全线开通运营，京雄高速公路河北段、荣乌高速新线等工程建成通车。供热方面，三地推动涿州热电厂至北京市房山区供热管网建设，扩大天津市北疆电厂对唐山市汉沽管理区的供热范围。水资源保护方面，提升张家口首都水源涵养功能区和生态环境支撑区市政基础设施建设水平，加大地表水利用，控制地下水超采。

统计数据显示，京津冀三地在天然气供气量、基础设施投资方面存在较大差距。如图 5-11 所示，2011—2020 年北京市人均天然气供气量远高于天津市和河北省，以 2020 年数据为例，北京市 846.90 立方米，天津市 433.33 立方米，河北省仅为 86.12 立方米，表明河北省天然气相关的基础设施建设比较落后。在基础设施投资方面，如图 5-12 所示，2011—2020 年天津市人均基础设施投资高于北京市和河北省，2018—2020 年北京市人均基础设施投资持续下降，天津市和河北省人均基础设施显著高于北京市。

---

① 数据来源：《北京统计年鉴》《天津统计年鉴》《河北经济年鉴》。

② 数据来源：《北京统计年鉴》《天津统计年鉴》《河北经济年鉴》。

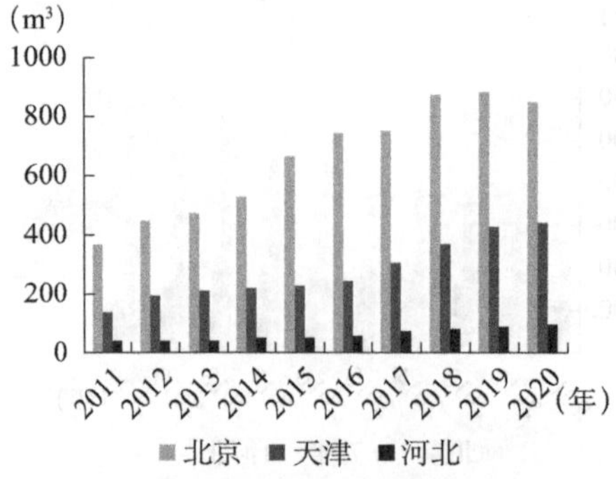

图 5-11 京津冀人均供气量①

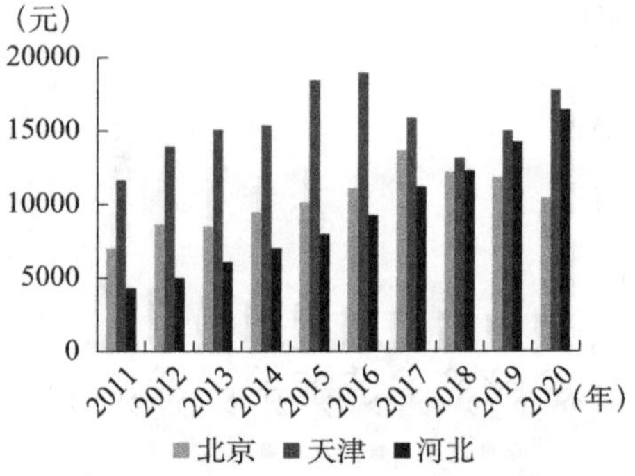

图 5-12 京津冀人均基础设施投资①

三、京津冀基本公共服务均等化水平测算方法

党的二十大报告指出，要健全基本公共服务体系，提高公共服务水平，增强均衡性和可及性，扎实推进共同富裕②，这表明实现共同富裕与促进基本公共服务均等化具有紧密的逻辑相关性，基本公共服务均等化是推进共同富裕的应有之义和必然选择③。共同富裕是全民的富裕，基本公共服务均等化就是实现基本公共服务的“人人共享”，两者均体现出全民共享的特征。基本公共服务均等化是一个动态的发展过程，不是绝对均等和平均化，而是相对均等，因此，使用衡量相对差异的泰尔指数和变异系数对京津冀基本公共服务均等化水平进行测算，并分析均等化水平的变化情况。

（一）测算方法

1. 泰尔指数

泰尔指数最初用于反映国家或地区之间收入差距水平，后被广泛应用于地区之间差异的实证研究，泰尔指数越小说明均等化程度越高，当泰尔指数为0时，说明地区之间不存在差异。泰尔指数的优点在于其可以进行分解，能够将地区总差异分解为地区间差异和地区内差异，从而进一步明确差异来源。将泰尔指数

---

① 数据来源：《北京统计年鉴》《天津统计年鉴》《河北经济年鉴》。

② 资料来源：http：//www. gov. cn/xinwen/2022 - 10/25/content_ 5721685. htm。

③ 袁威：《基本公共服务均等化的政策逻辑与深化：共同富裕视角》，《中共中央党校（国家行政学院）学报》2022 年第 24 期。

引入基本公共服务均等化水平的研究中，其具体计算公式如式（5－1）所示[①][②]，其中 M_{ij} 为 i 地区 j 指标数值，M 为观测范围内 j 指标数值，N 指观测范围内人口总数量，N_i 指 i 地区人口数量。

$$T = \sum_{i=1}^{3}\left\{\frac{M_{ij}}{M}\ln\left(\frac{M_{ij}/M}{N_i/N}\right)\right\}, j = 1,2,3,4,5 \qquad (5-1)$$

在本章第三节测算河北省基本公共服务均等化水平时，将河北省各区县按照地级市划分为11个区域，以便对泰尔指数进行分解，详细分析区域内差异和区域间差异对总差异的贡献率，具体分解步骤如下所示：

$$T = T_W + T_B \qquad (5-2)$$

$$T_W = \sum_{i=1}^{11}\frac{x_i}{x}\times T_i \qquad (5-3)$$

$$T_i = \sum_{j=1}^{n}\frac{x_{ij}}{x_i}\ln\left(\frac{x_{ij}}{x_i}/\frac{p_{ij}}{p_i}\right) \qquad (5-4)$$

$$T_B = \sum_{i=1}^{11}\frac{x_i}{x}\ln\left(\frac{x_i}{x}/\frac{p_i}{p}\right) \qquad (5-5)$$

$$I = \frac{T_W}{T} + \frac{T_B}{T} = I_W + I_B = 1 \qquad (5-6)$$

$$I_i = \frac{\frac{x_i}{x}\times T_i}{T_W} \qquad (5-7)$$

其中，T_W 为河北省区域内泰尔指数，x_i 表示 i 城市的基本公共服务指标数值，x_{ij} 表示 i 城市 j 区县的基本公共服务指标数值，p_i 表示 i 城市的人口总数，p_{ij} 表示 i 城市 j 区县的人口，p 表示河北省总人口，T_i 为 i 城市的泰尔指数，T_B 为河北省区域间泰尔指数。I 表示差异贡献率，I_W 表示区域内差异对总差异的贡献率，I_B 表示区域间差异对总差异的贡献率，I_i 表示 i 城市内部差异对河北省区域内差异的贡献率。

2. 变异系数

变异系数是衡量指标变异程度的统计量，变异系数的优点在于其可以消除

---

① 范柏乃，傅衍，卞晓龙：《基本公共服务均等化测度及空间格局分析——以浙江省为例》，《华东经济管理》2015年第1期。

② 王文玲，陈通：《基于泰尔指数的公共文化服务区域均等化测算》，《统计与决策》2021年第18期。

单位和平均数不同对结果造成的影响，经常被用于衡量基本公共服务发展水平的差异程度①②，变异系数值越大，表明各指标离散程度越高，均等化水平越低；变异系数值越小，表明各指标离散程度越小，均等化水平越高。变异系数计算方法如式（5－8）所示，其中 δ_j 表示第 j 个指标的标准差，$\bar{x}_j$ 表示第 j 个指标的均值，x_{ij} 表示第 i 个地区第 j 个指标数值。

$$V = \frac{\delta_j}{\bar{x}_j} = \frac{\sqrt{\frac{\sum_{i=1}^{n}(x_{ij}-\bar{x}_j)^2}{n-1}}}{\frac{\sum_{i=1}^{n}x_{ij}}{n}} \quad j = 1,2,3,4,5;n = 3 \tag{5-8}$$

3. 熵权—TOPSIS

使用泰尔指数和变异系数对京津冀基本公共服务均等化水平进行测度时需要确定指标权重，为了使测算结果比较客观，具有说服力，在此使用熵权法来确定指标的权重，权重的确定过程如下所示：

首先，对原始数据进行归一化。归一化的目的是消除指标单位不同对计算结果造成的影响。由于测算基本公共服务均等化水平的指标均为正向指标，因此只需按照式（5－9）进行归一化。其中 i 表示地区，j 代表指标，x'_{ij} 为标准化后的数值。

$$x'_{ij} = \frac{x_{ij}-\min(x_{ij})}{\max(x_{ij})-\min(x_{ij})} \tag{5-9}$$

其次，将各指标同度量化后，计算 i 地区第 j 个指标的比重 P_{ij}，以及 j 指标的信息熵 e_j 与冗余度 d_j，其中 m 为年份数。

$$P_{ij} = \frac{x'_{ij}}{\sum_{i=1}^{n}x'_{ij}} \tag{5-10}$$

$$e_j = -\frac{1}{\ln(mn)}\sum_{i=1}^{n}(P_{ij}\times\ln P_{ij}) \tag{5-11}$$

$$d_j = 1 - e_j \tag{5-12}$$

---

① 田学斌，陈艺丹：《京津冀基本公共服务均等化的特征分异和趋势》，《经济与管理》2019 年第 6 期。

② 李百灵：《长江中游城市群基本公共服务均等化水平测算与区域差异比较》，《统计与决策》2022 年第 1 期。

最后，根据式（5－13）计算出 j 指标的权重 w_j，其中 x 为指标个数。权重测算结果如表 5－2 所示。

$$w_j = \frac{d_j}{\sum_{j=1}^{x} d_j} \tag{5-13}$$

为了全面了解京津冀基本公共服务水平，在使用熵权法确定各指标权重的基础上，结合 TOPSIS 综合评价方法，对京津冀基本公共服务水平进行评价排名。TOPSIS 综合评价法也称为逼近理想解排序法，其原理为，在归一化的原始矩阵中得到现有方案中的最优方案和最劣方案，分别计算各评价单元与最优方案、最劣方案间的距离，与最优方案距离越小，评价排名越高。

TOPSIS 综合评价方法具体步骤如下：第一步，对原始数据进行归一化并对各指标赋权，熵权法已包含此过程；第二步，对各指标赋权，得到赋权后的矩阵 Z_{ij}，如式（5－14）所示；第三步，分别计算各评价单元与最优解和最劣解间的距离，如式（5－15）、式（5－16）所示，其中，D_i^+ 表示评价单元与最优解之间的距离，D_i^- 表示评价单元与最劣解之间的距离，Z_j^+ 表示 j 指标中的最大值，Z_j^- 表示 j 指标中的最小值；第四步，计算出相对接近度 C_i，如式（5－17）所示，C_i 越大表明越接近最优解，评价排名越高。

$$Z_{ij} = x'_{ij} \times w_j \tag{5-14}$$

$$D_i^+ = \sqrt{\sum_{j=1}^{x} (Z_{ij} - Z_j^+)^2} \tag{5-15}$$

$$D_i^- = \sqrt{\sum_{j=1}^{x} (Z_{ij} - Z_j^-)^2} \tag{5-16}$$

$$C_i = \frac{D_i^-}{D_i^+ + D_i^-} \tag{5-17}$$

（二）测算指标体系

基于以上分析，在参考已有研究的基础上，借鉴李百灵（2022）、范柏乃等（2015）的研究方法①②，并基于数据的可获得性，收集了 2011—2020 年京津冀的统计数据以及河北省各市、区县部分年份的统计数据，整合所有评估指

---

① 李百灵：《长江中游城市群基本公共服务均等化水平测算与区域差异比较》，《统计与决策》2022 年第 1 期。

② 范柏乃，傅衍，卞晓龙：《基本公共服务均等化测度及空间格局分析——以浙江省为例》，《华东经济管理》2015 年第 1 期。

标，构建京津冀基本公共服务均等化水平测度指标体系，详见表5-2。

基本公共服务一级指标由基础教育、医疗卫生、社会保障、公共文化、基础设施五个方面组成。基础教育二级指标分为三个方面：一是反映校舍数量情况的指标，即生均中小学数；二是反映师资数量的指标，即中小学师生比；三是反映财政支持的指标，即一般公共预算中教育支出人均值。基础教育二级指标中，每万中学生学校数和中学师生比权重较高。医疗卫生二级指标同样分为三个方面：一是反映机构和设施数量的指标，即每万人医疗机构数和每万人医疗机构床位数；二是反映卫生人员数量的指标，即每万人卫生人员数；三是反映财政支持的指标，即一般公共预算中卫生健康支出人均值。医疗卫生二级指标中，每万人医疗机构数、每万人医疗机构床位数权重较高。社会保障二级指标分为两个方面：一是反映社会保险覆盖率情况，即医疗保险、养老保险、失业保险覆盖率；二是反映财政对社会保障的支持力度，即一般公共预算中社会保障与就业支出人均值。社会保障二级指标中，失业保险覆盖率权重较高。公共文化二级指标分为两个方面：一是反映文化机构数量的指标，即每万人图书馆数、每万人图书藏量、每万人艺术业机构数、每万人博物馆数；二是反映财政对文化事业支持的指标，即一般公共预算中文化旅游体育与传媒支出的人均值，这一指标的权重较高。基础设施二级指标分为两个方面：一是反映基础能源的供应，即水电气的人均供应量；二是反映基础设施领域投资力度，即基础设施投资额人均值。基础设施二级指标中，人均供水量和人均供气量的权重较高。

表5-2　　京津冀基本公共服务均等化水平测算指标体系①

一级指标	一级指标权重	二级指标	二级指标权重
基础教育	0.195430	每万小学生学校数	0.162974
		每万中学生学校数	0.223711
		小学师生比	0.153488
		中学师生比	0.310843
		人均教育支出	0.148984
医疗卫生	0.182809	每万人医疗机构数	0.416845
		每万人医疗机构床位数	0.239891
		每万人卫生人员数	0.146864
		人均医疗卫生支出	0.196400

① 数据来源于各地统计年鉴、统计公报以及中经网统计数据库。

续表

一级指标	一级指标权重	二级指标	二级指标权重
社会保障	0. 184057	医疗保险覆盖率	0. 241946
		养老保险覆盖率	0. 151312
		失业保险覆盖率	0. 397037
		人均社会保障与就业支出	0. 209704
公共文化	0. 245429	每万人图书馆数	0. 193576
		每万人图书藏量	0. 168594
		每万人艺术业机构数	0. 191938
		每万人博物馆数	0. 208168
		人均文化体育与传媒支出	0. 237724
基础设施	0. 192276	人均供水量	0. 343781
		人均供气量	0. 337292
		人均用电量	0. 198497
		人均基础设施投资额	0. 120429

第二节　京津冀基本公共服务均等化水平测算结果分析

一、京津冀基本公共服务水平测算结果分析

以京津冀 2011—2020 年数据为例，利用熵权 - TOPSIS 方法，根据式（5 -9）至式（5 -17），分别测算京津冀基本公共服务综合发展水平和分项发展水平，测算结果中 C_i 表示相对接近度，C_i 值越大表明评价单元离最劣解越远，离最优解越近，评价排名也就越高。

（一）基本公共服务综合水平测算结果

京津冀基本公共服务综合水平测算结果如表 5 -3 所示。从排名结果来看，2011—2020 年北京市基本公共服务综合水平较高，除 2011 年排名第二以外，其他年份中北京市基本公共服务综合水平均排在首位。2011—2017 年天津市基本公共服务综合水平排在末尾，2017 年后超越河北省稳定在第二位。2011 年河北省基本公共服务综合水平排在首位，但随后排名下降，先后在 2012 年和 2017 年被北京市和天津市赶超。从相对接近度 C_i 值来看，2011—2020 年京

津冀三地 C_i 值总体呈上升趋势，基本公共服务综合水平有所提升，北京市增幅较大，天津市和河北省增幅较小。

表 5 – 3　　京津冀基本公共服务综合水平评价结果

年份	北京市		天津市		河北省	
	C_i	排名	C_i	排名	C_i	排名
2011	0.3687	2	0.3039	3	0.3905	1
2012	0.4188	1	0.3041	3	0.3921	2
2013	0.4175	1	0.3103	3	0.3986	2
2014	0.4392	1	0.3170	3	0.4006	2
2015	0.4832	1	0.3348	3	0.3909	2
2016	0.5196	1	0.3537	3	0.3868	2
2017	0.5573	1	0.4109	2	0.4001	3
2018	0.5939	1	0.4427	2	0.4105	3
2019	0.6141	1	0.4619	2	0.4219	3
2020	0.6013	1	0.4469	2	0.4372	3

（二）基本公共服务分项水平测算结果

1. 基础教育

京津冀基础教育水平测算结果如表 5 – 4 所示。从排名结果来看，2011—2020 年京津冀基础教育水平排名比较稳定，北京市排在首位，其次是天津市，河北省排在末位。从相对接近度 C_i 值来看，2011—2020 年京津冀 C_i 值没有明显增高，北京市 C_i 值“先升后降”，天津市和河北省 C_i 值下降明显。

表 5 – 4　　京津冀基础教育水平评价结果

年份	北京市		天津市		河北省	
	C_i	排名	C_i	排名	C_i	排名
2011	0.5439	1	0.4897	2	0.3039	3
2012	0.5329	1	0.4907	2	0.2675	3
2013	0.5042	1	0.4826	2	0.2873	3
2014	0.5238	1	0.4699	2	0.2701	3
2015	0.5795	1	0.4661	2	0.2260	3
2016	0.6287	1	0.4691	2	0.2071	3
2017	0.6700	1	0.4585	2	0.1927	3
2018	0.6531	1	0.4495	2	0.1793	3
2019	0.6339	1	0.4175	2	0.1777	3
2020	0.5815	1	0.3637	2	0.1760	3

2. 医疗卫生

京津冀医疗卫生水平测算结果如表 5－5 所示。从排名结果来看，2011—2020 年京津冀基础教育水平排名比较稳定，河北省排在首位，其次是北京市，最后是天津市。从相对接近度 C_i 值来看，2011—2020 年京津冀 C_i 值总体上呈上升趋势，医疗卫生水平有所提升。

表 5－5　　京津冀医疗卫生水平评价结果

年份	北京市		天津市		河北省	
	C_i	排名	C_i	排名	C_i	排名
2011	0. 3058	2	0. 0680	3	0. 5305	1
2012	0. 3283	2	0. 0830	3	0. 5314	1
2013	0. 3359	2	0. 1059	3	0. 5401	1
2014	0. 3520	2	0. 1433	3	0. 5531	1
2015	0. 3786	2	0. 1842	3	0. 5653	1
2016	0. 4004	2	0. 2051	3	0. 5752	1
2017	0. 4296	2	0. 2305	3	0. 6051	1
2018	0. 4565	2	0. 2572	3	0. 6421	1
2019	0. 4867	2	0. 2773	3	0. 6469	1
2020	0. 5060	2	0. 2693	3	0. 6722	1

3. 社会保障

京津冀社会保障水平测算结果如表 5－6 所示。从排名结果来看，2011—2020 年北京市社会保障水平较高，始终排在首位，2011—2016 年天津市社会保障水平排在末位，2017 年后天津市赶超河北省排在第二位。从相对接近度 C_i 值来看，2011—2020 年京津冀三地 C_i 值总体上呈上升趋势，社会保障水平有所提升，北京市和天津市 C_i 值增幅较大。

表 5－6　　京津冀社会保障水平评价结果

年份	北京市		天津市		河北省	
	C_i	排名	C_i	排名	C_i	排名
2011	0. 4767	1	0. 1816	3	0. 2791	2
2012	0. 5427	1	0. 1877	3	0. 3030	2
2013	0. 5601	1	0. 1978	3	0. 3201	2
2014	0. 5817	1	0. 2126	3	0. 3323	2

续表

年份	北京市		天津市		河北省	
	C_i	排名	C_i	排名	C_i	排名
2015	0.6213	1	0.2415	3	0.3191	2
2016	0.6420	1	0.2776	3	0.3015	2
2017	0.6933	1	0.3429	2	0.3305	3
2018	0.8583	1	0.4010	2	0.3387	3
2019	0.9410	1	0.4326	2	0.3431	3
2020	1	1	0.4494	2	0.3561	3

4. 公共文化

京津冀公共文化水平测算结果如表 5－7 所示。从排名结果来看，京津冀公共文化水平排名比较稳定，2011—2020 年北京市公共文化水平较高，除 2011 年排名第二以外，其他年份中北京市公共文化水平均排在首位。2011 年天津市公共文化水平排在第一位，2012—2020 年位列第二。2011 年河北省公共文化水平位列第二，2012—2020 年排在末位。从相对接近度 C_i 值来看，2011—2020 年京津冀三地 C_i 值总体上呈上升趋势，公共文化水平有所提升，北京市和天津市 C_i 值增幅较大。

表 5－7　　　　京津冀公共文化水平评价结果

年份	北京市		天津市		河北省	
	C_i	排名	C_i	排名	C_i	排名
2011	0.2759	3	0.3823	1	0.3117	2
2012	0.4148	1	0.3771	2	0.3329	3
2013	0.4071	1	0.3813	2	0.3461	3
2014	0.4332	1	0.3923	2	0.3415	3
2015	0.4765	1	0.4066	2	0.3512	3
2016	0.5187	1	0.4173	2	0.3604	3
2017	0.5689	1	0.5463	2	0.3694	3
2018	0.6047	1	0.5594	2	0.3538	3
2019	0.6131	1	0.5834	2	0.3851	3
2020	0.5915	1	0.5423	2	0.4007	3

5. 基础设施

京津冀基础设施水平测算结果如表5－8所示。从排名结果来看，京津冀基础设施水平排名呈现多次变动。2011—2015年北京市基础设施水平位列第二，2016年赶超河北省居于首位。2011—2017年天津市基础设施水平居于末位，2018年后赶超河北省位列第二。2011—2015年河北省基础设施水平居于首位，2016年被北京市赶超后排名第二位，2018年被天津超越后居于末位。从相对接近度 C_i 值来看，2011—2020年京津冀三地 C_i 值总体上呈上升趋势，基础设施水平有所提升，北京市和天津市 C_i 值增幅较大。

表5－8　京津冀基础设施水平评价结果

年份	北京市		天津市		河北省	
	C_i	排名	C_i	排名	C_i	排名
2011	0.2421	2	0.2116	3	0.4581	1
2012	0.2883	2	0.2420	3	0.4574	1
2013	0.2989	2	0.2756	3	0.4500	1
2014	0.3341	2	0.2861	3	0.4560	1
2015	0.4030	2	0.3204	3	0.4291	1
2016	0.4514	1	0.3563	3	0.4134	2
2017	0.4776	1	0.3921	3	0.4210	2
2018	0.5241	1	0.4733	2	0.4382	3
2019	0.5607	1	0.5055	2	0.4534	3
2020	0.5294	1	0.5032	2	0.4664	3

二、京津冀基本公共服务均等化水平测算结果分析

以京津冀2011—2020年数据为例，使用泰尔指数法和变异系数法，根据式（5－1）及式（5－8）分别测算京津冀基本公共服务综合服务均等化水平和分项服务均等化水平，使用泰尔指数测算京津冀基本公共服务均等化水平时暂不涉及区域内差异。测算结果中泰尔指数和变异系数越小表明均等化水平越高，反之则越低。

（一）综合服务均等化水平测算结果分析

图5－13和图5－14分别是2011—2020年京津冀综合服务均等化水平的泰尔指数变化情况和变异系数变化情况。从整体变化趋势来看，泰尔指数和变异系数均没有出现大幅下降，均等化水平没有明显提高。其中，2011—2018

年京津冀泰尔指数比较平稳，2018—2020 年出现小幅下降，2011—2020 年京津冀变异系数总体稳定；2011—2020 年京津泰尔指数同样变化幅度较小，在 0.03 附近波动，京津变异系数在 2012 年和 2020 年明显升高，其余年份比较平稳；2011—2020 年京冀泰尔指数出现较大幅度的变化，总体上呈现“先升后降”的变化趋势，京冀泰尔指数在 2018 年达到最大值，2011—2020 年京冀变异系数变化幅度相对泰尔指数较小，京冀变异系数同样在 2018 年达到最大值；2011—2020 年津冀泰尔指数和变异系数均在 2012 年达到最大值后呈现小幅下降趋势。从整体相对大小来看，2011—2020 年综合服务均等化水平泰尔指数和变异系数呈现大致相同的相对大小，京冀泰尔指数和变异系数最高，均等化水平最低，其次是京津冀、津冀，京津泰尔指数和变异系数最低，均等化水平最高。

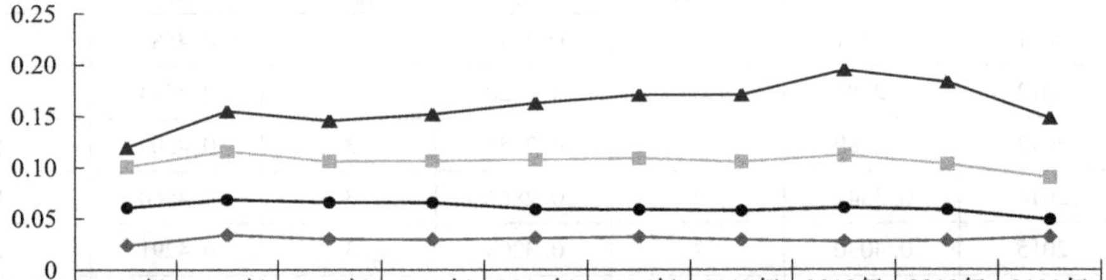

	2011年	2012年	2013年	2014年	2015年	2016年	2017年	2018年	2019年	2020年
京津冀	0.1007	0.1159	0.1061	0.1065	0.1074	0.1085	0.1051	0.1113	0.1029	0.0897
京津	0.0236	0.0339	0.0300	0.0293	0.0307	0.0318	0.0290	0.0274	0.0281	0.0320
京冀	0.1196	0.1549	0.1456	0.1519	0.1626	0.1705	0.1706	0.1950	0.1832	0.1479
津冀	0.0604	0.0684	0.0657	0.0653	0.0587	0.0584	0.0573	0.0601	0.0582	0.0489

图 5－13　京津冀综合服务均等化水平泰尔指数变化情况

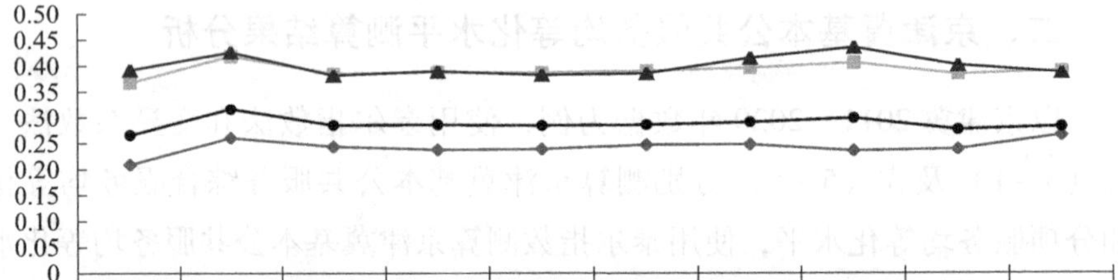

	2011年	2012年	2013年	2014年	2015年	2016年	2017年	2018年	2019年	2020年
京津冀	0.3672	0.4182	0.3847	0.3880	0.3874	0.3907	0.3963	0.4060	0.3839	0.3906
京津	0.2087	0.2601	0.2433	0.2374	0.2390	0.2474	0.2481	0.2360	0.2389	0.2660
京冀	0.3918	0.4260	0.3817	0.3898	0.3831	0.3862	0.4156	0.4356	0.4016	0.3872
津冀	0.2651	0.3158	0.2845	0.2855	0.2841	0.2859	0.2908	0.2984	0.2765	0.2824

图 5－14　京津冀综合服务均等化水平变异系数变化情况

（二）分项服务均等化水平测算结果分析

1. 基础教育

图5－15和图5－16分别是2011—2020年京津冀基础教育均等化水平的泰尔指数变化情况和变异系数变化情况。从整体变化趋势来看，基础教育泰尔指数和变异系数均呈现较大的波动，均等化水平出现较大变化。其中，2011—2020年京津冀泰尔指数“先升后降”，2011—2014年京津冀泰尔指数持续升高达到最大值0.0394，2015—2020年泰尔指数持续下降，2011—2020年京津冀变异系数呈现持续升高的趋势；2011—2020年京津泰尔指数和变异系数均呈现大幅的上升，分别上升约800%、180%，表明京津两地基础教育均等化水平明显降低；2011—2020年京冀泰尔指数和变异系数均呈现出大幅升高的趋势，分别升高约46.14%、26.68%，表明京冀两地基础教育均等化水平持续降低；2011—2020年津冀泰尔指数呈现出“先升后降”的变化趋势，在2014年泰尔指数达到最大值0.0203，2014年后大幅下降到2020年的0.0048，2011—2020年津冀变异系数呈现下降趋势，表明2011—2020年津冀基础教育的均等化水平有所提升。从整体相对大小来看，京冀泰尔指数和变异系数相对较高，均等化水平较低；其次是京津冀，泰尔指数显示2011—2017年京津均等化水平最低，2018—2020年津冀均等化水平最低，变异系数则显示2011—2019年京津均等化水平最低，2020年津冀均等化水平最低。

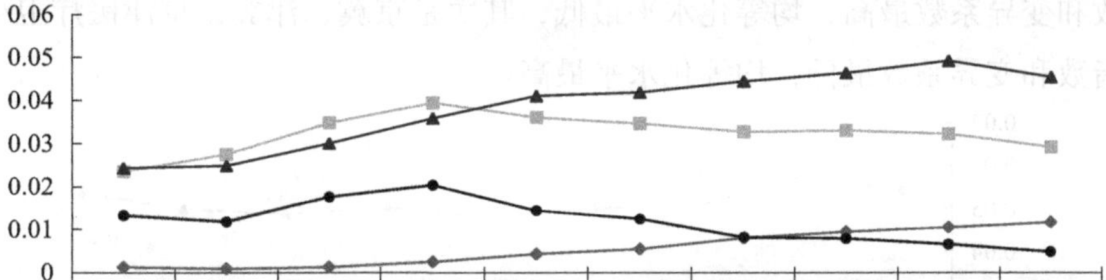

	2011年	2012年	2013年	2014年	2015年	2016年	2017年	2018年	2019年	2020年
京津冀	0.0236	0.0275	0.0348	0.0394	0.0360	0.0345	0.0327	0.0330	0.0321	0.0291
京津	0.0013	0.0009	0.0012	0.0025	0.0043	0.0054	0.0080	0.0094	0.0105	0.0117
京冀	0.0244	0.0249	0.0301	0.0358	0.0410	0.0417	0.0443	0.0463	0.0491	0.0453
津冀	0.0132	0.0118	0.0176	0.0203	0.0144	0.0124	0.0081	0.0078	0.0065	0.0048

图5－15　京津冀基础教育均等化水平泰尔指数变化情况

2. 医疗卫生

图5－17和图5－18分别是2011—2020年京津冀医疗卫生均等化水平的泰尔指数变化情况和变异系数变化情况。从整体变化趋势来看，医疗卫生泰尔

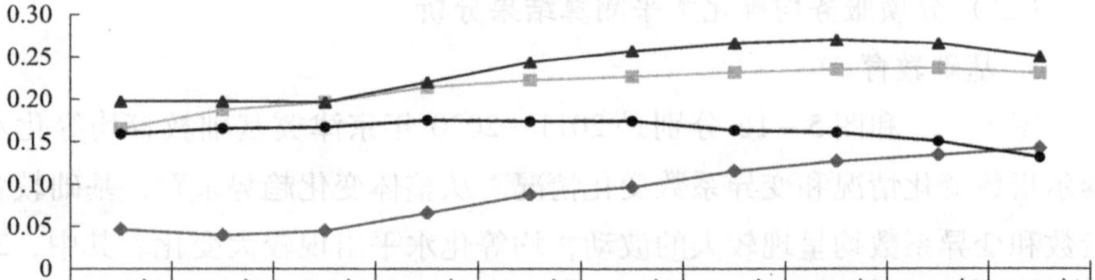

	2011年	2012年	2013年	2014年	2015年	2016年	2017年	2018年	2019年	2020年
京津冀	0.1654	0.1875	0.1962	0.2140	0.2222	0.2266	0.2312	0.2346	0.2361	0.2305
京津	0.0467	0.0400	0.0451	0.0660	0.0874	0.0965	0.1153	0.1268	0.1343	0.1425
京冀	0.1975	0.1974	0.1965	0.2198	0.2435	0.2570	0.2662	0.2699	0.2656	0.2502
津冀	0.1588	0.1653	0.1668	0.1750	0.1737	0.1740	0.1629	0.1604	0.1502	0.1314

图 5－16　京津冀基础教育均等化水平变异系数变化情况

指数和变异系数呈现小幅波动，均等化水平有所变化。其中，2011—2020 年京津冀医疗卫生泰尔指数和变异系数均呈现小幅下降；2011—2020 年京津医疗卫生泰尔指数和变异系数均呈现“先降后升”的变化，均等化水平“先升后降”，2016 年均等化水平最高；2011—2020 年京冀医疗卫生泰尔指数“先降后升”，但幅度较小，变异系数则相对稳定；2011—2020 年津冀医疗卫生泰尔指数和变异系数均呈现较为明显的下降，分别下降约 29.88%、15.72%，表明津冀医疗卫生均等化水平有所提升。从整体相对大小来看，医疗卫生均等化水平泰尔指数和变异系数呈现出大致相同的相对大小，京津冀医疗卫生泰尔指数和变异系数最高，均等化水平最低，其次是京冀、津冀，京津医疗卫生泰尔指数和变异系数最低，均等化水平最高。

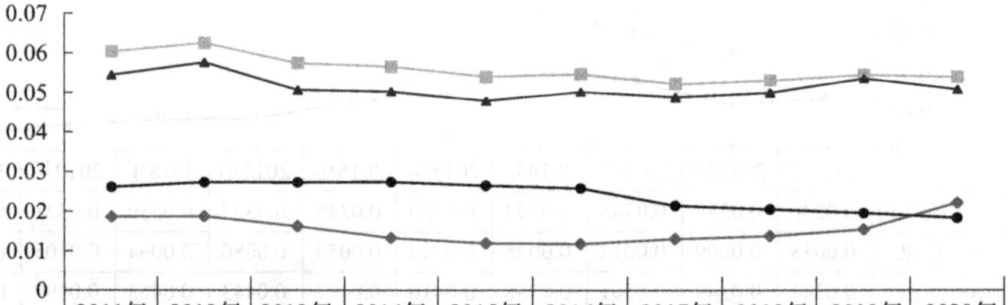

	2011年	2012年	2013年	2014年	2015年	2016年	2017年	2018年	2019年	2020年
京津冀	0.0604	0.0625	0.0575	0.0566	0.0540	0.0547	0.0522	0.0530	0.0545	0.0540
京津	0.0186	0.0187	0.0163	0.0133	0.0119	0.0118	0.0131	0.0138	0.0154	0.0221
京冀	0.0545	0.0576	0.0507	0.0503	0.0479	0.0502	0.0488	0.0499	0.0535	0.0508
津冀	0.0261	0.0273	0.0273	0.0274	0.0264	0.0258	0.0214	0.0205	0.0195	0.0183

图 5－17　京津冀医疗卫生均等化水平泰尔指数变化情况

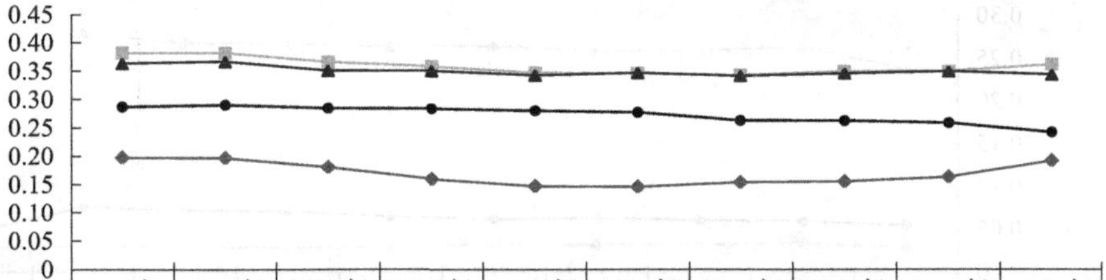

	2011年	2012年	2013年	2014年	2015年	2016年	2017年	2018年	2019年	2020年
京津冀	0.3820	0.3818	0.3659	0.3579	0.3465	0.3458	0.3423	0.3490	0.3496	0.3623
京津	0.1975	0.1969	0.1808	0.1600	0.1473	0.1462	0.1542	0.1556	0.1634	0.1921
京冀	0.3636	0.3667	0.3508	0.3502	0.3422	0.3466	0.3411	0.3453	0.3494	0.3437
津冀	0.2869	0.2900	0.2845	0.2836	0.2799	0.2769	0.2625	0.2622	0.2584	0.2418

图 5－18　京津冀医疗卫生均等化水平变异系数变化情况

3. 社会保障

图 5－19 和图 5－20 分别是 2011—2020 年京津冀社会保障均等化水平的泰尔指数变化情况和变异系数变化情况。从整体变化趋势来看，2011—2019 年社会保障泰尔指数和变异系数未明显降低，均等化水平没有明显提高，2020 年部分测算结果出现下降，均等化水平有所提升。其中，2011—2020 年京津冀社会保障泰尔指数呈现出“上升—稳定—下降”的变化趋势，2012 年泰尔指数升高后稳定在 0.18 附近，2020 年泰尔指数出现下降，2011—2020 年京津冀社会保障变异系数比较稳定，未发生明显变化；2011—2020 年京津社会保障泰尔指数和变异系数均比较平稳，未发生明显变化；2011—2019 年京冀社会保障泰尔指数出现小幅上升后达到最大值 0.2791，2020 年出现明显下降，2011—2020 年京冀社会保障变异系数比较平稳，稳定在 0.52 附近；2011—2019 年津冀社会保障泰尔指数小幅上升后达到最大值 0.0751，2020 年出现明显下降，2011—2019 年京冀社会保障变异系数相对平稳，2020 年变异系数明显下降。从整体相对大小来看，2011—2020 年京津冀三地社会保障均等化水平泰尔指数和变异系数呈现出相同的相对大小，京冀社会保障泰尔指数和变异系数最高，均等化水平最低，其次是京冀、津冀，京津社会保障泰尔指数和变异系数最低，均等化水平最高。

4. 公共文化

图 5－21 和图 5－22 分别是 2011—2020 年京津冀公共文化均等化水平的泰尔指数变化情况和变异系数变化情况。从整体变化趋势来看，2011—2020 年公共文化泰尔指数和变异系数波动明显，均等化水平出现较大变化。其中，

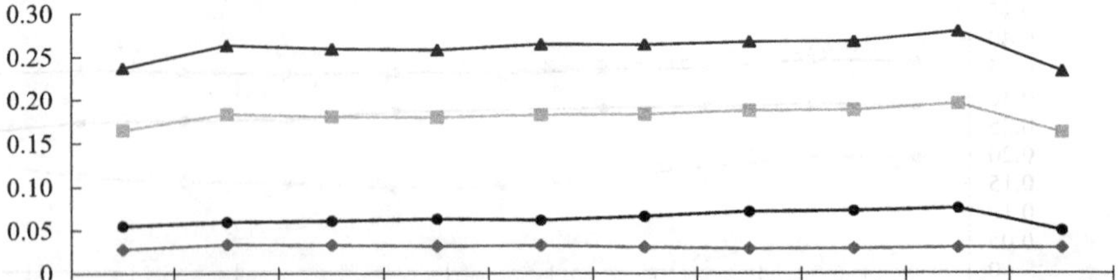

	2011年	2012年	2013年	2014年	2015年	2016年	2017年	2018年	2019年	2020年
京津冀	0.1654	0.1841	0.1811	0.1803	0.1832	0.1837	0.1874	0.1880	0.1955	0.1626
京津	0.0280	0.0338	0.0329	0.0318	0.0324	0.0304	0.0286	0.0286	0.0296	0.0292
京冀	0.2374	0.2636	0.2595	0.2582	0.2647	0.2641	0.2671	0.2672	0.2791	0.2330
津冀	0.0549	0.0596	0.0610	0.0632	0.0618	0.0662	0.0714	0.0721	0.0751	0.0491

图5－19　京津冀社会保障均等化水平泰尔指数变化情况

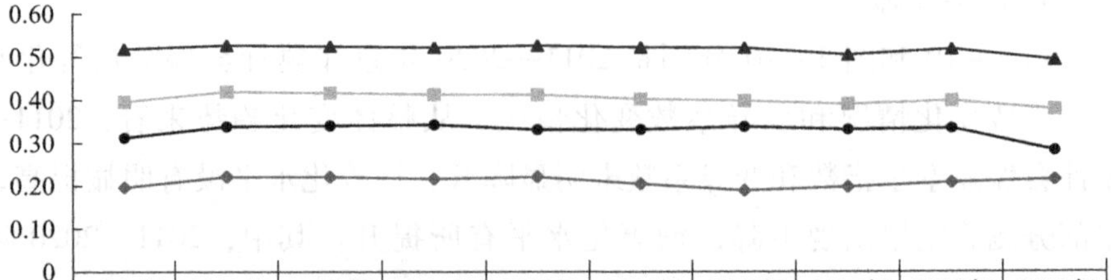

	2011年	2012年	2013年	2014年	2015年	2016年	2017年	2018年	2019年	2020年
京津冀	0.3960	0.4195	0.4165	0.4127	0.4119	0.4020	0.3979	0.3900	0.3977	0.3776
京津	0.1963	0.2212	0.2207	0.2162	0.2206	0.2046	0.1890	0.1972	0.2075	0.2143
京冀	0.5188	0.5274	0.5249	0.5221	0.5261	0.5225	0.5211	0.5045	0.5178	0.4926
津冀	0.3124	0.3384	0.3400	0.3424	0.3309	0.3314	0.3379	0.3311	0.3337	0.2814

图5－20　京津冀社会保障均等化水平变异系数变化情况

2011—2020年京津冀公共文化泰尔指数和变异系数呈现出大致相同的变化趋势，虽然个别年份出现下降，但总体上下降趋势不明显；2011—2020年京津公共文化泰尔指数比较稳定，京津公共文化变异系数在2012年升高后同样比较平稳；2011—2020年京冀公共文化泰尔指数波动较大，2011—2018年表现出波动上升的趋势，升高约163.62%，2018—2020年则表现出连续的下降，降幅约31.94%，2011—2020年京冀公共文化变异系数表现出大致相同的变化趋势；津冀公共文化泰尔指数在2011—2016年小幅下降，在2017年达到最大值后又连续下降，津冀公共文化变异系数与泰尔指数变化趋势大致相同，但变化幅度较大。从整体相对大小来看，2011—2020年公共文化均等化水平泰尔指数和变异系数呈现出相同的相对大小，京冀公共文化泰尔指数和变异系数最高，均等化水平最低，其次是京津冀、津冀，京津公共文化泰尔指数和变异系数最低，均等化水平最高。

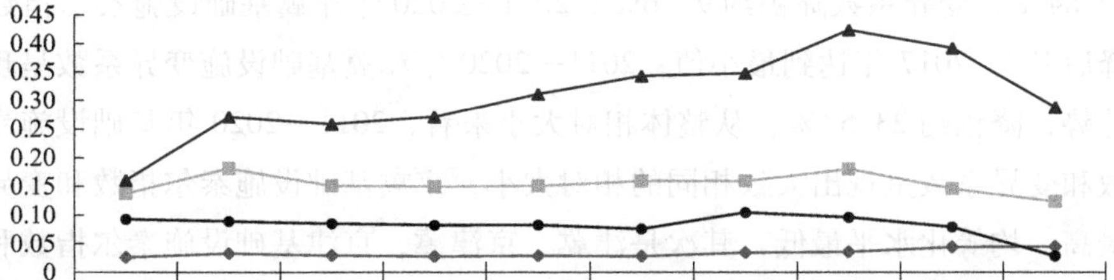

	2011年	2012年	2013年	2014年	2015年	2016年	2017年	2018年	2019年	2020年
京津冀	0.1374	0.1818	0.1511	0.1494	0.1512	0.1591	0.1595	0.1803	0.1459	0.1236
京津	0.0262	0.0329	0.0295	0.0277	0.0290	0.0280	0.0345	0.0355	0.0441	0.0450
京冀	0.1608	0.2714	0.2586	0.2713	0.3121	0.3434	0.3479	0.4239	0.3923	0.2885
津冀	0.0924	0.0890	0.0848	0.0819	0.0824	0.0754	0.1041	0.0956	0.0787	0.0282

图 5－21　京津冀公共文化均等化水平泰尔指数变化情况

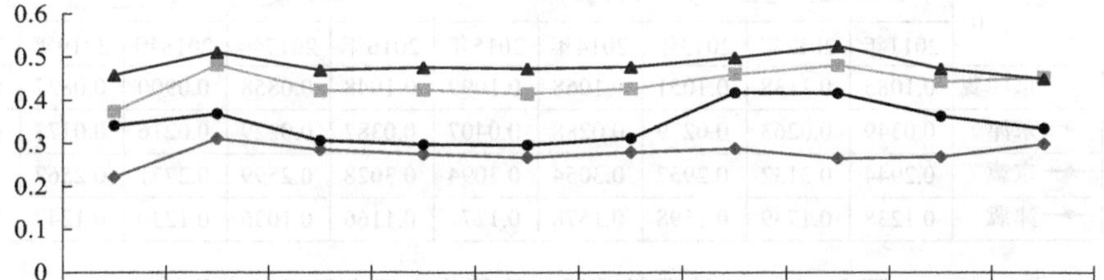

	2011年	2012年	2013年	2014年	2015年	2016年	2017年	2018年	2019年	2020年
京津冀	0.3745	0.4821	0.4225	0.4235	0.4143	0.4261	0.4596	0.4800	0.4421	0.4515
京津	0.2217	0.3113	0.2858	0.2747	0.2669	0.2791	0.2874	0.2649	0.2685	0.2981
京冀	0.4587	0.5114	0.4700	0.4756	0.4721	0.4765	0.4982	0.5245	0.4723	0.4489
津冀	0.3413	0.3687	0.3067	0.2971	0.2954	0.3116	0.4166	0.4151	0.3624	0.3339

图 5－22　京津冀公共文化均等化水平变异系数变化情况

5. 基础设施

图 5－23 和图 5－24 分别是 2011—2020 年京津冀基础设施均等化水平的泰尔指数变化情况和变异系数变化情况。从整体变化趋势来看，2011—2020 年基础设施泰尔指数和变异系数呈现出不同程度的下降，均等化水平有所提升。其中，2011—2020 年京津冀基础设施泰尔指数和变异系数可分为两个阶段，2011—2016 年分别稳定在 0.11、0.41 附近，2017 年出现明显下降后稳定在 0.08、0.31 附近；2011—2020 年京津基础设施泰尔指数和变异系数总体上呈现大致相同的变化趋势，2015 年测算结果上升；2016—2017 年连续两年下

降，其余年份则比较平稳，总体上测算结果下降趋势不明显；2011—2020 年京冀基础设施泰尔指数和变异系数呈现不同程度下降，泰尔指数降幅约 19.84%，变异系数降幅约 9.46%；2011—2020 年津冀基础设施泰尔指数“先降后升”，2017 年达到最小值，2011—2020 年津冀基础设施变异系数呈现下降趋势，降幅约 23.52%。从整体相对大小来看，2011—2020 年基础设施泰尔指数和变异系数呈现出大致相同的相对大小，京冀基础设施泰尔指数和变异系数最高，均等化水平最低，其次是津冀、京津冀，京津基础设施泰尔指数和变异系数最低，均等化水平最高。

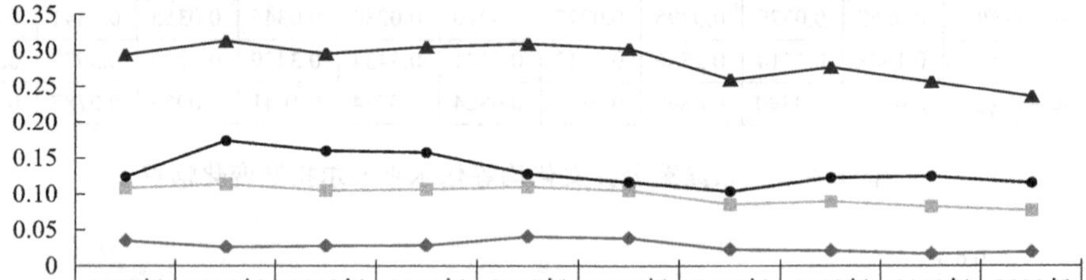

	2011年	2012年	2013年	2014年	2015年	2016年	2017年	2018年	2019年	2020年
京津冀	0.1085	0.1138	0.1051	0.1068	0.1099	0.1048	0.0858	0.0900	0.0827	0.0775
京津	0.0349	0.0263	0.0279	0.0288	0.0407	0.0387	0.0229	0.0216	0.0173	0.0199
京冀	0.2944	0.3132	0.2957	0.3054	0.3094	0.3028	0.2599	0.2771	0.2567	0.2360
津冀	0.1238	0.1739	0.1598	0.1578	0.1277	0.1166	0.1036	0.1230	0.1247	0.1157

图 5-23　京津冀基础设施均等化水平变异系数变化情况

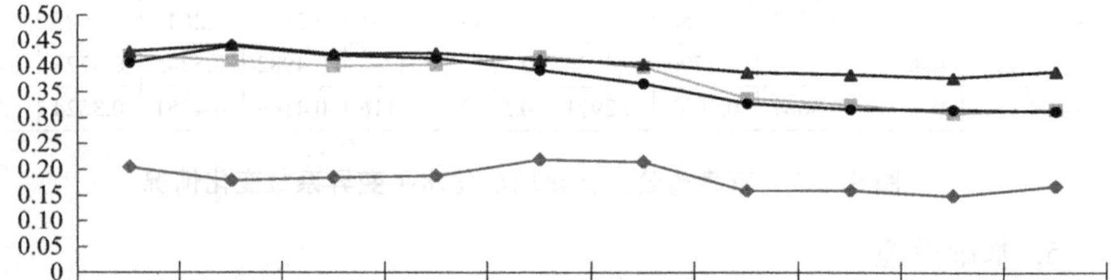

	2011年	2012年	2013年	2014年	2015年	2016年	2017年	2018年	2019年	2020年
京津冀	0.4224	0.4114	0.4009	0.4037	0.4198	0.3989	0.3390	0.3265	0.3094	0.3158
京津	0.2054	0.1795	0.1851	0.1885	0.2196	0.2155	0.1593	0.1595	0.1486	0.1669
京冀	0.4292	0.4422	0.4240	0.4258	0.4131	0.4055	0.3891	0.3849	0.3775	0.3886
津冀	0.4072	0.4401	0.4217	0.4157	0.3928	0.3672	0.3287	0.3176	0.3155	0.3115

图 5-24　京津冀基础设施均等化水平变异系数变化情况

第三节 河北省基本公共服务均等化水平测算结果分析

一、河北省各市间基本公共服务均等化水平测算结果分析

（一）河北省各市基本公共服务水平测算结果分析

以河北省 11 个地市数据为例，利用熵权 - TOPSIS 方法，根据式（5 - 9）至式（5 - 17）分别测算河北省各地市基本公共服务综合服务水平以及分项服务水平。测算结果中 C_i 表示离最劣解的相对距离，C_i 值越大，排名越靠前，R_i 表示某个城市的排名。

1. 基本公共服务综合水平测算结果

河北省各市基本公共服务综合服务水平测算结果如表 5 - 9 所示。从排名次序来看，张家口市、唐山市、沧州市、秦皇岛市、石家庄市排名靠前，综合服务水平较高，保定市和邢台市排名比较靠后，综合服务水平较低。从排名次序的变化来看，2016—2020 年各城市排名波动较小，2020 年相比 2016 年排名上升的城市有唐山市、保定市、承德市，其他城市的排名则出现了不同程度的下降。

表 5 - 9　　河北省综合服务水平评价结果

地区	2016 年		2017 年		2018 年		2019 年		2020 年	
	C_i	R_i	C_i	R_i	C_i	R_i	C_i	R_i	C_i	R_i
石家庄	0. 3758	5	0. 3239	5	0. 3530	5	0. 3828	5	0. 3826	6
唐山	0. 4274	2	0. 4013	4	0. 4660	2	0. 5050	1	0. 5570	1
邯郸	0. 2277	8	0. 2514	8	0. 2543	8	0. 2731	8	0. 3211	9
张家口	0. 4085	3	0. 4560	1	0. 4708	1	0. 4858	2	0. 5113	2
保定	0. 1582	10	0. 1716	10	0. 1811	11	0. 2331	10	0. 3375	7
沧州	0. 4685	1	0. 4348	3	0. 4514	3	0. 4684	3	0. 5051	3
秦皇岛	0. 3911	4	0. 4350	2	0. 4338	4	0. 4029	4	0. 4250	5
邢台	0. 1430	11	0. 1586	11	0. 1863	10	0. 2146	11	0. 2398	11
廊坊	0. 2468	7	0. 2761	7	0. 2949	7	0. 3194	7	0. 3267	8
承德	0. 2714	6	0. 3027	6	0. 3278	6	0. 3617	6	0. 4382	4
衡水	0. 2220	9	0. 2041	9	0. 2173	9	0. 2382	9	0. 2989	10

2. 分项服务水平

（1）基础教育

河北省各市基础教育水平测算结果如表5－10所示。从排名次序来看，秦皇岛市和唐山市排名靠前，基础教育水平较高，邯郸市和邢台市排名靠后，基础教育水平较低。从排名次序的变化来看，2011—2020年各城市基础教育水平排名变化呈现差异性，张家口市排名显著提升，从2011年第十位上升到2020年第三位，沧州市和衡水市排名显著下降，沧州市排名从2011年第三位下降到2020年第八位，衡水市排名从2011年第四位下降到2020年第九位，其他城市排名表现出小幅的波动。

表5－10　　河北省基础教育水平评价结果

地区	2011年		2014年		2016年		2018年		2020年	
	C_i	R_i	C_i	R_i	C_i	R_i	C_i	R_i	C_i	R_i
石家庄	0.3397	7	0.3360	8	0.3391	7	0.3379	6	0.3521	7
唐山	0.5167	2	0.5277	2	0.5140	2	0.5308	2	0.5502	2
邯郸	0.2834	11	0.2497	11	0.2019	11	0.2104	11	0.2832	11
张家口	0.3020	10	0.4119	3	0.4166	3	0.4154	3	0.4677	3
保定	0.3289	8	0.2873	10	0.2850	9	0.3047	8	0.3742	6
沧州	0.4521	3	0.3980	4	0.3511	5	0.3129	7	0.3502	8
秦皇岛	0.6019	1	0.6149	1	0.6630	1	0.7180	1	0.6181	1
邢台	0.3037	9	0.3165	9	0.2578	10	0.2607	10	0.2935	10
廊坊	0.4226	5	0.3787	6	0.3467	6	0.3969	4	0.4116	5
承德	0.4009	6	0.3434	7	0.3528	4	0.3828	5	0.4642	4
衡水	0.4269	4	0.3925	5	0.3302	8	0.2658	9	0.3436	9

（2）医疗卫生

河北省各市医疗卫生水平测算结果如表5－11所示。从排名次序来看，唐山市、秦皇岛市和承德市排名靠前，医疗卫生水平较高，邯郸市排名相对较低，医疗卫生水平较低。从排名次序的变化来看，2011—2020年各城市医疗卫生水平排名变化呈现差异性，保定市排名显著提升，从2011年第十位上升到2020年第四位，廊坊市排名明显降低，从2011年第六位下降到2020年第十位，其他城市排名表现出小幅的波动。

表 5 - 11　　河北省医疗卫生水平评价结果

地区	2011 年		2014 年		2016 年		2018 年		2020 年	
	C_i	R_i	C_i	R_i	C_i	R_i	C_i	R_i	C_i	R_i
石家庄	0. 1742	9	0. 3040	7	0. 4000	6	0. 5166	6	0. 5982	8
唐山	0. 3172	1	0. 4095	2	0. 4757	2	0. 5978	3	0. 6938	3
邯郸	0. 1139	11	0. 2118	10	0. 2919	10	0. 4566	10	0. 5710	11
张家口	0. 2327	5	0. 3268	6	0. 3981	7	0. 6193	2	0. 7607	2
保定	0. 1332	10	0. 1696	11	0. 2666	11	0. 4095	11	0. 6846	4
沧州	0. 2429	4	0. 3331	4	0. 4198	3	0. 4905	7	0. 6032	7
秦皇岛	0. 2904	2	0. 4886	1	0. 4983	1	0. 5837	4	0. 6690	5
邢台	0. 1959	8	0. 2659	9	0. 3113	9	0. 4639	9	0. 5934	9
廊坊	0. 2301	6	0. 3291	5	0. 4184	4	0. 5217	5	0. 5823	10
承德	0. 2440	3	0. 3591	3	0. 4139	5	0. 6952	1	0. 9105	1
衡水	0. 1993	7	0. 2767	8	0. 3596	8	0. 4730	8	0. 6065	6

(3) 社会保障

河北省各市社会保障水平测算结果如表 5 - 12 所示。从排名次序来看，张家口市、秦皇岛市、承德市和唐山市排名靠前，社会保障水平较高，邯郸市、保定市和邢台市排名靠后，社会保障水平较低。从排名次序的变化来看，2011—2020 年各城市社会保障水平排名相对稳定，排名没有出现大幅波动。

表 5 - 12　　河北省社会保障水平评价结果

地区	2016 年		2017 年		2018 年		2019 年		2020 年	
	C_i	R_i	C_i	R_i	C_i	R_i	C_i	R_i	C_i	R_i
石家庄	0. 3129	6	0. 3292	6	0. 3611	6	0. 3578	6	0. 4770	6
唐山	0. 4431	4	0. 4565	5	0. 4950	4	0. 5245	4	0. 5980	4
邯郸	0. 1249	9	0. 1394	9	0. 1602	9	0. 1787	10	0. 2087	10
张家口	0. 6801	1	0. 7161	1	0. 7474	1	0. 7120	1	0. 7994	1
保定	0. 1197	10	0. 1336	10	0. 1401	10	0. 1896	9	0. 2495	9
沧州	0. 2780	7	0. 2953	7	0. 3014	7	0. 3009	7	0. 4699	7
秦皇岛	0. 6202	2	0. 6559	2	0. 6662	2	0. 6757	2	0. 6562	3
邢台	0. 0730	11	0. 0870	11	0. 0976	11	0. 1052	11	0. 1527	11
廊坊	0. 4281	5	0. 4643	4	0. 4915	5	0. 4864	5	0. 4951	5
承德	0. 4945	3	0. 5083	3	0. 5404	3	0. 5955	3	0. 7612	2
衡水	0. 1926	8	0. 2045	8	0. 2171	8	0. 2308	8	0. 3279	8

（4）公共文化

河北省各市公共文化水平测算结果如表5－13所示。从排名次序来看，唐山市、邯郸市、张家口市排名靠前，公共文化水平较高，衡水市、邢台市排名靠后，公共文化水平较低。从排名次序的变化来看，2011—2020年各城市排名变化呈现差异性，张家口市从2011年第八位上升到2020年第一位，保定市从2011年第十一位上升到2020年第四位，石家庄从2011年第三位下降到2020年第十一位，其他城市排名变化幅度较小。

表5－13　　　　河北省公共文化水平评价结果

地区	2011年		2014年		2016年		2018年		2020年	
	C_i	R_i	C_i	R_i	C_i	R_i	C_i	R_i	C_i	R_i
石家庄	0.2285	3	0.2118	7	0.2337	7	0.2355	7	0.2474	11
唐山	0.2589	2	0.3211	3	0.3253	3	0.3290	4	0.4738	3
邯郸	0.3110	1	0.3893	2	0.3590	2	0.3643	2	0.4756	2
张家口	0.1651	8	0.4171	1	0.3970	1	0.5600	1	0.5812	1
保定	0.0615	11	0.1186	10	0.1293	10	0.1767	10	0.4053	4
沧州	0.1848	5	0.2595	4	0.3091	4	0.3507	3	0.3679	5
秦皇岛	0.1113	9	0.1944	8	0.1668	9	0.1722	11	0.3378	7
邢台	0.0691	10	0.1066	11	0.1268	11	0.2075	8	0.2861	10
廊坊	0.1930	4	0.2314	6	0.2413	6	0.2694	5	0.3546	6
承德	0.1805	7	0.2386	5	0.2462	5	0.2658	6	0.3284	8
衡水	0.1813	6	0.1763	9	0.2111	8	0.1810	9	0.3092	9

（5）基础设施

河北省各市基础设施水平测算结果如表5－14所示。从排名次序来看，石家庄市、唐山市和沧州市基础设施水平较高，廊坊市基础设施水平较低。从排名次序的变化来看，2011—2020年各城市基础设施水平排名波动较小，各城市基础设施水平排名没有较大变化。

表5－14　　　　河北省基础设施水平评价结果

地区	2011年		2014年		2016年		2018年		2020年	
	C_i	R_i	C_i	R_i	C_i	R_i	C_i	R_i	C_i	R_i
石家庄	0.4137	3	0.397	3	0.5400	2	0.4634	3	0.4547	3
唐山	0.4518	2	0.5143	2	0.4946	3	0.5696	2	0.6545	2

续表

地区	2011 年		2014 年		2016 年		2018 年		2020 年	
	C_i	R_i	C_i	R_i	C_i	R_i	C_i	R_i	C_i	R_i
邯郸	0.2431	4	0.2441	4	0.2975	4	0.3159	5	0.3334	4
张家口	0.2276	5	0.242	5	0.2864	5	0.3174	4	0.3007	5
保定	0.0697	9	0.0782	10	0.1467	7	0.1544	9	0.2472	8
沧州	0.6700	1	0.7053	1	0.8725	1	0.6575	1	0.6880	1
秦皇岛	0.0856	8	0.12	7	0.1202	9	0.1617	8	0.1890	10
邢台	0.0683	10	0.1027	8	0.1307	8	0.1854	7	0.2188	9
廊坊	0.0131	11	0.0505	11	0.0777	11	0.0967	11	0.1315	11
承德	0.1112	7	0.0786	9	0.0888	10	0.1392	10	0.2526	7
衡水	0.1619	6	0.1565	6	0.2080	6	0.2561	6	0.2711	6

（二）河北省各市间基本公共服务均等化水平测算结果分析

根据式（5－1）测算得出河北省 11 个地市基本公共服务均等化水平泰尔指数，由于数据缺失，仅测算了 2016—2020 年社会保障均等化水平和综合服务均等化水平，测算结果如图 5－25 所示。从整体趋势上看，基础设施和公共文化的泰尔指数波动较大，其他方面的测算结果比较平稳。其中，2016—2020 年综合服务泰尔指数有所降低，降幅约 17.65%；2011—2020 年基础教育和医疗卫生的泰尔指数均比较平稳，分别维持在 0.0080、0.0550 附近；2016—2020 年社会保障泰尔指数明显下降，降幅约 21.15%，表明 11 个地市社会保障均等化水平持续提升；2011—2020 年公共文化泰尔指数呈现出多次波动，波动幅度逐渐变小，公共文化泰尔指数没有显著降低；2011—2020 年基础设施泰尔指数呈现“先升后降”的变化趋势，2011—2015 年基础设施泰尔指数持续上升达到最高点 0.1647，2016—2020 年泰尔指数持续下降。从基本公共服务泰尔指数相对大小来看，基础教育泰尔指数最低，均等化水平最高，基础设施和社会保障泰尔指数较高，均等化水平较低。

二、河北省各市基本公共服务均等化水平测算结果分析

为了比较河北省 11 个地市基本公共服务均等化情况，本部分使用河北省 11 个地市的区县数据，根据式（5－1），测算得出 11 个地市基本公共服务泰

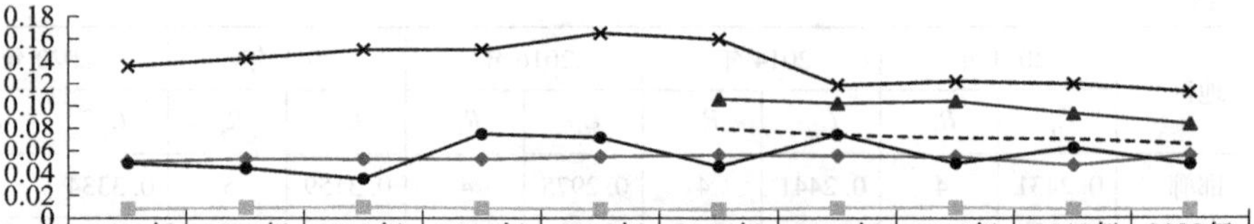

	2011年	2012年	2013年	2014年	2015年	2016年	2017年	2018年	2019年	2020年
基础教育	0.0082	0.0093	0.0099	0.0090	0.0080	0.0078	0.0090	0.0096	0.0081	0.0075
医疗卫生	0.0503	0.0526	0.0523	0.0523	0.0546	0.0562	0.0554	0.0544	0.0469	0.0556
社会保障	—	—	—	—	—	0.1059	0.1023	0.1040	0.0929	0.0835
公共文化	0.0484	0.0442	0.0349	0.0746	0.0715	0.0458	0.0741	0.0487	0.0622	0.0478
基础设施	0.1355	0.1423	0.1501	0.1500	0.1647	0.1594	0.1182	0.1214	0.1190	0.1119
综合	—	—	—	—	—	0.0793	0.0739	0.0711	0.0699	0.0653

基础教育　医疗卫生　社会保障　公共文化　基础设施　综合

图 5－25　城市间基本公共服务均等化测算结果①

尔指数②。

（一）综合服务均等化水平测算结果分析

综合服务泰尔指数变化情况如图 5－26 所示，详细测算结果见附表 A. 5. 1。2015—2018 年各城市综合服务泰尔指数呈现出较大差异，各城市综合服务均等化水平差距较大，部分城市综合服务泰尔指数呈现下降趋势，均等化水平有所提升。其中，衡水市、保定市、承德市综合服务泰尔指数呈下降趋势，均等化水平有所提升；石家庄市综合服务泰尔指数呈上升趋势，均等化水平有所降低；其他城市综合服务泰尔指数呈现小幅波动，总体趋势比较稳定。从综合服务泰尔指数相对大小来看，衡水市综合服务泰尔指数最高，均等化水平最低，承德市综合服务泰尔指数最低，均等化水平最高。

（二）分项服务均等化水平测算结果分析

1. 基础教育

基础教育泰尔指数变化情况如图 5－27 所示，详细测算结果见附表 A. 5. 2。2015—2019 年各城市基础教育泰尔指数跨度较大，各城市基础教育均

---

① 公共文化数据包含每万人博物馆数、每万人图书藏量、人均文化体育与传媒支出，基础设施数据包含每万人排水管长度、每万人供水量、每万人城市道路面积、人均固定资产投资额，其他各项指标如表 5－2 所示。

② 由于个别城市的区县级数据缺失，且受到现有数据时间跨度的影响，因此仅测算分析了 2015—2018 年 9 个地市的综合服务均等化水平；测算分析了 2015—2019 年 11 个地市的基础教育均等化水平；测算分析了 2015—2018 年 11 个地市的医疗卫生均等化水平；测算分析了 2015—2018 年 10 个地市的社会保障均等化水平；测算分析了 2015—2018 年 9 个地市的基础设施均等化水平。

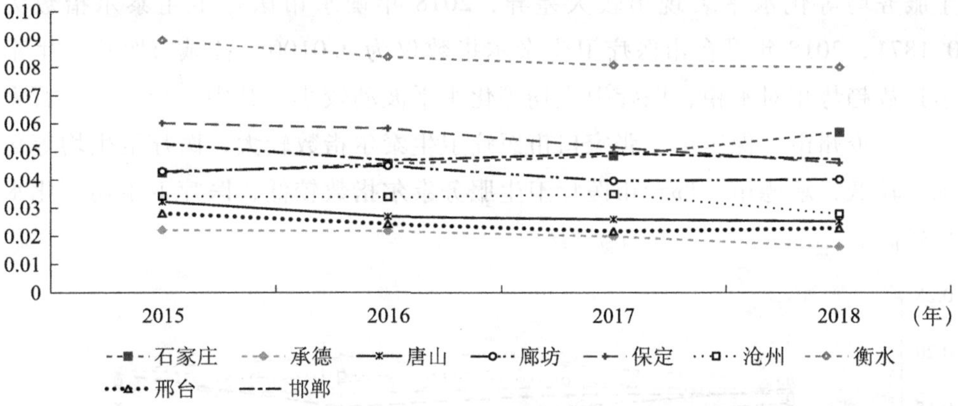

图 5－26　河北省各城市综合服务均等化水平

等化水平表现出较大差异，且各城市的泰尔指数呈现较大波动，基础教育均等化水平表现出大幅变化。其中，保定市、石家庄市、张家口市、唐山市基础教育泰尔指数较大，基础教育均等化水平较低，保定市、石家庄市基础教育泰尔指数呈上升趋势，基础教育均等化水平有所降低，邢台市基础教育泰尔指数较小，且呈现下降趋势，表明邢台市基础教育均等化水平较高。

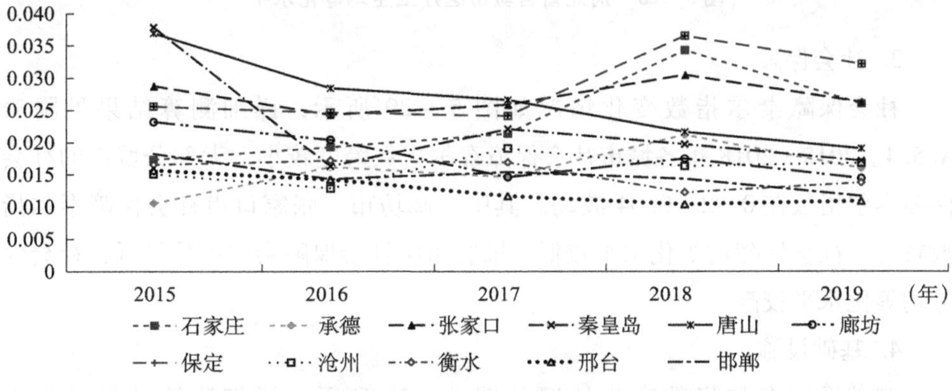

图 5－27　河北省各城市基础教育均等化水平[①]

2. 医疗卫生

医疗卫生泰尔指数变化情况如图 5－28 所示，详细测算结果见附表 A. 5. 3。2015—2018 年各城市医疗卫生泰尔指数跨度较大，各城市的医疗卫

① 基础教育指标：小学师生比、普通中学师生比、人均教育支出。

生服务均等化水平表现出较大差异，2018 年衡水市医疗卫生泰尔指数为 0.1871，2018 年邢台市医疗卫生泰尔指数仅为 0.0100，各城市医疗卫生泰尔指数趋势相对平稳，医疗卫生均等化水平波动较小。其中，衡水市、石家庄市、沧州市、保定市、张家口市医疗卫生泰尔指数较大，医疗卫生均等化水平较低，承德市、邢台市医疗卫生服务泰尔指数较低，医疗卫生均等化水平较高。

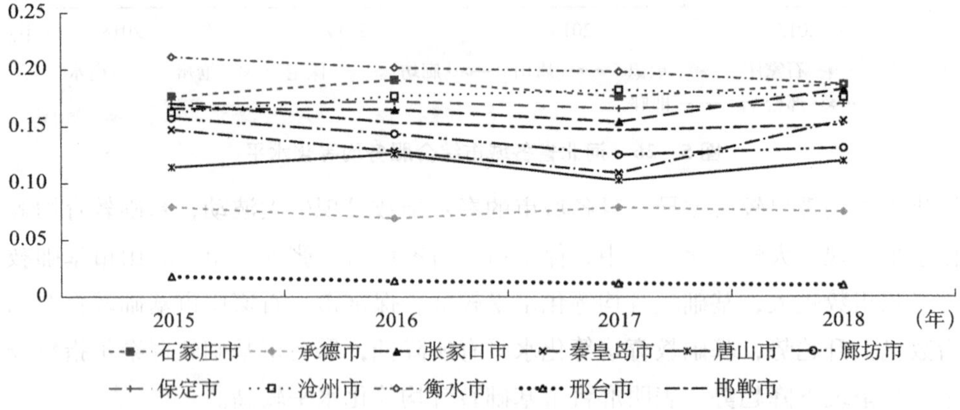

图 5-28　河北省各城市医疗卫生均等化水平[①]

3. 社会保障

社会保障泰尔指数变化情况如图 5-29 所示，详细测算结果见附表 A.5.4。2015—2018 年各城市社会保障泰尔指数跨度较小，大部分城市的社会保障泰尔指数在 0.02—0.04 波动。其中，廊坊市、张家口市社会保障泰尔指数较高，社会保障均等化水平较低，邯郸市医社会保障泰尔指数较低，社会保障均等化水平较高。

4. 基础设施

基础设施泰尔指数变化情况如图 5-30 所示，详细测算结果见附表 A.5.5。2015—2018 年各城市基础设施泰尔指数跨度较大，基础设施均等化水平呈现较大差异，各城市基础设施泰尔指数变动趋势明显，基础设施均等化水平波动较大。其中，唐山市、承德市、保定市、邯郸市基础设施泰尔指数较大，基础设施均等化水平较低，沧州市、廊坊市基础设施泰尔指数较低，基础

---

① 医疗卫生指标：人均医疗卫生机构床数、人均卫生技术人员数、人均医疗卫生支出。

设施均等化水平较高，唐山市、承德市、邢台市基础设施泰尔指数明显降低，基础设施均等化水平显著提升。

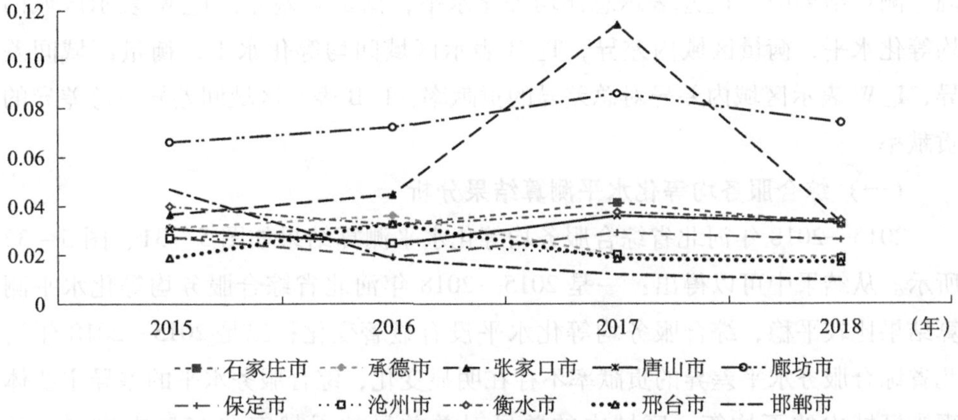

图 5－29　河北省各城市社会保障均等化水平①

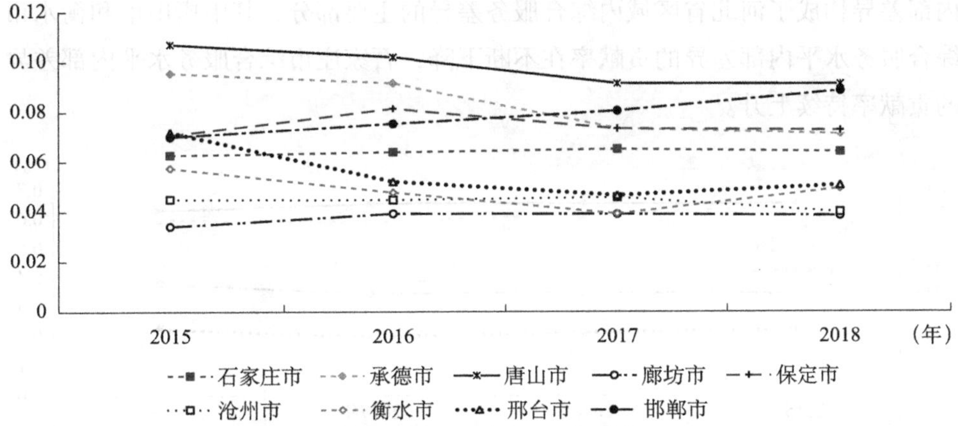

图 5－30　河北省各城市基础设施均等化水平②

三、河北省各县间基本公共服务均等化水平测算结果分析

本部分采用河北省 160 个区县数据，依据河北省行政区划，将 160 个区县按照地级市划分为 11 个区域，根据式（5－1）至式（5－7），使用泰尔指数

---

① 社会保障指标：养老保险覆盖率、医疗保险覆盖率、人均社会保障与就业支出。
② 基础设施指标：人均公路里程、人均互联网接入数、人均固定资产投资额。

法分别测算出河北省区县间基本公共服务综合服务均等化水平和分项服务均等化水平，根据公式将河北省区县间基本公共服务差异分解，从而明确差异来源。测算结果中，T_总表示总体均等化水平，衡量总差异，T_W 表示区域内均等化水平，衡量区域内差异，T_B 表示区域间均等化水平，衡量区域间差异，I_W 表示区域内差异对总差异的贡献率，I_B 表示区域间差异对总差异的贡献率。

（一）综合服务均等化水平测算结果分析

2015—2018 年河北省综合服务均等化水平测算结果如图 5－31、图 5－32 所示。从结果中可以得出：一是 2015—2018 年河北省综合服务均等化水平测算结果比较平稳，综合服务均等化水平没有显著变化；二是 2015—2018 年河北省综合服务水平差异的贡献率不存在明显变化，综合服务水平的差异主要体现为区域内的不均衡，区域内的差异对总差异的贡献率在 65% 左右；三是 2015—2018 年，唐山市、衡水市、石家庄市、保定市、邯郸市综合服务水平内部差异构成了河北省区域内综合服务差异的主要部分，其中唐山市和衡水市综合服务水平内部差异的贡献率在不断下降，石家庄市综合服务水平内部差异的贡献率持续上升。

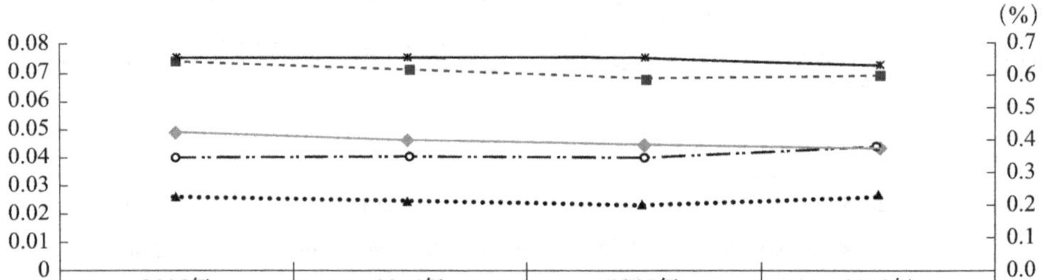

	2015年	2016年	2017年	2018年
T_总	0.0742	0.0707	0.0671	0.0689
T_W	0.0484	0.0459	0.0437	0.0426
T_B	0.0257	0.0248	0.0234	0.0262
I_W	0.6529	0.6494	0.6518	0.6191
I_B	0.3471	0.3506	0.3482	0.3809

T_总　T_W　T_B　I_W　I_B

图 5－31　县域间综合服务均等化水平测算结果

（二）分项服务均等化水平测算结果分析

1. 基础教育

2015—2019 年河北省基础教育均等化水平测算结果如图 5－33、图 5－34

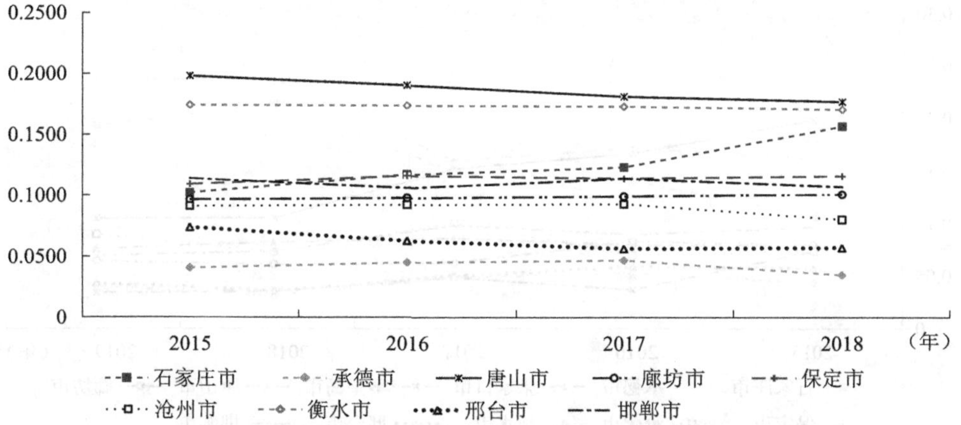

图5－32　河北省各城市综合服务差异贡献率

所示。从结果中可得：一是2015—2019年河北省基础教育均等化水平测算结果波动较小，基础教育均等化水平没有显著变化；二是2015—2019年河北省基础教育水平差异的贡献率不存在明显变化，基础教育水平的差异主要体现为区域内的不均衡，区域内的差异对总差异的贡献率在70%左右；三是2015—2019年，唐山市、保定市、石家庄市基础教育水平内部差异是构成河北省区域内差异的主要原因，其中保定市和石家庄市基础教育水平内部差异的贡献率在不断提高，唐山市基础教育水平内部差异的贡献率在持续下降。

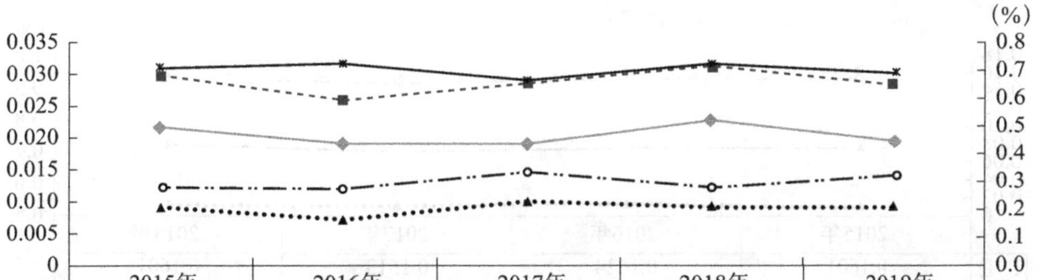

	2015年	2016年	2017年	2018年	2019年
T_总	0.0304	0.0263	0.0289	0.0317	0.0287
T_W	0.0216	0.0192	0.0193	0.0230	0.0197
T_B	0.0087	0.0071	0.0096	0.0087	0.0090
I_W	0.7126	0.7306	0.6685	0.7264	0.6877
I_B	0.2874	0.2694	0.3315	0.2736	0.3123

T_总　T_W　T_B　I_W　I_B

图5－33　县域间基础教育均等化水平测算结果

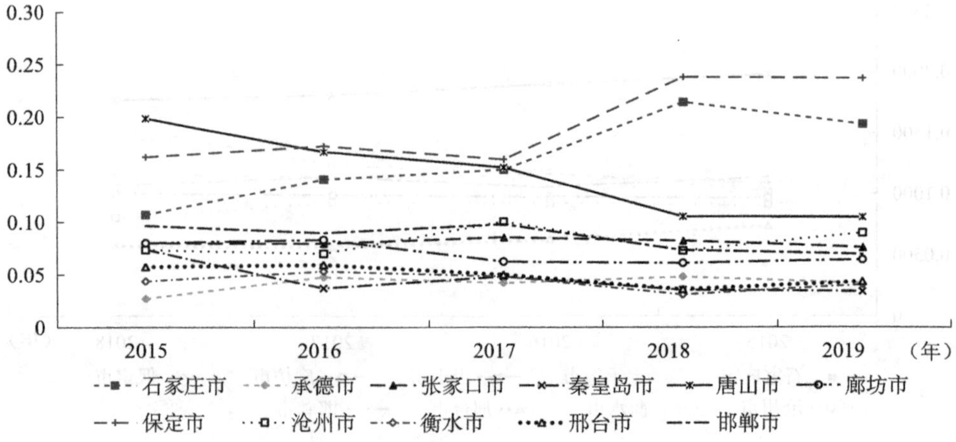

图 5 - 34　河北省各城市基础教育差异贡献率

2. 医疗卫生

2015—2018 年河北省医疗卫生均等化水平测算结果如图 5 - 35、图 5 - 36 所示。从图中可以得出：一是 2015—2018 年河北省医疗卫生均等化水平测算结果比较平稳，医疗卫生均等化水平没有显著提高；二是 2015—2018 年河北省医疗卫生水平差异的贡献率没有明显变化，医疗卫生水平的差异主要体现为区域内的不均衡，区域内的差异对总差异的贡献率在 90% 以上；三是 2015—2018 年，石家庄市、保定市、邯郸市、沧州市、唐山市医疗卫生水平内部差异是构成河北省区域内差异的主要原因。

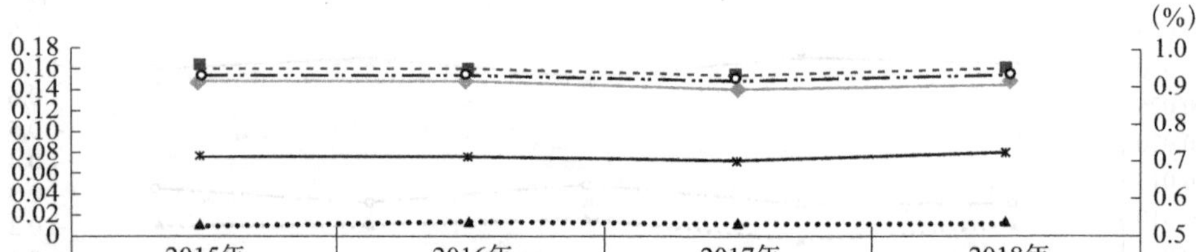

	2015年	2016年	2017年	2018年
T_总	0.1601	0.1624	0.1513	0.1601
T_W	0.1482	0.1499	0.1407	0.1476
T_B	0.0119	0.0125	0.0106	0.0124
I_B	0.0743	0.0771	0.0702	0.0777
I_W	0.9257	0.9229	0.9298	0.9223

图 5 - 35　县域间医疗卫生均等化水平测算结果

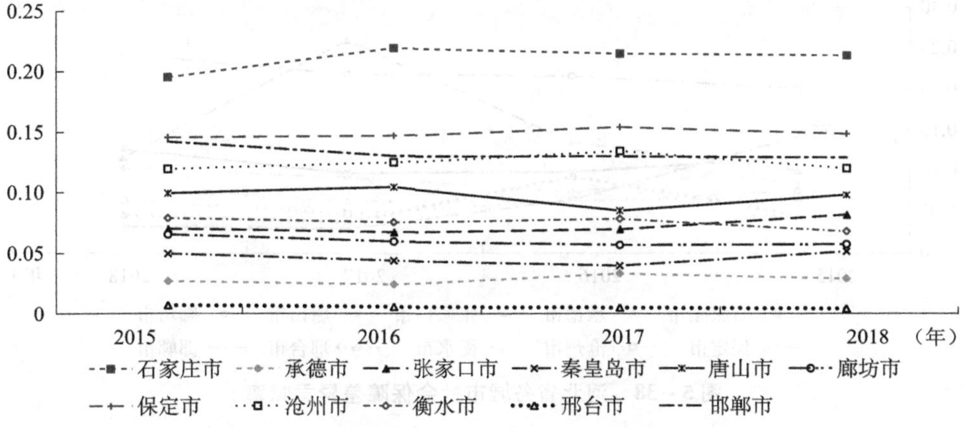

图 5－36　河北省各城市医疗卫生差异贡献率

3. 社会保障

2015—2018 年河北省社会保障均等化水平测算结果如图 5－37、图 5－38 所示。从图中可以得出：一是 2015—2018 年河北省社会保障均等化水平测算结果呈下降趋势，社会保障均等化水平有所提升；二是社会保障水平的差异主要体现为区域内的不均衡，区域内的差异对总差异的贡献率在 60% 左右，2017 年区域内差异的贡献率达到最大值 73.57%；三是 2015—2018 年，廊坊市、张家口市、石家庄市社会保障水平内部差异是构成河北省区域内差异的主要原因，其中廊坊市、石家庄市社会保障水平内部差异贡献率持续上升。

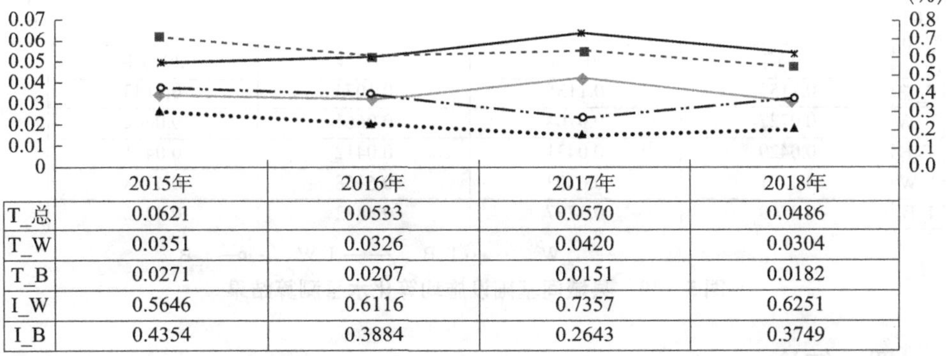

	2015年	2016年	2017年	2018年
T_总	0.0621	0.0533	0.0570	0.0486
T_W	0.0351	0.0326	0.0420	0.0304
T_B	0.0271	0.0207	0.0151	0.0182
I_W	0.5646	0.6116	0.7357	0.6251
I_B	0.4354	0.3884	0.2643	0.3749

T_总　T_W　T_B　I_W　I_B

图 5－37　县域间社会保障均等化水平测算结果

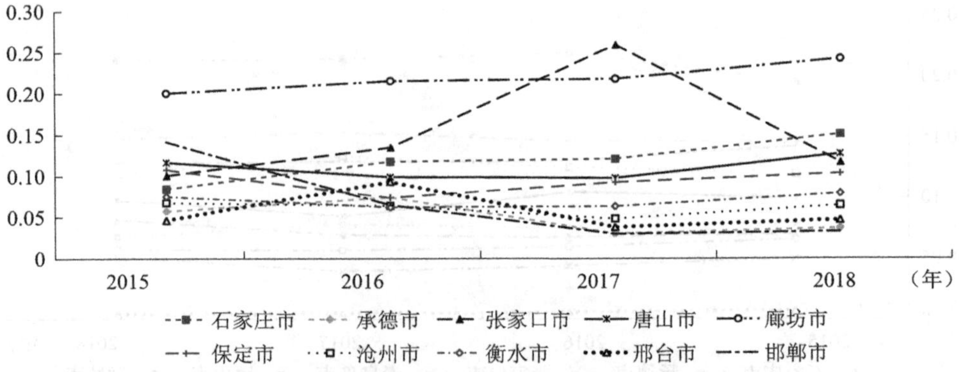

图 5－38　河北省各城市社会保障差异贡献率

4. 基础设施

2015—2018 年河北省基础设施均等化水平测算结果如图 5－39、图 5－40 所示。从图中可以得出：一是 2015—2018 年河北省基础设施均等化水平测算结果比较平稳，基础设施均等化水平没有明显变化；二是基础设施水平的差异主要体现为区域内的不均衡，区域内的差异对总差异的贡献率在 60% 左右；三是 2015—2018 年，唐山市、石家庄市、承德市、邯郸市、保定市基础设施水平内部差异是构成河北省区域内差异的主要原因，其中唐山市基础设施水平内部差异贡献率最高，约为 25%，邯郸市基础设施水平内部差异贡献率不断上升。

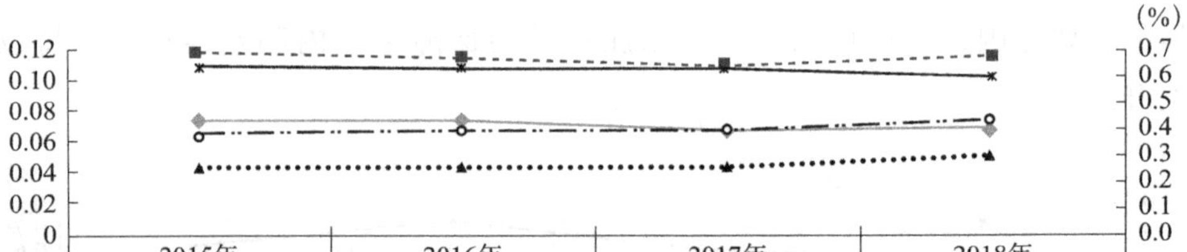

	2015年	2016年	2017年	2018年
T_总	0.1155	0.1135	0.1074	0.1143
T_W	0.0727	0.0704	0.0661	0.0662
T_B	0.0429	0.0431	0.0412	0.0481
I_W	0.6291	0.6203	0.6158	0.5788
I_B	0.3709	0.3797	0.3842	0.4212

T_总　T_W　T_B　I_W　I_B

图 5－39　县域间基础设施均等化水平测算结果

四、结论

本章收集了 2011—2020 年京津冀三地相关数据，运用熵权—TOPSIS 对京

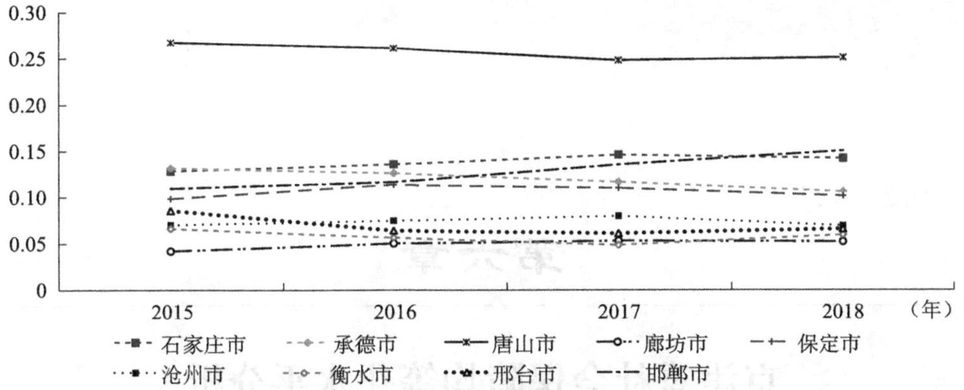

图5－40　河北省各城市基础设施差异贡献率

津冀基本公共服务水平进行评价，运用泰尔指数和变异系数对京津冀基本公共服务均等化水平进行了测度，主要结论如下：

（1）京津冀基本公共服务水平测算结果显示，整体上北京市基本公共服务水平最高，之后是天津市，最后是河北省。

（2）京津冀基本公共服务均等化测算结果显示，京津冀、津冀综合服务均等化水平有所提升；津冀基础教育均等化水平有所提升；京津冀、京冀、津冀医疗卫生均等化水平有所提升；京津冀、京冀社会保障均等化水平有所提升；京冀、津冀基础设施均等化水平有所提升；其他方面的基本公共服务均等化水平没有明显提升。

（3）测算的京津冀综合服务以及分项服务均等化水平中，京津冀、京冀基本公共服务均等化水平低于津冀、京津两地，京津两地基本公共服务均等化水平最高。

（4）河北省各城市基本公共服务水平测算结果显示，唐山市综合服务水平以及分项服务水平均比较靠前，其他城市在不同的服务方面表现出差异性。

（5）河北省基本公共服务均等化水平测算结果显示，河北省各市间综合服务、社会保障、基础设施均等化水平有所提升，其他方面的均等化水平没有明显提升；河北省各市基本公共服务均等化水平呈现较大差距；河北省各县间社会保障均等化水平有所提升，其他方面的基本公共服务均等化水平没有明显提升；河北省各县间均等化水平差异贡献率表明区域内差异是造成河北省各县间基本公共服务总差异的主要原因。

第六章

京津冀社会保障均等化水平分析

社会保障是以政府为主体，依据法律法规，对公民在暂时或永久丧失劳动能力以及由于各种原因而导致生活困难时给予物质帮助，以保障其基本生活。社会保障体系则是由社会保障中的各个部分有机地结合而形成的一种相互联系、相互补充的整体。从统筹的角度看，社会保障体系包含社会救济、社会保险、社会福利、社会优抚四部分。顺应市场经济发展的基本要求，通过多年的实践，我国基本形成了以养老保障、医疗保障、就业保障、最低生活保障为主要内容的社会保障框架体系，其中财政发挥了重要作用。受地方财政能力影响，河北省与京津两市的社会保障供给水平存在一定差距，因此本章重点将有财政大力支持的医疗保障、养老保障、最低生活保障和失业保险作为研究的主要内容①。

第一节　京津冀医疗保障均等化水平分析

医疗保障基本依赖于医疗保险。基本医疗保险包括城镇企业职工保险和城

① 纪良纲等：《京津冀协同发展：现实与路径》，人民出版社 2016 年版。

乡居民医疗保险，具有社会保险的强制性、互济性、社会性等基本特征。其中城镇企业职工医疗保险制度通常由国家立法，强制实施，建立基金制度，费用由用人单位和个人共同缴纳，医疗保险金由医疗保险机构支付，以解决劳动者因患病或受伤害带来的医疗风险。城乡居民基本医疗保险制度是整合城镇居民基本医疗保险和新型农村合作医疗两项制度，建立的城乡居民基本医疗保险制度。2014 年 2 月，国务院印发《关于建立统一的城乡居民基本养老保险制度的意见》，提出到“十二五”末在全国基本实现新农保和城居保制度合并实施，并与职工基本养老保险制度相衔接。2019 年京津冀三地政府在津签署《京津冀医疗保障协同发展合作协议》，为推进京津冀医疗保障协同发展明确了顶层设计、夯实了工作基础、提供了有力抓手。

一、京津冀基本医疗保障制度差异

京津冀城乡居民医疗保险制度差异是影响京津冀医疗保障均等化水平的重要原因。因此本节分析京津冀医疗保障均等化水平主要以分析城乡医疗保险制度为准。三地间的制度差异主要体现在个人缴费标准、财政补贴标准、保障标准、医疗救助水平。

（一）个人缴费标准

1. 北京：2022 年缴费标准为学生儿童每人每年 325 元；劳动年龄内居民每人每年 580 元；城乡老年人每人每年 340 元。

2. 天津：参加 2022 年度本市居民医保的人员，个人缴费标准分为高档、低档，其中，个人缴费标准高档为每人每年 950 元、低档为每人每年 320 元。学生儿童按照低档个人缴费标准执行，享受高档报销待遇。

3. 河北：2022 年度居民医保个人缴费标准达到每人每年不低于 320 元。其中石家庄鹿泉区、栾城区、正定县和新乐市城乡居民基本医疗保险个人缴费标准为每人每年 330 元，其中 10 元为长期护理保险费。

北京市学生儿童、劳动年龄内居民、城乡老年人个人缴费标准存在不同程度的差异；天津市的个人缴费标准存在档次差异，分为高档和低档；河北省的个人缴费标准则不存在档次差异。北京市劳动年龄内居民个人缴费标准为 580 元，是天津市及河北省缴费标准的 1.8 倍。

（二）财政补助标准

1. 北京：（1）2022 年城乡老年人每人每年 4600 元，其中财政补助每人每年4260元，个人缴费每人每年340元；学生儿童每人每年1970元，其中财政补助每人每年1645元，个人缴费每人每年325元；劳动年龄内居民每人每年2790元，其中财政补助每人每年2210元，个人缴费每人每年580元。（2）2022年城乡老年人市级财政补助每人每年1900元，区级财政补助每人每年2360元；学生儿童市级财政补助每人每年592元，区级财政补助每人每年1053元；劳动年龄内居民市级财政补助每人每年875元，区级财政补助每人每年1335元。

2. 天津：2022年本市居民医保财政补助标准为低档每人每年610元、高档每人每年1100元；对持天津市居住证参加本市居民医保的人员，按本市居民相同标准给予财政补助。

3. 河北：2022年各级财政继续加大对居民医保参保缴费补助力度，人均财政补助标准新增30元，达到每人每年不低于610元。

北京市、天津市与河北省城乡居民医保的财政补助标准都存在不同程度的差异。北京市财政补助标准存在人员分类差异，城乡老年人、学生儿童以及劳动年龄内居民财政补助标准不同。天津市财政补助标准存在档次差异，有低档、高档之分。河北省财政补助标准不存在档次差异，统一每人每年不低于610元。

（三）保障标准

1. 北京：（1）2022年城乡居民医保基金在一个医疗保险年度内门（急）诊的起付标准为：一级及以下医疗机构100元、二级及以上医疗机构550元。起付标准以上部分由城乡居民医保基金按比例支付，支付比例为：一级及以下医疗机构55%、二级及以上医疗机构50%，累计最高支付数额为4500元。（2）2022年城乡居民医保基金在一个医疗保险年度内城乡老年人、劳动年龄内居民首次住院的起付标准为：一级及以下医疗机构300元、二级医疗机构800元、三级医疗机构1300元，第二次及以后住院的起付标准按首次住院起付标准的50%确定；学生儿童住院的起付标准为：一级及以下医疗机构150元、二级医疗机构400元、三级医疗机构650元。起付标准以上部分由城乡居民医保基金按比例支付，支付比例为：一级及以下医疗机构80%、二级医疗机构78%、三级医疗机构75%—78%，累计最高支付数额为25万元。

2. 天津：（1）2022年天津市居民医保参保人员（以下简称参保人员）在一级、二级和本人选定的1家三级定点医疗机构门（急）诊就医，年度起付标准为600元，最高支付限额为4000元，高档缴费参保人员支付比例分别为55%、55%、50%，低档缴费参保人员支付比例分别为50%、50%、45%。（2）2022

年在一级、二级、三级定点医疗机构因门诊特定疾病就医，高档缴费参保人员支付比例分别为65%、60%、55%，低档缴费参保人员支付比例分别为55%、50%、45%。持续优化高血压、糖尿病门诊用药保障机制，确保患者用药保障和健康管理全覆盖。参保人员在定点零售药店因门（急）诊、门诊特定疾病购药，起付标准、支付比例和最高支付限额，按照外配处方的定点医疗机构相关规定执行。（3）巩固住院待遇保障水平。2022年在一级、二级、三级定点医疗机构住院就医，高档缴费参保人员支付比例分别为85%、80%、75%，低档缴费参保人员支付比例分别为75%、70%、65%。参保人员急诊抢救留观并转住院治疗前（含转住院治疗前死亡的情形）的急诊抢救医疗费用，按照住院报销政策执行。

3. 河北：河北省医疗保险的保障标准与北京市、天津市的保障标准不同，是按照医疗机构划分的。

（1）直接定点医疗机构

①政策范围内起付标准：一级医疗机构（含乡镇卫生院、社区服务中心）为100元；二级医疗机构为500元；三级医疗机构为1500元。②政策范围内报销比例：一级医疗机构（含乡镇卫生院、社区服务中心）为90%；二级医疗机构为75%；三级医疗机构为60%。

（2）异地就医的医保定点医疗机构

①政策范围内起付标准：一级医疗机构（含乡镇卫生院、社区服务中心）500元；二级医疗机构1000元；三级医疗机构2000元。②政策范围内报销比例：一级医疗机构（含乡镇卫生院、社区服务中心）70%；二级医疗机构60%；三级医疗机构50%。

（四）医疗救助水平

1. 北京：2022年医疗救助不设起付标准，社会救助对象就诊时发生的医疗费用，在经过基本医疗保险、大病保险等报销后，可按下列政策享受救助。

（1）门诊救助

①对社会救助对象中的特困供养人员、民政部门管理的因公（病）致残返城知青，政策范围内个人负担部分按照100%给予救助，不设年度救助最高支付限额。

②对社会救助对象中由民政部门管理的享受原工资40%救济的20世纪60年代初精减退职老职工，政策范围内个人负担部分按照80%给予救助，不设

年度救助最高支付限额。

③除前述人员以外的社会救助对象，政策范围内个人负担部分按照80%给予救助，全年救助最高支付限额8000元。

（2）住院救助

①对社会救助对象中的特困供养人员、民政部门管理的因公（病）致残返城知青，政策范围内个人负担部分按照100%给予救助，不设年度救助最高支付限额。

②对社会救助对象中由民政部门管理的享受原工资40%救济的20世纪60年代初精减退职老职工，政策范围内个人负担部分按照85%给予救助，不设年度救助最高支付限额。

③除前述人员以外的社会救助对象，政策范围内个人负担部分按照85%给予救助，全年救助最高支付限额16万元。

（3）因病致贫家庭重病患者救助：因病致贫家庭重病患者及家庭成员上一自然年度内，在基本医疗保险定点医疗机构就医发生的医疗费用，在扣除基本医疗保险、大病保险以及商业保险报销赔付和各种救助后，政策范围内个人负担部分，按照3万元（含）以下30%、3万元以上至5万元（含）以下40%、5万元以上50%的比例分段给予医疗救助，同一自然年度内只能申请一次，全年救助最高支付限额15万元。

2. 天津：2022年医疗救助对象按照以下标准享受医疗救助待遇。

（1）门诊救助：医疗救助对象在本市医疗救助一级定点医疗机构和社区卫生服务机构、已经进行取消药品加成和理顺医疗服务价格的二级定点医疗机构门诊就医的，经基本医疗保险报销后，给予门诊医疗救助。救助标准为：政策范围内个人自付部分救助50%，特困人员救助金额每年最高不超过500元，其他救助对象救助金额每年最高不超过200元。

（2）住院（含门诊特定疾病）救助：医疗救助对象在本市医疗救助定点医疗机构住院（含门诊特定疾病）治疗期间发生的符合基本医疗保险药品目录、诊疗项目目录和医疗服务设施目录的医疗费用，在基本医疗保险、大病保险报销后政策范围内个人负担部分的救助标准为：2万元以下部分救助60%，2万元（含）以上部分救助80%。其中，享受低保、特困供养人员、低收入家庭救助的重度残疾人提高5个百分点，医疗救助对象中的孤儿、艾滋病毒感染儿童、困境家庭儿童、事实无人抚养儿童个人负担2万元（含）以上部分提高 5 个百分点。

（3）重特大疾病医疗救助：对医疗救助对象、重度残疾人和享受定期抚恤补助的优抚对象年度内因住院或治疗门诊特定疾病发生医疗费用，经基本医疗保险、大病保险和住院（含门诊特定疾病）医疗救助报销后，个人负担部分在 2 万元（含）以上医疗费用进行救助，救助比例为 50%，每年救助 1 次，救助金额最高不超过 10 万元。

3. 河北：2022 年河北省内各市、雄安新区按救助对象类别，根据经济社会发展水平、医疗救助基金支撑能力来设定年度救助起付标准、救助比例和救助限额。特困人员、低保对象不设起付标准，低保边缘家庭成员起付标准按所在统筹地区上年居民人均可支配收入的 10% 左右确定，因病致贫重病患者按 25% 左右确定。在年度救助限额内，对低保对象、特困人员符合规定的医疗费用救助比例不低于 70%，其他救助对象救助比例略低于低保对象，相差不超过 3%。困难群众具有多重特殊身份属性的按就高不就低的原则享受救助，不得重复救助。

京津冀三地拥有不同的社会经济环境，不同资源量，这会导致三地的医疗保障协同发展有一定难度。京津冀经济发展水平差异较大，医疗资源覆盖不均衡[①]。京津冀三地医疗卫生资源、人员、设施、服务等存在较大差异。从医疗资源总量上看，2021 年末北京市、天津市、河北省的医院数分别为 644 个、432 个、2395 个，其中三甲医院数分别是 56 个、33 个、51 个，每万人口全科医生数分别为 4. 53 人、3. 64 人、2. 55 人，每千人口卫生技术人员分别达到 13. 20 人、8. 87 人、7. 51 人，医师日均担负诊疗人次分别为 8. 0 人、8. 1 人、5. 0 人。由此看出京津冀三地的医疗资源具有巨大差异，特别是北京市的医疗资源拥有量远远高于天津、河北[②]。另外，京津冀的统筹层次不同，体现在医保制度、财政制度、行政管理体制等制度差异较大，不利于政策的实施。在异地报销方面，由于属地化管理原则，京津冀三地在国家顶层设计的前提下制定符合本地的门诊结算政策，门诊政策存在地方差异性，尤其是河北省内各地级市的报销规定不同，因此实现地区制度的统筹存在一定难度，这会影响政策实

① 刘凤，傅利平，许凯渤：《医疗卫生服务府际与城际合作网络结构与效应测度——以京津冀区域为例》，《东北大学学报（社会科学版）》2021 年第 4 期。

② 韩霞，于秋漫：《推进京津冀医疗资源均等化发展分析》，《北京航空航天大学学报（社会科学版）》2021 年第 2 期。

施效率的提升[①]。京津冀地区在现行的医疗保险制度下不断调整医疗保险政策，但京津冀地区医疗保险参保缴费政策、待遇支付政策、基金管理以及医保管理方面差异较明显。北京市和天津市实行较低的住院起付线和较高的报销比例，河北省医保政策实行属地化管理，各地的医保政策并不完全统一，河北省各市居民的异地就医待遇支付标准存在略微差异[②]。除此之外，河北省自2015年7月启动省内异地就医直接结算，实行就医地三大目录标准。目前河北省有11个统筹区，11个统筹区中带有略微差异的三大就医目录，缺乏统一的编码规范。京津冀地区异地就医政策中执行的是就医地目录，参保地起付线以及支付比例。政策差异会导致异地就医结算存在部分待遇差，为异地就医管理带来新的挑战。

二、京津冀医疗保障水平差异

京津冀城乡医疗保险制度差异是影响京津冀医疗保障均等化水平的重要原因，所以本书以京津冀城乡医疗保障水平差异衡量京津冀医疗保障水平差异。京津冀三地京津冀城乡医疗保险制度存在不同之处，执行情况亦存在一定的水平差异。为了便于京津冀城乡医疗保险指标对比，主要选取以下指标。

（一）参保人数增长率

由表6-1数据可以看出，总体而言京津冀三地北京地区城乡医疗保险参保人数增长率略高于天津市和河北省。北京市2013—2020年参保人数增长率均大于0。除2016年外，天津市2011—2020年参保人数增长率也大于0，而且大多数年份增长率保持在1%左右。河北省2011—2014年参保人数增长率大于0。2015年年末河北省全省参加城镇居民医疗保险人数为744.96万人，2016年年末河北省全省参加城乡居民基本医疗保险人数5698.8万人，所以2016年参保人数增长率尤其高。河北省2018—2020年参保人数增长率均小于0。除2016年外，天津市与河北省城乡医疗保险参保人数增长率相差不大。2018—2020年天津市城乡医疗保险参保人数增长率略高于河北省。河北省2018—2020年参保人数出现负增长的原因可能是缴费标准逐年上涨，这笔费

① 李东彦：《基于协同发展视角下的京津冀医保异地就医管理研究》，华北理工大学2020年硕士学位论文。

② 杨小妮：《政策网络视角下京津冀跨省门诊结算政策执行研究》，天津财经大学2021年硕士学位论文。

用对健康的低收入人群来说有一定负担，因而许多居民选择不缴费。

（二）人均基金支出

城乡医疗保险人均基金支出数据由城乡医疗保险基金总支出除以参保人数得出。由表6－1数据可以看出，2011—2020年，北京的城乡医疗保险人均基金支出远高于天津和河北。其中2011—2014年与2018年、2019年这6年里北京市城乡医疗保险人均基金支出是河北的3倍以上。这10年间天津市的城乡医疗保险人均基金支出小幅度高于河北，且2016—2020年来两地人均基金支出差距不断下降。北京市城乡医疗保险人均基金支出由2011年的463.1元上升至2020年的1991.0元，增加了1527.9元。天津市城乡医疗保险人均基金支出由2011年的281.0元上升至2020年的837.5元，增加了556.5元。河北省城乡医疗保险人均基金支出由2011年的150.0元上升至2020年的789.7元，增加了639.7元。就增加绝对值而言，京津冀三地中北京的城乡医疗保险人均基金支出上升最快，河北次之，天津最慢。2011—2015年天津市城乡医疗保险人均基金支出是河北的1.7倍左右，而2016—2020年天津市城乡医疗保险人均基金支出是河北的1.1倍左右。2020年北京市城乡医疗保险人均基金支出是1991.0元，天津人均基金支出是837.5元，河北人均基金支出是789.7元。2020年北京市城乡医疗保险人均基金支出是天津的2.38倍，是河北省的2.52倍。北京市的城乡医疗保险人均基金支出远高于天津市和河北省。天津市的城乡医疗保险人均基金支出略高于河北省，相差较小。

（三）人均基金结余

城乡医疗保险人均基金结余数据由城乡医疗保险基金总结余除以参保人数得出。由表6－1数据可以看出，2011—2015年京津冀三地中北京的人均基金结余最高，河北次之，天津最少，且北京远高于天津、河北两地。前5年天津和河北的差距在不断缩小。天津2016年起人均基金结余超越河北，2018年起人均基金结余超越北京。这十年间，北京人均基金结余由2011年的519.4元上升至2020年的1363.3元，增加了843.9元，2020年北京人均基金结余是2011年的2.62倍。天津人均基金结余由2011年的30.1元上升至2020年的1858.2元，增加了1828.1元，2020年天津人均基金结余是2011年的61.73倍。河北人均基金结余由2011年的260.7元上升至2020年的450.3元，增加了189.6元，2020年河北人均基金结余是2011年的1.73倍。就增加绝对值而言，京津冀三地中天津的城乡医疗保险人均基金结余上升最快，北京次之，河北最慢。天津人均基金结余与绝对值为三地间最高，北京次之，河北远低于天津和北京。这说明北京和天津的城乡医疗保险人均基金结余较多，剩余水平较高，可持续性远高于河北。

表 6－1　　　　2011—2020 年京津冀城乡居民医疗保障水平差异

年份	参保人数增长率 单位:%			人均基金支出 单位：元			人均基金结余 单位：元		
	北京	天津	河北	北京	天津	河北	北京	天津	河北
2011	11. 2	1. 5	2. 5	463. 1	281. 0	150. 0	519. 4	30. 1	260. 7
2012	－4. 9	0. 8	7. 4	579. 3	334. 5	179. 0	592. 5	83. 6	349. 8
2013	5. 4	1. 2	1. 4	812. 0	395. 4	224. 5	549. 7	208. 5	458. 4
2014	8. 1	1. 1	0. 7	815. 0	455. 3	262. 9	872. 8	361. 9	544. 4
2015	4. 6	3. 5	－1. 1	805. 4	552. 7	332. 4	1409. 3	601. 1	656. 9
2016	5. 6	－0. 2	664. 9	887. 9	553. 6	553. 2	1796. 3	940. 4	233. 5
2017	5. 8	0. 6	3. 5	1093. 0	638. 2	527. 6	1874. 4	1306. 4	313. 8
2018	92. 5	1. 3	－0. 2	2646. 5	784. 9	689. 0	1197. 3	1608. 5	342. 1
2019	2. 8	0. 1	－0. 4	2346. 9	882. 1	757. 4	572. 4	1863. 8	397. 9
2020	－0. 4	0. 7	－0. 9	1991. 0	837. 5	789. 7	1363. 3	1858. 2	450. 3

数据来源：根据《中国劳动统计年鉴》有关数据计算得出。

京津冀医疗卫生事业投入存在明显差异。京津冀财政投入不同，也是三地医疗保障存在差异性的重要原因①。2019 年北京、天津、河北的卫生总费用分别为 2964. 81 亿元、973. 51 亿元、2939. 94 亿元。2019 年北京、天津、河北的人均卫生费用分别为 13766. 77 元、6233. 15 元、3872. 42 元。与京津相比，河北省人均卫生费用较低。协同发展的财政保障机制尚未建立，在当前三地政府各自为政的财政体制下，难以划分三地促进公共服务均衡发展的财政支持责任，难以落实具体事项的责任分工。三地经济发展水平和财政收入水平决定了三地供给公共服务能力的差距，如河北省人均卫生费用约为北京市的 28. 1%，约为天津市的 62. 1%，地方政府财力较弱而居民个人承担的医疗负担较重。医疗卫生事业投入的多寡自然决定该区域卫生医疗机构的硬件（检测设备、医疗器械等）和软件（人才引进、专技人员培训等）建设，影响医疗服务能

① 邵艳梅，刘志强：《京津冀医疗保障协同发展路径研究》，《经济研究参考》2017 年第 62 期。

力。协同发展是综合因素作用的结果，投入力量不足制约了合作医院、合作联盟的后期发展能力。由于经济发展水平不同，医保报销和支付范围、支付比例、缴费水平和诊疗项目等都有很大不同，从而导致京津冀医疗协同发展存在一定难度和障碍。

第二节　京津冀社会养老保险均等化水平分析

一、京津冀社会养老保险制度差异

基本养老保险包括职工基本养老保险包括城镇职工养老保险和城乡居民养老保险。城镇企业职工养老保险趋于一致，京津冀基本养老保障制度差异主要体现在城乡居民基本养老保险制度上。因此本节分析京津冀基本养老保障均等化水平主要以分析城乡养老保险制度为准。京津冀城乡养老保险制度差异主要在于缴费额度、财政补贴缴费、基础养老金待遇、领取年龄、缴费年限及异地养老保险接续规定这 5 个方面①。

（一）缴费额度

1. 北京：2022 年城乡居民基本养老保险最低缴费标准为年缴费 1000 元，最高缴费标准为年缴费 9000 元。

2. 天津：2022 年城乡居民基本养老保险个人缴费额分为 10 个档次：分别是 600 元、900 元、1200 元、1500 元、1800 元、2400 元、3000 元、3600 元、4200 元、4800 元。

3. 河北：2022 年河北省设定为每年 100 元、200 元、300 元、400 元、500 元、600 元、700 元、800 元、900 元、1000 元、1500 元、2000 元、3000 元 13 个档次，参保人自主选择缴费档次，多缴多得。

京津冀三地的城乡居民养老保险待遇在个人缴费标准方面存在很大差距。河北的居民缴费最低标准为 100 元，是北京的 1/10，是天津的 1/6。河北的居民缴费最高标准为 3000 元，是北京的 1/3，是天津的 5/8。

① 杨健：《京津冀社会保障协作：制约因素与策略选择》，《天津行政学院学报》2016 年第 2 期。

（二）财政补贴缴费

1. 北京：2022 年北京市参保人在参保缴费时，可以根据自身实际情况，在 1000 元到 9000 元之间自行选择缴费金额，并按不同缴费标准享受补贴。其中，对选择最低缴费至 2000 元以下（不含 2000 元，以下类同）标准的，每人每年补贴 60 元；选择 2000 元至 4000 元以下标准的，每人每年补贴 90 元；选择 4000 元至 6000 元以下标准的，每人每年补贴 120 元；选择 6000 元至最高缴费标准的，每人每年补贴 150 元。享受低保待遇和非重度残疾人，按照最低缴费标准的 50%，由政府代缴保费，目前为 500 元。特困供养人员和重度残疾人，按照最低缴费标准的 100%，由政府代缴保费，目前为 1000 元。

2. 天津：2022 年天津市政府补贴分为十个档次：60 元、70 元、80 元、90 元、100 元、120 元、140 元、160 元、180 元、200 元。

对年满 16 周岁不满 60 周岁、具有本市户籍的城乡低保对象、低收入家庭救助人员和特困供养人员（简称"困难人员"），参加城乡居民基本养老保险由市财政按照每年 600 元的标准，为其代缴 50% 的养老保险费。对持有中华人民共和国残疾人证、符合城乡居民养老保险参保条件的自愿参保残疾人，按照个人缴费 900 元标准，政府为其代缴全部或者部分养老保险费。其中：对享受城乡最低生活保障待遇的重度残疾人，为其代缴全部养老保险费；对未享受最低生活保障待遇的重度残疾人和享受最低生活保障待遇的非重度残疾人，为其代缴 50% 养老保险费。

3. 河北：政府对参保人员缴费给予补贴。2022 年对选择 100— 400 元档次标准缴费的，补贴标准为每人每年 30 元；对选择 500 元及以上档次标准缴费的，补贴标准为每人每年 60 元。政府为参保的重度残疾人每人每年代缴 100 元养老保险费。

河北的居民缴费最高标准为 3000 元，是北京的 1/3，是天津的 5/8。河北财政补贴缴费最低 30 元，是北京和天津的 1/2；最高 50 元，是北京的 2/5、天津的 3/10。

（三）基础养老金待遇

1. 北京：2022 年领取北京市城乡居民养老保险待遇人员的基础养老金标准为每人每月 887 元。享受老年保障人员的福利养老金标准为每人每月 802 元。

2. 天津：2022 年城乡居民基础养老金为每人每月 307 元，老年人生活补助标准分别为125元、135元、145元。在此基础上，为进一步突出养老金的老年保障作用，对年满65周岁以上的人员给予适当倾斜，每人每月再增加5元。

3. 河北：2022年河北省基础养老金标准为每人每月118元。其中：中央基础养老金最低标准为每人每月93元，河北省省级基础养老金最低标准为每人每月25元，由省、市、县（市、区）三级财政分担。

河北省年满60周岁领取的基础养老金是北京的13.3%，是天津的38.4%。

（四）领取年龄

1. 北京：北京市城乡居民养老保险待遇领取，按照年龄男满60周岁，女满55周岁。

2. 天津：参保人年满60周岁、累计缴费年限满15年，且未领取国家和本市规定的基本养老保障待遇的，按月领取城乡居民养老保险待遇。

3. 河北：参加城乡居民基本养老保险的个人，年满60周岁、累计缴费满15年，且未领取国家规定的基本养老保障待遇的，可以按月领取城乡居民基本养老保险待遇。

北京市城乡居民养老保险待遇领取年龄有性别差异，天津市与河北省城乡居民养老保险待遇领取年龄规定一致。

（五）缴费年限及异地养老保险接续规定

1. 北京：如果达到退休年龄，没有交满15年，可以按年缴费，但是最长5年。如果延期缴费后，仍旧不足15年，按照最低标准一次性补足。基本养老保险关系不在户籍所在地，且在每个参保地的累计缴费年限均不满10年的，将其基本养老保险关系及相应资金归集到户籍所在地，由户籍所在地按规定办理待遇领取手续，享受基本养老保险待遇。

2. 天津：2015年1月1日起，距规定领取城乡居民养老保险待遇年龄不足15年的参保人，应当逐年缴纳养老保险费，达到领取待遇年龄时累计缴费年限不满15年的，应当一次性补足所差年限养老保险费；距规定领取年龄超过15年的参保人，应当按年缴纳养老保险费，累计缴费年限不得少于15年。参保人缴费期间户籍在本市行政区域内迁移的，不转移城乡居民养老保险关系和个人账户储存额，继续在户籍迁入地参保缴费，缴费年限累计计算。参保人缴费期间户籍跨省市迁移的，应当在户籍迁入地申请转移城乡居民养老保险关系，一次性转移个人账户储存额，并按照户籍迁入地规定继续参保缴费，缴费年限累计计算。已经领取城乡居民养老保险待遇的人员，领取待遇期间户籍跨省市迁移的，其城乡居民养老保险关系和个人账户储存额不转移，仍由户籍迁出地按规定继续发放养老保险待遇。

3. 河北：新农保或城居保制度实施时已年满60周岁，但未领取国家规定的基本养老保障待遇的，不用缴费，自2014年2月起，可以按月领取城乡居民养老保险基础养老金；距规定领取年龄不足15年的，应逐年缴费，也允许补缴，累计缴费不超过15年，补缴不享受政府补贴；距规定领取年龄超过15年的，应按年缴费，累计缴费不少于15年。在河北的城乡居民养老保险参保人，在缴费期间户籍迁移、需要跨地区转移城乡居民养老保险关系的，可在迁入地申请转移养老保险关系，一次性转移个人账户全部储存额，并按迁入地规定继续参保缴费，缴费年限累计计算。已按规定领取城乡居民养老保险待遇的参保人，无论户籍是否迁移，其养老保险关系不转移。

从本质说，养老保险制度属于社会再生产中的分配环节，而分配环节是从属于生产环节的，所以说不同区域间的养老保险制度协同归根结底还要取决于狭义上的经济协同发展进程，或者说生产环节上的区域协同。目前京津冀内部不同成员间经济发展水平差异较大，这就成为京津冀养老保险制度协同所面临的最大障碍。此外，京津冀协同发展进程是由中央政府和国家政策主导，因而体制和政策方面的因素也就成为制约京津冀养老保险制度协同的重要障碍[①]。由上述分析可以得出北京居民的养老保障水平高于天津，天津高于河北。京津冀三地间养老保障水平的巨大差异不利于京津冀三地养老保障均等化的实现，不利于劳动人口流动，不利于经济发展较为落后的河北吸引、保留优秀人才。

二、京津冀养老保障水平差异

京津冀城乡养老保险制度差异是影响京津冀养老保障均等化水平的重要原因，所以本书以京津冀城乡养老保障水平差异衡量京津冀养老保障水平差异。京津冀三地京津冀城乡养老保险制度存在不同之处，执行情况亦存在一定的水平差异。为了便于京津冀城乡养老保险指标对比，主要选取以下指标。2012

---

① 杨健，张金峰：《京津冀基本养老保险制度对接：主要障碍与实现路径》，《地方财政研究》2018年第5期。

年8月起，新型农村社会养老保险和城镇居民社会养老保险制度全覆盖工作启动，合并为城乡居民社会养老保险。鉴于数据可获得性，本节数据分析起始年份为2012年。表6－2中数据均从《中国劳动统计年鉴》搜集后经过计算得出。

（一）参保人数增长率

由表6－2数据可以看出，2013—2020年北京市城乡养老保险参保人数增长率均大于0，且2016年高达15%。2017—2020年起北京市城乡养老保险参保人数增长率小于0，大约在－2%。一方面原因可能是部分参保人员在制度间重复参保的情况减少，造成统计数字的缩水，另一方面可能是养老保险已经基本实现了应保尽保，征缴扩面工作面临拐点。2013—2020年天津市城乡养老保险参保人数持续增长，且在2014—2017年这4年间城乡养老保险参保人数增长率在11%（含）以上。2018—2020年天津市城乡养老保险参保人数增长率大约3%。2013—2020年河北省城乡养老保险参保人数持续增长，但增长比率小于天津市，在0.8%左右。2017—2020年天津市城乡养老保险参保人数增长率最高，河北次之，北京最低。原因可能是天津市城乡养老保险参保人数基数较小，且天津市养老金调整项目高于河北省。

（二）人均基金支出

城乡养老保险人均支出数据是由城乡养老保险基金总支出除以参保人数得出。由表6－2数据可以看出，2012—2020年，北京市和天津市的城乡养老保险人均基金支出都远高于河北。2012—2018年天津市城乡养老保险人均基金支出高于北京，河北最少。2019年和2020年北京市城乡养老保险人均基金支出高于天津，河北最少。北京市城乡养老保险人均基金支出由2011年的769.2元上升至2020年的3202.2元，增加了2433.0元。天津市城乡养老保险人均基金支出由2011年的1567.7元上升至2020年的2893.3元，增加了1325.6元。河北省城乡养老保险人均基金支出由2011年的147.2元上升至2020年的457.4元，增加了310.2元。京津冀三地中北京的城乡养老保险人均基金结余上升最快，河北最慢。2018—2020年北京市和天津市城乡养老保险人均基金支出差距较小，且都是河北省的6倍左右。2020年北京市城乡养老保险人均基金支出是3202.2元，天津市的是2893.3元，河北省的是457.4元。2020年河北省城乡养老保险人均基金支出是北京的14.28%，是天津的15.81%。由此可见河北省养老支出大幅度落后于北京和天津地区。

（三）人均基金结余

城乡养老保险人均基金结余数据由城乡养老保险基金总结余除以参保人数得出。由表6-2数据可以看出，2012—2020年京津冀三地中天津的城乡养老保险人均基金结余最高，北京次之，河北最少，且北京与天津远高于河北。北京市城乡养老保险人均基金结余由2011年的5017.0元上升至2020年的8466.1元，增加了3449.1元。天津市城乡养老保险人均基金结余由2011年的8185.9元上升至2020年的17466.1元，增加了9280.2元。河北省城乡养老保险人均基金结余由2011年的279.8元上升至2020年的1367.7元，增加了1087.9元。京津冀三地中天津的城乡养老保险人均基金结余上升最快，河北最慢。三地城乡养老保险人均基金结余存在明显差距，天津的城乡养老保险人均基金结余约为北京的2倍，而北京的城乡养老保险人均基金结余大约是河北的7倍。2020年北京市城乡养老保险人均基金结余是8466.1元，天津市的是17466.1元，河北省的为1367.7元。2020年河北省城乡养老保险人均基金结余是北京的16.15%，天津的7.83%。由此可见河北省养老结余大幅度落后于北京和天津地区。北京和天津的城乡养老保险人均基金结余较多，剩余水平较高，可持续性远高于河北。

表6-2　2012—2020年京津冀城乡居民养老保障水平差异

年份	参保人数增长率 单位:%			人均基金支出 单位：元			人均基金结余 单位：元		
	北京	天津	河北	北京	天津	河北	北京	天津	河北
2012	—	—	—	769.2	1567.7	147.2	5017.0	8185.9	279.8
2013	1.9	6.9	0.6	949.5	1748.7	180.7	5630.2	11141.4	397.1
2014	3.4	11.1	1.5	1143.3	1913.3	189.2	6269.5	12035.8	497.3
2015	0.7	14.1	1.1	1414.3	2223.0	286.2	6797.2	12159.8	613.8
2016	15.0	11.0	0.2	1401.3	2284.4	300.6	6443.8	15024.6	723.0
2017	-1.2	16.4	0.8	1764.4	2313.1	347.4	6912.2	15610.2	837.9
2018	-1.9	3.0	1.1	2263.2	2562.0	417.2	7454.5	16377.2	966.5
2019	-2.1	2.0	0.4	2857.8	2753.8	435.0	8085.0	16984.8	1159.7
2020	-1.9	3.2	0.6	3202.2	2893.3	457.4	8466.1	17466.1	1367.7

数据来源：从《中国劳动统计年鉴》计算得出。

京津冀养老保险制度在养老保险基金筹集、养老保险基金管理上存在着明显差异。从养老保险基金统筹上看，北京天津已实现了省级统筹，河北完成了市级统筹目前在向省级统筹过渡。由于河北经济较为落后并且地区之间差距较大，因此有些地区养老金较为充裕，有些地区则早已出现亏空，地方财政补贴连年加大。从养老保险基金管理上看，天津做实了养老金个人账户，北京、河北养老金个人账户空账现象较为突出。目前北京正面临日益严重的老龄化压力，河北一些地区养老保险基金已经入不敷出。在这种情况下进行京津冀养老保险制度协同涉及多方利益重配必然阻力很大。

京津冀三地相互紧邻，流动人口众多。流动就业人口养老关系的转移会导致两地之间养老保险社会统筹基金出现收支不平衡的情况。养老保险基金支出及财政补贴支出紧密相关，津冀两地如果大量接收年龄较大的转入劳动力，就会进一步恶化本地远期制度抚养比及养老基金收支状况，并增加自身的财政负担风险。京津冀劳动力流动方向表现为河北向天津、北京流动。按照京津冀协同发展战略部署，劳动力转移的基本方向应为北京向天津和河北转移。京津冀三地在后续阶段需要继续奋力推进养老保险待遇水平衔接①。

第三节　京津冀最低生活保障均等化水平分析

1997 年城镇居民最低生活保障制度在全国范围内建立。2007 年农村居民最低生活保障制度在全国范围内建立。最低生活保障以下简称低保。

一、京津冀最低生活保障制度差异

京津冀最低生活保障制度差异主要在于救助标准、标准确认、特殊人群规定上。以下制度内容均来源于政府网站。

（一）救助标准

1. 北京。北京市实施城乡统一的最低生活保障标准。2022 年北京市最低生活保障标准为每人每月 1320 元。北京市低保标准的调整主要以统计部门提供的上年度城镇居民人均消费支出为基础进行测算，综合考虑了财政状况、经济社会发展预期、疫情影响、社会保障相关标准调整等因素。

---

① 徐耶加：《京津冀养老保险制度协同发展研究》，北京交通大学 2019 年博士学位论文。

2. 天津。天津市低保标准自2017年4月起城乡统一。2022年天津市城乡最低生活保障标准为每人每月1010元。城乡低收入家庭范围为家庭月人均收入1010元至1515元。城乡低收入家庭救助标准为每户每月303元。城市特困人员和农村特困人员集中供养标准为每人每月1870元，农村特困人员供养（农村五保供养）的集中供养标准为每人每月1870元，分散供养标准为每人每月1530元。

3. 河北。2022年河北省农村低保平均保障标准每人每年5561元，平均补差每人每月289元；城市低保平均保障标准每人每年8532元，平均补差每人每月445元。河北省城乡居民最低生活保障标准依据各市区县而定。以省会石家庄为例，2020年3月起石家庄市城市低保标准为每人每月766元（每年9192元），补差标准为每月平均不低于400元。农村低保标准为每人每年5760元，补差标准为每月平均不低于242元。

北京市与天津市实施城乡统一的最低生活保障标准，北京市每人每月的低保标准比天津市每人每月的低保标准高310元。河北省城市与农村低保标准存在差异，且省内低保标准依据各市区县而定。以省会石家庄市城市低保标准为例，石家庄市最低生活保障标准是北京市的58%，是天津市的76%。

（二）标准确认

1. 北京：北京市户籍居民组成的家庭，共同生活的家庭成员月人均收入低于北京市当年城乡低保标准，且符合北京市城乡低保家庭财产状况规定的，纳入城乡低保范围。非北京市户籍居民与北京市户籍居民结婚组成的家庭，非北京市户籍居民持有北京市居住证，且符合北京市城乡低保家庭收入和家庭财产状况规定的，也可纳入北京市城乡低保范围。收入核减根据申请家庭困难情况，在对申请家庭收入作适当核减后再计算家庭月人均收入，其中：（1）申请家庭中有罹患重大疾病或重度残疾人的，其家庭收入按照城乡低保标准的100%进行收入核减；其中，法定抚养人达到60周岁的，家庭收入还可按照城乡低保标准的50%再次进行收入核减。申请人所患疾病或残疾等级应符合《重大疾病参考名目》或《重度残疾人范围》要求。（2）单亲家庭中法定抚养人单独抚养16周岁及以下未成年人或16周岁以上全日制在校学生的，家庭收入按照城乡低保标准的100%进行收入核减。申请家庭同时符合（1）、（2）项收入核减条件的，按核减标准高的执行。

2. 天津：具有天津市户籍家庭，共同生活的家庭成员月人均收入低于天津市最低生活保障标准，且家庭财产状况符合本市最低生活保障家庭财产状况规定条件的，纳入天津市最低生活保障。最低生活保障金应当按照最低生活保障标准与核定的申请人家庭人均收入的差额乘以共同生活的家庭成员人数计算。对老、幼、病、残等特殊困难的人员和单亲、失独等特殊困难家庭按照分类救助政策提高救助水平。对于共同生活的家庭成员必要的就业成本等，在核算家庭收入时可按规定适当扣减。

3. 河北：具有河北省户籍，共同生活的家庭成员人均收入低于当地低保标准，且家庭财产状况符合当地有关规定的居民，可以按规定程序认定为最低生活保障对象。最低生活保障工作实行属地管理。申请最低生活保障原则上以家庭为单位，确定一名共同生活的家庭成员作为申请人，向其户籍所在地乡镇人民政府（街道办事处）提出申请；实施网上申请受理的地方，可以通过互联网提出申请。家庭经济状况指共同生活的家庭成员拥有的全部家庭收入、家庭财产状况。家庭收入包括工资性收入、经营性收入、财产净收入、转移净收入。

京津冀三地最低生活保障的标准确认方面大致一致。

（三）特殊人群规定

1. 北京：

（1）标准上浮综合考虑低保家庭困难程度，对下列特殊困难群体实施救助标准上浮，其中：①城市特困人员和农村五保供养对象，按城乡低保标准的40%上浮救助标准，按月发放生活费。②罹患重大疾病人员，按照城市低保标准的35%上浮救助标准。③享受低保或生活困难补助的重度残疾人，按照城市低保标准的30%上浮救助标准。④民政部门管理的因公（病）致残返城知青、精减退职人员、原国民党人员、生活困难的“老归侨”等传统民政救济对象，以及经户籍所在地区县政府侨务部门认定的归国华侨和侨眷，按照城市低保标准的25%上浮救助标准。⑤ 60 周岁（含）以上老年人、16 周岁及以下未成年人和 16 周岁以上全日制在校学生，按照城市低保标准的 20% 上浮救助标准。⑥ 60 周岁以下达到退休年龄人员，以及完全丧失或大部分丧失劳动能力人员，按照城市低保标准的 15% 上浮救助标准。上述人员同时符合两种及以上上浮条件的，按上浮标准高的执行。

（2）就业奖励对于实现就业的申请人，在核算家庭收入时，可先扣除必要的就业奖励再计算家庭月人均收入，其中：①有固定工作岗位的在职职工或按照《北京市城镇失业人员灵活就业社会保险补贴办法》享受灵活就业社会保险补贴的就业人员，申请低保时可按照户籍类别，先从其收入中扣除本市当年城乡低保标准的80%再计算家庭月人均收入。②从事弹性就业的人员申请低保时，可根据户籍类别按照以下方式核定收入：(a) 收入达到或超过本市当年城乡低保标准180%的，可先从其收入中扣除本市当年城乡低保标准的80%作为就业奖励，再计算家庭收入。(b) 收入高于本市当年城乡低保标准、低于本市城乡低保标准180%的，可按照本市当年城乡低保标准核定其收入。(c) 收入低于本市城乡低保标准的，按实际收入计算。③城乡低保人员实现就业后，其就业奖励政策参照上述办法执行。

(3) 救助渐退城乡低保人员就业后应主动申报，符合条件的可享受6个月的救助渐退，即低保人员在享受就业奖励后，家庭月人均收入仍高于低保标准的可继续按月享受低保金，具体标准为：前三个月按其家庭原享受低保金100%发放，后三个月按50%发放。

2. 天津：低保边缘家庭中的重病、重残人员；家庭财产符合我市最低生活保障相关规定且人均收入低于最低生活保障标准2.5倍的家庭，成员中的年满18周岁（含）以上未婚的重病、重残子女；父母年龄均达到60周岁以上，家庭人均收入（不计其他子女赡养费）低于最低生活保障标准2.5倍，家庭财产低于30万元，其他条件参照最低生活保障有关规定的家庭中的一二级智力、精神残疾年满18周岁（含）以上未婚子女，可以单独提出低保申请，简称“单人保”。

3. 河北：法定赡养、抚养、扶养义务人的家庭财产不得设定为申请人是否符合最低生活保障的条件，原则上进行财产性收入计算，计入核算其应给付赡养、扶养、抚养费时的家庭总收入。对于共同生活的家庭成员因残疾、患重病等增加的刚性支出、必要的就业成本等，在核算家庭收入时可按规定适当扣减。

京津冀三地最低生活保障的特殊人群规定存在一定差异。北京市低保标准上浮综合考虑低保家庭困难程度；就业奖励对于实现就业的申请人，在核算家庭收入时，可先扣除必要的就业奖励再计算家庭月人均收入。天津市满足相关规定的可以单独提出低保申请。河北省核算家庭收入也有相关规定。

由于家庭经济财产和隐性收入核实存在较大困难，参保人员的信息取证调查存在一定纰漏，一定程度上造成了对象瞄准的偏离。在实际操作过程中，低保户的私有住房、遗产继承等财产情况难以核实，就业及收入的多样化成为核查的障碍。就业实际状况和家庭实际收入之间存在很多隐藏信息。部分低保申请对象存在大量隐瞒家庭实际收入的状况，甄别难度较大。除此之外，低保边缘户占有很大的比例。收入没有处于低保制度规定范围之内但接近低保标准的这部分群体虽然不符合救助条件，其生活仍面临巨大困境。当前河北省存在一定比例的低保边缘群体，他们收入很低，抗风险能力弱，极易陷入贫困，随时都可能成为最低生活保障制度的救助对象。虽然河北省部分地区如秦皇岛市已开始探索对低保边缘群体的救助，但由于河北省各地区制度发展不均衡，大部分其他地区尚未给予低保边缘群体应有的重视。低保边缘人口的存在加大了对象瞄准的难度，而这部分人群对于救助的需求也是较为迫切的。

二、京津冀最低生活保障水平差异

为了便于对比京津冀最低生活保障制度执行水平，主要选取城市居民最低生活保障人数增长率、农村居民最低生活保障人数增长率和低保率三项指标。根据高向东等（2019）[①] 做法，低保率是指低保人口占户籍人口的比重。选用户籍人口而不是常住人口来构建低保率的指标，主要是考虑到各地低保的申请认证对于户籍有严格要求。2011—2020 年京津冀三地最低生活保障制度相关数据详见表 6 - 3。

（一）城市居民最低生活保障人数增长率

由表 6 - 3 数据可以看出，除 2020 年外，北京和天津的城市居民最低生活保障人数增长率均小于 0，这意味着北京和天津的城市居民最低生活保障人数呈逐年降低的趋势。2019 年到 2020 年北京的城市居民最低生活保障人数增加约 0.5 万人，天津的城市居民最低生活保障人数增加约 0.2 万人。2011 年到 2020 年间河北的城市居民最低生活保障人数增长率均小于 0，且人数下降幅度基本上都大于北京和天津。北京市城市居民最低生活保障人数增长率在 2011 年、2014 年和 2018 年最小，约为 - 14%。北京市除 2020 年城市居民最低生活保障人数增长率在 7.7% 以外，其余年份城市居民最低生活保障人数增长率约为 - 4%。天津市城市居民最低生活保障人数增长率在 2014 年、2017 年、2018 年和 2019 年均小于 - 10%，其中 2018 年增长率最低，为 - 24.9%。除 2011 年、2013 年、2020 年外，河北省城市居民最低生活保障人数增长率均低于

① 高向东，王晶，王新贤：《中国低保人口分布特征及影响因素研究》，《中国人口科学》2019 年第 4 期。

-10%，其中2018年最低，为-33.2%。北京市城市居民最低生活保障人数由2011年的13.7万人下降至2020年的7.0万人。天津市城市居民最低生活保障人数由2011年的19.8万人下降至2020年的7.3万人。河北省城市居民最低生活保障人数由2011年的88.6万人下降至2020年的18.2万人。

（二）农村居民最低生活保障人数增长率

由表6-3数据可以看出，2011—2019年北京的农村居民最低生活保障人数增长率均小于0，北京的农村居民生活保障人数呈逐年降低的趋势。2019年到2020年北京的农村居民生活保障人数增加了0.2万人。2011—2020年天津的农村居民最低生活保障人数大致呈现先增加后下降再增加的趋势。前7年天津的农村居民最低生活保障人数在10万人左右。2011—2020年河北的农村居民最低生活保障人数大致呈现先增加后下降再增加的趋势，在2017—2019年下降幅度较大。北京市农村居民最低生活保障人数由2011年的7.0万人下降至2020年的4.0万人。天津市农村居民最低生活保障人数由2011年的9.8万人下降至2020年的6.8万人。河北省农村居民最低生活保障人数由2011年的208.4万人下降至2020年的161.3万人。

（三）低保率

由表6-3数据可以看出，总体而言，北京和天津低保率基本上逐年降低，河北的低保率呈先下降后上升的趋势。京津冀三地河北省低保率最高，天津其次，北京最低。北京市低保率从2011年的1.5%下降至2020年的0.8%，下降了0.7%。天津市低保率从2011年的2.8%下降至2020年的1.3%，下降了1.5%。河北省低保率从2011年的4.0%下降至2018年的1.9%，而后上升至2020年的2.3%。2020年河北省低保率是北京的2.88倍，是天津的1.77倍。

表6-3 2011—2020年京津冀最低生活保障水平差异

年份	城市居民最低生活保障人数增长率 单位:%			农村居民最低生活保障人数增长率 单位:%			低保率 单位:%		
	北京	天津	河北	北京	天津	河北	北京	天津	河北
2011	-14.6	-9.3	-0.6	-9.1	13.4	9.0	1.5	2.8	4.0
2012	-6.0	-7.3	-12.3	-10.0	4.0	-0.2	1.3	2.7	3.8
2013	-5.5	-3.6	-5.8	-4.8	5.8	6.7	1.2	2.7	3.9
2014	-14.4	-15.3	-14.1	-15.0	-5.6	-5.4	1.0	2.3	3.6

续表

年份	城市居民最低生活保障人数增长率 单位:%			农村居民最低生活保障人数增长率 单位:%			低保率 单位:%		
	北京	天津	河北	北京	天津	河北	北京	天津	河北
2015	-4.5	-3.8	-12.0	-3.9	2.3	-2.0	1.0	2.3	3.4
2016	-3.5	-6.9	-13.5	-4.1	-2.0	-7.9	0.9	2.1	3.1
2017	-4.9	-12.0	-25.4	-6.4	-10.1	-15.5	0.9	1.9	2.5
2018	-14.1	-24.9	-33.2	-13.6	-31.9	-23.7	0.8	1.3	1.9
2019	-3.0	-12.2	-17.7	0.0	-5.3	28.8	0.7	1.2	2.3
2020	7.7	3.5	-6.7	5.3	16.0	2.5	0.8	1.3	2.3

数据来源：从各地统计年鉴、国家统计局计算得出。

河北省作为人口大省，在经济方面与北京市和天津市存在一定差距，有限的财政收入直接导致低保资金投入规模的不足。河北省城市中最低生活保障制度的资金目前主要来源于财政拨款，在低保支出方面很大程度上受限于当地财力。充足的资金投入是改善低保救助对象生活现状的重要保证。资金投入的匮乏不仅不利于低保相关工作的正常开展，也影响了救助水平与实际效果，致使救助对象对于制度的满意度降低。最低生活保障制度的顺利实施需要各环节有充足的资金支持，资金是制度良好运行的前提。以收入核查为例，基层工作的完成需要充足的经费予以保证，而地方财政资金的紧张限制了走访工作调查的开展，进而影响了制度在对象认定以及监管的效果。

第四节　京津冀失业保险均等化水平分析

一、京津冀失业保险政策差异

京津冀失业保险制度差异主要在于缴费基数、缴费比例、失业保险金月发放标准上。以下制度内容均来源于政府网站。

（一）缴费基数

1. 北京：北京市 2022 年度失业保险月缴费基数上限确定为 31884 元，月缴费基数下限为5869元。

2. 天津：2022年用人单位及其职工缴纳失业保险费基数最低和最高标准分别为4400元和22434元。

3. 河北：参保单位和职工个人缴费基数低于全市上年度在岗职工月平均工资60%的，以全市上年度在岗职工月平均工资60%为缴费基数。职工个人缴费基数高于全市上年度在岗职工月平均工资300%的，以全市上年度在岗职工月平均工资300%为缴费基数。单位缴费基数上不封顶。2022年月缴费基数工资标准为5788.75元，月缴费基数下限按3473.25元核定，月缴费基数上限按17366.25元核定。

由上述分析可知，河北省的失业保险月缴费基数下限比北京市的失业保险月缴费基数下限低2395.75元，比天津市的低926.75元。河北省的失业保险月缴费基数上限比北京市的失业保险月缴费基数上限低14517.75元，比天津市的低5067.75元。

（二）缴费比例

1. 北京：失业保险单位缴费比例为0.5%，个人缴费比例为0.5%。

2. 天津：失业保险单位缴费比例为0.5%，个人缴费比例为0.5%。

3. 河北：实施阶段性降低失业保险费率为1%政策，用人单位0.7%、职工0.3%。

北京市和天津市失业保险单位和个人的缴费比例相同，均为0.5%。河北省用人单位失业保险缴费比例比职工个人的缴费比例多0.4%。

（三）失业保险金月发放标准

1. 北京：累计缴费时间满1年不满5年的，失业保险金月发放标准为2034元；累计缴费时间满5年不满10年的，失业保险金月发放标准为2061元；累计缴费时间满10年不满15年的，失业保险金月发放标准为2088元；累计缴费时间满15年不满20年的，失业保险金月发放标准为2115元；累计缴费时间满20年以上的，失业保险金月发放标准为2143元；从第13个月起，失业保险金月发放标准一律按2034元发放。

2. 天津：自2022年7月1日起，领取期限处于第一至第十二个月的，失业保险金月发放标准由1510元提高到1600元；领取期限处于第十三至第二十四个月的，失业保险金月发放标准由1470元提高到1560元。2022年6月1日后（含6月1日）终止或者解除劳动关系的农民合同制工人，一次性生活补助费月计发标准由906元提高到960元。

3. 河北：累计缴费时间一年以上不满两年的，领取三个月的失业保险金；累计缴费时间两年以上不满三年的，领取六个月的失业保险金；累计缴费时间三年以上不满四年的，领取九个月的失业保险金；累计缴费时间四年以上不满五年的，领取十二个月的失业保险金；累计缴费时间五年以上的，按每满一年增领一个月的失业保险金，但领取失业保险金的期限最长不得超过二十四个月。

河北省各市、县失业人员失业保险金标准，根据本人缴纳失业保险费年限长短，按照当地最低工资标准的一定比例由省统一确定。计发基数最高的为1480元，主要为石家庄、廊坊市区、唐山市区等经济较发达地区。计发基数最低的为1210元顺平县、唐县、阜平县等41个县。缴费满1年不满2年的，核定领取3个月，计发比例为54%；满16年及以上的，核定领取24个月，计发比例为63%。

二、京津冀失业保障水平差异

（一）人均基金支出

失业保险人均基金支出数据由失业保险基金总支出除以失业保险参保人数得出。由表6－4数据可以看出，2011—2019年在京津冀三地中天津市的失业保险人均基金支出最高，2020年北京市的失业保险人均基金支出超过天津市，成为三地间最高的人均支出。2011—2016年河北省的失业保险人均基金支出高于北京市，2017年起北京市的失业保险人均基金支出超越河北省，且差距不断拉大。北京市失业保险人均基金支出由2011年的314.2元增加至2020年的1206.8元。天津市失业保险人均基金支出由2011年的562.8元增加至2020年的957.8元。河北省失业保险人均基金支出由2011年的336.5元增加至2020年的594.5元。2020年北京市失业保险人均基金支出为1206.8元，天津市的为957.8元，河北省的为594.5元。2020年河北省失业保险人均基金支出是北京市的49.3%，是天津市的62.1%。

（二）人均基金结余

失业保险人均基金结余数据由失业保险基金总结余除以失业保险参保人数得出。由表6－4数据可以看出，2011—2016年京津冀三地中天津市的失业保险人均基金结余最高，河北次之，北京最低。2017—2020年河北省的失业保险人均基金结余最高。北京市失业保险人均基金结余由 2011 年的 1080. 8 元变化至 2020 年的 1074. 7 元。这十年间北京市失业保险人均基金结余呈现先增加到 2018 年的 2178. 9 元，而后降低的趋势。天津市失业保险人均基金结余由 2011 年的 2313. 0 元变化至 2020 年的 1390. 0 元。这十年间天津市失业保险人均基金结余呈现先增加到 2014 年的 3645. 2 元，而后降低的趋势。河北省失业保险人均基金结余由 2011 年的 1416. 5 元增加至 2020 年的 1908. 3 元。这十年间河北省失业保险人均基金结余呈现先增加到 2015 年的 3308. 6 元，而后降低的趋势。2020 年北京市失业保险人均基金结余为 1074. 7 元，天津市的为 1390. 0 元，河北省的为 1908. 3 元。2020 年河北省失业保险人均基金结余是北京市 1. 8 倍，是天津市的 1. 4 倍。从可持续性角度来看，河北省失业保险基金可持续性优于天津和河北。

（三）失业金受益率

失业金受益率由年末领取失业金人数除以城镇登记失业人数得出①。由表 6 – 4 数据可以看出，2011—2014 年北京的失业金受益率最高，河北次之，天津最低。2015—2020 年北京的失业金受益率最高，河北的最低，这几年间北京的失业金受益率约为河北的 2. 4 倍。北京的失业金受益率由 2011 年的 24. 3% 增加至 2020 年的 33. 2%，呈现先增加后下降的趋势，最高为 2019 年的 54. 2%。天津的失业金受益率由 2011 年的 13. 8% 增加至 2020 年的 24. 5%，呈现先下降、后上升，而后下降的趋势，最高的为 2017 年的 32. 2%。河北的失业金受益率由 2011 年的 23. 2% 下降至 2020 年的 17. 7%，变化幅度不大。2020 年河北省失业金收益率是北京的 53. 3%，天津的 72. 1%。与北京、天津相比，河北的失业金受益情况还相差一段差距②。

表 6 – 4　　2011—2020 年京津冀失业保障水平差异

年份	人均基金支出 单位：元			人均基金结余 单位：元			失业金受益率 单位：%		
	北京	天津	河北	北京	天津	河北	北京	天津	河北
2011	314. 2	562. 8	336. 5	1080. 8	2313. 0	1416. 5	24. 3	13. 8	23. 2

① 杨斌，丁建定：《全面实施全民参保计划背景下扩大失业保险覆盖面研究》，《江西财经大学学报》2019 年第 1 期。

② 丁守海，吴迪：《精准施策与就业保障》，《中国特色社会主义研究》2020 年第 3 期。

续表

年份	人均基金支出 单位：元			人均基金结余 单位：元			失业金受益率 单位:%		
	北京	天津	河北	北京	天津	河北	北京	天津	河北
2012	287.5	476.4	312.8	1118.7	2886.6	1913.8	27.9	9.7	21.4
2013	313.2	477.2	384.3	1336.4	3530.0	2440.2	32.0	9.2	19.1
2014	340.0	1144.7	405.0	1548.3	3645.2	3029.3	40.1	11.5	18.5
2015	395.3	1071.6	546.2	1871.7	3497.2	3308.6	43.2	28.3	20.4
2016	553.3	919.4	961.6	1987.0	3446.1	3060.8	46.4	28.5	19.9
2017	562.4	1628.5	511.8	2031.4	2937.5	2992.1	48.3	32.2	18.1
2018	582.1	1119.4	369.8	2178.9	2542.3	3128.0	48.0	26.6	18.0
2019	716.2	1015.6	445.7	1741.5	1698.6	2637.4	54.2	25.4	18.7
2020	1206.8	957.8	594.5	1074.7	1390.0	1908.3	33.2	24.5	17.7

数据来源：从国家统计局计算得出。

跨统筹地区的失业保险转移政策规定中，对于跨省市流动的就业人员失业保险关系和待遇转入资料审查所需的材料较为繁多、办理流程较为复杂，而且整个转移流程中所涉及的办理部门较多，部门间的权力范围容易出现交叉或者真空地带，各个经办部门的权责没有明确地界定下来，导致在实际工作中产生了相互推诿，管理缺位的现象。不同类型流动人员的失业保险在北京、天津、河北的不同办理部门的文件也不是统一的，他们需要在不同的经办机构办理转移手续这种情况，加剧了跨统筹区域转移工作程序上的不协调。以农民合同制工人办理失业保险转移为例，如果需要从北京转移到河北失业保险关系，北京需要到参保所在地区的职介中心，河北则是由社保中心管理，申请人不得不在北京和河北的不同部门之间来回奔波办理相关手续，长期繁复的办理过程使得参保者与经办机构间容易产生不必要的误解，容易产生不满和误解情绪与冲突。这是由于京津冀各城市定位，文化历史和人口结构各有特点，再加上京津冀协同发展背景下的影响，地区间人员流动性较大，各地在制定政策时需要充分考虑到自身财政能力、本地区户籍人口的社会福利以及公共部门的政绩等因素的影响，从而造成三地社保机构在实际转移工作中的经办细节存在一定出入。最主要的差异就表现在各地的筹资模式和待遇水平的不一致，京津冀三地失业保险额缴费基数均以当年城镇职工的月平均工资为基准，但是由于北京、天津和河北省三地的经济发展差异，导致了不同地区之间的缴费水平的差异。北京城镇职工月平均工资最高，天津次之，河北最低。职工的月平均工资更加不尽相同，相距甚远。这种付出与收益的不对等性，要求失业保险制度在进行协调时，必须考虑到流动过程中的利益折算与补偿机制。由于政策上不一致的细节规定，在衔接参保人员跨统筹地区失业保险的缴费记录时，无法平衡地区之间因缴费水平不同所带来的待遇差异，必然导致失业保险转移接续过程的不顺畅，由此产生了失业保险便携性差的问题。实际工作中会遇到各种各样的新难题。由于没有统一协调的转接方案，京津冀在失业保险制度协调发展上缺乏连贯性和统一性，各地区各部门之间沟通协商的时间较长，一定会出现时间延误的问题。而且制度的不一致往往会涉及多个部门联合办理，但由于缺乏整体政策规划，没有明确责任划分，导致了各部门间无法顺畅沟通与高效合作，进而影响了整个京津冀地区失业保险制度协调进程的顺利推进。甚至会影响到京津冀协同发展的大局。

第五节　社会保障资源配置对京津冀收入差距影响的实证分析

本节将着重分析社会保障资源配置对京津冀收入差距的影响，并进行实证检验①。

一、研究设计

本书理论模型的基础是新古典经济增长模型的收敛性分析。目前该理论已拓展到能源、碳排放、财税政策等多个领域。收敛性常用的测度方法包括收敛、绝对收敛和条件收敛，本书在借鉴贝克尔理论模型的基础上，将收敛模型拓展为如下形式：

（一）σ 收敛

它是指各地区居民收入水平的离差随时间推移逐渐减小，是对各地区居民

① 仇晓洁，李玥：《农村社会保障支出缩小了农民收入差距吗?》，《金融与经济》2019 年第 1 期。

可支配收入存量的粗略描述。具体计算公式为：

$$\sigma_t = \sqrt{\sum_{i=1}^{n}[\ln(y_{i,t}) - \ln\overline{(y_{i,t})}]^2/N} \quad (6-1)$$

其中，$\ln(y_{i,t})$ 为 i 地区在 t 时期的居民人均收入水平的对数值，$\overline{\ln(y_{i,t})}$ 为 $\ln(y_{i,t})$ 的均值，N 表示地区数目。

（二）绝对 β 收敛

它是指居民收入水平低的地区在逐渐追赶居民人均收入水平高的地区，并达到相同的稳态水平。具体的收敛方程为：

$$\ln(y_{i,t+T}/y_{i,t})/T = \alpha + \beta\ln(y_{i,t}) + \mu_{i,t} = \alpha - (1 - e^{-\theta t})/T\ln(y_{i,t}) + \mu_{i,t} \quad (6-2)$$

其中，α 为常数项，β 为估计系数，θ 为收敛速度（也称作为收敛系数），T 为时间跨度，$\ln(y_{i,t+T}/y_{i,t})/T$ 为 i 地区在 t 到 $t+T$ 时间内居民收入水平的年均增长率，$\mu_{i,t}$ 为误差项。收敛速度 β 可以通过 $-(1-e^{-\theta t})/T$ 计算出。若 $\beta<0$ 且在统计上显著，表示存在绝对收敛，即居民收入水平低的地区最终会赶上居民收入水平高的地区。

（三）条件 β 收敛

条件 β 收敛与绝对 β 收敛都是对居民收入增量的考察。有所区别的是，条件 β 收敛放松了绝对收敛关于各地区经济初始条件完全相同的假设，即假定各地区的居民人均收入水平将沿着不同路径收敛于自身各自的稳态水平而非相同的稳态水平。在绝对 β 收敛的基础上引入一些影响收敛状态的控制变量便构成以下条件 β 收敛的检验方程：

$$\begin{aligned}\ln(y_{i,t+T}/y_{i,t})/T &= \alpha + \beta\ln(y_{i,t}) + \varphi PSSE_{i,t} + \mu_{i,t} \\ &= \alpha - (1 - e^{-\theta t})/T\ln(y_{i,t}) + \varphi SSE_{i,t} + \mu_{i,t} \quad (6-3)\end{aligned}$$

$$\begin{aligned}\ln(y_{i,t+T}/y_{i,t})/T &= \alpha + \beta\ln(y_{i,t}) + \varphi X_{i,t} + \mu_{i,t} \\ &= \alpha - (1 - e^{-\theta t})/T\ln(y_{i,t}) + \varphi X_{i,t} + \mu_{i,t} \quad (6-4)\end{aligned}$$

本书依据 Cashin 和 Sahay（1996）的做法，在式（6-2）的基础上加入控制变量。相比式（6-2）和式（6-3）只选取社会保障资源配置 $PSSE_{i,t}$ 作为控制变量。由于式（6-2）已包含社会保障资源配置对居民收入的收敛效应，式（6-3）将社会保障资源配置作为控制变量即表示剔除社会保障资源配置后的收敛效应。若社会保障资源配置对居民收入差距具有“正向调节”作用，那么式（6-2）的估计系数 β_a 就会小于式（6-3）的估计系数 β_b，即收敛系

数 $\theta_a > \theta_b$。反之，若社会保障资源配置对居民收入差距具有“逆向调节”作用，那么式（6－2）的估计系数 β_a 就会大于式（6－3）的估计系数 β_b，即收敛系数 $\theta_a < \theta_b$。除社会保障资源配置会影响居民收入差距外，还有其他因素会影响居民收入差距，故而本节内容参考以往研究文献，将社会保障资源配置和其他因素作为控制变量集合 $X_{i,t}$，通过式（6－4）进行实证分析。若估计系数 $\beta < 0$（即 $\lambda > 0$）且在统计上显著，则表示存在条件 β 收敛。

二、数据来源及变量解释

（一）数据来源

由于部分地级市缺失 2011 年与 2012 年的部分变量数据，本节选择 2013—2020 年北京市、天津市、河北省内 11 个地级市，总共 13 个市的相关数据。在计算 $\ln(y_{i,t+T}/y_{i,t})/T$ 时以 2021 年居民可支配收入数据为基数。通过北京、天津和河北 11 个地级市的面板数据得出居民可支配收入收敛情况，进而分析社会保障资源配置对居民可支配收入的影响①。相关数据来自《河北统计年鉴》《北京统计年鉴》《天津统计年鉴》、河北省内的市级统计年鉴以及国家统计局。

（二）变量选择

1. 收入收敛趋势（$\ln(y_{i,t+T}/y_{i,t})/T$）。采用 i 地区在 t 到 $t+T$ 时间内各市居民可支配收入水平的年均增长率用来衡量居民收入差距。以 2021 年各市居民可支配收入为基数分别与各市当年居民可支配收入相除，并求出对数再除以 T 得出。

2. 收入水平（$\ln(y_{i,t})$）。采用各市当年居民可支配收入的对数衡量收入水平。

3. 社会保障资源配置（psse）。采用人均社会保障支出作为社会保障资源配置的衡量指标，用社会保障支出总额除以总人口数得到。

4. 控制变量②：

（1）经济发展水平（gdpg）：用各市 GDP 增长率衡量，体现各市的经济发

---

① 张丽凡：《财政性社会保障支出对城乡居民收入差距的影响》，浙江财经大学 2019 年硕士学位论文。

② 张永峰，陈诚：《社会保障制度实施效果再评价》，《西安财经大学学报》2022 年第 5 期。

展状况。

（2）对外开放度（open）。用当年各市的进出口总额和地区生产总值的比，反映各地区的经济开放程度。

（3）城镇化水平（urban）。用城镇化率表示，即各市城镇常住人口数与各市总人口的比率。

（4）产业结构（cy）。以第二、第三产业总产值与地区 GDP 的比值衡量。

（5）市场化指数（market）：它以樊纲市场化指数作为代理指标。

三、描述性统计

表 6－5 报告了本节各变量的描述性统计结果。

表 6－5　描述性统计

变量符号	变量名称	样本量	均值	标准差	最小值	最大值
$\ln(y_{i,t+T}/y_{i,t})/T$	收入收敛趋势	104	0.0080	0.0012	0.0045	0.0112
$\ln(y_{i,t})$	收入水平	104	10.0358	0.3854	9.3588	11.1481
psse	社会保障资源配置	104	1228.722	960.406	337.2054	4823.481
gdpg	经济发展水平	104	6.4032	1.7345	1.2	12.54
open	对外开放度	104	2707.43	6546.655	15.84	28633.5
urban	城镇化水平	104	58.7249	12.4117	43.5	87.534
cy	产业结构	104	0.8965	0.0529	0.7831	0.997
market	市场化指数	104	12.6336	2.1241	8.3269	18.3712

四、实证结果分析

（一）σ 收敛检验

由表 6－6 可知，在 2013—2020 年，京津冀 13 个地级市计算的 σ 系数呈现逐年下降的趋势，由 2013 年的 0.3485 下降至 2020 年的 0.2970，说明京津冀 13 个地级市的居民可支配收入离散程度逐渐变小，收入差距不断缩小。

表 6－6　京津冀地区的 σ 系数

年份	2013	2014	2015	2016	2017	2018	2019	2020
σ 系数	0.3485	0.3401	0.3340	0.3276	0.3225	0.3151	0.3079	0.2970

（二）绝对 β 收敛和条件 β 收敛检验

本书将2013—2020年京津冀地区市级层面样本，根据式（6-2）—式（6-4）进行面板模型估计。回归结果如表6-7所示。选择固定效应模型对式（6-2）进行回归，回归结果见表6-7中的列（1）。加入社会保障资源配置这一变量，选择交互固定效应模型对式（6-3）进行回归，回归结果见列（2）。加入社会保障资源配置与其他控制变量一起回归，选择交互固定效应模型对式（6-4）进行回归，回归结果见列（3）。由列（1）结果可以看出，2013—2020年绝对收敛系数在1%的显著水平上小于0，说明存在较强的绝对收敛趋势。加入社会保障支出这一变量的列（2）结果和加入控制变量束的列（3）结果与列（1）结果相比，居民可支配收入水平的收敛系数都在1%的统计水平上显著为负，且数值小于列（1）的居民可支配收入水平的收敛系数，说明京津冀地区居民可支配收入水平存在条件收敛。在式（6-1）的基础上加入社会保障资源配置这一变量后，系数明显变小且显著为负，说明社会保障支出缩小了京津冀地区居民收入差距，呈现相对收敛特征。在式（6-1）的基础上加入社会保障资源配置与其他控制变量这些控制变量束后，系数仍显著为负，对外开放度系数显著为负，城镇化水平系数显著为正，这说明对外开放度缩小收入差距，城镇化水平是拉大收入差距的重要因素。

表6-7　2013—2020年京津冀地区绝对 β 收敛和条件 β 收敛检验

变量	(1) shoulian	(2) shoulian	(3) shoulian
lny	-0.00204*** (-7.82)	-0.00720*** (-9.43)	-0.00742*** (-13.01)
psse		-0.000000523*** (-8.79)	-0.000000277*** (-3.44)
gdpg			-0.000000137 (-0.02)
open			-4.18e-08*** (-5.23)
urban			0.0000608*** (4.43)
market			0.00000716

续表

变量	(1) shoulian	(2) shoulian	(3) shoulian
cy			-0.0000601 (-0.04)
_cons	0.0285*** (10.87)	0.0809*** (10.53)	0.0793*** (13.68)
N	104	104	104

注：括号内未响应参数估计的 t 统计值，*、**、*** 分别代表在10%、5%、1%的显著性水平。

由列（3）结果可知，社会保障资源配置的系数为负值。说明在其他条件不变的情况下，社会保障资源配置即人均社会保障支出增加，居民收入差距即收入收敛趋势显著下降。人均社会保障支出与收入收敛趋势呈显著负相关。人均社会保障支出水平越高，收入差距越小。对外开放度系数显著为负，城镇化水平系数显著为正，说明对外开放度缩小收入差距，城镇化水平拉大收入差距。

五、稳健性检验

在此参考王烜和张扬（2019）[①] 的做法，将社会保障支出占财政支出的比例作为社会保障资源配置的衡量指标。选择固定效应模型对式（6-2）进行回归，结果见表6-8中的列（1）。加入社会保障资源配置这一变量，选择交互固定效应模型对式（6-3）进行回归，结果见列（2）。加入社会保障资源配置与其他控制变量一起回归，选择交互固定效应模型对式（6-4）进行回归。由列（1）结果，2013—2020年绝对收敛系数在1%的显著水平上小于0，说明存在较强的绝对收敛趋势。由列（2）结果，显示社会保障资源配置的系数不显著。由列（3）结果，社会保障资源配置系数为负。说明在其他条件不变的情况下，社会保障支出占财政支出的比例增加，居民收入的收敛趋势下降。对外开放度系数显著为负，城镇化水平系数显著为正，说明对外开放度提高有利于缩小居民收入差距，而城镇化水平拉大居民收入差距。由表6-8数据结果得出，替换社会保障资源配置的衡量指标后，社会保障资源配置与收入

① 王烜，张扬：《财政支农和社会保障支出对城乡居民收入差距影响的实证检验》，《统计与决策》2019年第6期。

收敛趋势呈显著负相关，即稳健性检验通过。

表 6－8　　　　　　　　　　　　稳健性检验

变量	(1) shoulian	(2) shoulian	(3) shoulian
lnincome	－0.00204 *** (－7.82)	－0.00503 *** (－4.65)	－0.00747 *** (－12.20)
percent		0.000721 (1.59)	－0.000484 * (－1.86)
gdpgrowth			0.00000739 (0.84)
open			－3.86e－08 *** (－4.60)
urban			0.000103 *** (10.17)
market			－0.00000457 (－0.10)
twothreeip2			0.000503 (0.34)
_cons	0.0285 *** (10.87)	0.0584 *** (5.37)	0.0767 (12.47)
N	104	104	104

注：括号内未响应参数估计的 *t* 统计值，*、**、*** 分别代表在 10%、5%、1% 的显著性水平。

六、结论

基于京津冀各市 2013—2020 年的面板数据模型得到以下结论：社会保障资源配置与居民收入差距呈显著负相关；社会保障资源配置水平越高，居民收入差距越小。提高社会保障资源配置水平，有助于缩小居民收入差距。京津冀政府加大社会保障支出，有利于缩小京津冀居民收入差距缩小。从控制变量的影响作用看，对外开放度与收入收敛趋势呈显著负相关关系，即对外开放度越高，居民收入差距越小。城镇化水平与收入收敛趋势呈显著正相关关系，即城镇化水平越高，居民收入差距越大。由上述分析可知，京津冀社会保障支出起到了缩小京津冀居民收入差距的作用。

第七章

促进京津冀共同富裕的财政支出政策实证分析

第一节　财政促进共同富裕的文献回顾

一、财政与居民收入差距的文献回顾

随着全面建成小康社会目标的完成，共同富裕成为党和人民的下一个殷切期盼。国家统计局数据显示，2020 年我国居民收入基尼系数为 0.468，虽然过去十年来我国基尼系数整体呈下降趋势，但根据国际标准，我国基尼系数仍高于 0.4 的国际警戒线。缩小居民收入差距是学术界常被提及的研究话题，近年来，多位学者基于不同角度从理论和实证层面探究了我国居民收入差距的历史演进、形成原因和缩小差距的实践路径。

改革开放以来，劳动力、资本、土地等要素市场的滞后（李实等[①]，2018）、

① 李实，朱梦冰：《中国经济转型 40 年中居民收入差距的变动》，《管理世界》2018 年第 12 期。

国家发展战略和贸易政策的不均衡（张延群等[①]，2019）、城市化进程加速（徐家鹏等[②]，2017）等因素加剧了居民收入差距的扩大。但近年来，随着现代信息技术的发展，影响居民收入差距的因素更加复杂。杨怡等[③]（2022）基于数字普惠金融和人力资本视角，运用2011—2019年我国省级面板数据实证研究发现：数字普惠金融的发展显著缩小了城乡居民收入差距，且不同类型的农村人力资本在其中发挥着收敛和正向调节作用；与此结论不同的是，杨德勇等[④]（2022）研究发现：数字普惠金融对城乡居民收入差距的影响存在门限效应，即当数字普惠金融覆盖广度和数字化程度发展到一定水平时，数字普惠金融会对居民收入差距起到收敛作用，且其收敛作用存在着地区异质性。另外，陈文[⑤]（2021）、王军[⑥]（2021）、樊轶侠等[⑦]（2022）均基于数字经济视角，实证研究发现：数字经济的发展对城乡居民收入差距起到先缩小后扩大的非线性影响。而周广肃等[⑧]（2022）利用中国家庭追踪调查和工业机器人使用数据，实证发现：工业机器人的应用会显著扩大城镇居民收入差距，进一步研究结论表明：这种扩大作用对于低收入、低教育地区的影响更加显著。

收入分配是财政的重要职能，财政政策也是调节居民收入差距的重要方式。国内对于财政与居民收入差距的研究主要体现在三方面：一是探究财政体制对居民收入差距的影响。刘树鑫等[⑨]（2022）实证检验了财政纵向失衡对城乡居民收入差距的恶化效应，而这种恶化效应在经济基础较为发达的地区更加显著；而刘金全等[⑩]（2018）通过构建泰尔指数，运用1980—2016年数据实

---

① 张延群，万海远：《我国城乡居民收入差距的决定因素和趋势预测》，《数量经济技术经济研究》2019年第3期。

② 徐家鹏，孙养学：《城市化进程对城乡居民收入差距的影响》，《城市问题》2017年第1期。

③ 杨怡，陶文清，王亚飞：《数字普惠金融对城乡居民收入差距的影响》，《改革》2022年第5期。

④ 杨德勇，代海川，黄帆帆：《数字普惠金融对城乡居民收入差距的门限效应研究——基于不同发展维度的实证分析》，《经济与管理评论》2022年第3期。

⑤ 陈文，吴赢：《数字经济发展、数字鸿沟与城乡居民收入差距》，《南方经济》2021年第11期。

⑥ 王军，肖华堂：《数字经济发展缩小了城乡居民收入差距吗?》，《经济体制改革》2021年第6期。

⑦ 樊轶侠，徐昊，马丽君：《数字经济影响城乡居民收入差距的特征与机制》，《中国软科学》2022年第6期。

⑧ 周广肃，丁相元：《工业机器人应用对城镇居民收入差距的影响》，《数量经济技术经济研究》2022年第1期。

⑨ 刘树鑫，史传林，方有为：《财政纵向失衡与城乡居民收入差距：理论与实证》，《中央财经大学学报》2022年第4期。

⑩ 刘金全，丁娅楠：《财政分权对我国居民收入差距的影响——基于泰尔指数的实证分析》，《浙江学刊》2018年第4期。

证检验了财政分权对居民收入差距的影响，研究结论表明：1994 年的分税制改革对我国居民收入差距起到显著的调节作用。二是探究不同财政支出项目对居民收入差距的影响。王烜等[①]（2019）运用系统广义矩估计法实证研究发现：财政支农支出和社会保障支出会显著缩小城乡居民收入差距；但肖育才[②]（2017）、朱德云等[③]（2017）认为由于我国财政支出的城市偏斜战略，财政支农支出、社会保障支出的增加会进一步扩大我国城乡居民收入差距。另外，王海霞[④]（2021）基于财政支出结构视角，运用基尼系数测度了财政支出结构对收入分配的影响，结果显示：社会性支出和经济性支出均可以在一定程度上缓解居民收入不平等问题。三是探究税收工具对居民收入分配的调节作用。詹新宇等[⑤]（2015）从宏观、中观、微观三个层面探讨了个人所得税的收入再分配效应，并从外部治税环境、优化税制设计、提高征管水平三方面提出了政策建议；王德祥等[⑥]（2016）通过构建广义熵指数，测算了增值税、消费税、营业税三种间接税对我国城乡居民收入分配的调节效应，其研究发现：我国间接税制对城乡居民收入分配具有逆向调节作用。

二、财政与基本公共服务均等化的文献回顾

习近平总书记指出："我们说的共同富裕是全体人民共同富裕，是人民群众物质生活和精神生活都富裕"，实现共同富裕与基本公共服务均等化具有紧密的内在逻辑联系，共同富裕的全民性、全面性、共建性和渐进性与基本公共服务均等化的内在要求是一致的[⑦]。由此可以看出，促进基本公共服务均等化是实现共同富裕的基本内容和重要标志。

---

① 王烜，张扬：《财政支农和社会保障支出对城乡居民收入差距影响的实证检验》，《统计与决策》2019 年第 6 期。

② 肖育才，姜晓萍：《财政支农支出对城乡收入差距影响的实证研究》，《经济问题探索》2017 年第 11 期。

③ 朱德云，董迎迎：《财政社会保障支出对城乡居民收入差距的影响研究》，《宏观经济研究》2017 年第 1 期。

④ 王海霞：《财政支出结构对我国收入不平等的影响研究》，《经济经纬》2021 年第 3 期。

⑤ 詹新宇，杨灿明：《个人所得税的居民收入再分配效应探讨》，《税务研究》2015 年第 7 期。

⑥ 王德祥，赵婷：《我国间接税对城乡居民收入分配的效应分析》，《审计与经济研究》2016 年第 2 期。

⑦ 袁威：《基本公共服务均等化的政策逻辑与深化：共同富裕视角》，《中共中央党校（国家行政学院学报）》2022 年第 4 期。

目前，学术界对于基本公共服务均等化的研究主要聚焦于基本公共服务均等化的测度和指标构建。董艳玲等[①]（2022）采用熵值法和 Dagum 基尼系数测算了 2006—2018 年我国基本公共服务供给水平和均等化水平，其结果显示：我国基本公共服务存在着均等化趋势，进一步通过空间和结构分解发现，我国基本公共服务非均等化主要来自区域间差异和社保就业差异。吕光明等[②]（2022）基于不同县域类型，通过引入加权 α 均值的组的基尼系数测度了我国县域基本公共服务均等化水平，测度结果发现：特定属性、城市群、历史贫困和农牧产业区类型县域基本公共服务均等化程度依次降低。另外，温娇秀[③]（2013）、傅才武[④]（2018）、董丽晶[⑤]（2021）、刘欢[⑥]（2020）等分别从基础教育、公共文化服务、公共卫生服务、城乡居民基本医疗保障等方面对其均等化水平进行了测度与分析。

现有财政与基本公共服务均等化的相关研究主要包括两方面：一是探究财政体制对基本公共服务均等化的影响。高秋明等[⑦]（2019）基于居民医保整合视角，实证检验了财政省直管县体制对基本公共服务均等化的影响效应，其结论显示：省直管县占比越高的城市，越倾向于避免医保整合，且这种效应在力量对比差距较大的市县中更为显著。刘成奎等[⑧]（2014）则通过 2004—2011 年我国 26 个省份的数据实证分析发现：财政分权在一定程度上强化财政的城市偏向，进而加大了城乡基本公共服务非均等化水平。而肖建华等[⑨]（2017）

---

① 董艳玲，李华：《中国基本公共服务的均等化测度、来源分解与形成机理》，《数量经济技术经济研究》2022 年第 3 期。

② 吕光明，陈欣悦：《县域基本公共服务均等化的测度与结构解析》，《财政研究》2022 年第 4 期。

③ 温娇秀，蒋洪：《我国基础教育服务均等化水平的实证研究——基于双变量泰尔指数的分析》，《财政研究》2013 年第 6 期。

④ 傅才武，张伟锋：《基本公共文化服务均等化研究——模型构建与实证分析》，《图书馆杂志》2018 年第 8 期。

⑤ 董丽晶，林家熠，苏飞，杨美洁：《基本公共卫生服务均等化水平测度》，《统计与决策》2021 年第 9 期。

⑥ 刘欢，戴卫东，向运华：《公共服务均等化视角下城乡居民基本医疗保障受益公平性研究》，《保险研究》2020 年第 5 期。

⑦ 高秋明，杜创：《财政省直管县体制与基本公共服务均等化——以居民医保整合为例》，《经济学（季刊）》2019 年第 4 期。

⑧ 刘成奎，龚萍：《财政分权、地方政府城市偏向与城乡基本公共服务均等化》，《广东财经大学学报》2014 年第 4 期。

⑨ 肖建华，黄蕾，吴爱琴：《财政转移支付对社会性基本公共服务均等化效应的实证检验》，《金融与经济》2017 年第 3 期。

基于转移支付视角，运用江西省 2011—2015 年县级面板数据实证研究发现：财政转移支付有利于基本公共服务均等化，且专项转移支付的影响效果显著强于财力性转移支付。二是探索促进基本公共服务均等化的财政路径。朱云飞等①（2020）基于我国省域间城乡基本公共服务发展现状，从财力、投入、产出、供求均衡四方面提出推进城乡基本公共服务均等化的综合保障体系。而许光建等②（2015）通过分析制约基本公共服务均等化的财政保障问题和梳理发达国家财政保障机制及成熟经验，从深化体制改革、加强保障机制建设、强化支出管理三个方面提出财政建议。

三、总结

共同富裕是社会主义的本质要求，也是人民群众的共同期盼。一方面，现有文献或是从理论层面探讨共同富裕的内涵特征、实践路径等，或是将共同富裕作为广义上的被解释变量，从数字普惠金融、乡村振兴、税收制度等方面展开多维探讨，却鲜有文献探讨财政支出对共同富裕的影响。进行财政支出是国家调控经济社会发展的重要手段，不论是合理的财政支出规模还是财政支出结构，均能够在初次分配和再次分配领域发挥其调节作用，从而起到缩小居民收入差距和推动实现基本公共服务均等化的作用，进而助推共同富裕的实现。

另一方面，现有对共同富裕的研究多从全国范围内进行分析，鲜有研究将共同富裕放在特定区域内进行探讨。实现京津冀协同发展作为我国区域重大战略，对于实现我国区域经济均衡发展、促进全体人民共同富裕具有深远意义。随着北京非首都功能纾解工作的有序开展，京津冀地区在产业、生态、交通等各领域取得了显著成效。

为使京津冀迈向更为高效的协同发展新阶段，本章基于共同富裕的远景目标，立足于财政支出这一视角，从城乡居民收入差距和基本公共服务水平两个维度，实证研究财政支出规模与结构对实现京津冀共同富裕的影响效应，为后面章节提出的政策建议提供实证参考。

---

① 朱云飞，赵宁：《城乡基本公共服务均等化的省域布局及财政对策》，《税收经济研究》2020 年第 1 期。

② 许光建，刘汝兵：《实现基本公共服务均等化的财政保障机制研究》，《价格理论与实践》2015 年第 3 期。

第二节　财政支出政策对京津冀居民收入差距影响的实证分析

从现有文献的研究中可以看到，财政支出对于调节城乡居民收入差距的影响方向是不明确的。一方面，我国财政支出长期以来表现出明显的城市偏向性特征，会将有限的要素集中分配给城市等优势地区，从而扩大了城乡间居民收入差距①。而另一方面，随着经济社会的发展，财政支出会逐渐向教育、文化、医疗、社会保障等“民生性”领域倾斜，而对于农村地区来说，民生领域的前期投入严重不足，这就使得财政支出的“民生性倾向”为农村地区所带来的居民收入弹性大于城市，从而有助于缩小城乡间居民收入差距。本节则基于实证视角，利用京津冀三地经验数据，探究财政支出对京津冀及河北省内部城乡居民收入差距的影响。

一、财政支出对京津冀城乡居民收入差距影响的实证分析

（一）模型设计

为研究财政支出对城乡居民收入差距的影响，根据相关理论和现有研究建立以下计量经济学模型：

$$\text{theil}_{it} = \alpha + \beta FS_{it} + \delta X_{it} + \lambda_i + \varphi_t + \varepsilon_{it} \tag{7-1}$$

为了能够充分反映地区城乡居民收入差距，被解释变量采用了泰尔指数（theil）作为城乡居民收入差距的代理指标。其中，泰尔指数的具体含义见式（7－2）。即：泰尔指数等于城镇泰尔指数与农村泰尔指数的总和，Y_u、Y_c、Y 分别为城镇、农村和地区总收入（城镇/农村/地区居民人均可支配收入与对应人口数的乘积）；L_u、L_c、L 分别为城镇、农村和地区总人口数。泰尔指数越大说明该地区的城乡居民收入差距就越大。

$$\text{Theil} = \frac{Y_u}{Y} \times \ln \frac{Y_u/Y}{L_u/L} + \frac{Y_c}{Y} \times \ln \frac{Y_c/Y}{L_c/L} \tag{7-2}$$

① 李成友，孙涛，王硕：《人口结构红利、财政支出偏向与中国城乡收入差距》，《经济学动态》2021 年第 1 期。

核心解释变量 fs_{it} 为 i 市第 t 年的财政支出相关变量，包括财政支出规模（fs）和财政支出结构（fs_i），考虑到数据的可获得性，财政结构变量包括科教文卫支出、社会保障支出以及财政支农支出；控制变量为其他可能影响城乡居民收入差距的变量，包括经济发展水平（lnpgdp）、城镇化水平（urban）、产业结构升级（ind）、普惠金融水平（IF）①、市场化程度（market）以及对外开放水平（trading），各变量的具体说明见表 7－1；λ_i 表示不随时间变化的个体效应；φ_t 表示不随个体变化的时间效应；ε_{it} 表示随机扰动项，主要包括变量、样本及其他偶然因素所造成的偏差。

表 7－1　　　　变量说明

	变量	含义
被解释变量	城乡居民收入差距（theil）	城乡泰尔指数
核心解释变量	财政支出规模（fs）	财政支出/GDP
	科教文卫支出（fs1）	（科学技术支出＋教育支出＋文化传媒与体育支出＋医疗卫生支出）/GDP
	社会保障支出（fs2）	社会保障和就业支出/GDP
	财政支农支出（fs3）	农林水事务支出/GDP
控制变量	经济发展水平（lnpgdp）	人均 GDP 的对数
	城镇化率（urban）	城镇人口数/总人口
	产业结构升级（ind）	第三产业增加值/GDP
	市场化程度（market）	市场化指数
	普惠金融水平（IF）	北京大学普惠金融指数
	对外开放水平（trading）	进出口总额/GDP

变量数据为 2013—2020 年的京津冀市级面板数据，数据选取自《北京统计年鉴》《天津统计年鉴》《河北统计年鉴》河北省各市统计年鉴、中经网数据库等，各变量的描述性统计见表 7－2。

表 7－2　　　　描述性统计结果

变量	样本值	均值	标准误差	最小值	最大值
theil	104	0.076	0.028	0.018	0.151

① 郭光锐：《促进共同富裕背景下数字普惠金融与京津冀协同发展——基于空间杜宾模型的实证研究》，《中阿科技论坛（中英文）》2022 年第 11 期。

续表

变量	样本值	均值	标准误差	最小值	最大值
fs	104	0.202	0.064	0.081	0.402
fs1	104	0.061	0.017	0.025	0.106
fs2	104	0.023	0.009	0.009	0.056
fs3	104	0.024	0.015	0.003	0.089
lnpgdp	104	10.763	0.473	10.009	12.009
urban	104	58.725	12.412	43.5	87.534
ind	104	0.486	0.127	0.315	0.837
IF	104	239.751	50.76	141.91	323.148
market	104	12.634	2.124	8.327	18.371
trading	104	0.204	0.252	0.011	1.26

（二）实证结果分析

1. 基准回归结果分析

对于财政支出对京津冀城乡居民收入差距影响的研究，采用双向固定效应模型对其进行估计，其结果见表7-3。由表7-3结果可知，财政支出规模的估计系数均为负值，且在1%的水平下显著，这说明：财政支出规模与城乡居民收入差距呈负向变动关系。具体来看，在其他变量不变的情况下，财政支出规模每增长1%，则城乡泰尔指数将降低0.0694个单位。对于财政支出结构来说，科教文卫支出、社会保障支出以及财政支农支出的估计系数均为负值，即扩大三类财政支出均有助于缩小城乡居民收入差距。具体来看，科教文卫支出的估计系数在5%的水平下显著为负，这说明：在其他条件不变的情况下，科教文卫支出每增加1%，则城乡泰尔指数下降0.269个单位；社会保障支出的估计系数在1%的水平下显著为负，这说明：在其他条件不变的情况下，社会保障和就业支出每增加1%，则城乡泰尔指数下降0.725个单位；财政支农支出的估计系数也在1%的水平下显著为负，这说明：在其他条件不变的情况下，农林水事务支出每增加1%，则城乡泰尔指数下降0.284个单位。从系数的大小比较来看，科教文卫支出、社会保障支出以及财政支农支出的影响效应均高于整体财政支出，这说明提高这三类支出项目在财政支出中的比重有助于更好地缩小城乡居民收入差距。进一步来看，社会保障支出的估计系数远大于其他财政支出变量的估计系数，说明社会保障支出对城乡居民收入差距的缩小作用最为显著。

表 7－3　　　　财政支出对城乡居民收入差距影响的回归结果

变量	(1) theil	(2) theil	(3) theil	(4) theil
fs	-0.0694 *** (0.0214)			
fs1		-0.269 ** (0.0965)		
fs2			-0.725 *** (0.0961)	
fs3				-0.284 *** (0.0459)
lnpgdp	-0.0185 ** (0.00796)	-0.0182 ** (0.00771)	-0.0184 ** (0.00691)	-0.00685 (0.00767)
urban	-0.00152 *** (0.000386)	-0.00144 *** (0.000391)	-0.00185 *** (0.000429)	-0.00178 *** (0.000322)
ind	0.00956 (0.0253)	0.00856 (0.0270)	0.00671 (0.0186)	0.00258 (0.0194)
IF	0.0000718 * (0.0000353)	0.0000961 *** (0.0000305)	0.0000568 (0.0000352)	-0.00000959 (0.0000356)
market	0.00522 * (0.00272)	0.00536 * (0.00267)	0.00513 * (0.00260)	0.00257 (0.00260)
trading	-0.0214 *** (0.00654)	-0.0149 ** (0.00662)	-0.0201 ** (0.00690)	-0.0186 ** (0.00633)
_cons	0.310 ** (0.104)	0.298 *** (0.0969)	0.332 *** (0.0859)	0.239 ** (0.0884)
个体效应	YES	YES	YES	YES
时间效应	YES	YES	YES	YES
N	104	104	104	104
R^2	0.918	0.918	0.930	0.931

注：*、**、*** 分别代表在 10%、5%、1% 的显著性水平下显著，括号内为标准误，余表同。

对于其他控制变量来说，经济发展水平的估计系数为负值，这说明随着经济发展体量和质量的提高，农村居民的收入增长幅度会明显高于城镇居民，从而缩小城乡收入差距；城镇化率的估计系数同样显著为负值，这说明随着城镇化进程的推进，城乡居民收入差距会缩小，这说明：城镇化进程在一定程度上与经济发展水平是相契合的，即城镇化推进有助于优化乡村产业结构，提高农村经济发展效率与质量，从而缩小城乡居民收入差距；产业结构升级的估计系数为正值，但并不在至少10%的水平下显著，说明其结果不具备说服力；普惠金融水平和市场化水平的估计系数均为正值，这说明：随着普惠金融和市场化水平的提高，城镇居民的收入增幅要更明显，从而扩大了城乡居民收入差距；对外经济发展水平估计系数均在1%或5%水平下显著为负，说明对外经济发展有助于缩小城乡居民收入差距。

2. 稳健性检验

为进一步保证基准结果是稳健的，需要对其进行稳健性检验，本部分通过替换被解释变量，采用城乡居民收入比值（gap）作为城乡居民收入差距的代理指标进行验证，其结果见表7-4。由结果可以看出，无论是财政支出规模，还是三类财政支出项目的估计系数均为负值，且都在至少10%的水平下显著，这说明：增加财政支出规模、提高科教文卫支出、社会保障支出和财政支农支出的比重，有助于降低城乡居民收入比，缩小城乡收入差距。值得注意的是，在三项财政支出分项中，社会保障支出估计系数绝对值最大，同样验证了上文基准回归结果中结论，即社会保障支出对城乡居民收入差距的调节作用最为明显。

表7-4　　稳健性检验结果

变量	(1) gap	(2) gap	(3) gap	(4) gap
fs	-0.816*** (0.247)			
fs1		-2.810* (1.456)		
fs2			-9.287*** (1.920)	
fs3				-3.084*** (0.740)
控制变量	YES	YES	YES	YES
个体效应	YES	YES	YES	YES

续表

变量	(1) gap	(2) gap	(3) gap	(4) gap
时间效应	YES	YES	YES	YES
N	104	104	104	104
R^2	0.761	0.754	0.790	0.776

3. 异质性分析

为进一步比较在不同程度城乡收入差距下，财政支出调节作用的差异，本部分将城乡泰尔指数按照均值分为高低两组进行异质性分析，具体的模型设计见式（7-3）：

$$\text{theil}_{it} = \alpha + \beta_1 T \times FS_{it} + \beta_2 (1 - T) \times FS_{it} + \delta X_{it} + \lambda_i + \varphi_t + \varepsilon_{it} \quad (7-3)$$

其中，T 为分组虚拟变量，当城乡泰尔指数高于均值时，则 $T=1$；当城乡泰尔指数低于均值时，则 $T=0$。可以看出，β_1 为城乡居民收入差距较高时，财政支出的调节作用系数，β_2 为低组财政支出的调节作用系数，具体的实证结果见表7-5。由结果可知，无论是财政支出规模，还是三类财政支出项目的估计系数均在至少10%的水平下显著为负，且高组的系数绝对值均大于低组，这说明：城乡居民收入差距越大的地区，其财政支出的调节作用越明显。

表7-5　异质性分析结果

变量	(1) theil	(2) theil	(3) theil	(4) theil
fs（高）	-0.0750*** (0.0211)			
fs（低）	-0.0608** (0.0243)			
fs1（高）		-0.270** (0.0995)		
fs1（低）		-0.233* (0.108)		
fs2（高）			-0.715*** (0.0961)	

续表

变量	(1) theil	(2) theil	(3) theil	(4) theil
fs2（低）			−0.629*** (0.102)	
fs3（高）				−0.287*** (0.0439)
fs3（低）				−0.252*** (0.0694)
控制变量	YES	YES	YES	YES
个体效应	YES	YES	YES	YES
时间效应	YES	YES	YES	YES
N	104	104	104	104
R^2	0.923	0.920	0.933	0.932

二、财政支出对河北省城乡居民收入差距影响的实证分析

（一）模型设计

对于财政支出对河北省城乡居民收入差距影响的研究，根据相关理论和现有研究，建立以下计量经济学模型：

$$\text{gap}_{it} = \alpha + \beta fs_{it} + \delta X_{it} + \lambda_i + \varphi_t + \varepsilon_{it} \tag{7-4}$$

其中，gap_{it}为i县（区）第t年的城乡居民收入差距，以城乡人均可支配收入比值作为其代理指标；fs_{it}为i县（区）第t年的财政支出变量，其中，财政支出规模以各县（区）一般公共预算支出与GDP的比值作为其代理指标，财政支出结构则选取科教文卫支出（fs1）、社会保障支出（fs2）以及支农支出（fs3）分析不同财政支出项目对城乡居民收入差距的影响；X_{it}为其他控制变量，包括经济发展水平、农业发展水平、工业化水平及基础教育水平，具体的变量说明见表7－6。

财政支出对河北省城乡居民收入差距的实证数据为2013—2020年河北省县级面板数据，均来源于《中国县域年鉴》《河北统计年鉴》及各市统计年鉴，由于部分区县部分年份数据缺失，故该面板为非平衡面板，最终保留样本1135个。各变量的描述性统计结果见表7－7。

表 7－6　　　　　　　　变量说明

	变量	含义
被解释变量	城乡居民收入差距（gap）	城乡居民人均可支配收入比
核心解释变量	财政支出规模（fs）	一般公共预算支出/GDP
	科教文卫支出（fs1）	（科学技术支出＋教育支出＋文化传媒与体育支出＋医疗卫生支出）/GDP
	社会保障支出（fs2）	社会保障和就业支出/GDP
	财政支农支出（fs3）	农林水事务支出/GDP
控制变量	经济发展水平（lnpgdp）	人均 GDP 的对数
	农业发展水平（agr）	第一产业增加值/GDP
	工业化水平（ind）	第二产业增加值/GDP
	基础教育发展水平（edu）	中小学在校生数/总人数

表 7－7　　　　　　　　描述性统计结果

变量	样本值	均值	标准误差	最小值	最大值
gap	1135	2. 345	0. 525	1. 312	4. 897
fs	1135	0. 209	0. 114	0. 041	1. 114
fs1	429	0. 075	0. 054	0. 003	0. 303
fs2	650	0. 029	0. 021	0. 001	0. 17
fs3	565	0. 034	0. 03	0. 001	0. 243
lnpgdp	1135	11. 439	2. 942	9. 251	21. 024
agr	1135	0. 175	0. 096	0. 001	0. 468
ind	1135	0. 422	0. 133	0. 07	0. 816
edu	1135	0. 124	0. 029	0. 041	0. 288

（二）实证结果分析

1. 基准回归结果分析

对于财政支出规模及结构对河北省城乡居民收入差距影响的研究，采取了双向固定效应模型进行实证分析，其结果见表 7－8。对于财政支出规模来说，

其估计系数为 -0.539，在 1% 的水平下显著，这说明财政支出规模扩大有助于缩小城乡居民收入差距，即在其他条件不变的情况下，财政支出规模每增加一个单位，则城乡居民收入比将缩小 0.539 个单位。

对于财政支出结构来说，科教文卫支出、社会保障支出以及财政支农支出的估计系数均在 1% 或 5% 的水平下显著为负，这说明这三类财政支出项目均会缩小城乡居民收入差距。具体来看，科教文卫支出估计系数为 -0.537，说明在其他条件不变的情况下，科教文卫支出每增加 1%，则城乡居民收入比将降低 0.537 个单位；社会保障和就业支出估计系数为 -0.981，说明在其他条件不变的情况下，社会保障和就业支出每增加 1%，则城乡居民收入比将降低 0.981 个单位；而财政支农支出估计系数为 -1.513，说明在其他条件不变的情况下，财政支农支出每增加 1%，则城乡居民收入比将降低 1.513 个单位，这一影响效应远大于整体的财政支出结果，说明财政支农支出对于缩小城乡间居民收入差距的作用最为明显，政府应当进一步提高支农支出在财政支出中的占比。

对于其他控制变量来说，人均 GDP 的估计系数为在 1% 或 5% 水平下显著为负，说明随着经济发展水平的提高，城乡居民收入差距会不断缩小；基础教育水平的估计系数为正值，说明基础教育发展拉大了河北省城乡居民收入差距，这可能由于随着农村教育水平的不断提高，越来越多的农村居民选择迁移到城市生活和工作，从而拉大了城乡居民收入差距；农业水平的估计系数在 1% 或 5% 的显著性水平下为负，即提高农业发展水平有助于缩小城乡收入差距，这是因为河北省是农业大省，农民占比较高，农业是农民增收的最重要来源之一，促进农业的现代化发展有利于推进乡村振兴，缩小城乡间差距，进而实现共同富裕；而工业化水平估计系数为正值，这说明工业化发展不利于缩小城乡间收入差距，这是源于河北省农村内部产业结构单一，尤其是工业占比较低，农民的增收渠道十分有限。

表 7-8　　实证结果分析

变量	(1) gap	(2) gap	(3) gap	(4) gap
fs	-0.539*** (0.157)			
fs1		-0.537** (0.246)		

续表

变量	(1) gap	(2) gap	(3) gap	(4) gap
fs2			-0.981** (0.495)	
fs3				-1.513*** (0.391)
lnpgdp	-0.241*** (0.0469)	-0.260** (0.111)	-0.222*** (0.0376)	-0.232** (0.102)
edu	1.03** (0.448)	1.40 (0.977)	1.87*** (0.442)	0.833 (0.857)
agr	-0.968*** (0.264)	-1.053** (0.484)	-0.908*** (0.195)	-1.190*** (0.444)
ind	0.183* (0.109)	0.397* (0.230)	0.296*** (0.0966)	0.309 (0.208)
_cons	7.272*** (0.918)	7.441*** (2.156)	6.706*** (0.723)	7.032*** (1.978)
个体效应	YES	YES	YES	YES
时间效应	YES	YES	YES	YES
N	1135	429	650	565
R^2	0.510	0.446	0.515	0.407

2. 异质性分析

由于河北省内部区域发展的不均衡，不同地区的城乡居民收入差距和财政支出规模也有所差异，根据传统的地理划分方式，可以将河北省划分为冀北、冀中和冀南[①]三个地区，下面将探讨不同地区财政支出对城乡居民收入差距的异质性影响，具体实证结果见表7-9至表7-11。

① 冀北地区包括唐山市、秦皇岛市、张家口市和承德市；冀中地区包括石家庄市、保定市、沧州市、廊坊市和衡水市；冀南地区包括邯郸市和邢台市。

表 7－9　冀北地区分析结果

变量	(1) gap	(2) gap	(3) gap	(4) gap
fs	−0.471* (0.255)			
fs1		−0.345 (0.330)		
fs2			0.299 (1.711)	
fs3				−0.925** (0.384)
控制变量	YES	YES	YES	YES
个体效应	YES	YES	YES	YES
时间效应	YES	YES	YES	YES
N	306	103	182	138
R^2	0.676	0.761	0.701	0.675

表 7－10　冀中地区分析结果

变量	(1) gap	(2) gap	(3) gap	(4) gap
fs	−0.479** (0.228)			
fs1		−0.513 (0.662)		
fs2			−1.622 (2.370)	
fs3				−2.936** (1.367)
控制变量	YES	YES	YES	YES
个体效应	YES	YES	YES	YES
时间效应	YES	YES	YES	YES
N	578	141	252	242
R^2	0.466	0.551	0.513	0.470

表 7-11 冀南地区分析结果

变量	(1) gap	(2) gap	(3) gap	(4) gap
fs	-0.580* (0.318)			
fs1		-0.409* (0.237)		
fs2			-1.323*** (0.426)	
fs3				-1.037* (0.602)
个体效应	YES	YES	YES	YES
时间效应	YES	YES	YES	YES
控制变量	YES	YES	YES	YES
N	251	185	216	185
R^2	0.544	0.426	0.573	0.436

由结果可知，三个地理分区的财政支出相关变量的估计系数与全样本估计系数相差不大，且均在10%或5%的水平下显著负，这说明从不同的地理分区来看，扩大财政支出规模依旧有助于缩小城乡居民收入差距，这与整体回归结果的结论保持一致。但从财政结构具体来看，不同地区的结论则有所差异。冀北和冀中地区只有财政支农的估计系数在5%的显著性水平下为负，科教财政支出和社会保障支出并未在至少10%的水平下呈现显著性，这说明冀北、冀中的所在区县应当进一步提高财政中农林水事务支出的比例，进而缩小城乡居民收入差距；另外，虽然这两个地区财政支农支出均有缩小城乡收入差距的效应，但其效应大小有着十分明显的差异，其中冀北地区财政支农支出估计系数为-0.925，而冀中地区的则为-2.936，远远高于全样本结果。而冀南地区科教文卫支出、社会保障支出和财政支农支出均在至少10%的水平下显著为负，这说明冀南地区财政支出的调节作用较为突出，即冀南两市所在的区县可以通过扩大财政支出规模，优化财政支出结构，进一步提高科教文卫支出、社会保障支出以及农林水事务支出比重，从而达到缩小地区城乡居民收入差距的目的。

三、结论

习近平总书记在党的二十大报告中强调，“高质量发展是全面建设社会主义现代化国家的首要任务。”推动高质量发展是适应我国社会主要矛盾变化、解决发展不平衡不充分问题的必然要求。本节利用京津冀 2013—2020 年的经验数据，通过实证的分析方法，探究了财政支出规模及结构对京津冀及河北省城乡居民收入差距的影响效应，得到了以下结论：

（1）从京津冀角度来看，扩大财政支出总规模、提高科教文卫支出、社会保障支出以及财政支农支出比重有助于缩小城乡居民收入差距，其中以社会保障支出的影响效应最为明显；另外，通过分组异质性分析来看，城乡居民收入差距越大的地区，其财政支出的调节作用越明显。

（2）从河北省内部来看，扩大财政支出总规模、提高科教文卫支出、社会保障支出以及财政支农支出比重依然显著缩小了城乡居民收入差距，但与京津冀结果不同的是，其中以财政支农的影响效应最为明显。

（3）从河北省内部的地区异质性分析来看，冀北和冀中地区只有财政支出规模和财政支农支出的影响效应显著，但冀中地区的影响效应远远高于冀北地区和全省整体水平；而冀南地区财政支出规模及三项财政支出项目均能显著缩小城乡居民收入差距。

第三节 财政支出政策对京津冀基本公共服务水平影响的实证分析

基本公共服务均等化是实现共同富裕的重要目标，政府作为基本公共服务供给的重要主体，其职能的发挥依赖于财政支出工具的运用。本节利用京津冀三地经验数据，通过构建基本公共服务水平综合指数，实证探究民生性财政支出对地区基本公共服务水平的影响。

一、财政支出对京津冀基本公共服务水平影响的实证分析

（一）基本公共服务水平综合指数构建

根据国务院颁布的《国家基本公共服务标准（2021 年版）》要求实现的

“幼有所育、学有所教、劳有所得、病有所医、老有所养、住有所居、弱有所扶、优军服务保障、文体服务保障”等目标，并参考熊兴①（2018）、彭迪云②（2021）等学者的相关研究，本书选取了教育文化、公共卫生、社会保障、基础设施建设、环境保护5个二级指标和19个三级指标对基本公共服务水平进行综合测度，具体评价指标体系见表7－12。

表7－12　基本公共服务水平指标体系

一级指标	二级指标	三级指标	指标类型
基本公共服务水平指数	教育文化	万人普通小学数（所）	+
		万人普通中学数（所）	+
		小学生师比（%）	-
		中学生师比（%）	-
		百人图书馆藏书量（册）	+
	公共卫生	万人拥有卫生机构数（家）	+
		万人拥有卫生机构床位数（张）	+
		万人拥有执业医生数（人）	+
	社会保障	基本医疗保险覆盖率（%）	+
		基本医疗保险覆盖率（%）	+
		失业保险覆盖率（%）	+
	基础设施建设	人均实有城市道路面积（平方米）	+
		万人公共汽车数（辆）	+
		城市人均天然供气量（立方米/人）	+
		宽带用户接入数（户）	+
	环境保护	万人公园绿地面积（平方米）	+
		建成区绿化覆盖率（%）	+
		污水集中处理率（%）	+
		生活垃圾无害化处理率（%）	+

对于综合指数构建方法的选择，在基准回归中选择熵值法进行赋权。首

① 熊兴，余兴厚，王宇昕：《我国区域基本公共服务均等化水平测度与影响因素》，《西南民族大学学报（人文社科版）》2018年第3期。

② 彭迪云，王玉洁，陶艳萍：《中国地区基本公共服务均等化的测度与对策建议》，《南昌大学学报（人文社会科学版）》2021年第4期。

先，由于所选用的指标类型既有正向又有逆向的，故对其进行标准化处理，若指标类型为正向，则标准化公式见式（7－5），而负向指标则适用式（7－6）。其中，y_{ij}为标准化处理后的指标值，x_{ij}为标准化前的指标值。

$$y_{it} = \frac{x_{it} - x_{j\min}}{x_{j\max} - x_{j\min}} \tag{7-5}$$

$$y_{it} = \frac{x_{j\max} - x_{ij}}{x_{j\max} - x_{j\min}} \tag{7-6}$$

其次，标准化之后，要对各指标权重进行确定。确定权重的步骤如下：

a. 计算第 j 项指标下第 i 个评价对象占该指标的比重（p_{ij}）。

$$p_{ij} = \frac{x_{ij}}{\sum_{i=1}^{13} y_{ij}}, \quad i = 1,2,\cdots,19 \tag{7-7}$$

b. 计算第 j 项指标的信息熵值（E_j）。

$$E_j = -\frac{1}{\ln 13}\left(\sum_{i=1}^{13} p_{ij} \times \ln p_{ij}\right), \quad j = 1,2,\cdots,19 \tag{7-8}$$

c. 通过信息熵值确定第 j 项指标的权重（w_j），其中，$1-E_j$ 为差异系数。

$$w_j = \frac{1 - E_j}{\sum_{j=1}^{20}(1 - E_j)}, \quad j = 1,2,\cdots,19 \tag{7-9}$$

最后，根据确定好的指标权重计算各市的基本公共服务水平综合指数，其计算公式如式（7－10）所示：

$$PS_i = \sum_{j=1}^{20} w_j \times y_{ij}, \quad i = 1,2,\cdots,13 \tag{7-10}$$

通过熵值法计算的2013—2020年京津冀各地基本公共服务水平综合指数见表7－13。

表7－13　2013—2020年京津冀各市基本公共服务水平指数

地区	2013	2014	2015	2016	2017	2018	2019	2020
北京市	0.7981	0.7755	0.8324	0.8301	0.879	0.8618	0.8511	0.8528
天津市	0.5642	0.53	0.6202	0.3561	0.5475	0.5095	0.5675	0.429
石家庄市	0.2795	0.2338	0.2379	0.2817	0.3383	0.3029	0.2826	0.272
唐山市	0.2887	0.2301	0.2486	0.2642	0.2899	0.3339	0.3448	0.3257
秦皇岛市	0.3737	0.4373	0.3824	0.3357	0.4334	0.423	0.3877	0.3214
邯郸市	0.2744	0.2173	0.2253	0.1822	0.1808	0.1939	0.1809	0.2057
邢台市	0.1745	0.1864	0.1879	0.2162	0.2207	0.2475	0.249	0.1598

续表

地区	2013	2014	2015	2016	2017	2018	2019	2020
保定市	0.1799	0.1823	0.1413	0.1384	0.204	0.1947	0.1937	0.2005
张家口市	0.2387	0.2265	0.2369	0.2046	0.2257	0.2101	0.2314	0.2253
承德市	0.2415	0.2713	0.2468	0.2762	0.3172	0.2858	0.2929	0.2729
沧州市	0.2205	0.2139	0.2129	0.2698	0.226	0.2579	0.2363	0.2537
廊坊市	0.1869	0.1704	0.1851	0.2224	0.2957	0.2843	0.3041	0.2533
衡水市	0.2078	0.1482	0.1323	0.1095	0.1565	0.1649	0.1701	0.1995

数据来源：各指标原始数据均来自《中国城市统计年鉴》。

（二）模型设计

为研究民生性财政支出对基本公共服务水平的影响，根据相关理论和现有研究建立以下计量经济学模型：

$$ps_{it} = \alpha + \beta \ln fs_{it} + \delta X_{it} + \lambda_i + \varphi_t + \varepsilon_{it} \quad (7-11)$$

其中，被解释变量 ps_{it} 为 i 市第 t 年基本公共服务水平综合指数；核心解释变量 $\ln fs_{it}$ 为 i 市第 t 年人均民生性财政支出的对数，其中民生性财政支出包括教育支出、科技支出、文化支出、卫生支出和社会保障支出；X_{it} 为控制变量，包括经济发展水平（lnpgdp）、人口密度（lnpd）、财政自给率（fr）、城镇化率（urban）以及市场化程度（market），具体的变量含义见表 7－14；λ_i 表示不随时间变化的个体效应；φ_t 表示不随个体变化的时间效应；ε_{it} 表示随机扰动项。

表 7－14　变量说明

	变量	含义
被解释变量	基本公共服务水平（PS）	基本公共服务水平综合指数
核心解释变量	民生性财政支出（lnfs）	人均民生性财政支出的对数
控制变量	经济发展水平（lnpgdp）	人均 GDP 的对数
	人口密度（lnpd）	地区人口密度的对数
	财政自给率（fr）	财政收入/财政支出
	城镇化率（urban）	城镇人口数/总人口数
	市场化程度（market）	市场化指数

该实证数据来自《北京统计年鉴》《天津统计年鉴》《河北统计年鉴》、河北省各市统计年鉴、中经网数据库等，数据范围为 2013—2020 年京津冀各地

市面板数据。各变量的描述性统计见表 7 - 15。

表 7 - 15　　描述性统计结果

变量	样本值	均值	标准误差	最小值	最大值
ps	104	0. 31	0. 181	0. 11	0. 879
lnfs	104	8. 247	0. 518	7. 346	9. 661
lnpgdp	104	10. 763	0. 473	10. 009	12. 009
lnpd	104	6. 222	0. 754	4. 443	7. 199
fr	104	0. 489	0. 17	0. 259	0. 89
urban	104	58. 725	12. 412	43. 5	87. 534
market	104	12. 634	2. 124	8. 327	18. 371

（三）实证结果分析

1. 基准回归结果

对于民生性财政支出对地区基本公共服务水平影响的实证分析，本部分采用了双向固定效应模型进行估计，其结果见表 7 - 16 中的（1）。实证结果显示，民生性财政支出的回归系数为正值，且在 5% 的显著性水平显著。这说明：提高民生性财政支出比重有助于提高地区基本公共服务水平。具体来看，在其他条件不变的情况下，民生性财政支出每增加 1%，则地区基本公共服务水平综合指数将提高 0. 162 个单位。其他控制变量结果显示，人口密度估计系数在 5% 的水平下显著为正，这说明随着人口密度的增加，居民对教育、医疗等基本公共服务的需求更大，从而推动地区基本公共服务水平的提升。而经济发展水平、财政自给率、城镇化以及市场化水平的估计系数均不显著，不具有统计意义。

2. 稳健性分析

为了验证民生性财政支出对基本公共服务水平结果是稳健的，接下来采用两种方法进行稳健性检验分析：一是改变基本公共服务水平综合指数的计算方法。采用主成分分析法对各子指标进行合成，得到新的基本公共服务水平指数（ser），其结果见表 7 - 16 中的（2）。结果显示，当被解释变量换成采用主成分分析法测度的基本公共服务水平时，此时的民生性财政支出估计系数为 0. 665，在 5% 水平下显著，支持了“提高民生性财政支出比重有利于促进基本公共服务水平”的基本结论。

二是改变估计方法。基本公共服务水平具有一定的空间相关性，即一个地区的基本公共服务水平会影响相邻地区的基本公共服务水平，这个相邻既可以是地理位置的相邻，也可以是经济上呈现的空间依赖性。因此，本部分采用空间杜宾模型，分别以空间距离和经济距离作为空间矩阵进行稳健性检验，其结果见于表7－16中的（3）和（4）。结果显示，无论使用地理距离矩阵，还是经济距离矩阵，民生性财政支出的估计系数依旧显著为正，与上文基本结论保持一致。综上，无论是更换被解释变量，还是更换估计模型和方法，基准回归的结果依旧是稳健的。

表7－16　　　　实证结果分析

变量	(1) ps	(2) ser	(3) ps	(4) ps
lnfs	0.162 ** (0.0676)	0.665 ** (0.278)	0.178 *** (0.0612)	0.153 *** (0.0579)
W × lnfs			0.431 (0.387)	-0.00367 (0.130)
lnpgdp	0.117 (0.0944)	0.286 (0.310)	0.138 ** (0.0656)	0.125 * (0.0637)
lnpd	0.327 ** (0.128)	1.736 ** (0.679)	0.354 * (0.182)	0.326 ** (0.151)
fr	0.0641 (0.113)	-0.570 (0.420)	0.0275 (0.0853)	0.0496 (0.0895)
urban	-0.00281 (0.00317)	-0.0193 (0.0122)	-0.00219 (0.00248)	-0.00203 (0.00290)
market	-0.0209 (0.0163)	-0.0589 (0.0598)	-0.0178 (0.0117)	-0.0201 (0.0124)
_cons	-3.898 * (2.018)	-17.27 *** (6.439)		
rho			-0.866 *** (0.325)	-0.261 ** (0.131)
个体效应	YES	YES	YES	YES
时间效应	YES	YES	YES	YES
N	104	104	104	104
R^2	0.307	0.623	0.400	0.377

注：*、**、*** 分别代表在10%、5%、1%的显著性水平下显著，括号内为标准误，余表同。

二、财政支出对河北省基本公共服务水平影响的实证分析

（一）模型设计

对于财政支出对河北省基本公共服务水平的实证分析，建立的计量经济学模型如下：

$$ps_{it} = \alpha + \beta fs_{it} + \delta X_{it} + \lambda_i + \varphi_t + \varepsilon_{it} \quad (7-12)$$

被解释变量 ps_{it} 为河北省 i 县（区）第 t 年的基本公共服务水平，其综合指数通过熵值法进行构建，具体方法介绍在上文已经介绍过，在此不再赘述。考虑到县级层面指标选取有限，这里仅选取公路里程、固定电话用户、移动电话用户、互联网宽带接入用户、小学生师比、中学生师比和卫生机构床位数七项二级指标作为河北省县级基本公共服务水平的测度指标（见表 7－17）。

表 7－17　　河北省县级基本公共服务水平指数构建指标

一级指标	二级指标	指标类型
基本公共服务水平综合指数	公路里程（公里）	+
	固定电话用户（户）	+
	移动电话用户（户）	+
	互联网宽带接入用户（户）	+
	小学生师比（%）	-
	中学生师比（%）	-
	卫生机构床位数（张）	+

核心解释变量 fs_{it} 为 i 县（区）第 t 年的财政支出规模；X_{it} 表示一系列的控制变量，包括地方政府财力（fr）、经济发展水平（lnpgdp）、农业发展水平（agr）及工业化程度（ind），具体的变量说明见表 7－18。另外，为保证结果的稳健性，将以卫生领域为例，选择万人拥有床位数（bed）作为基本公共服务水平的代理指标进行稳健性分析，而财政支出变量相应更换为财政医疗卫生支出（fs1）。

表 7－18　　变量说明

	变量	含义
被解释变量	基本公共服务水平（ps）	基本公共服务水平指数
	万人拥有床位数（lnbed）	万人拥有床位数取对数

续表

	变量	含义
核心解释变量	财政支出规模（fs）	地方一般公共预算支出/GDP
	财政医疗卫生支出规模（fs1）	医疗卫生支出/GDP
控制变量	地方政府财力（fr）	财政收入/GDP
	经济发展水平（lnpgdp）	人均 GDP 的对数
	农业发展水平（agr）	第一产业增加值/GDP
	工业化程度（ind）	第二产业增加值/GDP

该实证数据来自《中国县域年鉴》《河北统计年鉴》、河北省各市统计年鉴、中经网数据库等，数据范围为2013—2019年河北省县级面板数据，由于部分县区部分年份的相关数据缺失严重，故该面板为非平衡面板。各变量的描述性统计见表7－19。

表7－19　描述性统计结果

变量	样本量	均值	标准误差	最小值	最大值
ps	979	0.248	0.108	0.086	0.867
lnbed	979	3.583	0.338	2.628	5.016
fs	979	0.202	0.111	0.041	1.114
fs1	632	0.025	0.018	0.001	0.133
lnpgdp	979	11.571	3.144	9.251	21.024
fr	979	0.056	0.03	0.019	0.287
agr	979	0.177	0.094	0.005	0.468
ind	979	0.436	0.128	0.123	0.816

（二）实证结果分析

1. 基准回归结果

对于财政支出对河北省基本公共服务水平的影响研究，依旧采用了双向固定效应模型进行估计，其结果见于表7－20的（1）和（2）。由结果可知，当模型中不加入其他控制变量时，财政支出的估计系数为0.0554，但结果并不显著。当模型中加入控制变量时，财政支出的估计系数为0.111，在10%的水平下显著，这说明：增加财政支出有助于提高地区基本公共服务水平，具体来看，在其他条件不变的情况下，财政支出每增加一单位，则地区基本公共服务水平指数将提升0.111个单位。

对于其他控制变量来说，经济发展水平估计系数在1%的水平下显著为正，说明随着经济的发展，地区基本公共服务水平会有所提升；地方财力、农业发展水平和工业化程度的估计系数均为正值，但其结果并不显著，不具备统计意义。

2. 稳健性检验

由于河北省县级基本公共服务指标和财政支出数据缺失较多，故在此以医疗卫生领域为例进行稳健性分析。对此，选取了万人拥有卫生机构床位数（bed）作为医疗卫生服务水平的代理指标，选取财政卫生医疗支出（fs1）作为民生性财政支出的代理指标。所建立的计量经济学模型如式（7-13）所示：

$$\ln bed_{it} = \alpha + \beta fs2_{it} + \delta X_{it} + \lambda_i + \varphi_t + \varepsilon_{it} \tag{7-13}$$

由表7-20中的（3）和（4）结果可知，无论加入控制变量与否，财政医疗卫生支出的估计系数均在5%的水平下显著为正，这说明提高医疗卫生支出比重有助于提高地区医疗卫生服务水平，这在一定程度上验证了基准回归结果的稳健性。

表7-20　实证结果分析

变量	(1) ps	(2) ps	(3) lnbed	(4) lnbed
fs	0.0554 (0.0459)	0.111 * (0.0664)		
fs1			2.044 ** (0.807)	2.026 ** (0.805)
lnpgdp		0.0406 ** (0.0205)		-0.00528 (0.0725)
fr		0.0681 (0.191)		-0.660 (0.646)
agr		0.0526 (0.0766)		0.00119 (0.288)
ind		0.0456 (0.0325)		-0.0448 (0.0985)
_cons	0.296 *** (0.00798)	-0.538 (0.406)	3.303 *** (0.0201)	3.457 ** (1.432)

续表

变量	(1) ps	(2) ps	(3) lnbed	(4) lnbed
个体效应	YES	YES	YES	YES
时间效应	YES	YES	YES	YES
N	979	979	632	632
R^2	0.429	0.436	0.700	0.701

3. 异质性分析

为进一步探讨河北省内部不同地区财政支出对基本公共服务水平的异质性影响，依旧按照传统的地理分区，将河北省划分为冀北、冀中和冀南三个地区，其实证结果分别见表 7－21 中的（1）—（3）。由结果可知，冀北地区财政支出系数并不显著，而冀中和冀南地区财政支出系数分别在 1% 和 10% 的水平下显著为正，这可能由于冀中和冀南地区人口密度大，对于基本公共服务的需求较为旺盛，使得财政支出对基本公共服务水平的提升效应明显。

另外，为比较不同程度基本公共服务水平下，财政支出影响效应的差异，接下来将基本公共服务水平按照均值分为高低两组，并将组别虚拟变量与财政支出的交叉项放入计量模型中，如式（7－14）所示：

$$ps_{it} = \alpha + \beta_1 P \times fs_{it} + \beta_2(1 - P) \times fs_{it} + \delta X_{it} + \lambda_i + \varphi_t + \varepsilon_{it} \quad (7-14)$$

其中，P 为分组虚拟变量，当基本公共服务水平高于均值时，则 P 赋值为 1；当基本公共服务水平低于均值时，则 P 赋值为 0。由表 7－21 中（4）的结果可知，高组和低组的估计系数分别在 1% 和 10% 的水平下显著为正，但高组结果明显高于低组结果，这说明：财政支出对基本公共服务水平的提升作用因基本公共服务水平的不同而有所差异，基本公共服务水平越高的地区，其财政支出的提升作用越突出。

表 7－21　　异质性分析结果

变量	(1) ps	(2) ps	(3) ps	(4) ps
fs	0.0671 (0.0708)	0.216*** (0.0796)	0.227* (0.119)	
fs（高组）				0.282*** (0.0962)

续表

变量	(1) ps	(2) ps	(3) ps	(4) ps
fs（低组）				0.103* (0.061)
控制变量	YES	YES	YES	YES
个体效应	YES	YES	YES	YES
时间效应	YES	YES	YES	YES
N	260	502	217	979
R^2	0.443	0.463	0.541	0.469

三、结论

推进基本公共服务均等化是实现共同富裕的内在要求和关键环节，尤其在京津冀协同发展的背景下，人才流动与发展对地区基本公共服务水平有着更高的要求。本节利用京津冀2013—2020年的经验数据，通过构建基本公共服务水平综合指数，探究了财政支出对京津冀及河北省基本公共服务水平的影响，得到了以下结论：

（1）从京津冀角度来看，提高民生性财政支出比重有助于提升地区基本公共服务水平，这一结论在更换变量指标和计量模型后依然成立。

（2）从河北省内部来看，财政支出能够显著地提升地区基本公共服务水平；从以卫生领域为例进行稳健性检验的结果来看，提高财政卫生支出能够显著地提高地区医疗卫生服务水平。

（3）从河北省内部的地区异质性分析来看，冀中和冀南地区财政支出对基本公共服务水平的提升作用较为显著；冀北地区估计系数并不显著，无法确定其影响效应。

（4）在河北省内部，不同程度基本公共服务水平下，财政支出的提升作用不尽相同，基本公共服务水平越高的地区，其财政支出的提升作用越突出。

第八章

促进京津冀共同富裕税收政策的实证分析

第一节 个人所得税促进共同富裕的文献回顾

我国经济已由高速增长阶段转向高质量发展阶段，这是党的十九大之后针对国际国内环境变化，对我国经济发展条件和发展阶段变化做出的重大判断。根据世界银行 WDI 数据库披露的经济指标，2021 年我国 GDP 总量为 17.73 万亿美元，居全球第二位，和第一位的美国相差 5.59 万亿美元。2022—2024 年中美 GDP 差距将持续缩小，预计 2024 年中国 GDP 总量仅落后美国 4.3 万亿美元①。假设未来十年内中国 GDP 增速保持在 3%—5%，美国 GDP 增速在 1%—2%，预计在 2034 年我国 GDP 总量将超过美国，成为世界第一大国。但是在 GDP 总量规模不断扩大下，我国还存在收入差距较大、城乡发展不平衡的问题，我国居民人均收入逐年递增的同时，城乡居民收入差距也逐年拉大。

① 2023 年 4 月 IMF 最新发布的《世界经济展望》，预测中国 GDP 增速为 3.0%（2022 年）、5.2%（2023 年）、4.5%（2024 年），预测美国 GDP 增速为 2.1%（2022 年）、1.6%（2023 年）、1.1%（2024 年）。

反映收入分配公平程度的基尼系数长期位于国际警戒线 0.4 之上，且大于 0.46，这说明我国居民个人收入差距较大，不利于社会的稳定发展。

2022 年 12 月习总书记在党的二十大报告中提出“以推动高质量发展为主体，着力推动城乡融合和区域协调发展”，并重申“推动京津冀协同发展”。京津冀地区是我国政治与经济的重要集中地区，京津冀地区发展不充分不平衡的问题由来已久，2023 年是京津冀协同发展重大国家战略实施的第九年，也是全面贯彻落实党的二十大精神的开局之年。随着京津冀三地产业联系日益紧密、区域道路相继贯通、生态环境联建联防联治成效明显、创新共同体建设力度不断加大，京津冀地区经济整体实力迈上新台阶，区域协同发展重大国家战略成效显著，但距 2030 年京津冀协同发展实现一体化格局还有较大差距。居民收入差距协调是京津冀三地实现协同发展的重要一环，更是实现衡量京津冀共同富裕水平的重要指标。要缩小居民收入差距水平，关键在于协调各主体所占有的社会财富数量，税收处于国民财富的再分配环节，对于缩小居民收入差距，促进共同富裕发挥着重要作用。其中个人所得税是“调高”的重要政策工具，被普遍认为是缩小个人收入分配差距最有力的税收手段[①]。

关于个人所得税对居民收入分配的影响作用，岳希明（2012）[②]、郭晓丽（2015）[③]、连洪泉（2018）[④]、韩秀兰（2020）[⑤] 等学者通过实证研究均认为我国个人所得税的征收在一定程度上能够缓解居民收入分配差距，但个税对收入差距的调节作用非常有限。尤其在 2018 年新一轮个人所得税改革后，随着免征额的提高（费茂清，2020）[⑥]、专项附加扣除的引入（王晓佳，2019）[⑦]、平均税率的降低（张权，2022）[⑧]，整体上个人所得税收入的再分配效应被弱化，

---

① 杨昭：《我国个人所得税公平性分析——基于税收负担的考察》，《税务与经济》2023 年第 1 期。

② 岳希明，徐静：《我国个人所得税的居民收入分配效应》，《经济学动态》2012 年第 6 期。

③ 郭晓丽：《个人所得税调节城镇居民收入再分配效应研究》，《财经问题研究》2015 年第 6 期。

④ 连洪泉，高庆辉，周业：《个人所得税缩减贫富差距的效应有多大？——基于 CHNS 调查数据和刀切法的动态评估》，《经济学报》2018 年第 3 期。

⑤ 韩秀兰，陈星霖：《我国新个人所得税的收入再分配效应研究》，《统计与决策》2020 年第 9 期。

⑥ 费茂清，杨昭，周克清：《公平视角下我国新一轮个人所得税改革评价》，《财经科学》2020 年第 7 期。

⑦ 王晓佳，吴旭东：《个人所得税专项附加扣除的收入再分配效应——基于微观数据的分析》，《当代经济管理》2019 年第 9 期。

⑧ 张权：《个人所得税改革提高了效率抑或促进了公平？——基于我国 2019 年个税改革的分析》，《税务与经济》2022 年第 5 期。

居民间的收入分配状况更加恶化。

那么我国现行个人所得税制在缩小京津冀地区居民收入差距，实现京津冀共同富裕中发挥的作用有多大？个人所得税影响京津冀地区共同富裕的因素有哪些？随着京津冀协同发展重大国家战略收官之年的逼近，同时为深入贯彻落实党的二十大精神，构建优势互补、高质量发展的区域布局，有必要对个人所得税促进京津冀共同富裕的影响作用进行实证分析。通过测算个人所得税对缩小居民收入分配差距的作用效果，不仅可以有效评估京津冀协同发展战略实施成效，而且能够进一步完善相关税收政策，优化促进京津冀地区共同富裕的实现路径。

近年来，为更好地发挥个税缩小收入分配差距的调节作用，进一步推动税负公平，尤其是在“十三五”时期，我国个人所得税改革加力提速。为降低中低收入群体税负，自 2006 年起，我国个人所得税工资、薪金税前扣除标准不断提高，2006 年由 800 元调整到 1600 元，2007 年又调整到 2000 元，2011 年税制改革不仅将工资、薪金税前扣除标准提高到 3500 元，同时将九级超额累进税率改为七级超额累进税率，2018 年对《个人所得税法》进行了第七次修改，对工资、薪金所得，劳务报酬所得，稿酬所得，特许权使用费所得四项所得实行综合课征，相应地，工资、薪金月度扣除额转变成综合课征月扣除额，该扣除额度提高到每月 5000 元。2018 年个人所得税改革增加了子女教育、继续教育、大病医疗等六项专项附加扣除①。根据《国务院关于设立 3 岁以下婴幼儿照护个人所得税专项附加扣除的通知》（国发〔2022〕8 号），自 2022 年 1 月 1 日起，个人所得税新增一项婴幼儿专项附加扣除。我国个人所得税制经过多次修改与调整后，在一定程度上减轻了中低收入者负担，但与社会公平诉求还有一定的差距，为了进一步完善我国个人所得税制度，许多学者已经从不同角度讨论了 2018 年个税改革后的现行个人所得税制度对于缩小居民收入差距的现实作用，主要研究动态关注了以下几个方面：

一、税制总体的收入分配效应

2018 年个人所得税改革后，综合所得适用 3%—45% 的 7 级超额累进税率，相比于旧税制，有助于减轻中低收入群体的税收负担，同时少数高收入纳

① 中华人民共和国个人所得税法实施条例［N］. 人民日报，2018－12－23（008）.

税人税负上升；经营所得适用3%—35%的5级超额累进税率，扩大了税率级次，具有普遍的减税效应。李晶，牛雪红（2022）利用CFPS数据库测算出新税制平均税率为2.5%，相比于旧税制下降了3.21%，但税制的累进性明显提高，在两者的共同作用下，个人所得税收入分配效应减弱①。事实上，相比于OECD国家，我国个人所得税的累进性已处于较高水平，但个人所得税的收入再分配作用明显不足。张玄，岳希明，邵桂根（2020）认为，我国与发达国家个人所得税累进性的差距并不大，收入再分配效应之间存在巨大差距的主要原因在于发展中国家个人所得税的平均有效税率普遍比发达国家低②。胡显莉等（2020）以2010—2013年的实证数据和2018—2019年的模拟数据进行测算的结果也证明了这一事实③。这种现象与我国税收收入结构有直接关系，受经济发展水平与税收征管水平影响，我国的税收收入主要贡献来自间接税，故要评价我国个人所得税对缩小居民收入分配差距的贡献，还需要关注个人所得税在税收总额中所占的比重。

二、个人所得税对分项收入的调节作用

综合所得在居民收入总额中占比最大，也是个人所得税发挥作用的主要部分，李晶，牛雪红（2022）基于CFPS数据研究发现，就综合所得而言，个人所得税没有起到缩小收入差距的作用，但减轻了中低收入群体的负担。相比于综合所得，经营所得的累进级次较少，且最高边际税率低。张权（2022）认为综合所得的累进性优于经营收入的累进性，即综合所得税制更能体现个人所得税的公平原则，并建议将经营所得纳入综合所得征税。我国财产性收入分布的结构性矛盾十分突出，绝大多数财产性收入集中在少数高收入者手中。匡浩宇（2021）对2018—2019年居民结构平均分配情况及总体不平等的贡献度进行了测算，发现在收入结构中占比最小的财产性收入，却有着最大的基尼系数，表明财产性收入的不平衡加剧了居民收入分配差距；工资薪金收入因为占

---

① 李晶，牛雪红：《基于收入结构的个人所得税收入分配效应研究》，《宏观经济研究》2022年第2期。

② 张玄，岳希明，邵桂根：《个人所得税收入再分配效应的国际比较》，《国际税收》2020年第7期。

③ 胡显莉，王安喜，陈立：《我国现行个人所得税的收入再分配效应研究》，《重庆社会科学》2020年第11期。

总收入的比重最高，也对收入分配产生重要影响。

另外，我国现行个人所得税制对不同性质的收入采取不同征收方式，影响了各类所得税税收负担的公平性。目前学术界通常将 2018 年个税改革后的综合所得对应为“劳动所得”，将利息、股息、红利所得和财产租赁所得归入资本所得。资本所得大多由高收入者取得，而劳动所得的纳税人一般为工薪阶层群体，所得税的纵向公平原则要求高收入群体应承担更多的税负。然而，杨昭（2023）以《资金流量表》和《中国税务年鉴》等宏观数据为支撑，测算 2000—2019 年各类所得的税收负担情况，结果显示：自 2003 年后劳动所得平均税负一直最高，并且在 2018 年个税改革前劳动所得税负逐年攀升，新个税法实施后才有所缓解；资本所得的平均税率在测算年份整体上呈大幅下降趋势，从 2002 年最高时的 11. 63% 一直下降到 2019 年最低时的 2. 79% 。测算结果所表现的现实状况显然违背了个人所得税的纵向公平原则。国家税务总局厦门市税务局课题组（2022）[①] 指出了劳动所得平均税负高于资本所得的原因：我国劳动所得适用 3%—45% 的 7 级超额累进税率，而资本利得适用 20% 比例税率，远低于劳动所得最高税率，并且享受大量税收优惠，这些税收优惠绝大部分都被高收入群体享受，对收入分配差距调节产生负向作用。

三、个人所得税对城乡收入差距的调节作用

从城乡收入分配差距视角探讨个人所得税分配效应的文献较少，匡浩宇（2021）[②] 通过计算 2003—2019 年我国城乡居民收入税前与税后基尼系数，发现从 2003—2010 年，个人所得税不仅没有起到调节城乡居民收入差距的效果，反而拉大了居民收入差距；2011—2019 年，个人所得税前后基尼系数之差转负为正，并逐年增大，表明个人在这一阶段个人所得税发挥了正向调节作用，并且其调节收入差距的功能在逐步增强，这可能与个人所得税不断提高免征额、推行分类与综合相结合的税收制度改革有关。进一步通过模型回归发现个人所得税在调节收入分配方面的效能还需要进一步释放和发挥，并且地区 GDP、对外开放程度和财政分权程度都影响其效能的发挥，然而产业类指标在

① 黄英，陈志阳，付景红：《进一步优化综合与分类相结合个人所得税的对策建议》，《税务研究》2022 年第 2 期。

② 匡浩宇：《个人所得税、居民收入结构与再分配调节——基于省级面板数据的实证检验》，《经济体制改革》2021 年第 4 期。

回归结果中并不显著，表明仍需要加大产业结构调整和优化升级。

综上所述，现有文献对2018年改革后的新个人所得税制缩小收入分配差距作用做出了大量实证分析，但绝大多数研究是位于整个国家层面，利用省级统计数据测算个人所得税促进收入分配公平的作用，而忽略了我国长期发展过程中存在区域之间、城乡之间发展不协调的差异。因此本章首先将对比京津冀地区居民税前税后收入分配现状，初步观测个人所得税对城乡居民收入的调节作用；继而基于基尼系数、MT指数、K指数测算京津冀地区个人所得税的平均税率、累进性水平、总体收入分配效应及不同来源收入对居民总体收入分配差距的贡献度，深入分析个人所得税对京津冀地区收入分配调节的作用效果；进一步，通过构建计量模型探究个人所得税影响对京津冀地区城乡收入差距的影响因素。本章可能的边际贡献在于：第一，进行区域性收入分配差距研究，扩展了研究视角：一方面测算个人所得税调节京津冀三地整体居民收入差距的现实作用，可从居民收入分配角度评价京津冀协调发展的成效；另一方面分解各种收入来源对基尼系数的贡献度，将居民各种收入来源对总体收入差距的影响进行比较。第二，进行城乡发展差距研究，关注了我国城乡发展不平衡问题，并使用京津冀地区市级统计数据资料进行模型回归，发现影响个人所得税发挥调节城乡收入差距作用的因素，并以促进京津冀地区全体人民共同富裕为目标，对我国现行个人所得税制度提出有针对性的改革建议。

第二节　京津冀居民税前税后收入分配现状

2014年李克强总理在政府工作报告中首次提出了京津冀一体化方案，同年，习近平总书记在听取京津冀协同发展报告时指出，京津冀协同发展是国家重大战略。2022年，党的二十大报告中提出，“推进京津冀协同发展”“高标准、高质量建设雄安新区”“促进区域协调发展”①。促进京津冀地区协调发展，是贯彻经济高质量发展理念的重要内容，是实现京津冀地区共同富裕的重

① 高举中国特色社会主义伟大旗帜　为全面建设社会主义现代化国家而团结奋斗［N］. 人民日报，2022-10-17（002）.

要途径。

自2017年中共十九大会议上首次提出高质量发展的新表述后，习近平总书记接连强调“经济高质量发展”意义重大，推动经济高质量发展的一个重要方面就是促进社会分配公平，直接体现为居民可支配收入差距缩小，结构合理。居民收入分配是否合理在很大程度上影响京津冀共同富裕目标的实现进程，下文将对比征收个人所得税前后京津冀三地居民人均收入总值和不同来源收入的实际变化，分析个人所得税对京津冀地区居民收入分配的影响。

一、京津冀居民人均可支配收入税前税后分配现状

我国幅员辽阔，地域差异显著，各地居民人均可支配收入相差较大。北京、天津、河北三个省市虽然都位于经济较为发达的东部地区，但三地的经济发展存在一定的差距。北京作为首都，是全国政治、经济、交通、科研、教育中心。天津是沿海城市，拥有雄厚的工业基础和港口优势。在京津冀地域中，河北省面积最广、人口最多，但在科技创新、人才吸引等方面并不及北京和天津，经济总量并不十分突出，是京津冀区域的经济洼地。下面对比北京、天津、河北三个省（市）的税前与税后居民可支配收入现状。

图8-1为2013—2021年全国、北京、天津、河北以及京津冀三地平均税后可支配收入发展变化情况。从图8-1中可以发现，第一，与全国平均水平相比，2013—2021年，北京市居民人均可支配收入比全国平均水平高出22000—40000元，并且北京市人均可支配收入与全国平均水平的差距总体上呈逐年拉大趋势；天津市居民人均收入与全国平均水平的差距在2013—2021年较为稳定地维持在11000元左右；河北省居民人均可支配收入位于全国平均收入水平之下，落后3800—6000元，在2013—2020年该差距缓慢拉大，2020—2021年有所缩小。第二，与京津冀三地平均水平相比，2013—2021年，北京市居民人均收入远高于京津冀三地平均水平，这一差额从2013年的18169元逐年拉大到2021年的34296元；天津市居民人均收入同样高于京津冀三地平均收入水平，差额从2013年的3698元增长到2021年为6746元；京津冀三地中经济最为薄弱的河北省在2013—2021年人均可支配收入均落后于平均水平，更为严重的是，自2017年开始河北省居民人均可支配收入落后平均水平的数值超过10000元，并且差距没有明显缩小趋势。

总结来说：2013—2021年，北京市人均税后可支配收入增长迅速，无论

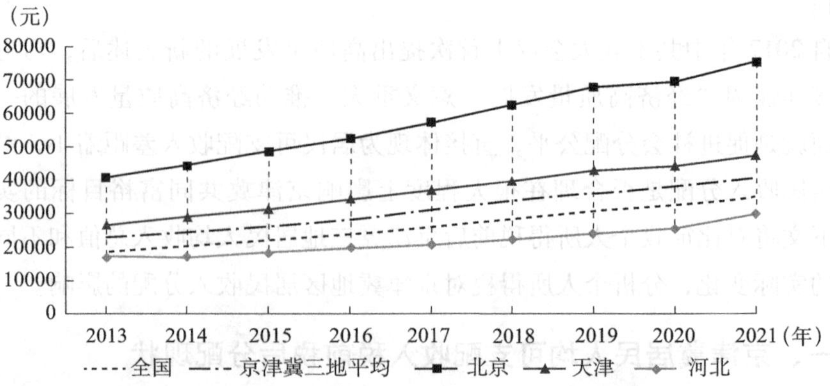

图 8－1　2013—2021 年京津冀地区税后人均可支配收入对比

数据来源：2014—2022 年《中国统计年鉴》。

与全国人均收入还是京津冀三地平均值相比差值都在逐年增加；从与全国平均水平和三地平均水平比较的结果来看，天津市居民人均收入水平增长趋势较为稳定；而河北省居民可支配收入金额低于全国和三地平均水平，并且落后值越来越大。这表明北京地区人均可支配收入畸高而河北省居民可支配收入水平过低是造成京津冀三地居民收入不平衡不协调的重要原因，也是京津冀共同富裕目标实现的一大障碍。

由于各统计年鉴及公报中均未披露京津冀三地居民税前收入，本书用人均可支配收入加人均承担个人所得税数额来推算居民人均税前收入，这样做的好处是可以准确测度出征收个人所得税对居民收入分配差距的影响。经计算，图 8－4 反映了北京、天津、河北三地居民缴纳个人所得税前的人均收入，并将每年的最高收入与最低收入连线，可观测收入差距的极值变化。

图 8－2 反映了北京、天津、河北、京津冀平均和全国人均税前可支配收入，分析图 8－2 并与同时间段人均税后可支配收入情况（图 8－1）作比较，可以发现：北京市人均税前收入高出全国水平 26000—47000 元，高出京津冀三地平均水平 20000—40000 元，人均税后收入高出全国水平 22000—40000 元，高出京津冀三地平均水平 18000—34000 元，表明征收个人所得税使得北京市人均收入与全国人均收入的差额降低了 4000—7000 元，与京津冀三地平均收入的差值降低了 2000—6000 元；同样，征收个人所得税使得天津市人均收入与全国居民人均收入之差下降了 600—1400 元，与京津冀平均收入水平之差下降了 0—200 元；征收个人所得税对于缩小人均收入水平较低的河北省与

京津冀三地收入水平差距的作用并不明显，为300—1500元，征收个人所得税也并没有明显缩小河北省人均收入与全国人均收入的差距，甚至在2017—2020年个人所得税发挥了逆向作用。

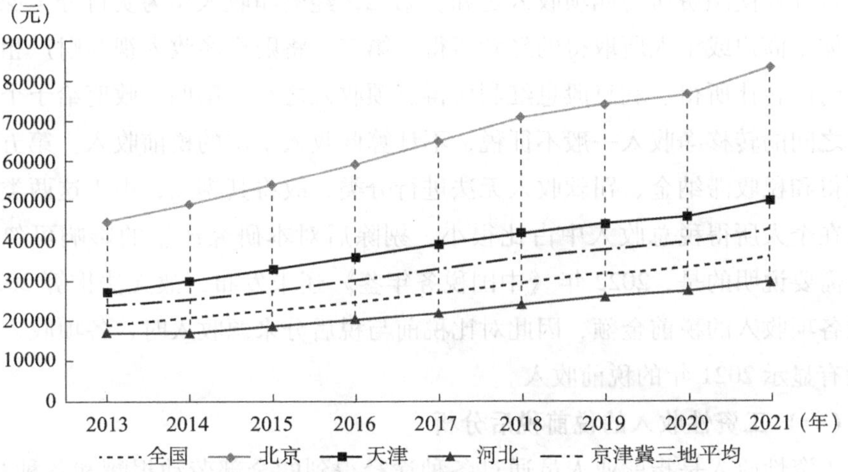

图8-2　2013—2014年京津冀地区人均税前收入对比

数据来源：根据2014—2022年《中国统计年鉴》计算。

总结来说，个人所得税对收入差距的调节受收入水平影响，对于税收水平较高的北京市可以发挥明显的正向作用，但对于天津市人均收入的调节作用不明显，而对于收入水平较低的河北省人均收入的调节甚至在某些年份发挥负向作用。

本部分分析了个人所得税对居民人均收入的调节作用，2018年税制改革后我国个人所得税实行分类与综合相结合的课征模式，各项所得适用的税率及费用扣除标准与税收优惠等均有所差异，下文将继续研究个人所得税在调节京津冀地区不同来源收入差距中发挥的作用。

二、京津冀居民收入分来源税前税后收入现状

《中国税务年鉴》中披露的个人所得财政收入共有12种来源，即工资、薪金所得，劳务报酬所得，稿酬所得，特许权使用费所得，经营所得，利息、股息、红利所得，财产租赁所得，财产转让所得，偶然所得，其他所得，税收滞纳金、罚款收入。但是各地统计资料披露居民收入数据时，居民人均收入被分为工资性收入、经营净收入、财产净收入和转移净收入四项。通过查阅地方

统计公报中居民收入来源口径的详细统计，并参考杨昭（2023）对两个口径收入的分类方法，可通过以下方法将这两个口径不同的数据对应起来：第一，工资性收入对应个人综合所得，即工资、薪金所得，劳务报酬所得，稿酬所得，特许权使用费所得四项收入之和。第二，经营净收入作为实行分类课征制的个体工商户或个人所取得的经营所得。第三，将财产净收入视为财产租赁所得、财产转让所得、利息股息红利所得三项收入之和。第四，政府给予个人和个人之间的转移净收入一般不征税，不计算此收入来源的税前收入。第五，其他所得和税收滞纳金、罚款收入无法进行分类，故将其剔除，由于这两类个税收入在个人所得税总收入中占比很小，剔除后对本研究产生的影响可忽略不计。需要说明的是，2022 年《中国税务年鉴》还未发布，故无法推算 2021 年居民各项收入的税前金额，因此对比税前与税后分来源收入时，各项收入来源均没有显示 2021 年的税前收入。

（一）工资性收入的税前税后分析

工资性收入是指就业人员通过各种途径得到的全部劳动报酬和各种福利，包括受雇于单位或个人从事各种自由职业兼职和零星劳动得到的全部劳动报酬和福利。在居民收入来源中，工资性收入所占比重最大，占到 50% 以上，因此工薪阶层是个人所得税的纳税主力，个人所得税调节工资性收入的效果极大程度影响着居民整体收入分配差距。

从图 8－3 可以分析出以下几点：第一，北京、天津和河北三地工资性收入排序与三地总体收入基本一致，均是北京市最高，河北省最低，天津市在两者之间，这说明北京、天津和河北地区居民的工资性收入对居民总收入的影响较大，事实也正是工资性收入占居民全部收入的比重最大；第二，北京、天津、河北各地人均工资性可支配收入与三地平均水平的差距均低于各地居民人均可支配总收入与三地平均水平的差值，进一步对比两个差距值的相差额，北京市和河北省逐年递增，天津市近些年呈现下降趋势，表明京津冀三地工资性收入差距比总体收入差距小。

图 8－4 反映了全国、京津冀三地平均、北京、天津、河北人均税前工资性收入情况，通过分析图 8－4 并与人均税后工资性收入情况（图 8－3）对比，可以得出：第一，征收个人所得税并没有改变全国、京津冀三地平均、北京、天津、河北之间工资性收入的排序，即从省级层面来看，个人所得税对京津冀地区工资性收入的调节实现了税收的横向公平，征税前后北京市人均工资

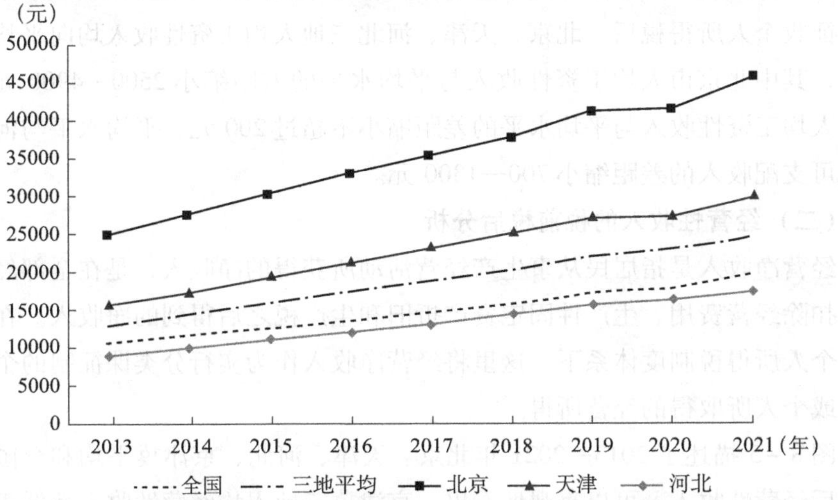

图 8-3　2013—2021 年京津冀三地人均税后工资性收入

数据来源：来自历年《中国统计年鉴》《北京统计年鉴》《天津统计年鉴》《河北经济年鉴》数据。

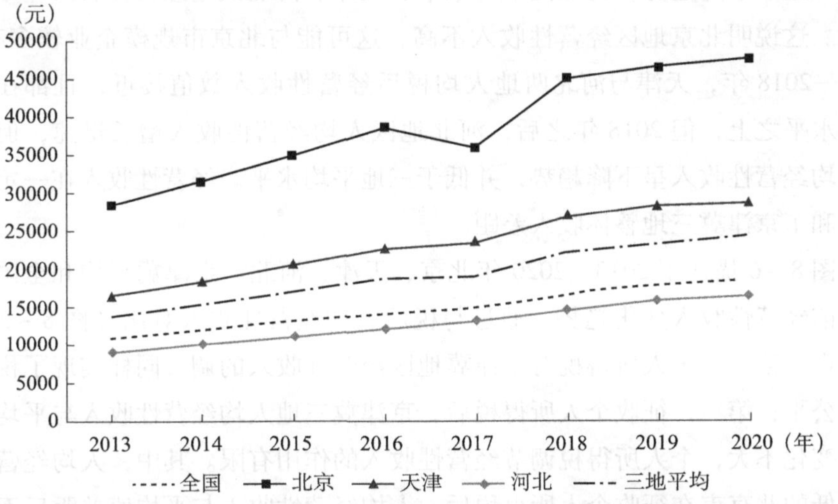

图 8-4　2015—2020 年京津冀三地人均税前工资性收入

数据来源：根据 2014—2021 年《中国统计年鉴》《北京统计年鉴》《天津统计年鉴》《河北经济年鉴》《中国税务年鉴》推算。

性收入均为最高，天津市次之，北京市和天津市人均工资性收入水平都在京津冀平均水平之上，京津冀平均工资性收入水平高于全国人均工资性收入，河北省人均工资性收入低于京津冀平均水平，且低于全国人均工资性收入水平。第二，征收个人所得税后，北京、天津、河北三地人均工资性收入均向平均水平靠近，其中北京市人均工资性收入与平均水平的差距缩小2500—4900元；天津市人均工资性收入与平均水平的差距缩小不超过200元，平均水平与河北省人均可支配收入的差距缩小700—1300元。

（二）经营性收入的税前税后分析

经营净收入是指居民从事生产经营活动所获得的净收入，是在全部经营收入中扣除经营费用、生产性固定资产折旧和生产税之后得到的净收入。在我国当前个人所得税制度体系下，这里将经营净收入作为实行分类课征制的个体工商户或个人所取得的经营所得。

图8－5描述了2013—2021年北京、天津、河北、京津冀平均和全国的人均税后经营性收入，可以直观地看出，京津冀三地人均经营性收入都低于全国平均水平，其中北京市人均经营性收入最低，其人均经营性收入比全国平均水平低出2300—5000元，比天津与河北地区人均经营性收入低1300—3900元。并呈现逐年下降趋势，与全国平均水平、天津、河北人均经营性收入差距不断拉大。这说明北京地区经营性收入不高，这可能与北京市规模企业较多有关；2013—2018年，天津与河北两地人均税后经营性收入数值接近，且都在三地平均水平之上，但2018年之后，河北地区人均经营性收入增长迅速，但天津市人均经营性收入呈下降趋势，并低于三地平均水平。经营性收入在一定程度上缓和了京津冀三地整体收入差距。

图8－6描述了2013—2020年北京、天津、河北、京津冀平均和全国的人均税前经营性收入变化趋势，通过与税后人均经营性收入对比（图8－5）可以发现：第一，个人所得税对京津冀地区经营性收入的调节同样实现了税收的横向公平；第二，征收个人所得税后，京津冀三地人均经营性收入与平均值的差距变化不大，个人所得税调节经营性收入的作用有限。其中，人均经营性收入最低的北京市在征收个人所得税后，人均经营性收入与平均值差距反而拉大30—100元；在征收个人所得税后，河北省人均经营性收入与三地平均值的差距同样拉大2—60元；个人所得税对天津市人均经营性收入与三地平均值差额的缩小起到了微弱的正向作用，缩小3—36元。

（三）财产性收入的税前税后分析

财产净收入是居民将其所拥有的金融资产、住房等资产交由其他单位或个

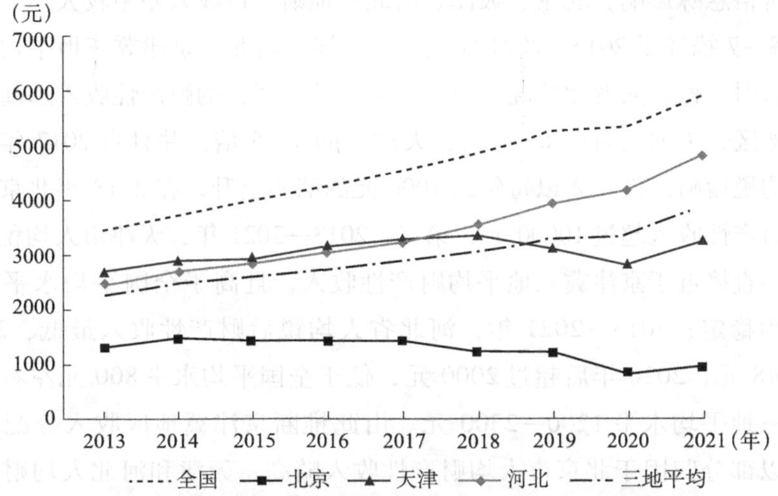

图 8－5　2013—2021 年京津冀三地人均税后经营性收入

数据来源：来自于历年的《中国统计年鉴》《北京统计年鉴》《天津统计年鉴》《河北经济年鉴》数据。

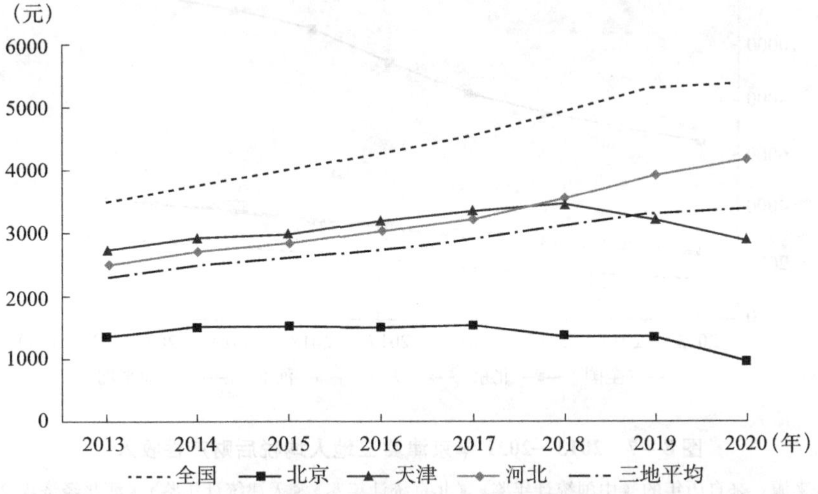

图 8－6　2013—2020 年京津冀三地人均税前经营性收入

数据来源：根据 2014—2021 年《中国统计年鉴》《北京统计年鉴》《天津统计年鉴》《河北经济年鉴》《中国税务年鉴》推算。

人支配而获得的回报并扣除相关的费用之后得到的净收入，不包括转让资产所有权的溢价所得，住房租赁和住房转让在财产性收入中占比较大，受京津冀三地住房价格悬殊影响，北京、天津、河北三地财产性收入差距较大。

图 8 – 7 描述了 2013—2021 年北京、天津、河北、京津冀三地平均和全国人均税后财产性收入变化情况：第一，北京地区居民的财产性收入远高于天津和河北地区，为河北省的 6—7 倍，天津市的 4—5 倍，并且自 2017 年后，北京市人均税后财产性收入以每年约 1000 元的涨幅上升，在 2018 年北京地区人均税后财产性收入超过 10000 元；第二，2013—2021 年，天津市人均税后财产性收入一直接近于京津冀三地平均财产性收入，且高于全国平均水平，增长速度较为稳定；2013—2021 年，河北省人均税后财产性收入最低，2013 年仅为 1048 元，2020 年后超过 2000 元，低于全国平均水平 800 元左右，低于京津冀三地平均水平 1200—2300 元。由此推断京津冀地区收入分配差距的拉大可以部分归因于北京市人均财产性收入畸高，天津和河北人均财产性收入较低。

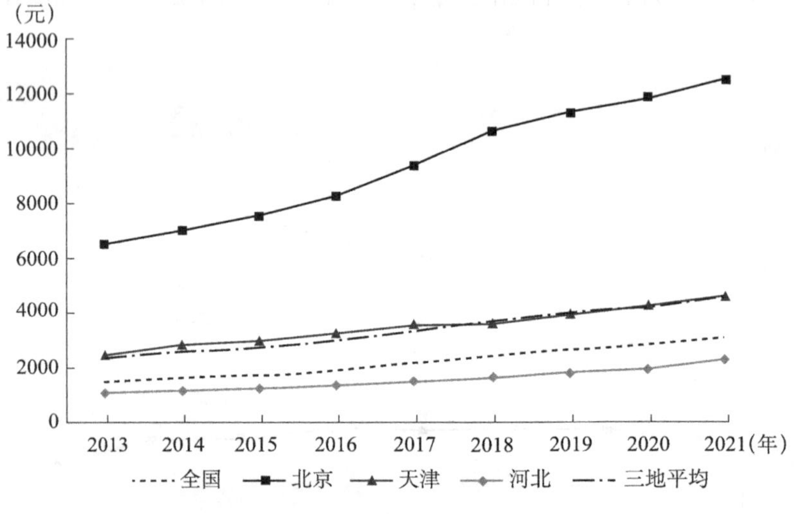

图 8 – 7　2013—2021 年京津冀三地人均税后财产性收入

数据来源：来自历年的《中国统计年鉴》《北京统计年鉴》《天津统计年鉴》《河北经济年鉴》数据。

图 8 – 8 反映的是 2013—2020 年北京、天津、河北、京津冀三地平均和全国人均税前财产性收入变化情况，对比三地居民人均税后财产性收入情况（见图 8 – 7），可以发现：第一，征收个人所得税使得各主体人均财产性收入均有所下降，但并没有改变收入排序，同样实现了个人所得税的横向公平。第

二，个人所得税对京津冀财产性收入分配的调节作用十分微弱。北京市财产性收入与京津冀平均收入的差距在征税后仅下降300—500元，这与北京市人均财产性收入的基数相比是极其微小的；同样，征收个人所得税后，天津市人均财产性收入与京津冀平均水平的差值仅下降5—250元；河北省人均财产性收入金额落后于京津冀三地平均水平，在经过个人所得税的调节后，人均财产性收入约向三地平均值靠近了70—200元。

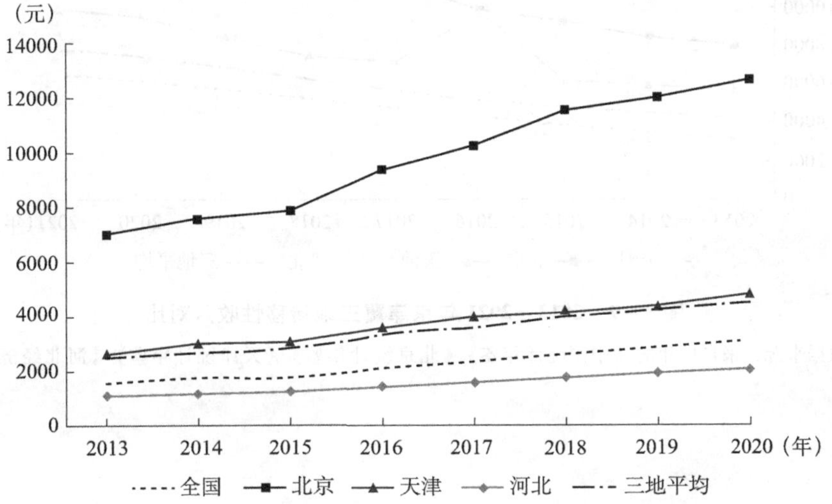

图8－8　2013—2020年京津冀三地人均税前财产性收入

数据来源：根据2014—2021年《中国统计年鉴》《北京统计年鉴》《天津统计年鉴》《河北经济年鉴》《中国税务年鉴》推算。

（四）转移性收入分析

转移性收入指国家、单位或社会团体等对居民家庭的各种转移支付和居民家庭间的转移收入，由于转移性收入为免税收入，故没有做税前税后对比。

图8－9是2013—2021年北京、天津、河北、京津冀三地平均和全国人均转移性收入变化情况，各主体人均转移性收入排序为北京市＞天津市＞全国平均水平＞河北省。2016年河北和天津地区转移性收入数额与比重激增，通过查询2016年政府决算文件，原因可能是2015年11月23日，中共中央政审局审议通过了《关于打赢脱贫攻坚战的决议》，2016年是脱贫攻坚战打响的第一年，各省扶贫与民生转移支出增长，另外2016年7月河北省大部分地区出现洪涝灾害，并引发多起泥石流与山体滑坡，河北省人民政府多渠道筹措资金

55亿元，投入重建资金26.12亿元，有力地保障了抢险救灾及灾后重建工作开展。

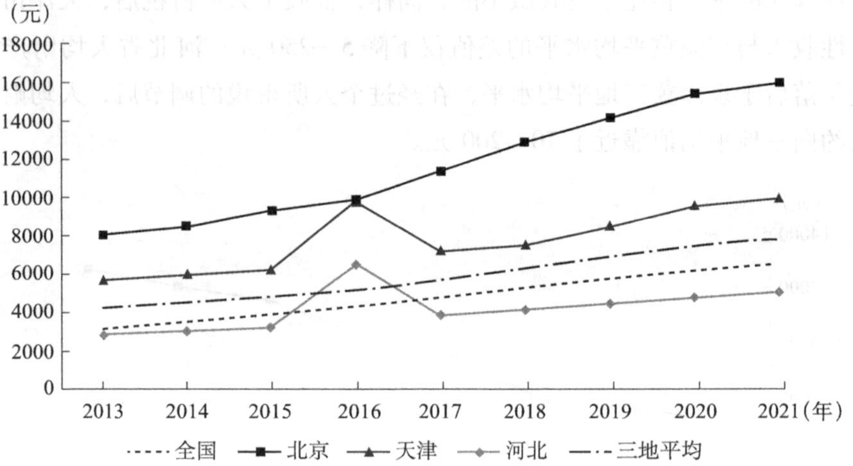

图8－9　2013—2021年京津冀三地转移性收入对比

数据来源：来自历年的《中国统计年鉴》《北京统计年鉴》《天津统计年鉴》《河北经济年鉴》数据。

第三节　个人所得税对京津冀收入差距影响的指数测算

一、计算方法与数据说明

本书在既有文献的基础上，通过2013—2020年京津冀三地市级面板数据，测算京津冀三地个人所得税平均税率、累进性和征收个人所得税前后的居民收入差距，以此来分析个人所得税对京津冀三地收入分配差距的影响。

（一）数据说明

北京和天津居民缴纳个人所得税数据来源于2014—2021年《中国税务年鉴》，河北省各市居民缴纳个人所得税数据来源于相关年份《河北经济年鉴》。城市人口、居民收入数据来源于2014—2021年《北京统计年鉴》《天津统计年鉴》《河北经济年鉴》。

需要说明的是：第一，《中国税务年鉴》披露的个人所得税数据与各地方统计年鉴及公报披露的居民收入数据统计口径不同，对应方法同本章第二节；第二，衡水市的个人所得税收入缺失较为严重，故在本研究中将其剔除。第三，统计年鉴中披露的居民人均可支配收入是全体居民可支配收入除以常住人口数后得到的平均数，这样一来，集中在少数人手中的大部分收入被平均到所有居民人均收入中，不能很好地反映出收入分配差距，由于各市 GDP 总值远高于居民收入数额，能够减缓这种由于计算平均数对整体差距的影响，故税前收入用市辖区 GDP 总值表示，以 GDP 总值减去该市同年征收的个人所得税来推算税后收入。

（二）基尼系数

1. 整体基尼系数

基尼系数是衡量一个国家或地区贫富差距及收入再分配最常用的指标，是指在既定时间内一定量的收入在人口中的分布情况，体现居民收入分配的公平度。[①] 基尼系数最大值为 1，最小值为 0。当基尼系数越接近 0 时，收入分配越均等，但是收入绝对公平是一种理想状态，在现实生活中是不存在的。目前国际上通用标准是以 0.2 以下为绝对平均，0.2—0.3 为比较平均，0.3—0.4 为收入相对合理；0.4—0.5 为差距较大，0.5 以上则视为收入悬殊，国际上通用的基尼系数警戒线为 0.4。

本节所选取的计算公式为：[②]

$$G = 1 - \sum_{i=1}^{N} 2B_i = 1 - \sum_{i=1}^{N} p_i(2Q_i - w_i) \qquad (8-1)$$

其中：

$$Q_i = \sum_{i=1}^{N} w_i$$

假设样本人数分为 n 组，w_i 表示第 i 组人均收入份额，p_i 表示人口频数。

2. 按收入来源分组的基尼系数的分解

各地统计年鉴和公告中披露的收入来源分为工资性收入、财产性收入、经营性收入和转移性收入四种，根据陈传波（2001）提出的分解办法可以测算各收入来源收入对整体收入差异的贡献度。假设现收集到 i 个家庭的人均收入

① 黄桂兰：《个人所得税的再分配效应与改革升级研究》，中央财经大学 2016 年博士学位论文。

② 陈传波，丁士军：《基尼系数的测算与分解——Excel 算法与 Stata 程序》，《上海统计》2001 年第 7 期。

及四种来源收入数据，设 C_f 为 i 个家庭样本的 f 收入来源的集中率，m_i 为第 i 个家庭的人均收入：

$$C_f = 1 - \sum_{i=1}^{n} 2B_{fi} = 1 - \sum_{i=1}^{n} p_i(2Q_{fi} - w_{fi})$$
$$Q_{fi} = \sum_{k=1}^{i} w_{fk}$$
$$w_{fi} = p_i m_{fi}/u_f \tag{8-2}$$

其中 p_i 为第 i 个样本人口占总人口的比重，w_{fi} 为第 i 个样本的 f 收入在全部样本的 f 收入来源中的比重，Q_{fi} 为 f 收入来源的收入从 1 到 i 的累计收入比重，m_{fi} 第 i 个家庭 f 收入来源的人均收入，u_f 是全部样本的 f 收入来源的人均收入。

在获得四种收入来源的集中率后，f 收入来源对人均收入基尼系数的贡献度可以用 $w_f C_f/G$ 来测算，其中 w_f 为 f 收入来源在总收入中所占的比重。

（三）*K* 指数

累进性指数 K 是从结果的角度来衡量税制累进性，等于税负集中指数与居民收入税前基尼系数的差，即：

$$K = C_T - G_X \tag{8-3}$$

其中，C_T 是按照税前收入排序的税收集中率，G_X 为居民收入的税前基尼系数。

K 为正数时，即税率随着收入增加而增加，税收负担分布偏重于高收入群体，则高收入群体在税收总额中的比重大于其在收入总额中的比重，此时税收具有累进性；反之，当 K 为负数时，即当收入增加，所承担的税率却随之下降，则税收具有累退性；当 $C_T = G_X$ 时，税率随着收入变化仍保持不变，则该税种为比例税。

（四）MT 指数及其分解指数

测量收入再分配效应最常用指标是 Musgrave and Thin（1948）提出的 MT 指数，该指数用税前基尼系数和税后基尼系数的差值表示：①

$$MT = G_X - G_Y \tag{8-4}$$

其中，G_X 为税前基尼系数，G_Y 为税后基尼系数，MT 为税收的收入再分

① Musgrave A R, Thin T. Income Tax Progression, 1929 - 48 [J]. Journal of Political Economy, 1948, 56 (6).

配效果的绝对值。

当 MT 指数大于 0 时，说明税收改善了居民收入分配的状况，可以降低收入分配的不平等度，MT 越大表明税收对收入分配的改善作用越强，当 MT 指数小于 0 时，说明税收恶化了居民的收入分配状况，提高了收入分配的不平等度，MT 绝对值越大，说明税收对收入分配的恶化作用越大。该指数可以用于从结果上评价税收制度所产生的收入再分配效应的绝对程度。

MT 指数的分解指数可以测算个税的横向公平与纵向公平，根据 Kakwani（1977）的研究可知，一个税种的收入再分配效应可以用 MT 指数来表示，而税收的收入再分配效应又可以拆分为平均有效税率与累进性的关系，① 即：

$$MT = (C_Y - G_Y) + \frac{t}{1-t}K \tag{8-5}$$

其中 C_Y 是按照税前收入排序的税后收入集中系数，G_Y 为税后基尼系数，t 表示税收的平均有效税率，即个税缴纳总额占税前收入总额的比重。其中税收集中系数按照 Kakwan（1977）研究中的方法计算。

$C_Y - G_Y$ 测量了税收的横向不公平程度，Kakwani、Atkinson 及 Plotnick 证明：相较于按税前收入排序，个人按税后收入排序发生了变化时，税后收入基尼系数一定大于税后收入集中率。也就是说，$(C_Y - G_Y) \leqslant 0$，当且仅当收入的横向不公平不存在时，可取到最大值 0。当 $C_Y - G_Y = 0$ 时，说明每个人的税后收入与税前收入排序相同，并未因为税收而改变，同样收入水平的人承担了相同的税收负担，说明实现了税收的横向公平，但横向绝对公平是一种理想状态，在现实生活中几乎是不可能的。当 $C_Y - G_Y < 0$ 时，税后收入的集中率小于税后收入的基尼系数，税收没有实现横向公平时，横向公平原则遭到破坏，当 $\frac{t}{1-t}K$ 一定时，MT 的值会变小，意味着个人所得税的收入再分配效应减弱。

$\frac{t}{1-t}K$ 则是税收纵向公平原则的衡量指标；由于平均有效税率 t 不会取到负数，意味着$\frac{t}{1-t}$恒大于或等 0，那么 K 的符号则决定了纵向公平效应对再分配效应的影响方向。当税收是累退的，即 K 为负数时，则意味着存在纵向不公

① Nanak C. Kakwani, Measurement of Tax Progressivity: An International Comparison [J]. The Economic Journal, 1977, 87 (345).

平，对再分配效应具有负面影响。当税收具有累进性，即 K 为正数时，税收没有违背纵向公平原则，对再分配效应具有正面影响。

二、京津冀居民收入分配指数测算

税收处于社会再分配环节，能够有效地遏制社会贫富差距的进一步加大，在促进社会公平、推进共同富裕中发挥着重要作用。本部分测算了 2013—2020 年京津冀地区居民税前与税后收入基尼系数，以此来分析个人所得税对京津冀地区居民收入差距的作用。具体结果如表 8－1 所示。

表 8－1　京津冀三地个人所得税再分配效应分解结果一览表

年份	G_X	G_Y	t 单位:%	MT 指数	K 指数	横向公平效应	纵向公平效应
2013	0.5005	0.5001	4.45	0.0004	0.0125	0	0.0006
2014	0.4941	0.4934	4.00	0.0007	0.0254	0	0.0011
2015	0.4956	0.4950	4.43	0.0006	0.0244	0	0.0011
2016	0.4862	0.4850	4.72	0.0012	0.0367	0	0.0018
2017	0.4853	0.4838	4.93	0.0015	0.0420	0	0.0022
2018	0.4861	0.4823	5.02	0.0038	0.1891	0	0.0100
2019	0.5438	0.5080	3.44	0.0358	0.1369	0	0.0049
2020	0.5170	0.5128	3.81	0.0042	0.1740	0	0.0069

注：因测算所用数据为京津冀三地市级样本，征收个税并未改变税前收入排序，故横向公平指数为0。

第一，京津冀三地基尼系数较高。2013—2020 年京津冀三地税前与税后收入基尼系数均在 0.48 之上，超过国际警戒线 0.4，在 2013 年、2019 年、2020 年超过 0.5，这表明京津冀三地居民收入差距较大，经过个人所得税调节后这一问题仍然不能得到明显缓解。

第二，个人所得税对京津冀地区居民收入分配的调节作用有限。MT 指数均为正数，说明个人所得税对居民收入分配起到了正向调节作用，但是除 2019 年外，其他年份 MT 指数均小于 0.001，这说明个人所得税对京津冀地区居民收入分配的调节作用十分微弱。

第三，个人所得税发挥了收入分配的正向调节作用。2013—2020 年京津冀地区 K 指数均为正，且呈现跌宕上升趋势，说明个人所得税税率随着收入增加而增加，税收负担分布偏重于高收入群体，即高收入群体在税收总额中的比重大于其在收入总额中的比重，税收具有累进性。纵向公平指数大于零，税收没有违背纵向公平原则，对再分配效应具有正面影响。

京津冀三地平均税率在2018年之前逐年上升，在2018年之后逐年下降，下面将继续测算北京、天津、河北地区各自的平均税率，结果如表8-2所示。

表8-2　京津冀各地的平均税率t　单位：%

地区	2013	2014	2015	2016	2017	2018	2019	2020
全国	2.54	2.65	2.76	2.95	3.18	3.38	2.34	2.52
北京	8.78	7.53	8.27	8.71	9.07	9.26	6.51	7.48
天津	3.77	3.34	3.61	3.82	4.22	4.39	3.12	3.35
河北	1.11	1.01	1.04	1.09	1.24	1.26	0.76	0.73

表8-2表明：2013—2018年北京、天津、河北的平均税率变化趋势均呈现上升趋势，而2018年之后都有较大幅度的下降，与京津冀三地平均税率变化趋势一致，但北京地区平均税率远远高于全国平均水平，天津地区平均税率略高于全国平均水平，而河北省平均税率不及全国平均水平的二分之一，说明河北省居民收入偏低或税务管理水平有待提高。

三、按收入来源分解的基尼系数贡献度测算

居民收入差距变化是各种收入来源共同作用的结果，参照陈传波（2001）使用的计算方法测算四种来源的可支配收入对京津冀三地整体基尼系数的贡献度，具体数值见表8-3。

表8-3　按收入来源分解的基尼系数贡献度

年份	工资性收入	经营性收入	财产性收入	转移性收入
2013	0.6010	0.0774	0.1232	0.1984
2014	0.6073	0.0772	0.1231	0.1924
2015	0.6172	0.0722	0.1211	0.1896
2016	0.6224	0.0703	0.1222	0.1852
2017	0.6154	0.0673	0.1258	0.1915
2018	0.6114	0.0636	0.1296	0.1953
2019	0.6138	0.0608	0.1279	0.1976
2020	0.6034	0.0564	0.1306	0.2096

第一，从整体趋势来看，工资性收入、经营性收入对整体基尼系数的贡献度逐年下降，财产性收入与转移性收入对整体基尼系数的贡献度逐年上升。

第二，工资性收入对京津冀三地基尼系数的贡献度最大，维持在0.60—0.63范围内。经营性收入对京津冀三地基尼系数的贡献度最小，在0.07以下。转移性收入贡献度仅次于工资性收入，转移支付可以作为缩小京津冀居民收入分配差距的重要途径。

第三，财产性收入的贡献度超过0.12，也是收入分配调节中不可忽略的一大收入来源。受京津冀三地住房价格悬殊影响，北京、天津、河北三地财产性收入差距较大。下面按照上文计算方法和数据计算了2013—2020年京津冀三地财产性收入征税前后的基尼系数，并用MT指数来评价个人所得税对京津冀地区财产性收入分配的调节作用，计算结果见表8-4。财产性收入掌握在少数高收入者手中，受数据可得性限制，这里在计算基尼系数时，使用人均财产性收入数据，测算结果将比实际居民财产性收入差距低得多。然而测算结果依然显示，京津冀三地财产性收入基尼系数已超过国际警戒线0.4，且个人所得税对财产性收入的调节作用微乎其微。

表8-4　个人所得税对财产性收入再分配效应

年份	税前基尼系数	税后基尼系数	MT指数
2013	0.4171	0.4112	0.0059
2014	0.4180	0.4109	0.0071
2015	0.4183	0.4111	0.0072
2016	0.4288	0.4114	0.0174
2017	0.4253	0.4177	0.0076
2018	0.4295	0.4237	0.0058
2019	0.4190	0.4151	0.0039
2020	0.4141	0.4084	0.0057

四、研究结论

通过以上分析可以得出结论：

第一，我国现行个人所得税对京津冀地区居民可支配收入的调节十分微弱。从基尼系数来看，京津冀地区税前居民收入基尼系数在0.5左右，经过个人所得税的调节，税后可支配收入基尼系数在0.49左右，MT指数约为0.01，缩小了居民收入差距的作用十分有限。

第二，京津冀三地财产性收入差距过大，个人所得税在缩小京津冀三地居民财产性收入差距方面发挥的作用不足。京津冀三地财产性收入征税前后基尼系数均超过0.4，财产性收入对总体基尼系数的影响作用在12%左右。事实上，北京市财产性收入为河北省的6—7倍，天津市的4—5倍，北京市财产性收入占总收入的比重常年维持在15%以上，相比于天津市的9%左右，河北省7%左右，北京市财产性收入优势过于明显，极大地拉大了京津冀地区居民收入差距。

第三，对基尼系数影响最大的是工资性收入差距。工资性收入对基尼系数影响的贡献率达到60%以上，工资性收入的不平等是拉大京津冀三地居民收入差距的主要推动力，未来应加强税收对居民综合所得的调节作用。

第四，新个税改革之后平均税率有所下降。2018年新税制改革后，北京、天津、河北三地的平均税率均有所下降，同时京津冀三地累进性指数（K指数）明显增高，说明新税制在降低个人所得税税负的基础上，提高了个税对三地收入分配的累进性。

第四节　个人所得税对城乡居民收入与支出差距影响的实证分析

一、理论分析与研究假设

个人所得税属于直接税，纳税人不易转嫁自身的税收负担，因此个人所得税被认为可以对居民收入分配发挥更加有效的调节作用。陈建东（2015）[①]，李永梅（2023）[②] 等学者均提出提高直接税在税收收入的比重有助于降低我国居民收入分配差距。马骁、王斐然、陈建东（2017）[③] 则认为直接税对我国城

① 陈建东，孙克雅，马骁，冯瑛，成树磊：《直接税和间接税对城乡居民收入差距的影响分析》，《税务研究》2015年第7期。

② 李永海，潘亚琴，潘菊霞：《直接税对城乡居民收入差距的影响效应研究》，《金融理论与教学》2023年第1期。

③ 马骁，王斐然，陈建东等：《直接税和间接税对城乡居民消费差距的影响分析》，《税务研究》2017年第8期。

乡居民消费差距起着正向调节作用，且强于间接税，并呈现逐年增强趋势，并提出应逐步提高直接税比重的改革建议。

居民消费水平受很多因素的影响，一般认为收入水平发挥的影响作用最大。居民的购买力大小取决于居民收入水平的高低，当居民的收入水平较低时，迫于生计，不得不消费更多价格较低的劣等品。当居民收入提高时，会随之提高对品质更好、层次更高的生活必需品乃至高档消费品的购买，所以收入是消费的基础和前提，个人所得税调节居民收入的同时，很可能会通过影响居民收入水平而对居民消费水平产生调节作用。

居民可支配收入和消费支出水平是反映国民富裕程度的重要指标①，一般而言，在计算我国居民人均可支配收入和支出时，通常将我国居民划分为城镇居民和农村居民两大类。国家统计局发布的关于党的十八大以来经济社会发展成就系列报告显示，2021 年我国城乡居民可支配收入比值为 2.5，相比于 2012 年下降了 0.38，但我国城乡收入比值在世界范围仍属于较高水平，从国际比较来看，发达国家如英国、加拿大的城乡收入比接近于 1，发展中国家印度的城乡收入比将近 1.9，即使是非洲的低收入国家，如乌干达的城乡收入比最高也只有 2.3 左右。

目前学界普遍认为我国居民收入分配差距较大主要是由城乡居民收入差距过大引起的，个人所得税作为缩小居民收入差距的重要工具，其对城乡居民收入差距有怎样的影响作用呢？基于此，提出以下研究假设。

假设一：个人所得税率的高低会影响城乡居民收入差距，并通过影响居民收入差距进一步影响城乡之间居民支出差距。

假设二：个人所得税占税收收入的比重会影响城乡居民收入差距。

二、个人所得税对城乡居民收入差距影响的实证分析

（一）模型设计

个人所得税作为直接税，税负不易转嫁，在调节居民收入差距、减少贫富分化和实现共同富裕的再分配中发挥着重要作用，为测度个人所得税影响城乡居民收入差距的因素，在参照徐惠如，陈少晖（2022）② 使用的模型上进行一

---

① 潘雷驰：《我国个人所得税调节收入差距效用的实证分析》，《税务研究》2009 年第 3 期。

② 徐惠如，陈少晖：《共同富裕导向下新个税税制调节城乡收入分配差距的效应研究——基于面板分位数回归模型》，《福建商学院学报》2022 年第 4 期。

定的修改，设置以下模型：

$$\text{theil}_{it} = \alpha + \beta pit_{it} + \gamma X_{it} + \mu_i + \lambda_t + \varepsilon_{it} \tag{8-6}$$

$$\text{theil}_{it} = \alpha + \beta itrt_{it} + \gamma X_{it} + \mu_i + \lambda_t + \varepsilon_{it} \tag{8-7}$$

其中，被解释变量为城乡居民收入差距，这里用城乡泰尔指数 theil 作为其代理指标，其计算公式见式：

$$\text{Theil} = \frac{Y_u}{Y} \times \ln\frac{Y_u/Y}{L_u/L} + \frac{Y_C}{Y} \times \ln\frac{Y_C/Y}{L_C/L} \tag{8-8}$$

泰尔指数等于城镇泰尔指数与农村泰尔指数的总和，Y_u、Y_C、Y 分别为城镇、农村和地区总收入；L_u、L_C、L 分别为城镇、农村和地区总人口数。泰尔指数越大，说明该地区的城乡居民收入差距越大，城镇居民与农村居民之间的收入分配状况越失衡；反之，泰尔指数越小，则说明所测算地区城乡居民收入差距越小，收入分配越合理；当泰尔指数为 0 时，说明城乡之间居民收入分配没有差别，完全公平。

核心解释变量为个人所得税税率 pit 和个人所得税收入占全部税收收入的比重 itrt；X 为其他控制变量，包括经济发展水平（lnpgdp）、工业化水平（lnind）、城镇化（lnurban）、民生性财政支出（lnfs）、市场化水平（lnmarket）以及对外开放程度（lntrading）；μ_i 为不随时间变化的个体效应；λ_t 为不随个体变化的时间效应；ε_{it} 为随机扰动项。具体的变量含义见表 8－5。

表 8－5　　变量说明

	变量	含义
被解释变量	城乡居民收入差距（theil）	城乡泰尔指数
核心解释变量	个人所得税税率（pit）	全部个税收入/个税税前收入
	个税收入比重（itrt）	个税收入/税收总收入
控制变量	经济发展水平（lnpgdp）	人均 GDP 的对数
	工业化水平（lnind）	第二产业增加值/GDP 的对数
	城镇化（lnurban）	城镇人口/常住总人口数的对数
	民生性财政支出（lnfs）	民生性财政支出/GDP 的对数
	市场化程度（lnmarket）	市场化指数的对数
	对外开放水平（lntrading）	进出口总额/GDP 的对数

（二）数据说明

变量数据为 2013—2020 年的京津冀市级面板数据，受个人所得税数据可得性限制，此次研究中同样剔除了河北省衡水市的样本值，在选取北京市、天津市、河北省十个省市（除衡水市）2013—2020 年样本数据后，得到阶段横截面为 12，时间维度为 8 的平衡面板数据，各变量的描述性统计见表 8－6。

表 8－6 描述性统计

变量	样本值	均值	标准误差	最小值	最大值
theil	96	0.075	0.029	0.018	0.151
pit	96	0.021	0.029	0.002	0.118
itrt	96	0.043	0.035	0.008	0.226
lnpgdp	96	10.772	0.486	10.011	12.009
lnind	96	3.671	0.303	2.771	4.072
lnurban	96	4.067	0.194	3.773	4.472
lnfs	96	－2.525	0.315	－3.392	－1.820
lnmarket	96	2.533	0.165	2.119	2.911
lntrading	96	－2.141	1.101	－4.520	0.231

（三）回归结果分析

Hausman test 的结果中 p 值为 0.0164，故选择固定效应模型进行估计，使用城市聚类标准误，回归结果见表 8－7，模型 8－6 考察了在控制变量作用下，各地城乡收入差距与个人所得税税率的关系；模型 8－7 考察了在相同的控制变量作用下，各地城乡收入差距与个人所得税收入占全部税收收入比重的关系。

表 8－7 个人所得税税率对城乡居民收入差距影响的回归结果

变量	(1) theil	(2) theil
pit	－0.0708*** (0.0149)	
itrt		－0.0374** (0.0166)
lnpgdp	－0.00166 (0.0143)	－0.00203 (0.0144)
lnind	0.0122 (0.0131)	0.0127 (0.0128)

续表

变量	(1) theil	(2) theil
lnurban	-0.136*** (0.0246)	-0.136*** (0.0255)
lnfs	0.00184 (0.00997)	0.00124 (0.00992)
lnmarket	0.0559** (0.0248)	0.0548** (0.0250)
lntrading	-0.00479*** (0.00138)	-0.00456*** (0.00141)
_cons	0.497*** (0.120)	0.501*** (0.118)
个体效应	YES	YES
时间效应	YES	YES
R^2	0.9915	0.9915

注：*、**、*** 分别代表在10%、5%、1%的显著性水平下显著，括号内为标准误。

从回归结果可以看出：第一，个人所得税税率对城乡居民收入泰尔指数的影响在1%显著水平上为负，系数为-0.0708，即个人所得税平均税率每增加1%，城乡收入泰尔指数下降0.0708%。第二，个人所得税占全部税收收入的比重对城乡收入泰尔指数的影响在5%显著水平上为负，系数为-0.0374，这说明个人所得税占全部税收比重每增加1%，城乡收入泰尔指数将下降0.0374%。第三，城镇化水平、市场化水平及对外开放水平对城乡收入泰尔指数有显著影响，其中城镇化率与对外开放水平对城乡收入泰尔指数的变化有显著的负向作用；而随着市场化水平的提高，城乡收入差距会随之拉大。

（四）稳健性检验

表8-8为稳健性检验结果，其中第（3）列和第（4）列是对模型8-6的检验，第（3）列是替换核心解释变量，即个人所得税税率pit用个人所得税收入与GDP的比值iit来衡量，第（4）列是替换被解释变量，即城乡收入差距用城乡收入比gap衡量；第（5）列、第（6）列是对模型8-7的检验，第（5）列是替换核心解释变量，即个人所得税占税收收入的比重itrt用个人

所得税收入与财政收入的比值 itfi 来衡量；第（6）列是替换被解释变量，即将城乡收入泰尔指数替换为城乡收入比 gap。

表 8－8 稳健性检验结果

变量	(3) theil	(4) gap	(5) theil	(6) gap
iit	-0.378*** (0.103)			
pit		-0.809*** (0.283)		
itfi			-0.0518** (0.0204)	
itrt				-0.409* (0.248)
控制变量	YES	YES	YES	YES
个体效应	YES	YES	YES	YES
时间效应	YES	YES	YES	YES
N	96	96	96	96
R^2	0.9915	0.9849	0.9916	0.9849

注：*、**、*** 分别代表在 10%、5%、1% 的显著性水平下显著，括号内为标准误。

从回归结果来看，在表 8－8 的结果（3）、（4）中，个人所得税收入与 GDP 的比值（iit）对城乡泰尔指数的影响在 1% 水平上显著为负，个人所得税税率（pit）对城乡收入比值（gap）的影响在 1% 水平上显著为负。显著验证了模型 8－6，即随着个人所得税税率的提高，城乡收入差距会降低。在结果（5）、（6）中，个人所得税收入与财政收入的比值（itfi）对城乡泰尔指数（theit）的影响在 5% 显著水平上为负，个人所得税收入占全部税收收入的比重（itrt）对城乡收入水平（gap）的影响在 10% 显著水平上为负，验证了模型 8－7，即随着个人所得税比重的提高，城乡收入差距会降低。由结果可知，核心解释变量的估计系数均在至少 10% 的水平下显著为负，验证了基准结论的稳健性。

三、个人所得税对城乡居民消费支出差距影响的实证分析

（一）模型设计

居民消费支出水平也是测度共同富裕水平的重要指标，为探究个人所得税对城乡居民消费支出的影响，构建计量模型如下：

$$gapc_{it} = \alpha + \beta pit_{it} + \gamma X_{it} + \mu_i + \lambda_t + \varepsilon_{it} \quad (8-9)$$

选取城乡支出差距（gapc）为被解释变量，用城镇居民人均支出除以农村居民人均支出表示；核心解释变量为个人所得税税率（pit），以各市全部个人所得税除以全市全部居民收入表示，全市全部居民收入的计算方法是该市人均可支配收入乘常住总人口数；除个人所得税外，其他因素也可能对城乡居民支出差距造成影响，X 为其他控制变量，主要选取经济发展水平（lnpgdp）、市场化水平（market）、社会消费水平（trs）、物价水平（price）以及对外开放程度（trading）；μ_i 为不随时间变化的个体效应；λ_t 为不随个体变化的时间效应；ε_{it}为随机扰动项。

收入是消费的基础和前提，如果收入差距扩大，则总体消费水平会降低，而根据绝对收入理论，高收入群体的边际消费倾向较低，长期持续的收入增长对他们的消费增量的影响是有限的；但对低收入群体来说，收入来源的匮乏性使得他们的消费能力远远低于整体的平均消费水平，从而拉大了消费差距。因此，城乡收入差距的缩小很可能是个人所得税缩小城乡消费支出差距的作用机制，为了验证这一作用机制，参考温忠麟等（2014）[①] 的做法，构建了如下计量模型：

$$gap_{it} = \alpha + \varphi_0 pit_{it} + \gamma_1 X_{it} + \mu_i + \lambda_t + \varepsilon_{it} \quad (8-10)$$

$$gapc_{it} = \alpha + \beta_0 pit_{it} + \varphi_1 gap_{it} + \gamma_1 X_{it} + \mu_i + \lambda_t + \varepsilon_{it} \quad (8-11)$$

其中，gap_{it}为中介变量—城乡居民收入差距，用城乡居民收入比值作为其代理变量。具体的变量的经济含义及算法见表 8-9。

表 8-9　变量说明

	变量	含义
被解释变量	城乡居民消费支出差距（gapc）	城镇居民人均支出/农村居民人均支出
核心解释变量	个人所得税税率（pit）	全部个税收入/个税税前收入
中介变量	城乡居民收入差距（gap）	城乡居民收入比值
控制变量	经济发展水平（lnpgdp）	人均 GDP 的对数
	市场化程度（market）	市场化指数
	社会消费水平（trs）	社会零售消费总额/GDP
	物价水平（price）	居民消费价格指数取对数
	对外开放水平（trading）	进出口总额/GDP

① 温忠麟，叶宝娟：《中介效应分析：方法和模型发展》，《心理科学进展》2014 年第 5 期。

（二）数据说明

变量数据为2013—2020年的京津冀市级面板数据，数据选取自《北京统计年鉴》《天津统计年鉴》《河北统计年鉴》、中经网数据库等，受个人所得税数据可得性限制，此次研究中同样剔除了河北省衡水市的样本值，面板数据共96个样本值。各变量的描述性统计见表8－10。

表8－10 描述性统计结果

变量	样本值	均值	标准误差	最小值	最大值
gapc	96	2.073	0.296	1.271	2.771
pit	96	0.021	0.029	0.002	0.118
gap	96	2.409	0.273	1.845	3.133
lnpgdp	96	10.772	0.486	10.011	12.009
market	96	12.767	2.132	8.327	18.371
trs	96	0.369	0.074	0.23	0.544
price	96	4.625	0.01	4.563	4.661
trading	96	0.213	0.261	0.011	1.26

（三）回归结果分析

为了探究个人所得税税率对城乡居民消费支出差距的影响，采用了双向固定效应模型对其进行了估计，其结果见表8－11中的（1）。由结果可以看到，个人所得税税率的估计系数在1%的水平下显著为负，这说明：个人所得税显著缩小了城乡居民消费差距。具体来看，当其他条件不变的情况下，个人所得税税率每提高1个单位，则城乡居民消费差距将缩小8.94个单位。

另外，表8－11中的（2）和（3）汇报了模型8－10和模型8－11的估计结果。由（2）可以看出，个人所得税税率在10%的水平下显著为负，这说明：个人所得税显著缩小了城乡居民收入差距。而由（3）可知，城乡居民收入差距的估计系数在1%的水平下显著为正，这表明城乡收入差距与城乡消费差距同方向变动，这也与上文的阐述是相符的。由于个人所得税税率系数同样显著，则可以说明：城乡居民收入差距在个人所得税缩小城乡居民消费差距的过程中起到了部分中介作用。具体通过计算可知，中介效应的大小为0.292，约占总效应的29.18%。

表 8－11　　实证结果

变量	(1) gapc	(2) gap	(3) gapc
pit	−8.940*** (2.636)	−1.836* (0.910)	−6.331** (2.711)
gap			1.421*** (0.401)
lnpgdp	−0.327 (0.262)	0.121 (0.162)	−0.498** (0.201)
market	0.0396 (0.0860)	0.0636 (0.0376)	−0.0509 (0.0757)
trs	0.184 (0.532)	0.207 (0.291)	−0.111 (0.326)
price	−1.784 (2.642)	−0.723 (0.537)	−0.757 (2.825)
trading	−1.014*** (0.266)	−0.321* (0.150)	−0.558* (0.259)
_cons	13.88 (12.74)	3.915 (2.470)	8.314 (13.84)
个体效应	YES	YES	YES
时间效应	YES	YES	YES
N	96	96	96
R^2	0.670	0.743	0.741

注：*、**、*** 分别代表在 10%、5%、1% 的显著性水平下显著，括号内为标准误。

（四）稳健性检验

为了验证基准结论的稳健性，本部分通过将泰尔指数作为城乡差距的代理指标重新进行估计。泰尔指数的具体公式如下：

$$\text{Theil} = \frac{Y_u}{Y} \times \ln \frac{Y_u/Y}{L_u/L} + \frac{Y_C}{Y} \times \ln \frac{Y_C/Y}{L_C/L}$$

其中，泰尔指数等于城镇泰尔指数与农村泰尔指数的总和，Y_u、Y_C、Y 分别为城镇、农村和地区总收入/消费；L_u、L_C、L 分别为城镇、农村和地区总人口数。泰尔指数越大说明该地区的城乡居民收入/消费差距就越大。稳健性检验的估计结果见表8－12。由结果可以看出，当把泰尔指数作为城乡差距的衡量指标时，其结果依然是显著的，即：个人所得税缩小了城乡消费差距，且城乡居民收入起到了中介作用。

表8－12 稳健性检验结果

变量	(1) theilc	(2) theil	(3) theilc
pit	−0.656*** (0.179)	−0.182* (0.108)	−0.417** (0.181)
theil			1.309*** (0.236)
控制变量	YES	YES	YES
个体效应	YES	YES	YES
时间效应	YES	YES	YES
N	96	96	96
R^2	0.707	0.847	0.804

注：*、**、***分别代表在10%、5%、1%的显著性水平下显著，括号内为标准误。

四、研究结论与政策建议

（一）研究结论

从核心解释变量来看：第一，个人所得税税率对城乡居民收入差距的影响显著为负。即随着个人所得税税率水平的提高，城乡居民收入差距缩小。同时，个人所得税税率对城乡居民支出差距的影响同样显著为负，并且城乡居民收入差距在其中起到了29.18%的中介作用。第二，个人所得税比重对城乡居民收入差距有显著的负向影响。即随着个人所得税筹集财政收入能力的增强，城乡居民收入差距将下降，全体居民共同富裕水平会随之提高。进一步地，从控制变量来看，城镇化率与对外开放水平的提高能够显著缩小城乡收入差距，未来应加快城乡一体化建设，不断提高对外开放程度。

（二）政策建议

健全合理的个人所得税制度不仅有助于居民幸福感的提高，并且对促进全体人民共同富裕发挥正向作用，为此，本书提出以下建议：

第一，提高个人所得税筹集财政收入的比重。个人所得税的比重对城乡居民收入和支出差距均有显著的负向影响，适度提高个人所得税的比重能够强化个人所得税促进共同富裕的作用，具体可以从以下两方面入手：第一，应该加强对个人所得税的征收管理，健全监控手段，减少税款流失；第二，扩大个人所得税税基，加快发展国民经济，结合各项惠企利民优惠政策，减轻企业负担，提高企业收入，居民个人的收入水平也会随之提高，同时加大对低收入者的技能培训，推动就业水平稳步提高，增加居民收入。

第二，利用大数据提高个人所得税征管水平。京津冀地区整体实际平均税率在4%左右，北京地区的实际平均税率也仅在8.5%上下，河北地区实际平均税率更低，在1%左右。与个人所得税各项收入的名义税率相比，京津冀地区实际税率过低，这说明京津冀地区税收征管水平还有待提高，在大数据时代，可以充分利用信息资源，加强各部门与税务机关合作联动，实现税务登记和收入报告透明化，堵塞由于信息不对称造成的偷逃税漏洞。

第三，加大综合课税程度，公平资本利得收入与劳动所得收入税负。我国居民的工资薪金所得、劳务报酬所得等劳动所得适用3%—45%的超额累进税率，财产租赁、财产转让、利息，股息，红利所得适用20%的比例税率，并且享受大量税收优惠。然而低收入者劳动所得更多，而高收入者的资本利得收入占比较高，分类与综合相结合的征收模式容易造成个人所得税对税收分配公平产生逆向调节作用。建议将财产租赁所得、财产转让所得等资本利得陆续并入综合所得征税，同时应逐步取消对资本利得过多的税收优惠。

第四，在个人所得税设计中充分考虑到地区发展差异、城乡发展差异。如在不违背税收公平性原则的基础上，赋予地方政府因地制宜的权利，根据本地区居民收支现实状况执行差别化的费用扣除、专项扣除、专项附加扣除等税前扣除政策。

第九章

促进京津冀共同富裕的财税政策：目标、问题与建议

第一节　总体思路、基本原则及目标

一、总体思路

共同富裕是中国式现代化必须瞄准的目标，在任何时期、任何阶段、任何政策的制定与实施中，绝对不能偏离这一中心目标。习近平总书记在《扎实推动共同富裕》一文中指出“共同富裕是社会主义的本质要求，是中国式现代化的重要特征”。要把共同富裕与我国的现代化紧密地联系在一起，对共同富裕内涵的理解我们一定要置于中国现代化的整体框架之中，把共同富裕的一般性与中国式现代化共同富裕的特殊性联系在一起，进一步厘清共同富裕与社会主义的本质关系。本章重点在于确定秉持的基本原则基础上，制定分阶段目标，然后分析问题，提出对策建议。

首先，确定实现共同富裕秉持的基本原则。必须明确共同富裕是全体人民的共同富裕，是人民物质生活和精神生活都富裕，不是少数人民的富裕，也不

是整体划一的富裕。因此，在政策的制定以及实施中，要根据国家扎实推进共同富裕的重大战略部署、河北雄安新区总体规划和京津冀协同发展规划的要求，结合京津冀区域发展现状，加大改革力度、创新体制机制、持续增强财政保障，着力补短板、强弱项、惠民生，努力提升人民群众获得感、公平感、安全感、幸福感，努力建设京津冀共同富裕的区域范例。

其次，制定阶段性目标。在经济社会发展的不同阶段，共同富裕的阶段目标是不同的，促进共同富裕实现的财税政策的目标也不同。为了深入探讨不同阶段的共同富裕，我们需要在清楚把握好共同富裕基本原则的前提下，按照短期、中期、长期制定促进共同富裕实现的财税政策目标，发挥好财税工具对实现共同富裕的重要作用。

最后，分析问题，提出对策建议。本章分别从税收、社会保障、基本公共服务均等化等方面分析京津冀现行的财税政策在促进共同富裕方面存在的不足之处，并在准确把握问题的基础上提出优化建议，以便更好地实现京津冀区域的共同富裕目标。

二、基本原则

（一）在侧重公平基础上实现效率与公平的有机统一

公平和效率是社会福利经济学的两大准则，其中效率属于生产力的范畴，公平属于生产关系的范畴。二者之间达成有机统一则整个社会实现福利最大化，但二者之间又是一个矛盾的统一体。我国长期以来实施的是“效率优先，兼顾公平”原则，这是基于我国作为发展中国家，生产力水平相对落后的状况下提出的。自改革开放之初至20世纪90年代的一段时期内，我国的收入分配差距并不明显，相比之下，效率问题是发展中国家的主要矛盾。因此，在1993年召开的党的十四届三中全会上“效率优先，兼顾公平”的说法正式进入中央文件。随着改革开放的深入，“先富带后富”的思想应运而生，市场经济使一部分人先富裕起来，但是也使得收入分配差距逐渐拉大。党的十六届四中全会放弃了“效率优先，兼顾公平”的提法；党的十六届五中全会进一步提出“更加注重社会公平，使全体人民共享改革发展成果”；党的十六届六中全会提出“走共同富裕之路，推动社会建设与经济建设协调发展”；党的十八大提出“效率和公平并重”；党的十九大提出我国社会主要矛盾已经转化为人民日益增长的美好生活需要和不平衡不充分的发展之间的矛盾，不再是“人民日益增长的物质文化需要同落后的社会生产之间的矛盾”。但是我国依然处于社会主义的初级阶段，只是在不同的领域，效率和公平的侧重点不同而已。

具体而言，在社会主义现代化的构建过程中，坚持公平与效率的统一是不容置喙的，即在市场主要发挥作用的初次分配领域要注重效率，创造公平竞争的环境来提高资源的配置效率；而在再分配领域要更加注重公平，提高公共资源的配置效率，缩小收入差距。其中，再分配环节的财税理念应更加注重公平。在财政支出中，要更加关注社会公平正义，通过转移支付和社会保障，提升弱势群体和低收入阶层的收入水平与社会福利水平，促进社会和谐发展，实现效率与公平有机统一。同样，再分配环节中的税制结构也需要以公平作为导向，不断完善个人收入分配的税收体制，提高直接税占比，降低间接税比重，以期利用税收工具来调整收入差距，实现共同富裕的伟大目标。

（二）尽力而为，量力而行原则

“尽力而为、量力而行”，是习近平总书记一再强调的工作原则。习近平总书记强调：“我国正处于并将长期处于社会主义初级阶段，我们不能做超越阶段的事情，但也不是说在逐步实现共同富裕方面就无所作为，而是根据现有条件把能做的事情尽量做起来，积小胜为大胜，不断朝着全体人民共同富裕的目标前进。”这是对“尽力而为，量力而行”的最好概括。我们在推进共同富裕的道路上，对财税工具的使用同样需要遵循“尽力而为，量力而行”的原则，充分理解共同富裕从来不是一蹴而就的，在尽力而为的同时依据现实发展量力而行。其中，政府对于财税工具的运用要尽可能地遵循客观规律，不搞运动式、行政式的干预，正确地把尽力而为、量力而行相结合，利用好系统战和持久战的思维，以一种理性科学的态度，结合自身实际情况扎实稳进推进共同富裕。

尽力而为，着力解决发展不平衡不充分问题。当前，中国特色社会主义进入新时代，人民对美好生活的需要日益广泛，优质的医疗服务、优美的环境和洁净的空气、教育公平、住房改善等都是人民迫切需要的，而这些需要的供给又是不平衡不充分的，如何让全体人民实现共同富裕，公平地享有改革发展成果，政府应坚持尽力而为原则，构建初次分配、再分配、三次分配协调配套的基础性制度安排，加大税收、社保、转移支付等调节力度并提高精准性，扩大中等收入群体比重，增加低收入群体收入，合理调节高收入，取缔非法收入，形成中间大、两头小的橄榄型分配结构，促进社会公平正义，促进人的全面发展，使全体人民朝着共同富裕目标扎实迈进。

量力而行，充分认识到我国基本国情。在新的发展阶段，我们必须把促进实现全体人民的共同富裕摆在更为重要的位置上，政府应该根据当地实际经济发展情况以及财力状况来进行统筹安排。无论是社会保障水平的提高，还是居民收入的增加，抑或是区域间的协调发展，都不能脱离当前实际、超越阶段。尤其是保障和改善民生，必须是建立在经济发展和财力可持续的基础之上的“量力而行”。共同富裕的实现需要政府统筹安排与推进，不能完全不顾现有财力状况，把所有工作都包揽到政府身上，政府工作重点应该放在基础性、普惠性、兜底性的民生保障性建设（王海燕，2022）①。

（三）适度差距原则

共同富裕不等于平均主义，在不同时期，不同地区以及发展过程中的不同阶段共同富裕都有着不同的要求。特别是我国作为世界人口大国，地大物博，各地区资源禀赋、经济基础、财力状况等都存在较大的差异，实现共同富裕不是所有人都同时富裕，也不是所有地区同时达到一个富裕标准。适度差距应该包括两个方面的内涵：一是有差距；二是差距不能无限扩大。

一方面，共同富裕是允许存在差距。改革开放以来，党和政府允许一部分人、一部分地区、一部分企业通过诚实劳动和合法经营先富起来，并采取了适当拉开收入差距的政策，这是对社会做出较大贡献的劳动者的充分认可，有利于将劳动者的积极性、主动性和创造性都激发了出来，从而释放出了巨大的劳动生产力。同时居民收入差异的存在和适当的扩大，能够产生阶梯型的承接能力和多层次的消费需求，促使市场需求导向企业的产品投资方向，推动产业结构的升级和优化，从而提升经济发展的速度和质量。

另一方面，差距不能无限扩大。如果政府放任差距无限扩大，就会导致两极分化加剧，给社会和经济带来更大的危险。为了防止收入差距过大，在财政方面体现为建立农村最低生活保障制度，构建一整套建档立卡制度来保证贫困者的基本生活，并通过社会保险，基本养老制度等一系列措施保障维持大多数农户的基本生活；在税收方面通过个人所得税的积极改革调节过高收入者的收入，促进过大差距向适度差距回归、偏橄榄型分布向橄榄型分布转变。

---

① 王海燕：《深刻把握推进共同富裕的基本原则和要求》，《思想政治工作研究》2022 年第 9 期。

（四）循序渐进原则

我国正处于并将长期处于社会主义初级阶段，我们要始终围绕这一阶段来制定我们国家各种经济政策，充分认识到共同富裕的实现是长期、艰巨、复杂的任务，要想实现共同富裕，尤其要立足于新发展阶段，发挥先富带后富的作用，本着事物发展的客观规律一步一个脚印地推动共同富裕伟业。就推动共同富裕的财税政策而言更是如此，既要充分发动区域内财政系统的力量，又要充分发挥外部力量在推进京津冀共同富裕中的积极作用，广泛引导社会投入，形成财政主导、全员参与的京津冀共同富裕推动格局。首先，促进共同富裕不仅需要雄厚的经济基础，而且要求实现人的全面发展和社会的全面进步。对此，我们有许多工作要做，不仅要推进经济高质量发展，还有许多短板、弱项要补。其次，实现共同富裕仍面临许多困难，当前我国发展不平衡不充分的问题仍然突出，缩小城乡区域发展差距、形成合理分配格局，最终实现全体人民共同富裕，任务依然艰巨。这些都需要我们充分意识到实现共同富裕是持久战，我们必须坚持循序渐进的原则，有序推进、逐步深入、久久为功，不断增进民生福祉，逐步推进共同富裕的实现。

三、主要目标

实现共同富裕的目标是一个由“消除贫困”到“全面小康”，由“部分先富”到“共同富裕”的过程，具有渐进性、阶段性的显著特征，需要结合不同时期的发展水平制定不同阶段的目标政策。为实现京津冀共同富裕目标，结合国家提出的三阶段目标，本部分提出了短期、中期、长期三阶段目标，为实现三阶段目标，政府也需要在不同阶段实施有针对性的财税政策以推动京津冀共同富裕的早日实现。

（一）短期目标

京津冀共同富裕的短期目标为：到 2025 年，共同富裕得到扎实推动，居民收入和实际消费水平差距逐步缩小，收入分配更加公平。其含义为：

第一，共同富裕得到扎实推进。具体表现为人均可支配收入与人均 GDP 到 2025 年得到明显提升，其中京津冀的人均可支配收入分别应达到 10 万元、5.8 万元、4 万元；人均 GDP 分别应达到 20 万元、12 万元、6.4 万元。

京津冀人均可支配收入和人均 GDP 应达到的短期目标主要是基于平均增长率制定的。（1）人均可支配收入的测算。截至 2020 年，京津冀的人均可支配收入分别为6.9万元、4.4万元、2.7万元[①]，2014—2020年京津冀人均可支配收入平均增长率约7.6%、5.8%、8.5%，如继续维持该增长率水平，到2025年京津冀的人均可支配收入将分别达到10万元、5.8万元、4万元。（2）人均GDP的测算。截至2020年，京津冀的人均GDP分别为16.4万元、10.1万元、4.8万元。京津冀2010—2020年人均GDP平均增长率约11%、8.7%、6.3%，考虑到我国现阶段经济增长已有高速增长转为高质量发展阶段，三地难以继续维持近十年较高的平均增长率，因此，将京津冀人均GDP平均增长率定为4.5%、4%、6%[②]，到2025年三地人均GDP将会达到20万元、12万元、6.4万元。

第二，居民收入差距逐步缩小。具体表现为到2025年京津冀居民可支配收入差距由2020年的2.56∶1.6∶1缩小到2.5∶1.45∶1，京津冀区域内城乡收入差距缩小由2020年2.51、1.86、2.26缩小为2.4、1.77、2.15以内。

（1）京津冀三地居民收入差距缩小目标测算。居民收入差距逐步缩小的目标依据是2025年京津冀人均可支配收入的比值，即10万元、5.8万元、4万元的比值。对比2014年京津冀可支配收入比值为2.67∶1.89∶1，2020年京津冀可支配收入比值为2.56∶1.6∶1，将2025年京津冀居民可支配收入差距制定为2.5∶1.45∶1是合理的。

（2）京津冀区域内城乡收入差距缩小目标的测算。2011年京津冀各地区城乡可支配收入比值分别为2.64、2.02、2.50；2020年京津冀各地区城乡可支配收入比值分别为2.51、1.86、2.26。可以看出10年来京津冀城乡可支配收入差距呈缩小趋势，按照京津冀年平均每年缩小1%计算，到2025年，京津冀三地城乡可支配收入比值缩小为2.4、1.77、2.15。

第三，实际消费水平差距逐步缩小。具体表现为到2025年京津冀区域人均消费性支出差距缩小到1.83∶1.28∶1，京津冀城乡居民人均消费性支出差距缩小到1.8∶1∶1.7。

（1）京津冀区域人均消费性支出差距缩小目标测算。具体表现为京津冀三地人均消费性支出比值差距缩小，制定依据为京津冀人均消费支出水平的平均下降幅度。由表9-1可以发现，2016—2020年北京和河北的人均消费支出

① 数据来源于《中国统计年鉴》。

② 参考京津冀三地2023年政府工作报告制定。

差距平均每年缩小0.066，依此计算，2025年北京和河北的人均消费支出比值缩小为1.83∶1；同理，2016—2020年天津和河北的人均消费支出差距平均每年缩小0.05，依此计算，2025年天津和河北的人均消费支出比值缩小为1.28∶1。因此，2025年京津冀人均消费支出水平目标将由2020年的2.16∶1.58∶1缩小为1.83∶1.28∶1。

(2) 京津冀城乡居民人均消费性支出差距缩小目标测算。由表9-1可以发现，从2016年至2020年京津冀城乡居民人均消费性支出差距呈现不断缩小的趋势，按照近5年京津冀缩小幅度0.2、0.2、0.1计算，到2025年京津冀城乡居民人均消费性支出比值将由2020年的2、1.2、1.84缩小为1.8、1、1.7。

表9-1　　2016—2020年京津冀消费水平差距比值变化

年份	人均消费性支出比值		城乡居民人均消费性支出比值		
	北京/河北	天津/河北	北京	天津	河北
2016	2.49	1.83	2.21	1.41	1.95
2017	2.43	1.81	2.14	1.39	1.96
2018	2.38	1.79	2.12	1.42	1.94
2019	2.39	1.77	2.12	1.40	1.90
2020	2.16	1.58	2.00	1.20	1.84

数据来源：根据《北京统计年鉴》《天津统计年鉴》《河北统计年鉴》计算得出。

第四，收入分配更加公平。收入分配的公平程度一般使用基尼系数进行衡量，预测到2025年，京津冀地区收入分配的基尼系数下降为0.35。依据第四章的测算结果，2015—2020年京津冀地区居民收入分配基尼系数分别为0.466、0.415、0.427、0.442、0.392、0.403，每年的平均下降幅度为0.01，按照此下降幅度计算，到2025年京津冀居民收入分配的基尼系数应由2020年的0.403下降为0.35。

为了保障京津冀共同富裕短期目标的实现，财税政策的发力点主要集中两个方面：一是财政方面，要构建有利于京津冀区域协调发展的财政制度，促进京津冀区域由“财政竞争”走向“财政合作”；要加大城镇、乡村的弱势群体的财政支持制度以进一步缩小城乡差距。二是税收方面，要继续发挥减税降费的作用，降低微观企业的税收负担；完善个人所得税制度，充分发挥个人所得税的“调高”作用。

（二）中期目标

京津冀共同富裕的中期目标为：到2035年，全体人民共同富裕取得实质性进展，基本公共服务实现均等化。其含义为：

第一，全体人民共同富裕取得实质性进展。到2035年，京津冀的人均可支配收入分别应达到16万元、9万元、6.5万元；人均GDP分别应达到32万元、21万元、11万元。

在短期目标的基础上，参考京津2023政府工作报告中提到的“居民可支配收入与经济增长同步”，并结合黄群慧、刘学良（2021）预测的“2020—2050年我国经济增长潜力”①，将京津的人均可支配收入增长率与人均GDP增长率定为4.73%。同时考虑到河北要缩小和京津的差距，增速要相应提速，因此将中期内河北省人均可支配收入增长率定为5%，人均GDP增长率定为5.8%，依此计算，到2035年，京津冀的人均可支配收入应分别达到16万元、9万元、6.5万元，人均GDP应分别达到32万元、21万元、11万元。

第二，基本实现公共服务均等化。主要体现为2035年的基础教育、医疗卫生、社会保障、公共文化、基础设施五个方面的京津冀均等化水平泰尔指数较2020年有所降低。具体为：基础教育由0.029降低为0.018；医疗卫生由0.054降低为0.043；社会保障由0.163降低为0.16；公共文化由0.124降低为0.1；基础设施由0.078降低为0.03②。测算依据如下：

京津冀公共服务均等化水平泰尔指数目标的制定主要基于2015—2020年泰尔指数增减程度。（1）基础教育。2011—2020年京津冀基础教育均等化水平泰尔指数持续下降，10年的平均降幅为0.6%，到2035年基础教育均等化泰尔指数由2020年的0.0291降低为0.018。（2）医疗卫生。2011—2020年京津冀医疗卫生均等化泰尔指数呈持续下降趋势，由0.0604降低为0.054，按照其年平均降低0.07%计算，到2035年医疗卫生均等化泰尔指数应由2020年的0.054降低为0.043。（3）社会保障。2011—2020年京津冀社会保障均等化泰尔指数呈现缓慢降低趋势，由2011年的0.1654降低为2020年的0.1626，年平均降幅为0.03%，继续依据此降幅到2035年社会保障均等化泰尔指数为0.158。（4）公共文化。2011—2020年京津冀公共文化均等化泰尔指数变化幅

① 选取2025—2035年的中位数。

② 本部分的泰尔指数数值来源于本书第五章的计算结果。

度比较稳定，由2011年的0.1374降低为2020年的0.1236，年平均降幅为0.15%，按此降幅计算预计到2035年将会由0.1236降低为0.1006。（5）基础设施。2011—2020年京冀基础设施泰尔指数在不同年间呈现不同程度下降，2011—2020年由0.1085降低为0.0775，年均降幅为0.34%，预计2035年将会由0.0775降低为0.0025。

为实现共同富裕中期目标，要进一步加大财政纵向财政转移支付力度，完善京津冀区域间的横向转移支付，以实现基础教育、医疗卫生、社会保障、公共文化等基本公共服务均等化；同时要完成房地产税的立法工作，争取在2035年之前开征房地产税，以缩小财产收入带来的居民差距过大问题。

（三）长期目标

到2050年，全体人民共同富裕基本实现，居民收入差距缩小到合理区间，收入分配实现公平。具体含义如下：

第一，全体人民共同富裕基本实现。主要表现为：人均收入和人均GDP达到富裕国家水平，京津冀的人均可支配收入分别应达到27万元、15.4万元、11.6万元，人均GDP分别应达到55万元、35万元、20万元。

京津冀人均可支配收入和人均GDP应达到的长期目标使用的经济增速主要参考黄群慧、刘学良（2021）对2050年经济增长潜力的预测，选取2035—2050年中位数作为京津冀2035—2050年人均可支配收入与人均GDP的平均增速，即2042年的3.66%。考虑到河北处于京津冀地区的短板，为缩小与京津的差距，其增长率应该快于京津两地，因此将河北的人均可支配收入增长率定为3.96%、人均GDP增长率定为4.16%。依此计算，到2050年京津冀的人均可支配收入应分别达到27万元、15.4万元、11.6万元；人均GDP应分别达到55万元、35万元、20万元①。

第二，居民收入差距缩小到合理区间。一方面是京津冀三地居民收入差距缩小，到2050年，由2025年京津冀居民可支配收入差距比2.5∶1.45∶1缩小到2.3∶1.33∶1；另一方面是京津冀区域内城乡收入差距缩小，由2025年京津冀三地城乡收入倍差2.4、1.77、2.15缩小到2.06、1.52、1.85以内。测算依据如下：

（1）人均可支配收入差距缩小目标的测算。居民收入差距缩小到合理区

① 黄群慧、刘学良（2021）预测2050年美国人均GDP将达到10万美元。

间的目标依据是2050年京津冀人均可支配收入的比值，即27万元、15.4万元、11.6万元的比值。对比2025年京津冀居民可支配收入差距由2020年的2.56∶1.6∶1缩小到2.5∶1.45∶1；2050年京津冀居民可支配收入差距由2025年的2.5∶1.45∶1缩小到2.3∶1.33∶1设定较为合理。

（2）区域内城乡收入差距缩小目标的测算。2011年京津冀各地区城乡可支配收入比值分别为2.64、2.02、2.50；2025年京津冀三地城乡可支配收入比值为2.4、1.77、2.15。按京津冀年平均每年缩小1%计算，到2050年京津冀三地城乡可支配收入比值为2.06、1.52、1.85。

第三，收入分配更加公平。具体表现为：到2050年，京津冀收入分配的基尼系数均保持到0.3以内。国际上将基尼系数在0.3及以下视为最优状态，因此在长期目标中将京津冀收入分配的基尼系数制定为保持在0.3以内较为合理。

为实现共同富裕长期目标的实现，一是要通过发挥好财政引导新兴产业结构的培养，调动全社会的经济活力，以提高人均GDP和人均收入水平，为达到富裕国家水平做好财政贡献；二是要优化财政支出结构，逐步提高转移性支出的比重，保障和改善民生，通过政府转移支付来逐步提高低收入人群的生活水平，使得财政资金能够以最直接的方式落到居民手中，提高转移支付促进公平的效率；三是进一步完善直接税体系，构建直接税和间接税并重的税制体系，发挥好税收调节收入分配的作用。

第二节 京津冀区域共同富裕财税政策中存在的问题

实现京津冀区域共同富裕需要科学的财税体制作为基础性的制度保障。京津冀三地长期以来经济差距过大，现有财税政策中的一些不平衡、不到位、不统一的内容，造成了区域经济差距的进一步扩大。调整现有财税政策中的不合理部分、逐步缩小区域经济差距成为大势所趋。通过调整京津冀区域的财税政策来影响价格机制，从而达到产业资源、基本公共服务、社会保障等在京津冀区域的合理配置，以更好地实现京津冀共同富裕目标。考虑到有些政策尤其是税收政策带有统一性，其存在的问题不仅仅是京津冀地区特有的问题，而是全国一般性问题。因此，本部分的分析既包括影响共同富裕的一般财政税收问题，也包含影响京津冀共同富裕的特殊财政税收问题。

一、财政方面

（一）“购买性支出占比高，转移性支出占比低”的支出结构不利于共同富裕目标的实现

按照经济性质我国财政支出可分为购买性支出和转移性支出，其中购买性支出是指政府以财政资金购买商品和服务，反映公共部门实际占有经济资源的规模，财政的资源配置功能较强；而转移性支出是指政府以财政资金向公民、企业和其他组织提供补贴、津贴、补助，它会通过提高家庭收入水平、改善消费能力，来缓解居民收入分配的差距，调节收入再分配功能较强。我国购买性支出的比重一直高于转移性支出比重，2000 年我国购买性支出占比约为 67%，转移性支出占比约为 33%，2016 年购买性支出比重下降为 57%，转移性支出占比上升为 43%，说明我国整个财政支出安排偏向资源配置功能，执行收入分配的功能有待提升。所以说从宏观财政支出安排上看，当前我国“购买性支出占比高，转移性支出占比低”的支出结构不利于共同富裕目标的实现。

（二）河北的财政能力长期弱于京津不利于共同富裕的实现

京津冀共同富裕的短板在于河北，而河北高投入、低产出、粗放式的产业结构和经济发展模式，致使与京津两超大城市的经济差距越来越大。虽然 2020 年京、津、冀三地 GDP 在京津冀区域所占比重分别为 41.8%、16.3%、41.9%，与 2010 年的 37.6%、17.16%、45.24%大体相当；但就人均 GDP 而言，2010 年冀与京津冀整体平均水平相差 13390 元，2020 年冀与平均水平相差已近 30000 元，是北京人均 GDP 的 30%，天津人均 GDP 的 47%，经济实力的差距进一步扩大。

京津冀三地间地方财力差距也在扩大。2010 年冀人均财政收入仅为京、津的 14.8%、22.1%，不足京津冀区域人均财政收入平均水平的一半；2020 年冀人均地方财政收入仍仅为京、津的 20.5%和 36.9%，人均地方财政支出差距明显，与京、津分别相差 19914 元和 8768 元；且 2020 年冀的一般预算收入仅为支出的 42%，其财政存在较大缺口。由此表明，冀无论是财政资金的筹集能力还是实际的财政实现能力均大大弱于京津两地，差距明显。此外，冀的全社会固定资产投资金额长期占京津冀总量的 50%以上，表明冀整体经济

对投资驱动的依赖性较强（见表9－2和表9－3）。

表9－2　　京津冀GDP水平情况①

地区	GDP			全社会固定资产投资		
	总量（亿元）	比重（%）	人均（元）	总量（亿元）	比重（%）	人均（元）
2010年						
北京	14964.02	37.6	78307	5402.95	29.19	28274
天津	6830.76	17.16	54053	6278.09	23.46	49680
河北	18003.6	45.24	29647	15083.35	56.35	24838
京津冀	39798.38	100	43037.8	26764.39	100	28943
2020年						
北京	35943.25	41.8	164158	8041.86	18.47	36728
天津	14007.99	16.3	101068	12502.17	28.71	90203
河北	36013.84	41.9	48302	23001.55	52.82	30850
京津冀	85965.08	100	77926.8	43545.58	100	39474

表9－3　　京津冀地方财力情况②

地区	地方财政收入			地方财政支出		
	总量（亿元）	比重（%）	人均（元）	总量（亿元）	比重（%）	人均（元）
2010年						
北京	2353.93	49.51	12668.35	2717.32	39.3	14624.03
天津	1068.81	22.48	8458	1376.84	19.91	10895
河北	1331.85	28.01	1873.29	2820.24	40.79	3966.75
京津冀	4754.59	100	4647.03	6914.4	100	6758
2020年						
北京	5483.89	48.82	25046	7116.18	36.9	32501
天津	1923.11	17.12	13900	3151.35	16.3	22700
河北	3826.46	34.06	5132	9022.79	46.8	12102
京津冀	11233.46	100	10185	19290.32	100	17484

① 数据来源于《北京统计年鉴》《天津统计年鉴》《河北统计年鉴》。

② 数据来源于《北京统计年鉴》《天津统计年鉴》《河北统计年鉴》，地方财政收入（支出）使用一般公共预算收入（支出）表示，部分经整理计算得出。

因此，河北低效的经济增长方式、不充裕的财政收入、有限的财政实现能力，致使其缺乏政府竞争优势，也使其基本公共服务等缺乏足够的资金来源，较弱的公共服务提供水平使得人口及高端生产要素向京、津流动，助推京津冀的“两极分化”，不利于京津冀共同富裕的实现。

（三）京津冀间存在的财政竞争问题不利于三地共同富裕的实现

长期以来，由于资源的有限性以及地方利益与区域利益、国家利益的非一致性，在以GDP为导向的政府绩效评价体系下，为了吸引更多的稀缺或优质经济资源，获取更加丰富的经济发展要素、抢占优势发展先机，各级地方政府间不仅存在税收竞争、财政支出竞争和标尺竞争行为，还为了各自利益的最大化，不惜大搞地方保护、恶性地方竞争，设置众多政策性障碍。虽然竞争一定程度上促进了地方经济的快速增长，却严重阻碍了商品、资源、资金、劳务等生产要素的自由流动和资源的整体优化配置，造成区域市场的分割，阻碍了区域统一市场乃至全国统一大市场的形成，进一步拉大了区域发展的差距，与区域共同发展的理念相违背。但与此同时，随着区域内地方政府间横向经济联系越来越紧密，相互之间的依存度也越来越高，跨行政区区域内公共物品和公共服务的供给不足问题日益突出，例如跨区流域治理、跨区基础设施的规划和建设、跨区突发性公共事件的应急、跨区资源开发与环境保护等。地方政府间的过度竞争、恶性竞争进一步加剧了跨辖区公共事务治理的难度。

而京津冀三地长期以来在相互竞争中，仍旧保持单体城市自身发展的传统模式，形成了各自的产业结构和城市体系，尚未真正进入“区域一体化”。虽然随着税收制度的不断完善，地方政府运用税收优惠吸引优势资源的空间愈发狭小，但京津冀三地政府仍千方百计通过增值税、企业所得税、城镇土地使用税等进行优惠力度和范围的适度微调，尽量体现政策差异，以吸引资源。此外，京津冀三地政府间还长期进行着产业竞争、基础设施配置竞争，造成京津冀区域内整体产业结构的混乱、基础建设的重复、资源配置的扭曲、生态环境的破坏。第七次人口普查数据显示，由河北流入北京的人口达216万人，流入天津的人口达91万人，大量人口向北京的过度聚集引发了严重的“大城市病”，引致京津冀三地间的经济发展愈加不平衡。由于三地间持续的竞争，河北与京津之间的经济发展水平和居民生活水平差距不但没有明显的缩小，甚至还有逐渐扩大的趋势，不利于区域间基本公共服务均等化的实现。

二、税收方面

（一）税制结构不合理，降低了税收调节分配效应

“间接税比重高，直接税比重低”的税制结构从宏观上制约了我国税收政策调节收入分配差距、促进实现共同富裕的功能作用发挥。众所周知，直接税比间接税更有利于发挥调节收入分配功能，间接税对收入再分配的调节作用十分有限。而我国的税制结构则是以间接税为主体的，以增值税、消费税、关税为代表的间接税比重高达60%，而以个人所得税、企业所得税为主体的直接税收入占比为30%左右（见图9－1）。图9－1描述了近十年来我国直接税和间接税占比变化，其中间接税比重从2010年的62.6%下降为2020年的62.1%，直接税比重由2020年的27.9%上升为2020年的37.2%。虽然直接税比重有所上升，但依然没有改变“间接税为主、直接税为辅”的税制格局。

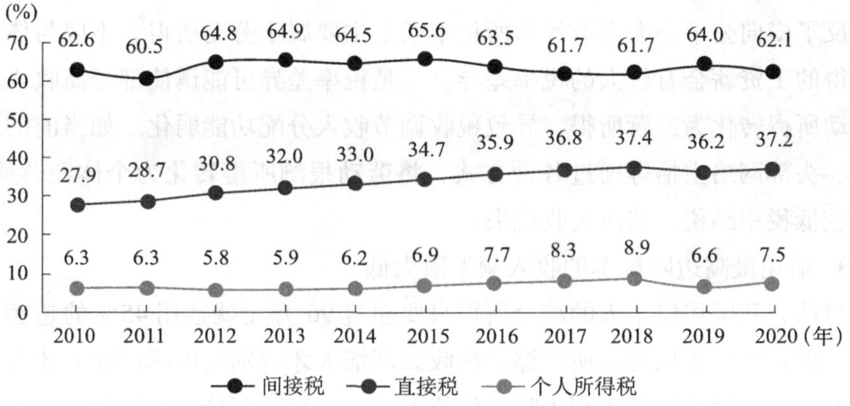

图9－1　2010—2020年我国税制结构图

数据来源：根据《2021年中国财政年鉴》有关数据绘制。

（二）个人所得税制在调节再分配方面还有很多不足

我国个人所得税改革先后进行了七次调整，个人所得税的基本减除费用标准也由最初的800元提升至现在的5000元，2018年构建了综合与分类相结合的个人所得税制，从一定程度上发挥了调节收入分配的作用，但总体上仍存在设计不科学的地方，主要表现为三个方面：

1. 对劳动收入课税较重，对资本课税较轻

在税率设计上存在“重劳动所得、轻资本所得”的格局。2018年修订完

成《个人所得税法》规定，对工资薪金、劳务报酬、稿酬、特许权使用费四项所得采取综合计税方式，适用最高 45% 的边际税率。而对利息、股息、红利、财产租赁所得、财产转让所得等资本所得采取分类计征方式，适用 20% 的比例税率，缺乏累进性，且相当一部分资本所得还可以享受减免税的优惠。从现实看，纯粹来自工资、薪金所得的高收入群体比较少见，尤其是超高收入者的收入主要来自资本所得。我国当前劳动收入和资本收入存在的税率差异不仅无法对高收入群体的收入实行有效调节，加剧了最终收入分配向资本倾斜的局面，反而加大了收入差距。同时，由于资本所得和劳动所得之间存在税率剪刀差，一部分超高收入群体会改变收入性质，将自己的劳动所得转化为资本所得，以达到偷逃税款的目的。

2. 经营所得的边际税率低于劳动所得的边际税率

2018 年修订的《个人所得税法》规定经营所得适用 5%—35% 的超额累进税率，而劳动所得适用的最高边际税率为 45%。这会造成两方面的问题：一是违反了横向公平。大多数经营所得本质上主要属于劳动所得，不应与体现劳动所得的工资薪金有较大的税率差异。二是税率差异可能诱使部分高收入群体将劳动所得转化为经营所得，导致税收调节收入分配功能弱化。如当前的演艺明星、头部网络主播等通过各种方式，将劳动报酬所得转化为个体经营所得，按照较低税率纳税，造成税收流失。

3. 适用最高边际税率的收入额下限太低

目前，我国居民个人的综合所得只要超过 96 万元就适用 45% 的超额累进税率，而且实行各项劳动所得综合征收。高端人才特别是国际高端人才劳动所得普遍较高，过高税率不利于吸引优势人才。而且这部分人群是我国中产阶层的主要群体，新修订后的个人所得税法实际上造成了中产阶层收入的课税负担增加，不利于我国“橄榄形”中等收入群体的培育。

（三）调节财富分配的财产税体系不完整

目前我国财富分配差距的基尼系数已经超过了收入分配差距的基尼系数，2021 年我国收入分配基尼系数为 0.46，而财富分配差距的基尼系数已经高达 0.76，相较于 1995 年，提高了 21%（见图 9-2）。其中，财富份额占比显示财富分配差距越来越大。如图 9-2 显示，前 1% 家庭拥有的财富占比由 1995 年的 16.6% 提高至 2021 年的 30.7%，后 50% 的家庭拥有的财富占比由 1995 年的 15.9% 下降为 2021 年的 6.3%。而当前我国调节财富分配差距的财产税体系不健全，有的缺失，有的完全没有。考虑到影响我国财富差距的主要原因是拥有房产的多寡，而针对房产的税收主要是房产税。我国当前的房产税存在三大问题：一是征收范围窄。我国当前房产税的征税范围只限于经营性住房和出租住房，对个人所有的非营业用房产是免征房产税的，最大的问题就是房产的保有环节尚未开征房地产税。二是税基以房产原值为征税对象已不符合当前实际。我国现有房产税法规定，房产税依照房产原值一次减除10%至30%后的余值计算缴纳。在房地产价格相对稳定的时期，按购置价为基础计算余值进行征税，操作简便，便于征管。随着居民收入水平的不断提高以及房地产市场的日益发展，房地产价格日趋上涨，而且幅度较大。购置房产的时间不同，购置价格会有很大差异，按照余值计税不符合税收公平原则，也不能很好地发挥税收组织收入和调节经济的作用。三是当前的房产税存在一定程度的累退性。除此之外，遗产与赠与税也是西方国家调节财富差距的重要手段，而我国当前并没有开征。对于是否开征遗产与赠与税学者们还存在很多争议。

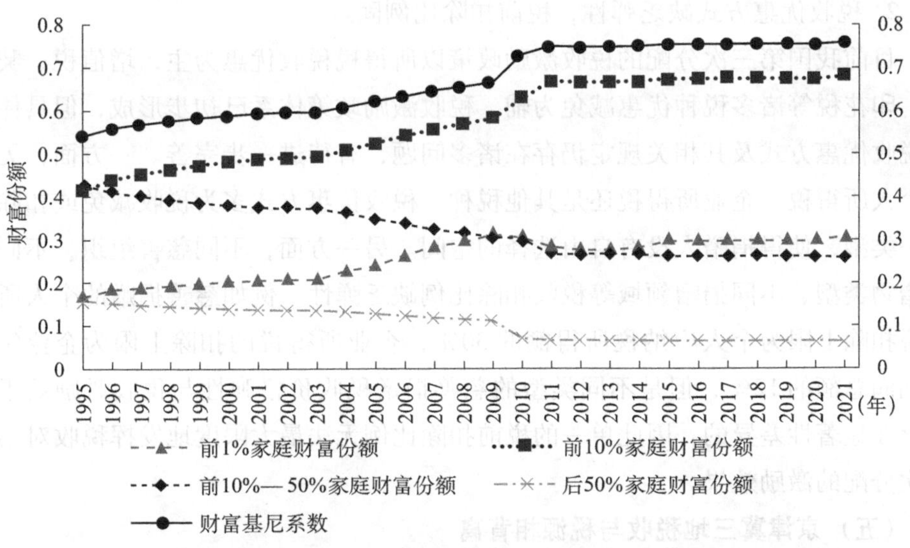

图9－2　1995—2021年我国财富分配份额及财富基尼系数

数据来源：World Income Inequality Database（WID）。

（四）第三次分配的税收激励政策不足

1. 间接捐赠税收减免程序复杂，直接捐赠激励不足

按照是否有第三方慈善机构参与捐赠行为，可将慈善捐赠分为直接捐赠和间接捐赠两种方式。当前我国间接捐赠较为普遍，《慈善法》中规定的可准予

税前扣除的“公益性慈善捐赠”是特指间接捐赠行为。间接捐赠方面的问题有两方面：一方面，拥有扣除资格的公益性组织范围较窄且相关税收减免手续、程序较为复杂，社会公众的慈善捐赠决策行为可能会受到精力、时间等成本的影响；另一方面，类似名称的慈善组织较多，而可以享受捐赠税前扣除资格的社会组织一般仅公布名单而并未附相关联系方式或官方网址，若公众缺乏相应辨别能力与防范意识则极容易混淆，甚至对自身利益造成损害，2021年民政部公布的数据就显示全年共查处社会组织违法违规案件8594起，取缔非法慈善组织3463个。

直接捐赠是指捐赠主体直接将款物捐赠给受赠方，效率较高但捐赠分散且专业化能力不足。除某些规定的特殊情况外，我国直接捐赠行为一般无法享受税收优惠。从总体来看，我国直接捐赠的税收优惠政策多具有临时性、应急性，直接捐赠税收激励不足在一定程度上也可能会抑制社会慈善捐赠的积极性。

2. 税收优惠方式缺乏弹性，税前扣除比例固定

目前我国第三次分配的税收激励政策以所得税税收优惠为主，增值税、契税、印花税等诸多税种优惠减免为辅，税收激励政策体系已初步形成，但具体的税收优惠方式及其相关规定仍存在诸多问题，有待进一步完善。一方面，无论个人所得税、企业所得税还是其他税种，税收优惠方式多为税收减免或扣除这一类型，使得捐赠人没有自由选择的空间。另一方面，不同慈善组织、不同捐赠物类型、不同捐赠领域等税收扣除比例缺乏弹性。例如慈善捐赠的个人所得税扣除上限为个人应纳税所得额的30%，企业所得税的扣除上限为企业年度利润总额的12%，但是不同类型的慈善捐赠税收价格弹性与税收激励效果是存在显著性差异的，因此单一的税前扣除比例无法最大限度地发挥税收对第三次分配的激励效果。

（五）京津冀三地税收与税源相背离

京津冀协同发展的推进，实质上是三地利益协调的过程。分税制改革背景下，地方政府之间的税源划分是一个突出问题，常常会出现税收在不同地区的不当转移，即税收与税源背离。我国现行税法规定集团公司的企业所得税、增值税等允许在母公司所在地合并缴纳，即总机构所在地可以得到分支机构所在地的转移性税收收入。一方面，对于河北接收的企业而言，这些企业更倾向于把母公司留在北京，在缴纳企业所得税时，由母公司统一汇缴到其纳税地点

（北京），再根据《跨省市总分机构企业所得税分配及预算管理办法》中的规定[①]，分配给子公司（天津、河北）所在地的税务机关。在这个环节上，会造成北京“侵蚀”天津、河北两地税款的现象，税收收入的减少同样意味着地方政府转移支付能力的减弱；另一方面，承接产业转移的天津、河北，非但没有使其税收收入得到增加，反而可能承担更多的环境污染，需要更多的地方政府转移支付，地方政府税收收入的减少加上转移支付的增加会给津冀两地带来更多财力上的困难，这与实现京津冀三地共同富裕是背道而驰的。

三、社会保障方面

社会保障体系在推进共同富裕的征程中担任关键角色，其核心价值在于保障社会公平正义。特别是在京津冀协同发展的背景下，社会保障制度的完善与否直接影响着区域间的平衡发展和居民福祉。目前，区域间的社会保障协调面临着严峻挑战，最为突出的问题便是缺少一套法制化、统一的社会保障管理架构。京津冀三地由于行政区划分而各自为政，造成了社会保障政策和法规在实际运行中的差异化，进而导致社会保障待遇和水平在各地之间出现了显著的不均衡。这些分歧不仅妨碍了三地的协同发展战略，还对居民寻求更高社会保障水平的努力构成了障碍，从而影响了共同富裕目标的实现过程。

（一）河北省社会保障投入力度低于京津两地

在2022年的基本医疗保险补贴方面，北京市对于不同群体展现了差异化的关怀：老年人、学生儿童和劳动年龄居民分别享受到4260元、1645元和2210元的补贴。相比之下，天津市实施了每人每年610元的统一财政补助，而河北省的统一补助额度为每人每年380元。在社会养老保险领域，河北省居民面临的最高缴费标准为3000元，仅为北京的三分之一，略多于天津的八分之五。河北省的财政补贴范围相对较低，最低数额约为30元，是北京和天津财政补贴的一半；而其最高额度为50元，不足北京的五分之二和天津的三分之一。当我们审视基本养老金标准时，三地的差异更显著。北京市城乡居民养老保险的基础养老金标准为每人每月887元，相较之下，天津的同类待遇为307元，河北省则为118元。具体来看，河北省60岁以上居民领取的基础养老

① 总分机构统一计算的当期应纳税额的地方分享中，25%由总机构所在地分享、50%由分支机构所在地分享、25%按一定比例在各地区间进行分配。

金仅占北京的13.3%，以及天津的38.4%（高树兰，2016）[①]。

社会保障方面的财政投入不同，在京津冀三地展现了显著的区域差异，这不仅体现在财政补贴的层面，更在社会保障制度的设定上呈现差异。譬如，在最低生活保障领域，北京与天津执行统一的城乡最低生活保障标准，其中北京市的标准比天津每月高出310元。而河北省城乡之间的低保标准不尽相同，且标准根据各地市县情况而定。以石家庄市为例，其城市低保标准分别为北京市的58%和天津市的76%。显而易见，京津冀地区在实现协同发展的同时，需要聚焦社会保障制度的均衡化，以确保区域内的公平性与包容性。

（二）京津冀三地社会保障制度存在差异性

社会保障制度的核心宗旨在于促进社会正义，并以一个井然有序的体系来支撑这一目标。观察我国当前的社保体系，我们发现它正经历一个区域分割与资源统筹不足的阶段。这些地区差异以及群体之间的待遇不均衡，反映出社会保障制度的不完善和不平等。以京津冀地区为例，我们可以看到一个明显的模式：这三个地区的经济发展、内在社会结构以及教育水平等方面的差异，导致了各自社会保障制度的显著分化。这种不一致性构成了区域社保体系协同发展的一个显著障碍。这种分化主要在三个方面得以体现。首先，京津冀三地在社会保障费用征收和管理的制度上缺乏统一性。例如，养老保险的缴费基准不同；河北用的是上年度在岗职工的平均工资，而北京和天津依据的是全社会的平均工资，这造成了支付金额的不相同。其次，异地缴费年限的认定政策各不相同，影响了退休人员养老保险关系转移的处理。最后，北京和天津实施了统一的城乡最低生活保障标准，而河北省城乡之间尚存在差距。

这些制度差异的直接后果是，流动人口如在河北就业超过10年后回迁至户籍地，在北京或天津缴纳了较高标准的社保，但回到河北按照当地较低标准领取养老金时，他们会面临社保贡献与实际收益不匹配的问题。这不仅影响个人利益，而且还可能制约京津冀三地劳动力的自由流动和区域经济的整体协调发展。为确保社保投入与回报的公平性，需进一步加强京津冀社会保障体系的协同与整合（杨健，2016）[②]。

（三）京津冀三地社会保障协同管理机构缺失

目前，京津冀地区政府间的合作基础主要是协议性质的，借助联席会议制

---

① 高树兰：《京津冀基本公共服务协同发展与财税政策支持探讨》，《经济与管理》2016年第6期。
② 杨健：《京津冀社会保障协作：制约因素与策略选择》，《天津行政学院学报》2016年第2期。

度来协调三地间的交流与合作。自1988年北京与河北的市长、专员联席会议制度建立起，到2004年天津的加入促进了省市信息化领域合作，并于2005年进一步发展为京津冀人才一体化开发的联席会议制度，再到2008年的联席会议和联络员会议，直至2021年京津冀自贸试验区联席会议机制的确立（李国平，2012）①。尽管建立了多个联络机制，但受限于行政区划的界限，实质性的区域联络和协作依然不足，社会保障制度的有效执行仍面临障碍。此外，区域间的联席会议未能获得法律层面的支持，从而在促进京津冀间的深度合作方面能力有限。

同时，京津冀三地在协同管理机构的构建上也显不足。尽管发展和改革委员会区域工作联席会议在治理结构中处于较高层级，但因其所负责的职能不包含综合性的管理和决策，这限制了其调控效力。实现区域间社会保障的紧密合作，关键在于建立和谐统一的决策体系与行政权。因此，中央政府需要用法治手段强化京津冀协同发展的指导和规制，促进京津冀专门的领导小组的建立，打破地方保护主义的思维壁垒，并形成各地之间的协同管理共识。这一过程将需要中央与地方政府共同努力，以确保京津冀地区的一体化发展更加有效、有序。

四、基本公共服务均等化方面

（一）京津冀基本公共服务供给缺乏统一标准

京津冀三地在公共服务供给层面的差异，归根结底是源于供给标准的不一致性。以高等教育资源为例，截至2022年底数据显示，在“211”工程高校的分布上，北京有着显著优势，拥有26所此类高校，而天津有3所，河北则只有1所且位于天津。在公共卫生服务方面，依据2020年的数据，北京每千人拥有的卫生技术人员数量为12.61人，天津为8.22人，河北为6.96人，这展现了不同城市在医疗资源分配上的差异。在养老服务领域，三地在对老年人养老机构床位的补贴、老年群体入住补贴额度以及补贴发放程序上都制定了不一致的规定，并且在《养老服务机构服务质量规范》中对养老机构的准入及管理条件也存在分歧。此外，养老护理服务的建设标准也存在分散：养老护理服务的级别划分、认定标准各不相同，而且在各自的部门内部还可能有进一步的

① 李国平：《协调发展与区域治理：京津冀地区的实践》，北京大学出版社2012年版。

差异。

当前，京津冀地区在上述多个公共服务领域并未形成统一的供给标准，且在标准的制定上缺乏明显的进步。这不仅无法充分满足民众对于高品质公共服务的期待，而且对于区域的共同繁荣构成了实质性的障碍。因此，加快推动京津冀一体化，特别是在基本公共服务方面的共建共享，显得尤为迫切。这将有助于促进区域公共服务的均衡发展，实现真正的共同富裕。

（二）京津冀基本公共服务资源配置不均衡

在京津冀地区，地方财源的差异性并非源于常见的竞争模式，而是北京和天津对河北的强烈“虹吸效应”所导致的利益分配不均（王延杰、冉希，2016）[①]。这种财源差异背后植根于河北省长期向京津地区输送资源而未获得适当补偿的历史背景。河北省在提供资源输出及承担京津周边环境保护的财政责任上，并未得到充分的认可和反哺，这对其经济和民生方面的财政支出造成了压力，进而对当地民生发展产生了负面影响，造成了地区内的“两弱一强”现象。例如，在基础教育领域，师资力量和基础设施的供给不平衡是主要问题。随着城市化的推进，资源较丰富的北京和天津能够为农村学龄儿童提供较高水平的教育环境，而河北省农村地区则因师资数量不足和流动性大，难以保障义务教育的质量。医疗资源方面也呈现类似的失衡。尽管河北拥有数量可观的医疗机构，但与北京和天津相比，河北省人均医疗资源明显不足。截至2020年，北京拥有的三级医院数量为106个，河北为99个，天津为43个[②]。河北每千万居民的医院床位数、卫生技术人员等方面也远低于首都水平。

综上所述，河北省在基本公共服务的供给方面明显落后于京津地区，导致北京对邻近区域的吸引力依然强劲。而这种供给的不平等增加了京津冀三地在公共服务均衡发展方面的困难，也成了阻碍地区一体化及共建共享基本公共服务进程的重要因素。

（三）缺乏支持京津冀三地基本公共服务均等化的财税政策协同机制

科学合理的财税政策不仅是推动区域协同发展的基础，更是确保该进程可持续性的关键制度支撑。审视京津冀协同发展的历程，我们可以看到三地在基

---

① 王延杰，冉希：《京津冀基本公共服务差距、成因及对策》，《河北大学学报（哲学社会科学版）》2016年第4期。

② 2021中国卫生健康统计年鉴。

础设施建设、卫生事业和交通网络等领域达成了不少创新性的合作，取得了显著的进展。然而，当我们聚焦于财税方面的协作时，显露出的是一个较为模糊的轮廓：三地之间尚未建立起一个成熟稳健的财税协同机制，特别是横向转移支付制度的缺位更为明显。

横向财政转移支付被证实是一种能有效缩减区域间财政差距的工具。当前，我国对横向财政转移的实践多数停留在富裕地区对灾区的救援层面，基于“兄弟互助”的概念，且尚未形成稳固的财政体系的一部分。以北京向河北提供的环境保护基金为例，这一专项资金的使用虽符合使用者付费原则，但并非针对实现区域共同富裕目标的财政转移支付设定。

因此，一面是缺少一个相互有利、共享共赢的京津冀协作机制，使得三地政府难以实现利益联结，推进共建共享的动力不足。另一面是，正式的横向转移支付机制的欠缺，限制了京津冀财税协同的有效运作。尽管构建合理的区域协调发展考核体系是实现京津冀公共服务一体化的重要推手，但要实现地区的真正协调发展和深度一体化，京津冀间的协作体制尚需跨越若干障碍。

第三节　促进实现京津冀区域共同富裕的财税政策建议

对于第二节中指出的共同富裕进程中存在的问题，我们要清醒地认识到这是在发展的不同阶段不断累积的结果，要想解决这些问题，我们必须进行全面深入的改革。在改革的过程中仍要坚持“发展才是硬道理”的思想，把“蛋糕”做大、分好。

一、财政方面

（一）优化财政支出结构，提升转移性支出占比

为有效促进收入分配的公平性，必须着力优化国家财政支出结构，并重点提高转移性支出的比例。政府财政支出中的购买支出和转移支出之间的比例是由一个国家政府的职能和经济发展水平所决定的。在经济较为发达的市场经济国家中，政府往往不直接介入生产活动，导致购买支出占比相对较低；而社会

福利水平较高，故转移支出在支出结构中占据较大的比重。与之相反的是，在经济发展初期阶段的发展中国家，政府直接参与生产活动较多，且需要大量投资于公共设施建设，因此购买支出所占份额颇大。我国目前高额的购买性支出正反映了这一经济发展阶段。然而，随着我国经济向高级别发展国家阵列迈进，财政作用应更多地转向调节收入分配。要实现财税再分配功能的精准调控，急需在宏观层面上调整目前“购买性支出占主导，转移性支出占比低”的支出结构。拿国家的财政性社会保障支出来说，中等发达国家该项支出占财政总支出的比重通常在40%左右，而我国目前大约为30%。若计划到2035年将这一比重提升10个百分点以达到40%，便需首先确定一个合理的政府转移性支出规模。此举涉及两个主要方面的工作：一是加强财力建设，确保有足够的财政收入；二是放大财政支出结构调整的力度，特别是进一步增加社会保障支出、财政补贴和捐赠支出等，这些都是有益于缩小收入差距的转移性支出类别，能够显著提升财政支出结构在收入再分配中的作用。

（二）提升河北财政能力，逐渐缩小京津冀财政差距

要促进河北财政实力的增强，产业支持是关键所在。充分挖掘京津冀协同发展战略的潜力，妥善推进京津产业转移至河北，对于巩固河北的财政基石、推动区域共同繁荣至关重要。这要求创新金融支持策略，并发挥财政政策在促进产业迁移及优化区域结构中的引导作用。

首先，对于涉及京津冀协同发展的关键产业项目，建议设立京津冀协同产业发展基金，致力于专项资金的整合与有效利用。尽管目前三地有着相应的产业协同基金，但存在资金规模有限、缺乏优质投资项目等问题。京津冀产业协同发展基金的目的在于利用政府资金撬动社会资本，遵循市场化、专业化、国际化原则，服务地区产业格局的优化和战略性转型。该基金旨在利用资本支持实体经济、助力产业升级，高起点的设立反映中央与地方共同努力并鼓励社会资本投入的意愿。为了扩大基金规模，可以考虑引入大型企业集团的加入，例如首钢京唐钢铁、河北钢铁、冀中能源等。基金的投向主要聚焦于共建特色产业园区并促进区域优势产业集群发展，以及支持北京疏解功能的关键项目和企业在河北的快速落地与持续发展。

其次，需要增强针对产业转移外部环境的财政支持。河北作为京津冀产业转移的主要接受区，不仅要引进京津产业，更应在外部环境建设方面加大力度。在外部产业环境构建方面，财政的角色应更趋积极，强化河北承接产业的

"软实力"，如金融服务、技术支持、人才吸引以及政务便利性，具体包括：一是助推金融服务。通过构建中小企业贷款风险和信用担保风险补偿机制，鼓励金融和担保机构提供信贷支持给前景良好的初创科技型企业和小额贷款公司，并适当放宽中小企业坏账核销条件。二是助推技术服务。引导私人资本打造起点高、研发能力强、产学研结合紧密的公共技术平台（例如软件测评、数据中心、设备检测等），鼓励这些平台向全社会尤其是科技型中小企业开放使用。同时，利用科技成果转化的专项资金，建立技术引进与产业化的财政后补贴制度。三是助推人才服务：鼓励地区设立人才发展基金，建设沿渤海人才特区，吸引京津地区的高端智力资源在河北设立科技成果转化示范区，财政对示范区的重点项目立项和科研经费申请提供支持。四是助推政务服务：在省内打造统一规范、高效便利的"一站式"政务服务体系，对投资项目提供全程代办服务，提升行政审批效率和服务品质。

（三）促进京津冀由"财政竞争"走向"财政合作"

1. 倡导财政合作制度

在考虑京津冀区域经济社会的密切联系、深厚的人文关联以及紧密交织的历史文化纽带的基础上，提出一种"区域财政"管理的创新概念。该理念是基于京津冀现行的财政能力和户籍制度的限制，旨在跨越现有的行政分界和地理边界，以更加宏观的视角进行财政管理。核心提案是对京津冀范围内的基础设施建设和基本公共服务进行连贯的规划、统一的资源配置和协调的服务提供。这样的管理方式将循序渐进地促进京津冀区域内的交通、通信与公共服务实现真正意义上的一体化。

2. 探索三地财政部门之间的合作共建机制

财政是政府在资源配置中的关键杠杆。为了推动京津冀地区的产业迁移和协同进步，各类规划、政策和实际行动的有效实施，都依赖于财政对各领域的适时协调、积极引导和坚实保障。财政机构，作为政府全面经济调控的枢纽部门，其在高效推进京津冀协同发展的过程中，扮演着不可或缺的角色。为了实现京津冀三地财政政策的一致性和协同效应，所需的首要举措是建立一个强有力的交流与合作架构，这能促进财政部门之间的信息共享、相互支持和协作。基于此，我们应推动形成一个更广泛的综合协调机制，它将包括但不限于财税、金融、规划、国土资源、环境保护等关键事务，以确保京津冀协同发展的策略与执行，都能在一个协调一致的大环境下得以顺利推进。

二、税收方面

（一）完善直接税体系，适当提高直接税比重

为了构建现代化税制，中国已在不同的政策里明确强调了增强直接税体系的重要性。2013 年中共中央的决定中首次提出了逐步提高直接税比重的任务；随后，党的十八届三中全会与党的十九届五中全会相继强调了这一点，并特别提到要“健全直接税体系，适当提高直接税比重”。从宏观视角观察，中国税改的路线图体现着直接税比重的提升。事实上，在过去的十年内，中国的直接税比重已经从 2010 年的 27.9% 增至 2020 年的 37.2%，证明了改革的积极趋势。然而，与 OECD 国家 55% 的平均水平相比，中国的直接税比重还有提升空间。未来税制的完善将继续聚焦在提高直接税的比重上。这一变革可从两个方面施行：首先，将在间接税环节实现的税收转移至直接税环节。可以通过继续发挥减税降费的作用，降低微观企业的间接税负担，增强企业经济活力，提高利润水平，从而间接提高企业所得税税基。其次，合适时机出台房地产税，以充实国家的财产税范畴，并减缓由财产差异产生的收入分配不平等。通过这些措施，目的是逐渐构筑起一个更合理、更高效的税收体系，切合社会经济发展的需要。

（二）充分发挥个人所得税“调高”功能促进共同富裕

实证研究表明，个人所得税调节高收入效果显著，利用个人所得税对高收入者，特别是超高收入者的收入进行调节，发挥其“调高”作用以推动实现共同富裕。中国在其政策导向中明确阐述了这一策略。党的十九大提出“调节过高收入，缩小收入分配差距”；党的十九届五中全会指出“个人所得税的功能在于加强对高收入者的税收调节和监管，合理调节过高收入，遏制以垄断和不正当竞争行为获取收入”；党的二十大提出“完善个人所得税制度，调节过高收入，取缔非法收入”。由此可见，政府也寄希望于改革个人所得税制发挥调节高收入的功能。因此，可以从三方面考虑个人所得税改革：

1. 加强个人所得税对大额资本所得的调节

大额资本所得在我国超高收入群体的收入来源中所占比重越来越大，随着居民部门财产积累增加，这种态势愈加明显。首先，对大额股息红利所得不再给予减免税优惠。目前，为鼓励长期投资，我国对上市公司的股息红利所得规定，对持有股票 1 年以上的免征所得税，对持有股票满 1 个月但不满 1 年的，

减半征收，这种规定降低了税收对大额股息红利所得的有效调节。其次，将大额财产所得税率调整为累进税率。可以考虑将股息红利所得和财产转让所得调整为两档累进税率，对于500万元以下的股息红利所得和财产转让所得仍按照20%税率课征，对于500万元以上的超额部分实行30%的超额累进税率，以加强税收对超高收入者的调节效应。

2. 调高综合所得最高边际税率的下限值

我国个人所得税对综合所得的最高边际税率为45%，过高的税率不利于吸引优势人才，但降低边际税率不利于推动共同富裕的实现。个人所得税的目标是调节高收入群体，而目前百万元的收入已经算不上高收入群体。可以考虑调整最高边际税率的下限值，由目前的96万元提高至200万元，这样既保护了96万—200万元这部分群体的利益，对于年所得超过200万元的超高收入群体也能发挥应有的税收调节作用。

3. 将经营所得纳入综合所得范围

经营所得也是劳动所得，不应和工薪等劳动所得实行有差别的税率。建议首先将经营所得的最高边际税率由目前的35%提高至45%。其次，缩小经营所得适用核定征收人的范围。由于核定范围大、核定率低，导致经营所得实际税负偏低。对于年经营所得超过200万元，或年营业收入超过500万元的，不再适用核定征收方式，而改为查账征收。对于会计账簿不健全、小型微利的个体企业，仍可采取核定征收方式。

（三）完善对财产所得征税的税制体系

一是尽快推进房地产税立法。党的十八届三中全会审议通过的《中共中央关于全面深化改革若干重大问题的决定》中明确提出，加快房地产税立法并适时推进改革。党的十九大报告明确房地产税改革将按照“立法先行、充分授权、分步推进”的原则，对工商业房地产和个人住房按照评估值征收房地产税，适当降低建设、交易环节税费负担，逐步建立完善的现代房地产税制度。实践中已有上海、重庆的房产税改革试点做铺垫，党的十九大报告也已明确要加快房地产税立法的进程。鉴于我国财富差距已经超过了居民的收入差距，要尽快推进房地产税的立法工作，以充分发挥房地产税在共同富裕中的调节效应。二是扩大房地产税的征税范围。关于房地产税改革后的征税范围，有观点认为将所有房产纳入课税范围，才可以体现公平原则；也有观点认为先将增量非营业房产纳入课税范围，可以减小改革的难度。将居住性房产纳入房地产税征税范围，有利于优化房地产市场秩序，一定程度上抑制房地产投资（投机）行为，调节财富分配，缓解贫富差距。从国外征收房地产税的经验来看，大多数国家（高收入国家和中等收入国家）征收房地产税均没有将居住性房地产排除在征税范围之外。由于居民是地方公共物品（公共服务）的主要享受者，依据房地产税课税原理，体现了较为强烈的相对有偿性，即房地产税的征收和使用体现着“取之于民、用之于民”的特征。基于房地产税的财产税属性，具有调节财富分配的功能，建议房地产税改革将所有经营用和非经营性房地产均纳入课税范围，再根据居民的居住条件保障和纳税能力，设置合理的税率和税收优惠。三是房地产税的计税依据按照评估价格征税。按照评估值征税应基于房屋原值，结合房地产市场所处的环境、周边同类房产的价值等进行系统评估，进而得出相应的纳税份额，这也符合税收公平原则。四是实行差别税率。建议经营用房和居住性房产分别适用差别税率。经营性房产作为生产要素，建议设计为比例税率形式，具体税率可以参考现行税率；居住性房产在保障基本生活需要的基础上，对多出的房产可以设计为累进税率形式，或者差别比例税率形式，以体现房产税的调节作用。

（四）充分发挥税收对第三次分配的激励作用

1. 重视税收优惠弹性，设计不同扣除比例引导捐赠取向

慈善捐赠涉及不同类型的捐赠途径、捐赠主体、捐赠物以及捐赠领域等，而不同的慈善捐赠对应的税收价格弹性存在异质性，因此应当注重税收优惠的弹性分析。美国对于不同的慈善机构及捐赠物均设计了不同的税前扣除比例，其中私人基金会、直接捐赠以及增值类资产的扣除比例较低。但是我国当前限额扣除为主的税收优惠政策下，无论个人还是企业捐赠均只有一个限额扣除比例（分别为个人应纳税所得额的30%和企业年度利润总额的12%）。同时，只有通过符合条件的基金会、慈善组织等公益性社会团体或者县级以上人民政府及其部门进行的公益性捐赠才准予扣除。但是不同类型的慈善捐赠的税收激励效果是存在差异的，因此应当借鉴美国的经验，制定有差别的税前扣除限额，最大限度地发挥税收激励作用。例如，区别对待现金和有价证券类资产捐赠，鼓励现金捐赠，避免借助慈善捐赠避税行为的发生；尝试允许企业直接捐赠形式的税收扣除，可以设置较低的扣除比例。通过细分不同慈善捐赠类型从而激励与引导捐赠行为，尽可能避免不必要的税收损失，最大化地利用税收激励措施推动我国慈善事业的发展。

2. 简化慈善扣除程序，降低政策潜在成本

国际经验显示，慈善税收激励政策的潜在成本问题已是诸多国家当前面临的通病，甚至已经显著影响到慈善捐赠总额。如 Miguel Almunia（2020）等学者测算得出当前英国的捐赠援助计划（Gift Aid）暗含申报捐赠的固定费用为 47 英镑，约占申报捐赠额中位数的 10%；且假设不存在该成本时，平均捐赠水平会显著上升 18%。日本众多学者建议重新设计“退税”政策也是考虑到成本这一难题。而我国当前具备税前扣除资格的特定慈善组织相对稀少且公布相对滞后，捐赠者可以选择进行捐赠的渠道受限；同时办理税收扣除的程序相对繁琐，甚至不少捐赠者会由于时间、精力等原因选择放弃抵扣进而使得政策难以发挥应有的激励作用，一定程度上阻碍了慈善事业的发展。因此，我国在设计及完善捐赠相关的税收政策时也应考虑政策的便捷性，尽量简化税收抵扣程序，避免各种额外交易成本，提高政策效率。当然，简化扣除程序的同时仍需考虑我国当前实际情况，避免税收优惠滥用导致税收收入大量流失甚至财政收支紧张等情况发生。

（五）探索建立京津冀三地产业转移税收分享机制①

1. 探索建立京津冀三地间产业转移税收分享机制

在制定税收分享政策时可把握以下几个原则：一是利益分享应作为一个过渡性政策，即确定期限，一般应为 3—5 年，作为过渡期对迁出方既得利益的补助，保障财政平衡，不能变成永久政策。二是应坚持抓大放小，减少管理成本，提高管理效率，即明确在一定纳税规模以上的整体搬迁企业或项目，一般性小项目就按现行税收征管政策处理，不再分享。三是坚持利益和责任相对等的原则，迁入方一般承担了生产要素供应、环境、社会管理等责任，政府支出责任较多，因此税收分享应以流转税和企业所得税为主，其他地方小税和专项收入、行政事业性收费应不参与分享，作为迁入方政府提供公共服务的资金来源。

在经济布局优化和产业结构调整中，涉及整体搬迁企业和跨地区经营企业两类企业，应针对不同企业建立不同的税收利益分享机制。整体搬迁企业的增值税和企业所得税地方所得部分，可由企业原籍地政府参与项目的税收分享，具体分配比例由转移方和承接方两地政府按因素法协商确定，企业城建税、教育费附加和文化事业建设费，可以全部留归企业所在地。跨地区经营企业由于

① 该部分参照王晓洁著：《促进京津冀协同发展的财税政策》，中国社会科学出版社 2019 年版。

总分支机构的存在，会产生税收与税源背离问题。根据跨省市总分机构企业所得税分配及预算管理暂行办法、跨地区经营汇总纳税企业所得税征收管理暂行办法的规定，总分机构统一计算的当期应纳税额的地方分享部分，25%由总机构所在地分享、50%由分支机构所在地分享、25%按一定比例在各地区间进行分配。其中，50%由各分支机构所在地分享的分摊依据是各省（市）分支机构的经营收入、职工工资和资产总额三个因素，其权重依次为0.35、0.35、0.3。为避免“一刀切”问题，应该调整分支机构分享税收收入的依据因素，除经营收入、职工工资、资产总额外，增加销售额、费用支出、利润总额等。同时，考虑到经营收入这一因素的重要性，应赋予其更大的权重。此外，应建立区域间政府税收协调机制，就征税对象、纳税环节、纳税地点、税收分享比例、信息沟通等方面进行协商，达成制度上的安排。当前，考虑设立针对京津冀经济圈的特别税收政策，逐步缓解乃至消除区域间的税收与税源背离问题，促进区域经济协调发展①。

2. 实现共建园区税收分享机制的制度化

随着京津冀共建产业园区的范围和规模越来越大，应尽快形成制度化的税收分享机制。共建园区税收分享比例的确定，可以按照共建地要素投入的比例进行税收分享。共建园区的要素投入包括土地、配套基础设施建设、管理人才和入驻企业等，园区所在地主要负责投入土地、配套基础设施建设等要素；共建地主要负责提供园区管理人才，并引导其所属企业向新建园区的转移。考虑到共建园区内的企业一般能享受财政专项奖励等优惠措施，这部分财政支出应当在税收分享时给予扣除。在上述原则的指导下，可以规定，每年从京津冀共建产业园区产生的增值税、企业所得税中提取10%作为共建产业园区发展基金；共建园区产生的增值税、企业所得税地方留成部分，按照三地政府对园区投资比例进行分成，而对于房产税、城镇土地使用税、契税、土地增值税、印花税等地方税种，可以全部留归园区所在地政府。

三、社会保障方面

（一）全面修订《社会保险法》，统一京津冀三地社会保障水平

《社会保险法》作为覆盖基本养老保险、基本医疗保险、工伤保险、失业

① 参照河北省财政厅内部资料。

保险及生育保险等五大社会保障领域的综合性法律，扮演着保护公民社会权利的重要角色。不过，目前该法律尚未能统一不同群体的社会保险缴纳比例，这不仅削弱了法规的严肃性，亦提高了执行中的风险。因此，迫切需要对现行社会保险法律进行修订，以确保其效力与公平性。

在地方层面，北京和天津两市已经实现了城乡社会保障的标准统一，走在了推进社会共同富裕的路上。然而，河北省的最低生活保障标准仍然存在城乡差异，这与共同富裕的理念不符。深入分析，这一问题的根源在于河北省的财政能力有限。首先，考虑到河北省在提供水资源和绿色生态环境方面，对于首都北京和天津的巨大贡献，京津两市作为受益方，应按照“受益者支付”原则，对河北做出妥善的资源和利益补偿。这要求建立京津冀地区的横向转移支付机制，以确保成本共担、利益均衡。此外，为了真正实现区域共同富裕，北京和天津作为经济发达地区，应当考虑建立面向河北的横向转移支付体系。这种机制，结合纵向转移支付，将有效减轻河北省财政负担，使其能够为农村社会保障制度的发展提供更加充足的财政支持。这样的财政支持机制，将有助于河北省加快其社会保障体系的完善进度，缩小与京津以及全国其他地区的差距，为团结协作、均衡发展开辟新路径（宋卓展等，2017）①。

（二）促进京津冀社会保障制度的统一

京津冀三地政府要树立协同发展的大局意识，积极对接国家重大发展战略，破除社会保障协同发展困境，尽快形成社会保障利益协同机制，促成区域经济的协同发展。

第一，促进基本医疗保险制度和基本养老保险制度的统一。一方面，现行基本医疗保险制度仍区分为城镇基本医疗保险和农村基本医疗保险，并且不同地区的农村基本医疗保险的医疗保障数额也存在着较大差距。另一方面，城镇与农村的基本医疗保险制度仍是分开管理，即使在城镇中基本养老保险又分为了机关事业单位的养老保险和企业职工的养老保险。这种多层次的分割不仅不利于统一管理，更会影响人们心中的公平，引发盲目攀比（宋晓梧等，2022）②。

---

① 宋卓展，孙颖鹿，杨秀玲：《关于京津冀一体化下河北省农村社会保障财政支出问题的探讨》，《经济研究参考》2017 年第 32 期。

② 宋晓梧，王义桅，张怡恬，岳经纶，李春根，金维刚，席恒，丁元竹申曙光，林义：《“共同富裕与社会保障治理”笔谈》，《社会保障评论》2022，年第 3 期。

第二，构建社会保障异地转移折算机制。京津冀协同发展形成劳动力的流动是必然的。为了避免这些劳动者在跨区域流动过程中造成权益受损，可以借鉴欧盟的分段计算原则：工作地缴费，分段记录，退休地发放。即缴费记录由工作地在劳动者工作结束时移交给其退休居住地，根据劳动者的实际参保状况计算并通过福利差异折算。确保劳动者的养老保障权益能够得到维护（杨健，2015）①。

第三，建立基于个人身份的社会保障体系。长期以来，我国社会保障制度的设立基础就是基于户籍、城镇、职业等类别来统一划分，未曾考虑以居民个人身份来单独划分其应该享有的基本社会保障权利。我国社会保障制度划分的依据是城乡、户籍、工作单位，社会保险，医疗保险不仅存在着乡村、城镇之间的划分，在城镇中又划分为干部、工人以及其他类别。不同类别的人群享受着不同的福利待遇，这种基于身份，户籍的制度设计，把社会保障分割成众多类别，导致了社会保障制度的碎片化。这种碎片化的社会保障制度不仅不利于管理，也不利于人口流动以及大市场经济的形成，严重损害着不同群体之间的公平性。为了实现共同富裕，我们应该在适当的经济发展节点，渐进性地对制度的分割进行整合，打破社会保障基于城乡、区域的划分。尤其是基于京津冀协同发展的大趋势下，人口的流动受到社会保障制度的制约，无论是外出打工还是易地搬迁都存在着诸多不便（岳经纶，2022）②。

社会保障制度的高质量发展有利于保障社会保障制度的有效落实，有利于进一步为全体人民提供更加公平的社会环境，高质量社会保障水平的首要前提就是建立一个统一的社会保障制度，使得全体人民能够共同参与、享受相同的社会保障。这是实现共同富裕的重要前提。

（三）促进京津冀地区社会保障的协同治理

社会保障制度是一项惠及全体人民的基本制度，坚持以人为本的基本思想，与共同富裕的内涵高度一致。全体社会的每一个成员都是社会保障的受益人同时又是社会保障的主体，每一个成员都有着自己特定的角色与责任。京津冀三地政府要发挥集中力量办大事的优势，科学划分各类主体的责任权力，协同治理。其中，社会保障最关心的、最直接的问题就是民生问题，要不断加大

---

① 杨健：《京津冀协同发展企业基本养老保险制度亟待对接》，《求知》2015年第4期。

② 岳经纶：《“共同富裕与社会保障治理”笔谈》，《社会保障评论》2022年第3期。

社会保障的投入力度，同时健全资金从投入到支出的监督制度，使得每一分钱都花在刀刃上。同时加大社会保障的分配力度，强化互助救济的功能，在各地区积极宣传，推动全民参保，特别是着重注意灵活就业人员、农民工、无业人员，以及残疾人员是否保障到位，避免存在“漏保”现象。

京津冀在社会保障方面的协同治理离不开财政协同合作。一方面，京津冀协同发展基金会有待成立。作为国家重大发展战略，中央政府有义务在财政方面对京津冀三地联合发展进行投资，其重点是京津冀地区综合配套服务、环保综合投资、公共教育、医疗卫生等跨省市服务合作体系建设、引导产业转移、产业升级改造投资等，推动京津冀地区社会保障的协同治理。另一方面，加强京津冀社会保障领域的合作。积极在大病补助、医疗保险、养老保险等领域开展合作，并进一步扩宽京津冀地区的各种社会保障项目之间的交流，加大京津冀地区的合作力度，缩短京津冀地区社会保障方面的差距。

四、基本公共服务均等化方面

（一）构建京津冀基本公共服务均等化机制的思路

基本公共服务均等化不能一蹴而就。必须在尊重市场经济规律的基础上，坚持世界眼光、高点定位、突出特色，制定科学的路线图和时间表，合理把握政府投入力度、时点和节奏，分层次、分领域、分地区逐步协同提高基本公共服务水平，最终实现京津冀全域基本公共服务均等化，促进京津冀共同富裕实现。

1. 构建城乡一体的基本公共服务体系

京津冀基本公共服务的区域差异，本质上是世界级大都市区和农村腹地之间的发展差距。要尊重城乡有别的现实省情和区域实际，逐步构建城乡一体的基本公共服务供给体制和机制，改进顶层设计和政策思路。综合测算城乡基本公共服务支出成本，按照城乡统一标准的要求，逐步缩小城乡之间的基本公共服务支出标准差异，逐步建立起标准统一、体系健全、城乡趋同的基本公共服务体系。

2. 建立梯次推进的基本公共服务推进机制

按照轻重缓急程度的不同，建立分领域梯次推进的基本公共服务推进机制。教育、医疗、社保、生态是人民群众最关心、最直接、最现实的利益攸关方面，也是京津冀公共服务差距最明显，且仍在持续扩大的领域，应作为基本公共服务重点示范项目予以改善，率先提升政策保障标准和实际保障水平。机关事业单位人员工资水平不仅是推进公共服务均等化的重要保障，直接影响公共服务提供效率和保障效果，本身也是基本公共服务的重要内容，应高度关注。通过确定优先保障顺序，确保各领域基本公共服务梯次推进，全面提升。

3. 打造区域协同的省内基本公共服务发展新路

针对河北省设区市数量少规模小、多数市本级财政比较困难、县多县小且绝大多数县都实现省财政直管的现实，应该打破行政区划限制，走省内区域基本公共服务协同发展的新路。建立雄安新区、新区周边、环京津周边、省内其他区域四个级次的基本公共服务发展区域，按照雄安新区对标北京的首都功能核心区（东城、西城），新区周边10县对标北京的城市功能拓展区（朝阳、丰台），环京津区域对标北京的城市发展新区（通州、大兴），其他区域对标京津两市总体公共服务水平的标准，合理确定财政资金、政策和投向，确保不同区域协同推进、同步提升、分步达标。

（二）协调京津冀基本公共资源配置

推动基本教育的均等化，提高教育质量，构建高质量的教育发展模式。人才是社会发展的中坚力量，通过教育质量的普遍提高使得不发达地区的人力资本积累得到增加，以人力资本积累为支撑助推共同富裕。利用教育资金，不断扩大普惠性幼儿园以及小学的供给和覆盖率，通过使用现代化的教学手段解决农村教育资源的短板，推动落实异地子女就地入学政策，保障适龄儿童接受教育的权利。扩大对中等职业技术学校助学金的投入范围，鼓励发展专业化教育，打造一批拥有国家缺少拥有专业技术的人才，并鼓励有条件的地区积极开展免费职业教育的探索。未来，要进一步完善京津冀地区教育服务合作机制。发挥京津冀区域教育资源的互补特征，以北京市、天津市等地优质公共教育资源为依托，与河北省高校建立多层次的教育协作模式，进一步丰富京津冀地区教育合作的内容，促进京津冀教育服务的融合。

提高基本公共卫生发展水平。加大农村基础医疗设施投入，努力改进基层基本卫生服务条件。相关部门统筹疾控中心、卫生防疫站；财政部门逐年增加用于基层公共卫生的经费投入，规范财政补助的范围与拨付的方式，健全持续稳定的经费投入，保证公共卫生服务机构与人员、设备正常运行；提升全体人员的业务素质，根据公共卫生发展的实际需要，科学合理地确定人员编制，并完善各公共卫生机构的人员招聘制度，及时聘请专业型人员进行知识技能培训；不断改进项目服务管理模式，根据各地公共卫生的实际情况，卫生、财政等相关部门在以往考核管理的基础上，探索人员、设备、任务、考核一体化管理体制，有利于明确各级的服务责任、落实服务内容，提高公共卫生服务水平(李海舰、杜爽，2021)[①]。同时，京津冀医疗卫生合作也应进一步加强，尽快统筹三地的医保制度，具体的医疗保障如：京津冀地区药品报销范围、医保报销起付线等标准的制定也应该尽快落实一体化管理。

推动公共文化服务一体化，区域公共文化服务协同化。坚持以人民为中心，推动供给侧结构性改革，创造出更多为人民喜闻乐见的优秀文化，满足人民群众多样化的文化需求。立足于不同地区特色风俗习惯，打造一系列别具特色的文化产业，不断创新文化的提供形式以及服务品质。鼓励资本进入乡村文化领域，利用社会资金提高农村公共文化服务水平。利用社会资金的同时，必须把社会效益放在首位，坚持社会效益与经济效益相统一，不断做大做强特色文化事业，鼓励并引导群众进行文化消费。

（三）争取中央资金支持，建立横向、纵向搭配的财政转移支付机制

转移支付长期以来都是平衡地区间财政差距的有效工具，就京津冀的发展而言，既可借助自上而下的纵向转移，提高财政能力，又可通过京津冀三地间的横向转移，缩小差距，从而通过财力的适度均衡推进京津冀地区公共服务供给的协同，加快推进京津冀共同富裕目标的实现。

1. 争取中央加大对河北省的转移支付力度

建议中央统筹考虑京津冀协同发展过程中产业转移和非首都功能疏解带来的基本公共服务支出增加情况，加大对河北省的一般性转移支付力度。

作为国家重点战略项目之一，中央对于京津冀的政策与资金支持将会呈现长效性，合理、高效运用中央给予的纵向财政支持，是促进京津冀协同发展的必然选择。运用因素法测算因承接北京产业转移和非首都功能疏解造成的公共服务成本增加额，建议中央在基于均衡性等一般性转移支付资金时将其作为一项特殊因素予以考虑，即对于因人口转移而增加的公共服务成本，中央应根据人口转移的数量核定标准给予转入地时限性资金支持，以进一步加大对承接地的一般性转移支付力度。同时，在教育、医疗卫生、社会保障、文化、公共安全等领域给予专项转移支付上的倾斜，增强承接地的公共服务财政投入和保障

① 李海舰，杜爽：《推进共同富裕若干问题探析》，《改革》2021 年第 12 期。

能力，提高承接地的基本公共服务水平，缩小京津冀地区的基本公共服务水平差距，促进京津冀地区经济社会和谐发展。

2. 建立区域间横向转移支付制度

就京津冀地区而言，建立与区域协同发展和政府事权分配相适应的横向财政税收关系是“举一纲而万目张”的关键。京津在一定期限内应通过横向转移支付方式对河北省由于承接京津功能疏解增加的公共服务成本予以合理补偿，逐步建立京津冀区域协同治理模式下按市场规则运作的横向转移支付制度。京津冀地区的基本公共服务的共建与共享应依托于相关各个地区间的合作协议对跨区域的公共服务成本和收益进行分担和分配。即对于互惠互利的公共服务项目，在成本分担方面，共建共享双方或多方应按照投资额度与未来收益程度，依照相关行业标准协商确定，并通过签订相关协议，明晰成本分担的原则、方式以及金额；在收益分配方面，也通过协商、签订协议的方式给予确认。而对于单向流动的服务项目，应由流入地给予流出地相应的利益补偿，其具体的补偿标准，则根据有关行业的专业标准由双方协商来核定。同时，在横向转移支付进程中，必须全面公开透明，坚持区域公平原则，综合各地区经济水平及社会发展进行针对性的财政分配，并以事权为据赋予地方更为相配的财权。与此同时，完善政府与公众两个层面的政务监督，确保转移支付落到实处和转移支付资金的使用公正合理（芦俊成、王思月，2019）①。

① 芦俊成，王思月：《关于京津冀协同发展中税收分享机制的探讨》，《税收经济研究》2019 年第4 期。

附 录

表 A. 5. 1 河北省各城市综合服务均等化水平测算结果

地区	2015	2016	2017	2018
石家庄	0. 0427	0. 0458	0. 0487	0. 0570
承德	0. 0222	0. 0218	0. 0199	0. 0163
唐山	0. 0322	0. 0269	0. 0260	0. 0252
廊坊	0. 0431	0. 0450	0. 0397	0. 0403
保定	0. 0603	0. 0584	0. 0517	0. 0461
沧州	0. 0342	0. 0338	0. 0350	0. 0279
衡水	0. 0898	0. 0837	0. 0808	0. 0801
邢台	0. 0282	0. 0243	0. 0218	0. 0228
邯郸	0. 0529	0. 0471	0. 0495	0. 0474

表 A. 5. 2 河北省各城市基础教育均等化水平测算结果

地区	2015	2016	2017	2018	2019
石家庄	0. 017328	0. 019292	0. 021445	0. 034364	0. 026081
承德	0. 010576	0. 016177	0. 014670	0. 021260	0. 016013
张家口	0. 028752	0. 024305	0. 025904	0. 030528	0. 026304
秦皇岛	0. 037847	0. 016284	0. 022135	0. 019774	0. 017187
唐山	0. 036930	0. 028422	0. 026646	0. 021694	0. 019115
廊坊	0. 023201	0. 020429	0. 014615	0. 017499	0. 014437
保定	0. 025613	0. 024668	0. 024196	0. 036601	0. 032228
沧州	0. 015066	0. 012862	0. 019132	0. 016335	0. 016811
衡水	0. 016559	0. 017177	0. 016926	0. 012287	0. 013782
邢台	0. 015669	0. 014220	0. 011694	0. 010425	0. 010911
邯郸	0. 018220	0. 014293	0. 015414	0. 014375	0. 011684

表 A.5.3　河北省各城市医疗卫生均等化水平测算结果

年份	2015	2016	2017	2018
石家庄	0.176441	0.190990	0.176395	0.186945
承德	0.078974	0.069107	0.078703	0.074488
张家口	0.165677	0.164695	0.154166	0.182404
秦皇岛	0.147200	0.128292	0.109222	0.154859
唐山	0.114121	0.125694	0.102591	0.119400
廊坊	0.157490	0.143494	0.125227	0.130821
保定	0.170213	0.172104	0.165992	0.169595
沧州	0.162138	0.176738	0.182223	0.175392
衡水	0.211103	0.201683	0.198139	0.187164
邢台	0.017800	0.014002	0.011886	0.010045
邯郸	0.169980	0.153474	0.146819	0.151081

表 A.5.4　河北省各城市社会保障均等化水平测算结果

年份	2015	2016	2017	2018
石家庄	0.026725	0.032561	0.041418	0.032658
承德	0.031254	0.036153	0.020159	0.019235
张家口	0.036793	0.044799	0.114160	0.033377
唐山	0.030810	0.024405	0.036046	0.033307
廊坊	0.066248	0.072210	0.086023	0.074023
保定	0.027425	0.019037	0.029100	0.026267
沧州	0.027072	0.024698	0.020065	0.018563
衡水	0.040140	0.032431	0.037593	0.034285
邢台	0.018919	0.032845	0.018488	0.017039
邯郸	0.047058	0.018268	0.011946	0.009603

表 A.5.5　河北省各城市基础设施均等化水平测算结果

年份	2015	2016	2017	2018
石家庄	0.062830	0.064089	0.065342	0.064228
承德	0.095717	0.091753	0.073762	0.071534
唐山	0.107182	0.102102	0.09172	0.091474
廊坊	0.034251	0.039377	0.039214	0.03854

续表

年份	2015	2016	2017	2018
保定	0. 070805	0. 081596	0. 073639	0. 072979
沧州	0. 045144	0. 044928	0. 045959	0. 040036
衡水	0. 057600	0. 047904	0. 039426	0. 049533
邢台	0. 071967	0. 052205	0. 046747	0. 050822
邯郸	0. 070066	0. 075472	0. 080804	0. 088837

参考文献

[1] Agostini C A, Brown P, Gongora D P. Public Finance, Governance, and Cash Transfers in Alleviating Poverty and Inequality in Chile [J]. Public Budgeting & Finance, 2010, 30 (2): 1 –23.

[2] Andrews W D. Personal Deductions in an Ideal Income Tax [J]. Harvard Law Review, 1972, 12: 309 –385.

[3] Arauco V P, Molina G G, Aguilar E Y, et al. Explaining Low Redistributive Impact in Bolivia [J]. Public Finance Review, 2013, 42 (3): 326 –345.

[4] Auerbach, Alan J, Hassett, et al. Capital Taxation in the Twenty-First Century [J]. The American Economic Review, 2015, 105 (5): 38 –42.

[5] Avram S. Who Benefits From the "Hidden Welfare State"? The Distributional Effects of Personal Income Tax Expenditure in Six Countries [J]. Journal of European Social Policy, 2018, 28 (3): 271 –293.

[6] Bird R M, Zolt E M. The Limited Role of the Personal Income Tax in Developing Countries [J]. Journal of Asian Economics, 2005, 16 (6): 928 –946.

[7] Brita, Bye, Birger, et al. Welfare effects of VAT reforms: a general equilibrium analysis [J]. International Tax & Public Finance, 2004, 343: 1 –4.

[8] Caminada K, Goudswaard K, Wang C. Disentangling income inequality and the redistributive effect of taxes and transfers in 20 LIS countries over time [J]. LIS Working Papers, 2012, 9: 1 –47.

[9] Cogneau D, Robilliard A S. Poverty Alleviation Policies in Madagascar: A Micro-Macro Simulation Model [J]. Working Papers, 2004.

[10] Cremer H, Lozachmeur J M, Pestieau P. Income Taxation of Couples and the Tax Unit Choice [J]. Journal of Population Economics, 2012, 25 (2):

763 - 778.

[11] Decoster A, Standaert I, Valenduc C, et al. What makes personal income taxes progressive? The case of Belgium [J]. Brussels Economic Review, 2002, 45 (3): 91 - 112.

[12] Du, Li. The effects of China's VAT enlargement reform on the income redistribution of urban households [J]. China Finance & Economic Review, 2015, 3 (1): 1 - 15.

[13] Francesca Gastaldi, Paolo Liberati. The Personal Income Tax In Italy: Why Does It Change? [J]. Giornale degli Economisti E Annali di Economia, 2005, 64 (2/3): 159 - 188.

[14] Fuest C, Niehues J, Peichl A. The Redistributive Effects of Tax Benefit Systems in the Enlarged EU [J]. Public Finance Review, 2010, 38 (4): 473 - 500.

[15] Go D S, Kearne M, Robinson S, et al. An Analysis of South Africas Value Added Tax [R]. Washington: World Bank, 2005.

[16] He L, Sato H. Income redistribution in urban China by social security system: An empirical analysis based on annual and life time income [J]. Contemporary Economic Policy, 2013.

[17] Helmuth Cremer, Jean-Marie Lozachmeur, Pierre Pestieau. Income taxation of couples and the tax unit choice [J]. Journal of Population Economics, 2012, 25 (2): 763 - 778.

[18] Higgins S, Lustig N, Ruble W, et al. Comparing the Incidence of Taxes and Social Spending in Brazil and the United States [J]. Working Papers, 2013.

[19] Huang Jr T. Personal Tax Exemption: The Effect on Fertility in Taiwan [J]. Developing Economies, 2002, 40 (1): 32 - 48.

[20] Ikechukwu O F, Christopher E O, Justice A E, et al. Direct Taxes and Income Redistribution in Nigeria [J]. GATR Global Journal of Business Social Sciences Review, 2021, 9 (2): 182 - 196.

[21] Isaksson A S, Lindskog A. Preferences for Redistribution: A Country Comparison of Fairness Judgments [J]. Journal of Economic Behavior & Organization, 2009, 72 (3): 884 - 902.

[22] Jesuit D, Mahler V. State redistribution in comparative perspective: A cross-national analysis of the developed countries [R]. Luxembourg: LIS Working Papers, 2004.

[23] John Piggott, John Whaley. The Tax Unit and Household Production [J]. Journal of Political Economy, 1996, 104 (2): 398 -418.

[24] Jouini N, Lustig N, Moummi A, et al. Fiscal Policy, Income Redistribution, and Poverty Reduction: Evidence from Tunisia [J]. Review of Income and Wealth, 2018, 64: S225 - S248.

[25] Joumard I, Pisu M, Bloch D. Income Redistribution via Taxes and Transfers across OECD Countries [M] . Paris: OECD Publishing, 2012.

[26] Jung H S, Thorbecke E. The Impact of Public Education Expenditure on Human Capital, Growth, and Poverty in Tanzania and Zambia: A G eneral Equilibrium Approach [J]. Journal of Policy Modeling, 2003, 25 (8): 701 -725.

[27] Karim M R. Public Education Spending and Income Inequality in Bangladesh [J]. International Journal of Social Science and Humanity, 2016, 5 (3): 75 - 79.

[28] Kemmerling A, Neugart M. Redistributive pensions in the developing world [J]. Publications of Darmstadt Technical University, Institute for Business Studies (BWL), 2019, 23 (2): 702 -726.

[29] Korpi, Walter, Palme, et al. The paradox of redistribution and strategies of equality: Welfare state institutions, inequality and poverty in the western countries [J]. American Sociological Review, 1998, 63: 661 -687.

[30] Kristjánsson S, Lvi A. Income Redistribution in Iceland: Development and European Comparisons [J]. European Journal of Social, 2011, 13 (4): 392 - 423.

[31] Li S, Sicular T. The Distribution of Household Income in China: Inequality, Poverty and Policies [J]. The China Quarterly, 2014, 217: 1 -41.

[32] Lustig N, C. Pessino, J. Scott. The Impact of Taxes and Social Spending on Inequality and Poverty in Argentina, Bolivia, Brazil, Mexico, Peru and Uruguay: An Overview [J]. Public Finance Review, 2013, 42 (3): 287 -303.

[33] Maskaeva A, Bochkaeva Z, Mmasa J, et al. The impact of indirect tax

on income distribution and poverty in Tanzania [J]. Annals of Public and Cooperative Economics, 2022, 93 (1): 103 - 128.

[34] Michael Keen, Harry Papapanagos, Anthony Shorrocks. Tax Reform and Progressivity [J]. The Economic Journal, 2000, 110 (460): 50 - 68.

[35] Moene K O, Wallerstein M. Inequality, Social Insurance, and Redistribution [J]. American Political Science Review, 2001, 95 (4): 859 - 874.

[36] Mohammad A. H. P. The relationship between public social security expenditures and poverty, income income inequality, and GDP growth: An empirical case study of Bangladesh [J]. The Journal of Developing Areas, 2022, 56 (4): 65 - 78.

[37] Musgrave A R, Thin T. Income Tax Progression, 1929 - 1948 [J]. Journal of Political Economy, 1948, 56 (6): 498 - 514.

[38] Nanak C. Kakwani. Measurement of Tax Progressivity: An International Comparison [J]. The Economic Journal, 1977, 87 (345).

[39] Oshio T. Social security and the intragenerational redistribution of lifetime income in Japan [J]. Japanese Economic Review, 2010, 56 (1): 85 - 106.

[40] Pechman J A, Okner B A. Who bears the tax burden? [J]. Journal of Finance, 1974, 30 (4): 1172 - 1177.

[41] Piketty T, Saez E, Zucman G. Distributional National Accounts: Methods and Estimates for the United States [J]. The Quarterly Journal of Economics, 2018, 133 (2): 553 - 609.

[42] Pontusson K J. Rising Inequality and the Politics of Redistribution in Affluent Countries [J]. Perspectives on Politics, 2005, 3 (3): 449 - 471.

[43] Qiuge Yao, Deshuai Hou, Liang Cheng. Precautionary Saving, Inequality and Fiscal Policy: A Hank Model [J]. Economic Computation & Economic Cybernetics Studies & Research, 2021, 55 (1): 57 - 72.

[44] Rhame S, Walsh R. Measuring increases in horizontal equity in the absence of certain itemized deductions and phase outs [J]. Journal of Business & Economics Research, 2009, 7 (10).

[45] Sigrid Rohrs, Winter, Christoph. Wealth Inequality and the Optimal Level of Government Deb [J]. ECON-Working Papers, 2011.

[46] Steuerle E, Hartzmark M. Individual Income Taxation, 1947 - 1979 [J]. National Tax Journal, 1981, 34 (2): 145 -166.

[47] Vanda A. Income inequality and redistribution the aftermath of the 2007—2008 crisis: the U. S. case [J]. National Tax Journal, 2020, 73 (1): 77 -114.

[48] Wagstaff A, Van Doorslaer E. What makes the personal income tax progressive? A comparative analysis for fifteen OECD countries [J]. International Tax and Public Finance, 2001, 8 (3): 299 -315.

[49] Wagstaffa A, E. V. Doorslaer. Redistributive effect, progressivity and differential tax treatment: Personal income taxes in twelve OECD countries [J]. Journal of Public Economics, 1999, 72: 73 -98.

[50] Wang C, K. Caminada, K. Goudswaard. The Redistributive Effect of Social Transfer Programmes and Taxes: A Decomposition across Countries [J]. International Social Security Review, 2012, 65 (3): 27 -48.

[51] Warwick R, Harris T, Phillips D, et al. The redistributive power of cash transfers vs VAT exemptions: A multi-country study [J]. World Development, 2022, 151.

[52] Whittington L A, Peters J. Fertility and the Personal Exemption: Implicit Pronatalist Policy in the United States [J]. American Economic Review, 1990, 80 (3): 545 -556.

[53] 白彦锋，许嫚嫚:《个税免征额调整对政府税收收入和居民收入分配影响的研究》,《财贸经济》2011 年第 11 期。

[54] 白仲林，尹彦辉，缪言:《财政政策的收入分配效应：发展不平衡视角》,《经济学动态》2019 年第 2 期。

[55] 蔡萌，岳希明:《中国社会保障支出的收入分配效应研究》,《经济社会体制比较》2018 年第 1 期。

[56] 常世旺，韩仁月:《工资薪金个人所得税改革的再分配效应：基于微观数据的分析》,《财贸研究》2015 年第 2 期。

[57] 陈慧女，罗松华:《以财政收支结构调整优化国民收入分配格局》,《贵州社会科学》2013 年第 4 期。

[58] 陈平，李建英:《房地产税对我国居民收入再分配效应研究——基于广东的模拟测算》,《地方财政研究》2021 年第 12 期。

[59] 陈享光，孙科：《转移性收入的城乡不平衡问题研究》，《学习与探索》2013 年第 6 期。

[60] 初可佳：《社会医疗保险与养老保险发展对居民收入分配的影响研究》，《现代财经》2015 年第 12 期。

[61] 代志新，高宏宇，程鹏：《促进共同富裕的税收制度与政策研究》，《财政科学》2022 年第 1 期。

[62] 单顺安：《房产税改革的路径选择分析》，《财政研究》2014 年第 7 期。

[63] 董琦，袁娇，王敏：《促进共同富裕的税收政策选择与机制保障》，《税务研究》2022 年第 4 期。

[64] 窦清红：《"新常态下的收入分配调节与个人所得税改革学术研讨会"综述》，《税务研究》2016 年第 2 期。

[65] 范子英，张航：《促进消费的税制改革思路》，《税务研究》2018 年第 12 期。

[66] 费茂清，杨昭，周克清：《公平视角下我国新一轮个人所得税改革评价》，《财经科学》2020 年第 7 期。

[67] 冯俏彬，宋恒，白雪苑，张驰：《共同富裕视角下加强税收对高收入调节作用的研究》，《社会治理》2022 年第 2 期。

[68] 冯俏彬：《促进共同富裕要发挥好税收的调节作用》，《税务研究》2021 年第 11 期。

[69] 冯俏彬：《加快构建新发展格局的财税制度与改革研究》，《地方财政研究》2021 年第 10 期。

[70] 冯俏彬：《我国社保费改税理论与实践新探》，《地方财政研究》2018 年第 1 期。

[71] 高凤勤，许可：《效率还是公平：新一轮个人所得税制改革思考》，《税务研究》2015 年第 3 期。

[72] 高丽媛，张屹山：《实现共同富裕的分配制度选择——基于权力结构的理论剖析》，《社会科学研究》2018 年第 1 期。

[73] 郭庆旺，陈志刚，温新新，吕冰洋：《中国政府转移性支出的收入再分配效应》，《世界经济》2016 年第 8 期。

[74] 郭晓丽：《个人所得税调节城镇居民收入再分配效应研究》，《财经

问题研究》2015 年第 6 期。

[75] 郭月梅，方敏，张文涛：《户籍身份、社会流动性与再分配偏好——基于 CGSS－2015 的实证研究》，《武汉大学学报（哲学社会科学版）》2020 年第 1 期。

[76] 韩文龙，陈航：《当前我国收入分配领域的主要问题及改革路径》，《当代经济研究》2018 年第 7 期。

[77] 韩文龙，谢璐：《马克思经济学收入分配理论的核心范畴及启示》，《经济纵横》2018 年第 5 期。

[78] 韩秀兰，陈星霖：《我国新个人所得税的收入再分配效应研究》，《统计与决策》2022 年第 9 期。

[79] 韩学丽：《共同富裕视角下个人所得税的作用机理及优化路径》，《地方财政研究》2022 年第 1 期。

[80] 郝春虹，王荔：《个人所得税"费用扣除额"变动的税收归宿收入分配效应研究——基于投入产出税收价格模型的一般均衡分析》，《财政研究》2019 年第 11 期。

[81] 何辉：《我国消费税的收入分配效应与福利效应实证分析》，《税务研究》2016 年第 4 期。

[82] 何辉：《增值税的收入分配与福利效应实证分析》，《税务研究》2015 年第 1 期。

[83] 何文炯：《共同富裕视角下的基本公共服务制度优化》，《中国人口科学》2022 年第 1 期。

[84] 何文炯：《我国现行社会保障收入再分配的机理分析及效应提升》，《社会科学辑刊》2018 年第 5 期。

[85] 胡显莉，王安喜，陈立：《我国现行个人所得税的收入再分配效应研究》，《重庆社会科学》2020 年第 11 期。

[86] 胡莹，郑礼肖：《十八大以来我国收入分配制度改革的新经验与新成就》，《马克思主义研究》2018 年第 2 期。

[87] 胡宗义，粟梦婷，刘亦文：《财政收入再分配政策对地区收入差距的影响分析》，《统计与决策》2013 年第 11 期。

[88] 黄凤羽：《对个人所得税再分配职能的思考》，《税务研究》2010 年第 9 期。

［89］黄群慧，刘尚希，张车伟，张晓晶，杨开忠，胡滨，闫坤：《从党的百年奋斗重大成就和历史经验总结中思考推进中国经济学“三大体系”建设——学习贯彻党的十九届六中全会精神笔谈》，《经济研究》2021 年第 12 期。

［90］黄晓虹：《个人所得税改革、消费刺激与再分配效应——基于 PSM 方法》，《中国经济问题》2018 年第 5 期。

［91］贾康，程瑜，于长革：《优化收入分配的认知框架、思路、原则与建议》，《财贸经济》2018 年第 2 期。

［92］姜雪：《“十四五”时期中国国民收入分配格局研究》，《宏观经济研究》2020 年第 12 期。

［93］解垩，李敏：《相对贫困、再分配与财政获益：税收和转移支付的作用如何?》《上海财经大学学报》2020 年第 6 期。

［94］解垩：《税收和转移支付对收入再分配的贡献》，《经济研究》2018 年第 8 期。

［95］金双华，杨艺：《欧盟国家养老保险制度对收入分配调节作用研究》，《经济社会体制比较》2021 年第 1 期。

［96］金双华，于洁：《医疗保险制度对不同收入阶层的影响——基于辽宁省城镇居民的分析》，《经济与管理研究》2016 年第 2 期。

［97］孔培嘉：《房地产税再分配效应分析及征收方案选择》，《广东财经大学学报》2019 年第 1 期。

［98］寇璇，张楠，刘蓉：《同龄收入不均等与财政再分配贡献——基于个税和转移支付的实证分析》，《财贸经济》2021 年第 8 期。

［99］匡浩宇：《个人所得税、居民收入结构与再分配调节——基于省级面板数据的实证检验》，《经济体制改革》2021 年第 4 期。

［100］雷根强，郭玥：《差别费用扣除与个人所得税制改革——基于微观数据的评估》，《财政研究》2016 年第 6 期。

［101］李芬：《我国当代养老保险制度与收入分层》，《湖北社会科学》2010 年第 1 期。

［102］李华，朱玲轩：《工薪所得税及其改革的公平效应——基于 K 指数的实证检验》，《当代财经》2016 年第 2 期。

［103］李建军，冯黎明，尧艳：《论健全税收再分配调节机制》，《税务研

究》2020 年第 3 期。

［104］李晶，牛雪红：《基于收入结构的个人所得税收入分配效应研究》，《宏观经济研究》2022 年第 2 期。

［105］李实，朱梦冰，詹鹏：《中国社会保障制度的收入再分配效应》，《社会保障评论》2017 年第 4 期。

［106］李实，朱梦冰：《推进收入分配制度改革　促进共同富裕实现》，《管理世界》2022 年第 1 期。

［107］李实：《当前中国的收入分配状况》，《学术界》2018 年第 3 期。

［108］李实：《以收入分配制度创新推进共同富裕》，《经济评论》2022 年第 1 期。

［109］李实：《中国收入分配格局新变化》，《治理研究》2018 年第 5 期。

［110］李文：《我国的税制结构与收入再分配》，《税务研究》2015 年第 7 期。

［111］李文：《我国个人所得税的再分配效应与税率设置取向》，《税务研究》2017 年第 2 期。

［112］李宇，刘穷志：《收入不平等与个人所得税再分配》，《山西财经大学学报》2011 年第 11 期。

［113］李子联，王爱民，李笑：《收入分配与政府税收："国富"的一种解释》，《上海财经大学学报》2017 年第 2 期。

［114］李子联：《收入不平等与税收政策偏好——基于利益相关者的视角》，《中央财经大学学报》2019 年第 11 期。

［115］梁俊娇，何晓：《我国个人所得税再分配效应研究》，《中央财经大学学报》2014 年第 3 期。

［116］刘柏惠，寇恩惠：《政府各项转移收支对城镇居民收入再分配的影响》，《财贸经济》2014 年第 9 期。

［117］刘俊霞：《试论我国社会养老保险制度的分配效应与改革走向》，《当代财经》2003 年第 6 期。

［118］刘明慧，张慧艳：《赡养老人专项附加扣除效应测度：减税与收入分配的双重维度》，《地方财政研究》2021 年第 7 期。

［119］刘鹏：《中国个人资本所得税的收入再分配效应——实证测算与方案模拟》，《北京社会科学》2020 年第 1 期。

［120］刘穷志：《税收竞争、资本外流与投资环境改善——经济增长与收入公平分配并行路径研究》，《经济研究》2017 年第 3 期。

［121］刘蓉，寇璇：《个人所得税专项附加扣除对劳动收入的再分配效应测算》，《财贸经济》2019 年第 5 期。

［122］刘蓉，熊阳：《消费税对收入再分配的公平与福利效应——基于 2017 年中国家庭金融调查数据的分析》，《税务研究》2020 年第 6 期。

［123］刘尚希：《促进共同富裕：应从流量和存量两个维度入手》，《地方财政研究》2022 年第 1 期。

［124］刘佑铭：《论中国特色社会主义收入分配制度》，《学术研究》2017 年第 4 期。

［125］刘志鑫：《论房产税征税对象选择与税收减免——以税负平等为视角》，《清华法学》2014 年第 5 期。

［126］卢洪友，杜亦譞：《中国财政再分配与减贫效应的数量测度》，《经济研究》2019 年第 2 期。

［127］卢洪友，彭小准：《税收对财产性收入不平等的再分配效应》，《统计与决策》2019 年第 23 期。

［128］鲁元平，王军鹏，李文健：《基本养老保险与居民再分配偏好》，《中南财经政法大学学报》2019 年第 5 期。

［129］陆万军，张彬斌：《不公平抑或不均等？——中国收入分配问题的制度成因及治理》，《东南学术》2016 年第 6 期。

［130］吕冰洋：《税制结构理论的重构：从国民收入循环出发》，《税务研究》2017 年第 8 期。

［131］吕承超，邵长花：《农村社会保障发挥了收入再分配效应吗——来自 CHIP 数据的经验分析》，《华中科技大学学报（社会科学版）》2019 年第 4 期。

［132］吕承超，王志阁：《“逆向转移”还是“正向调节”：社会保障的收入再分配效应》，《现代经济探讨》2018 年第 11 期。

［133］吕承超，赵红：《社保降费背景下城镇职工基本养老保险的收入再分配效应比较研究》，《保险研究》2020 年第 1 期。

［134］吕凯波，刘小兵：《公众收入再分配偏好及其影响因素分析——基于世界价值观调查的数据》，《财政研究》2017 年第 1 期。

[135] 马国强，王椿元：《收入再分配与税收调节》，《税务研究》2002年第2期。

[136] 孟续铎：《城镇社会保险政策的反再分配效应——基于省际面板数据的经验研究》，《中国人力资源开发》2010年第4期

[137] 孟莹莹：《消费税收入再分配效应的实证分析》，《统计与决策》2014年第8期。

[138] 倪红福，龚六堂，王茜萌：《“营改增”的价格效应和收入分配效应》，《中国工业经济》2016年第12期。

[139] 潘文轩：《超越再分配调节：对税收促进共同富裕作用的全景认识及政策建议》，《财经理论与实践》2022年第3期。

[140] 庞凤喜，郑铿城：《三次分配、财政政策工具与共同富裕》，《财政科学》2022年第7期。

[141] 彭海艳：《我国个人所得税再分配效应及累进性的实证分析》，《财贸经济》2011年第3期。

[142] 权衡：《经济新常态与收入分配：影响机制、发展趋势和应对措施》，《中共中央党校学报》2017年第5期。

[143] 任寿根：《西方国家收入再分配税收政策及其启示》，《税务研究》1998年第9期。

[144] 任志江，苏瑞珍：《增强医疗保障减贫效应的再分配实现机制研究——基于改善亲贫性的视角》，《中国行政管理》2020年第8期。

[145] 佘倩影：《改革开放四十年〈个人所得税法〉背后的公平观念变迁——法律逻辑与公平逻辑的契合性视角》，《中国政法大学学报》2019年第6期。

[146] 石绍宾，张玲欣：《我国税收调节收入分配差距的主要障碍及完善》，《税务研究》2021年第4期。

[147] 宋颜群，胡浩然：《中国财政体系的再分配效应、再分配相对贡献及减贫效应》，《经济问题探索》2021年第9期。

[148] 孙豪，曹肖烨：《收入分配制度协调与促进共同富裕路径》，《数量经济技术经济研究》2022年第4期。

[149] 陶纪坤：《共享发展视角下我国社会保障再分配机制及实现方式研究》，《当代经济研究》2020年第2期。

［150］田志伟，胡怡建，宫映华：《免征额与个人所得税的收入再分配效应》，《经济研究》2017 年第 10 期。

［151］田志伟，汪豫：《中国税制的居民收入分配效应研究》，《国际税收》2020 年第 7 期。

［152］田志伟，王再堂：《增值税改革的财政经济效应研究》，《税务研究》2020 年第 7 期。

［153］童锦治，苏国灿，刘欣陶：《我国消费税的收入再分配效应分析》，《税务研究》2017 年第 1 期。

［154］童锦治，周竺竺，李星：《我国城镇居民税收的收入再分配效应变动及原因探析》，《财贸经济》2011 年第 6 期。

［155］万莹，陈恒：《2019 年我国增值税减税改革的政策效应——基于 CGE 模型的分析》，《当代财经》2020 年第 4 期。

［156］万莹，熊惠君：《2018 年我国个人所得税改革的收入再分配效应》，《税务研究》2019 年第 6 期。

［157］万莹，徐崇波：《我国消费税收入分配效应再研究》，《税务研究》2020 年第 1 期。

［158］万莹：《个人所得税对收入分配的影响：由税收累进性和平均税率观察》，《改革》2011 年第 3 期。

［159］汪昊，娄峰：《中国财政再分配效应测算》，《经济研究》2017 年第 1 期。

［160］汪昊：《“营改增”减税的收入分配效应》，《财政研究》2016 年第 10 期。

［161］汪洪溟，李宏：《改革开放以来社会保障收入分配调节效应实证分析》，《中国软科学》2019 年第 12 期。

［162］王朝科：《分配制度上升为基本经济制度的理论必然和实践必然》，《上海经济研究》2020 年第 1 期。

［163］王德祥，赵婷：《我国间接税对城乡居民收入分配的效应分析》，《审计与经济研究》2016 年第 2 期。

［164］王静，邓晓兰：《我国个人所得税改革收入分配效应评价》，《西安财经大学学报》2021 年第 4 期。

［165］王树文，刘海英：《社会养老保险收入分配效用分析及改革政策建

议》，《学术研究》2016 年第 5 期。

[166] 王晓佳，吴旭东：《个人所得税专项附加扣除的收入再分配效应——基于微观数据的分析》，《当代经济管理》2019 年第 9 期。

[167] 王晓军，康博威：《我国社会养老保险制度的收入再分配效应分析》，《统计研究》2009 年第 11 期。

[168] 王亚柯，李鹏：《我国农村养老保险的财政补贴激励和再分配效应》，《求索》2020 年第 3 期。

[169] 王亚柯：《基于精算估计方法的养老保险再分配效应研究》，《中国软科学》2011 年第 5 期。

[170] 王延中，龙玉其，江翠萍，徐强：《中国社会保障收入再分配效应研究——以社会保险为例》，《经济研究》2016 年第 2 期。

[171] 王阳：《缩小居民财产分配差距》，《宏观经济管理》2022 年第 7 期。

[172] 王钰，田志伟，王再堂：《2018 年个人所得税改革的收入再分配效应研究》，《财经论丛》2019 年第 8 期。

[173] 文敏，李磊，李连友，刘中海：《农村居民养老保险财政补贴与收入再分配效应测算》，《统计与决策》2019 年第 8 期。

[174] 肖育才，余喆杨：《社会保障支出对城乡收入差距的影响研究》，《华东经济管理》2017 年第 3 期。

[175] 徐多：《共同富裕视角下的个人所得税改革路径选择：促进经济发展还是缩小收入差距》，《河南社会科学》2022 年第 5 期。

[176] 徐建炜，马光荣，李实：《个人所得税改善中国收入分配了吗——基于对 1997—2011 年微观数据的动态评估》，《中国社会科学》2013 年第 6 期。

[177] 徐静，蔡萌，岳希明：《政府补贴的收入再分配效应》，《中国社会科学》2018 年第 10 期。

[178] 闫晶晶，易宇，王伟尧：《税收与转移支付的再分配效应分析——基于欧元区国家和中国的经验证据》，《投资研究》2018 年第 4 期。

[179] 阳芳，何冬明，毕晓云：《个人所得税调节收入分配效应研究——基于 2006—2011 年三次个税改革的比较》，《价格理论与实践》2018 年第 7 期。

[180] 杨灿明:《构建现代财税金融体制对优化收入分配格局的启示与意义》,《经济学动态》2021 年第 9 期。

[181] 杨翠迎,冯广刚:《最低生活保障支出对缩小居民收入差距效果的实证研究》,《人口学刊》2014 年第 3 期。

[182] 杨风寿,沈默:《社会保障水平与城乡收入差距的关系研究》,《宏观经济研究》2016 年第 5 期。

[183] 杨沫:《新一轮个税改革的减税与收入再分配效应》,《经济学动态》2019 年第 7 期。

[184] 杨玉萍,郭小东:《营改增如何影响居民间接税负担和收入再分配》,《财贸经济》2017 年第 8 期。

[185] 杨玉萍:《我国个人所得税的收入再分配效果分析——基于收入构成的视角》,《深圳大学学报(人文社会科学版)》2014 年第 2 期。

[186] 杨震林,王亚柯:《中国企业养老保险制度再分配效应的实证分析》,《中国软科学》2007 年第 4 期。

[187] 杨志勇:《实现共同富裕的税收作用》,《税务研究》2021 年第 11 期。

[188] 尹音频,闫胜利:《我国间接税的归宿与收入再分配效应》,《税务研究》2017 年第 4 期。

[189] 于乐荣,唐丽霞,李小云:《公共转移性收入对农村内部不平等的影响分析》,《经济经纬》2013 年第 6 期。

[190] 于文广,李冰,卢舒,宋可:《基础养老金统筹层次的收入再分配效应》,《财经理论与实践》2019 年第 6 期。

[191] 俞杰:《个人所得税累进性的理论分析与现实考察》,《税务研究》2016 年第 7 期。

[192] 俞杰:《税制累进设计与收入分配调节》,《税务与经济》2019 年第 2 期。

[193] 岳希明,徐静,刘谦,丁胜,董莉娟:《2011 年个人所得税改革的收入再分配效应》,《经济研究》2012 年第 9 期。

[194] 岳希明,张玄:《强化我国税制的收入分配功能:途径、效果与对策》,《税务研究》2020 年第 3 期。

[195] 詹静楠,吕冰洋:《财政与共同富裕——多维分配视角下的分析》,

《财政研究》2022 年第 1 期。

[196] 詹鹏，李实：《我国居民房产税与收入不平等》，《经济学动态》2015 年第 7 期。

[197] 詹鹏：《我国个人所得税的再分配效果分析》，《北京工商大学学报（社会科学版）》2015 年第 4 期。

[198] 詹新宇，杨灿明：《个人所得税的居民收入再分配效应探讨》，《税务研究》2015 年第 7 期。

[199] 张车伟，赵文：《国民收入分配形势分析及建议》，《经济学动态》2020 年第 6 期。

[200] 张德勇，刘家志：《新个人所得税对劳动收入再分配的影响》，《中国社会科学院研究生院学报》2020 年第 2 期。

[201] 张楠，彭海斌：《间接税的累进性与再分配效应测算》，《财经科学》2018 年第 1 期。

[202] 张楠，邹甘娜：《个人所得税的累进性与再分配效应测算——基于微观数据的分析》，《税务研究》2018 年第 1 期。

[203] 张平，侯一麟：《房地产税的纳税能力、税负分布及再分配效应》，《经济研究》2016 年第 12 期。

[204] 张天姣：《共享发展理念下深化我国收入分配制度改革的目标与政策建议》，《当代财经》2021 年第 10 期。

[205] 张文春：《个人所得税与收入再分配》，《税务研究》2005 年第 11 期。

[206] 张翔，宋寒冰，吴博文：《收入、预期寿命和社会养老保险收入再分配效应》，《统计研究》2019 年第 3 期。

[207] 张玄，岳希明，邵桂根：《个人所得税收入再分配效应的国际比较》，《国际税收》2020 年第 7 期。

[208] 张玄，岳希明：《新一轮个人所得税改革的收入再分配效应研究——基于 CHIP 2018 的测算分析》，《财贸经济》2021 年第 11 期。

[209] 赵颖，王亚丽：《增值税“扩围”对城镇居民收入分配影响分析》，《财贸研究》2013 年第 1 期。

[210] 郑功成，周弘，丁元竹，李玲，林闽钢，丛树海，童星，何文炯，申曙光，林义，关信平，高和荣：《从战略高度完善我国社会保障体系——学

习习近平总书记关于完善社保体系重要讲话精神》,《社会保障评论》2021 年第 2 期。

[211] 周心怡，龚锋:《开放视角下中国个人所得税收入再分配效应研究》,《亚太经济》2018 年第 2 期。

[212] 朱富强:《当前个税体系的调整方向：基于收入再分配正义的思维》,《学术研究》2011 年第 10 期。

[213] 朱梅，姚露:《中国养老保险并轨后的收入再分配效应分析》,《湖南农业大学学报（社会科学版)》2016 年第 1 期。

[214] 朱润喜:《论财税制度建设与城乡收入差距》,《中南财经政法大学学报》2014 年第 1 期。

[215] 习近平:《扎实推动共同富裕》,《求是》2021 年第 20 期。

[216] 黄晓宇，盛国荣:《习近平关于共同富裕重要论述的人民性意蕴》,《江南论坛》2023 年第 3 期。

[217] 刘俊显，张崇旺:《中国式现代化赋能共同富裕的科学内涵、生成逻辑和当代实践》,《学术探索》2023 年第 4 期。

[218] 殷晓元，彭静:《中国式现代化视域下共同富裕的科学内涵、历史演进和实践方略》,《湘潭大学学报（哲学社会科学版)》2022 年第 5 期。

[219] 蓝庆新，童家琛:《共同富裕目标下的公平与效率》,《长安大学学报（社会科学版)》2022 年第 1 期。

[220] 林贤明，李建平:《新时代扎实推进共同富裕需要处理好的关系》,《毛泽东邓小平理论研究》2022 年第 6 期。

[221] 俞靖，郭润丰:《扎实推进共同富裕需把握好几对辩证关系》,《西藏发展论坛》2023 年第 1 期。

[222] 王先梅:《初次分配公平的评价体系与影响因素研究》，浙江工商大学 2020 年硕士学位论文。

[223] 刘应杰，陈耀，李曦辉，王智勇，邓仲良，田惠敏:《共同富裕与区域协调发展》,《区域经济评论》2022 年第 2 期。

[224] 邹冰宇:《优化区域间基本公共服务均等化的政府转移支付研究》，江西财经大学 2021 年硕士学位论文。

[225] 束磊:《转移支付对地区间基本公共服务均等化的影响研究》，上海财经大学 2021 年博士学位论文。

［226］吉富星，鲍曙光：《中国式财政分权、转移支付体系与基本公共服务均等化》，《中国软科学》2019 年第 12 期。

［227］刘一伟：《社会保障支出对居民多维贫困的影响及其机制分析》，《中央财经大学学报》2017 年第 7 期。

［228］郑茹：《中国共产党百年来对共同富裕的追求与实践》，西北政法大学 2022 年硕士学位论文。

［229］潘春阳，吴柏钧：《构建公平合理的收入分配制度：新中国七十年探索》，《中央社会主义学院学报》2022 年第 4 期。

［230］谢地，武晓岚：《以实现共同富裕为目标探索合理的收入分配制度——建党百年收入分配理论演进与实践轨迹》，《学习与探索》2021 年第 10 期。

［231］孟桢：《百年来中国共产党领导分配制度改革的理论基础、历程全景及其基本经验》，《湖南社会科学》2022 年第 1 期。

［232］陆美微：《马克思主义收入分配公平理论视域下中国收入分配问题研究》，辽宁师范大学 2018 年硕士学位论文。

［233］曹胜亮，严郁洁：《共同富裕视阈下我国第三次分配的理论意蕴与逻辑进路》，《湖北社会科学》2022 年第 10 期。

［234］王雪莹：《基于协同理论的京津冀协同发展机制研究》，首都经济贸易大学 2016 年硕士学位论文。

［235］吕冰洋：《税制结构理论的重构：从国民收入循环出发》，《税务研究》2017 年第 8 期。

［236］詹静楠，吕冰洋：《财政与共同富裕——多维分配视角下的分析》，《财政研究》2022 年第 1 期。

［237］赵成伟，孙景兵：《高质量发展视阈下京津冀协同发展演进、困境和对策》，《中国科技人才》2022 年第 5 期。

［238］安树伟：《北京高质量发展的内涵与路径》，《北京社会科学》2022 年第 8 期。

［239］张伯旭：《北京高质量发展需解决的问题及关注的方面》，《北京社会科学》2022 年第 8 期。

［240］武义青，姚连宵：《京津冀低碳经济与高质量发展》，《前线》2022 年第 8 期。

［241］郭立甫，刘苗苗：《京津冀工业互联网平台建设现状、问题及对策研究》，《产业与科技论坛》2022 年第 17 期。

［242］王昌海：《“十四五”规划背景下优化农业供给侧结构性改革的路径——以京津冀地区为例》，《社会科学辑刊》2022 年第 4 期。

［243］丛屹，闫苗苗：《京津冀产业结构与就业结构匹配度研究》，《工程管理科技前沿》2022 年第 6 期。

［244］陈明华，王哲，李倩，谢琳霄：《京津冀一体化情形下高质量发展的收敛性检验》，《中国人口科学》2022 年第 3 期。

［245］彭佳鑫：《京津冀一体化背景下的产业结构分析》，《环渤海经济瞭望》2020 年第 12 期。

［246］孙豪，曹肖烨：《收入分配制度协调与促进共同富裕路径》，《社会科学文摘》2022 年第 6 期。

［247］陈斌开，林毅夫：《发展战略、城市化与中国城乡收入差距》，《中国社会科学》2013 年第 4 期。

［248］罗楚亮：《收入结构与居民收入差距变动——新中国成立以来收入差距的基本特征》，《北京工商大学学报（社会科学版）》2020 年第 4 期。

［249］陈传波，丁士军：《基尼系数的测算与分解——Excel 算法与 Stata 程序》，《上海统计》2001 年第 7 期。

［250］陈艳，周易，颜耀懿：《收入结构异质性视角下城乡居民消费提振研究》，《商业经济研究》2022 年第 7 期。

［251］岳希明，李实，史泰丽：《垄断行业高收入问题探讨》，《中国社会科学》2010 年第 3 期。

［252］王小鲁：《阻断扩大收入分配差距的“灰手”》，《人力资源》2010 年第 8 期。

［253］聂雅：《河北省县域城乡收入差距实证分析》，《统计与管理》2015 年第 2 期。

［254］冯利斐：《工资性收入差异对城乡居民现金消费支出的影响》，《现代经济信息》2017 年第 22 期。

［255］杨梦冉，贾宁：《北京市城乡居民收入差距分析》，《中国集体经济》2019 年第 3 期。

［256］袁威：《基本公共服务均等化的政策逻辑与深化：共同富裕视角》，

《中共中央党校（国家行政学院）学报》2022 年第 4 期。

［257］祁峰，高策：《教育公共服务均等化推动共同富裕研究》，《北京航空航天大学学报（社会科学版）》2022 年第 4 期。

［258］齐岳，秦阳：《城市群公共服务均等化与经济发展不平衡关系研究》，《统计与决策》2020 年第 21 期。

［259］田学斌，陈艺丹：《京津冀基本公共服务均等化的特征分异和趋势》，《经济与管理》2019 年第 6 期。

［260］李百灵：《长江中游城市群基本公共服务均等化水平测算与区域差异比较》，《统计与决策》2022 年第 1 期。

［261］范柏乃，傅衍，卞晓龙：《基本公共服务均等化测度及空间格局分析——以浙江省为例》，《华东经济管理》2015 年第 1 期。

［262］王文玲，陈通：《基于泰尔指数的公共文化服务区域均等化测算》，《统计与决策》2021 年第 18 期。

［263］许晓莉：《从统计数据看社会保障基本公共服务均等化》，《中国统计》2022 年第 4 期。

［264］董丽晶等：《基本公共卫生服务均等化水平测度》，《统计与决策》2021 年第 9 期。

［265］孙钰等：《京津冀城市群基本公共文化服务水平的时空演变、溢出效应与驱动因素研究》，《北京联合大学学报（人文社会科学版）》2022 年第 2 期。

［266］鲁继通：《京津冀基本公共服务均等化：症结障碍与对策措施》，《地方财政研究》2015 年第 9 期。

［267］马慧强，王清，弓志刚：《京津冀基本公共服务均等化水平测度及时空格局演变》，《干旱区资源与环境》2016 年第 11 期。

［268］王莉，张爽：《京津冀基础教育协同发展的路径研究》，《基础教育参考》2022 年第 7 期。

［269］李实，杨一心：《面向共同富裕的基本公共服务均等化：行动逻辑与路径选择》，《中国工业经济》2022 年第 2 期。

［270］苗月霞，戴一鸣，李建忠：《人力资源和社会保障基本公共服务标准化的现状与对策》，《中国人事科学》2022 年第 4 期。

［271］戚学祥：《省域基本公共服务均等化指标体系建构及其运用——基

于四川省的实证研究》，《经济体制改革》2015 年第 2 期。

[272] 韩兆柱，于均环：《整体性治理视域下京津冀基本公共服务均等化研究》，《学习论坛》2018 年第 1 期。

[273] 卢成会：《中国省际公共服务均等化的统计测度》，《统计与决策》2022 年第 14 期。

[274] 纪良纲等：《京津冀协同发展：现实与路径》，人民出版社2016 年版。

[275] 刘凤，傅利平，许凯渤：《医疗卫生服务府际与城际合作网络结构与效应测度——以京津冀区域为例》，《东北大学学报（社会科学版）》2021 年第 4 期。

[276] 韩霞，于秋漫：《推进京津冀医疗资源均等化发展分析》，《北京航空航天大学学报（社会科学版）》2021 年第 2 期。

[277] 李东彦：《基于协同发展视角下的京津冀医保异地就医管理研究》，华北理工大学 2020 年硕士学位论文。

[278] 杨小妮：《政策网络视角下京津冀跨省门诊结算政策执行研究》，天津财经大学 2021 年硕士学位论文。

[279] 邵艳梅，刘志强：《京津冀医疗保障协同发展路径研究》，《经济研究参考》2017 年第 62 期。

[280] 杨健：《京津冀社会保障协作：制约因素与策略选择》，《天津行政学院学报》2016 年第 2 期。

[281] 杨健，张金峰：《京津冀基本养老保险制度对接：主要障碍与实现路径》，《地方财政研究》2018 年第 5 期。

[282] 徐耶加：《京津冀养老保险制度协同发展研究》，北京交通大学 2019 年博士学位论文。

[283] 高向东，王晶，王新贤：《中国低保人口分布特征及影响因素研究》，《中国人口科学》2019 年第 4 期。

[284] 杨斌，丁建定：《全面实施全民参保计划背景下扩大失业保险覆盖面研究》，《江西财经大学学报》2019 年第 1 期。

[285] 丁守海，吴迪：《精准施策与就业保障》，《中国特色社会主义研究》2020 年第 3 期。

[286] 仇晓洁，李玥：《农村社会保障支出缩小了农民收入差距吗?》，

《金融与经济》2019 年第 1 期。

[287] 张丽凡:《财政性社会保障支出对城乡居民收入差距的影响》,浙江财经大学 2019 年硕士学位论文。

[288] 张永峰,陈诚:《社会保障制度实施效果再评价》,《西安财经大学学报》2022 年第 5 期。

[289] 王烜,张扬:《财政支农和社会保障支出对城乡居民收入差距影响的实证检验》,《统计与决策》2019 年第 6 期。

[290] 郑功成:《京津冀协同发展关键是消除社会保障服务的政策壁垒》,《中国人大》2017 年第 15 期。

[291] 李实,朱梦冰:《中国经济转型 40 年中居民收入差距的变动》,《管理世界》2018 年第 12 期。

[292] 张延群,万海远:《我国城乡居民收入差距的决定因素和趋势预测》,《数量经济技术经济研究》2019 年第 3 期。

[293] 徐家鹏,孙养学:《城市化进程对城乡居民收入差距的影响》,《城市问题》2017 年第 1 期。

[294] 杨怡,陶文清,王亚飞:《数字普惠金融对城乡居民收入差距的影响》,《改革》2022 年第 5 期。

[295] 杨德勇,代海川,黄帆帆:《数字普惠金融对城乡居民收入差距的门限效应研究——基于不同发展维度的实证分析》,《经济与管理评论》2022 年第 3 期。

[296] 陈文,吴赢:《数字经济发展、数字鸿沟与城乡居民收入差距》,《南方经济》2021 年第 11 期。

[297] 王军,肖华堂:《数字经济发展缩小了城乡居民收入差距吗?》,《经济体制改革》2021 年第 6 期。

[298] 樊轶侠,徐昊,马丽君:《数字经济影响城乡居民收入差距的特征与机制》,《中国软科学》2022 年第 6 期。

[299] 周广肃,丁相元:《工业机器人应用对城镇居民收入差距的影响》,《数量经济技术经济研究》2022 年第 1 期。

[300] 刘树鑫,史传林,方有为:《财政纵向失衡与城乡居民收入差距:理论与实证》,《中央财经大学学报》2022 年第 4 期。

[301] 刘金全,丁娅楠:《财政分权对我国居民收入差距的影响——基于

泰尔指数的实证分析》,《浙江学刊》2018 年第 4 期。

[302] 王烜，张扬:《财政支农和社会保障支出对城乡居民收入差距影响的实证检验》,《统计与决策》2019 年第 6 期。

[303] 肖育才，姜晓萍:《财政支农支出对城乡收入差距影响的实证研究》,《经济问题探索》2017 年第 11 期。

[304] 朱德云，董迎迎:《财政社会保障支出对城乡居民收入差距的影响研究》,《宏观经济研究》2017 年第 1 期。

[305] 王海霞:《财政支出结构对我国收入不平等的影响研究》,《经济经纬》2021 年第 3 期。

[306] 詹新宇，杨灿明:《个人所得税的居民收入再分配效应探讨》,《税务研究》2015 年第 7 期。

[307] 王德祥，赵婷:《我国间接税对城乡居民收入分配的效应分析》,《审计与经济研究》2016 年第 2 期。

[308] 袁威:《基本公共服务均等化的政策逻辑与深化：共同富裕视角》,《中共中央党校（国家行政学院）学报》2022 年第 4 期。

[309] 董艳玲，李华:《中国基本公共服务的均等化测度、来源分解与形成机理》,《数量经济技术经济研究》2022 年第 3 期。

[310] 吕光明，陈欣悦:《县域基本公共服务均等化的测度与结构解析》,《财政研究》2022 年第 4 期。

[311] 温娇秀，蒋洪:《我国基础教育服务均等化水平的实证研究——基于双变量泰尔指数的分析》,《财政研究》2013 年第 6 期。

[312] 傅才武，张伟锋:《基本公共文化服务均等化研究——模型构建与实证分析》,《图书馆杂志》2018 年第 8 期。

[313] 董丽晶，林家熠，苏飞，杨美洁:《基本公共卫生服务均等化水平测度》,《统计与决策》2021 年第 9 期。

[314] 刘欢，戴卫东，向运华:《公共服务均等化视角下城乡居民基本医疗保障受益公平性研究》,《保险研究》2020 年第 5 期。

[315] 高秋明，杜创:《财政省直管县体制与基本公共服务均等化——以居民医保整合为例》,《经济学（季刊）》2019 年第 4 期。

[316] 刘成奎，龚萍:《财政分权、地方政府城市偏向与城乡基本公共服务均等化》,《广东财经大学学报》2014 年第 4 期。

[317] 肖建华，黄蕾，吴爱琴：《财政转移支付对社会性基本公共服务均等化效应的实证检验》，《金融与经济》2017 年第 3 期。

[318] 朱云飞，赵宁：《城乡基本公共服务均等化的省域布局及财政对策》，《税收经济研究》2020 年第 1 期。

[319] 许光建，刘汝兵：《实现基本公共服务均等化的财政保障机制研究》，《价格理论与实践》2015 年第 3 期。

[320] 李成友，孙涛，王硕：《人口结构红利、财政支出偏向与中国城乡收入差距》，《经济学动态》2021 年第 1 期。

[321] 郭光锐：《促进共同富裕背景下数字普惠金融与京津冀协同发展——基于空间杜宾模型的实证研究》，《中阿科技论坛（中英文）》2022 年第 11 期。

[322] 熊兴，余兴厚，王宇昕：《我国区域基本公共服务均等化水平测度与影响因素》，《西南民族大学学报（人文社会科学版）》2018 年第 3 期。

[323] 彭迪云，王玉洁，陶艳萍：《中国地区基本公共服务均等化的测度与对策建议》，《南昌大学学报（人文社会科学版）》2021 年第 4 期。

[324] 杨昭：《我国个人所得税公平性分析——基于税收负担的考察》，《税务与经济》2023 年第 1 期。

[325] 岳希明，徐静：《我国个人所得税的居民收入分配效应》，《经济学动态》2012 年第 6 期。

[326] 郭晓丽：《个人所得税调节城镇居民收入再分配效应研究》，《财经问题研究》2015 年第 6 期。

[327] 连洪泉，高庆辉，周业安：《个人所得税缩减贫富差距的效应有多大？——基于 CHNS 调查数据和刀切法的动态评估》，《经济学报》2018 年第 3 期。

[328] 韩秀兰，陈星霖：《我国新个人所得税的收入再分配效应研究》，《统计与决策》2020 年第 9 期。

[329] 费茂清，杨昭，周克清：《公平视角下我国新一轮个人所得税改革评价》，《财经科学》2020 年第 7 期。

[330] 王晓佳，吴旭东：《个人所得税专项附加扣除的收入再分配效应——基于微观数据的分析》，《当代经济管理》2019 年第 9 期。

[331] 张权：《个人所得税改革提高了效率抑或促进了公平？——基于我

国2019年个税改革的分析》,《税务与经济》2022年第5期。

[332] 李晶，牛雪红:《基于收入结构的个人所得税收入分配效应研究》,《宏观经济研究》2022年第2期。

[333] 张玄，岳希明，邵桂根:《个人所得税收入再分配效应的国际比较》,《国际税收》2020年第7期。

[334] 胡显莉，王安喜，陈立:《我国现行个人所得税的收入再分配效应研究》,《重庆社会科学》2020年第11期。

[335] 黄英，陈志阳，付景红:《进一步优化综合与分类相结合个人所得税的对策建议》,《税务研究》2022年第2期。

[336] 匡浩宇:《个人所得税、居民收入结构与再分配调节——基于省级面板数据的实证检验》,《经济体制改革》2021年第4期。

[337] 黄桂兰:《个人所得税的再分配效应与改革升级研究》，中央财经大学2016年博士学位论文。

[338] 陈传波，丁士军:《基尼系数的测算与分解——Excel算法与Stata程序》,《上海统计》2001年第7期。

[339] 陈建东，孙克雅，马骁，冯瑛，成树磊:《直接税和间接税对城乡居民收入差距的影响分析》,《税务研究》2015年第7期。

[340] 李永海，潘亚琴，潘菊霞:《直接税对城乡居民收入差距的影响效应研究》,《金融理论与教学》2023年第1期。

[341] 马骁，王斐然，陈建东等:《直接税和间接税对城乡居民消费差距的影响分析》,《税务研究》2017年第8期。

[342] 潘雷驰:《我国个人所得税调节收入差距效用的实证分析》,《税务研究》2009年第3期。

[343] 徐惠如，陈少晖:《共同富裕导向下新个税税制调节城乡收入分配差距的效应研究——基于面板分位数回归模型》,《福建商学院学报》2022年第4期。

[344] 温忠麟，叶宝娟:《中介效应分析：方法和模型发展》,《心理科学进展》2014年第5期。

[345] 王海燕:《深刻把握推进共同富裕的基本原则和要求》,《思想政治工作研究》2022年第9期。

[346] 黄群慧，刘学良:《新发展阶段中国经济发展关键节点的判断和认

识》，《经济学动态》2021 年第 2 期。

［347］李实：《共同富裕的目标和实现路径选择》，《经济研究》2021 年第 11 期。

［348］郑功成：《中国社会保障：现状、挑战与未来发展》，《中国社会保障》2022 年第 9 期。

［349］庞凤喜，郑铿城：《三次分配、财政政策工具与共同富裕》，《财政科学》2022 年第 7 期。

［350］高树兰：《京津冀基本公共服务协同发展与财税政策支持探讨》，《经济与管理》2016 年第 6 期。

［351］杨健：《京津冀社会保障协作：制约因素与策略选择》，《天津行政学院学报》2016 年第 2 期。

［352］李国平：《协调发展与区域治理：京津冀地区的实践》，北京大学出版社 2012 年版。

［353］王延杰，冉希：《京津冀基本公共服务差距、成因及对策》，《河北大学学报（哲学社会科学版）》2016 年第 4 期。

［354］王晓洁：《促进京津冀协同发展的财税政策》，中国社会科学出版社 2019 年版。

［355］杨健：《京津冀基本公共服务共建共享：理论逻辑、实践经验与发展路径》，《天津行政学院学报》2020 年第 5 期。

［356］宋卓展，孙颖鹿，杨秀玲：《关于京津冀一体化下河北省农村社会保障财政支出问题的探讨》，《经济研究参考》2017 年第 32 期。

［357］宋晓梧，王义桅，张怡恬，岳经纶，李春根，金维刚，席恒，丁元竹，申曙光，林义：《“共同富裕与社会保障治理”笔谈》，《社会保障评论》2022 年第 3 期。

［358］杨健：《京津冀协同发展企业基本养老保险制度亟待对接》，《求知》2015 年第 4 期。

［359］李海舰，杜爽：《推进共同富裕若干问题探析》，《改革》2021 年第 12 期。

［360］芦俊成，王思月：《关于京津冀协同发展中税收分享机制的探讨》，《税收经济研究》2019 年第 4 期。